5000 JOURS POUR SAUVER LA PLANÈTE

5000 JOURS POUR SAUVER LA PLANÈTE

EDWARD GOLDSMITH • NICHOLAS HILDYARD • PETER BUNYARD • PATRICK McCULLY

Texte français établi par PAUL ALEXANDRE
et CHRISTIAN DIEBOLD

CHÊNE

Edition du texte anglais : David Burnie et Linda Gamlin
Direction artistique : Ruth Prentice
Assistance : Karen Bowen and Andrew Green
Recherche iconographique : Shona Wood
Correction-révision du texte français : Pierre Jacquin, Caroline Giletta
Composition : Richard Gray
Photogravure : F.E. Burman

© 1990 Sté Nlle des Editions du Chêne
© 1990 Ecosystems pour le texte

ISBN: 2.85108.642.1
Dépôt légal: 8771. Septembre 1990
34/0805/1
Imprimé en Espagne

SOMMAIRE

1 GAIA: LA PLANETE VIVANTE — *8*

2 NOTRE PLANETE QUI MEURT
L'Equilibre de la Nature — *26*
Les Modifications de l'Atmosphère — *40*
Les Forêts — *54*
Les Terres Arables — *96*
Les Plaines — *116*
Les Cours d'Eau — *128*
La Nappe Phréatique — *142*
Les Marécages — *150*
Les Côtes et Estuaires — *164*
Les Mers et Océans — *172*
Les Récifs de Corail — *186*
Les Iles — *194*
Les Montagnes — *200*
Les Déserts — *208*
L'Antarctique — *218*
L'Arctique — *226*

3 LA DIMENSION HUMAINE
La Baisse de la Qualité de la Vie — *240*
L'Avenir en Perspective — *252*
La Dynamique de la Destruction — *264*
Solutions pour Survivre — *272*

Index — *283*
Remerciements — *287*

1
GAIA
La Planete Vivante

◄► Des éclairs illuminent le parc national de Kavir, en Iran, accompagnant les pluies d'orage qui revivifient ce paysage aride et inhospitalier. Pendant des millions d'années, la vie a relevé avec succès les défis posés par le vaste éventail d'habitats qui s'étendent des déserts aux profondeurs des océans. Mais aujourd'hui, de nombreuses espèces sont condamnées à un avenir incertain, dû à la destruction de ces habitats par l'homme.

GAIA

Lorsque, dans les années 60, les premiers astronautes purent regarder la Terre à partir de leur orbite spatiale, ils virent une planète manifestement vivante. Des mers bleu saphir, des terres brunes, des forêts vertes, des pôles coiffés de glace, des nuages blancs, des montagnes, des déserts, des villes et, indifférent à ce panorama ahurissant, le rythme quotidien du jour et de la nuit. C'était un spectacle exceptionnel et, grâce aux images transmises par les cosmonautes aux habitants de la Terre, des millions de personnes autour du globe purent en profiter également. Voir la planète dans son intégralité était déjà en soi une expérience sans précédent; être à même d'en admirer la grandeur, la beauté et la vitalité, cela remettait en question des images conventionnelles aussi profondément enracinées que celles qui avaient succédé au premier périple autour du globe. La Terre n'était pas une boule de matière inerte colonisée au hasard par des organismes : non, elle avait constitué, avec les formes de vie qui s'y étaient établies, une nouvelle unité. On aurait dit, en somme, que la planète tout entière constituait un unique organisme vivant.

Pour beaucoup de ceux qui regardaient, captivés, les premières images, un peu tremblotantes, qui arrivaient de l'espace, l'idée que la Terre pût être vraiment «vivante» paraissait sans doute nouvelle. Mais, en fait, cette notion est plus ancienne que la civilisation. Les Grecs de l'Antiquité, par exemple, avaient déifié la Terre, qu'ils révéraient sous le nom de «Gaïa», la déesse Terre. Elle était responsable du bon état de son domaine et récompensait le soin que l'on prenait de ses biens – forêts, cours d'eau et créatures vivantes habitant la Terre – par de bonnes récoltes et des nourritures giboyeuses. Mais si on la maltraitait, si on détruisait ses forêts, si l'on érodait ses collines, si l'on tuait ses créatures et qu'on polluait ses rivières et ses lacs, elle se vengeait en déchaînant des catastrophes naturelles, sécheresse, famine, tremblements de terre, violentes tempêtes et maladies.

◀ La chaîne de montagnes de l'île d'Hawaii, vue de la navette spatiale Discovery. Quand on l'observe de l'espace, il est manifeste que la partie de notre planète qui permet à la vie d'exister – la "biosphère" – n'est qu'une mince couche, limitée par la surface océanique et le sommet des montagnes.

Pendant des millénaires, la grande majorité des sociétés humaines observa les mystères de Gaïa, et beaucoup continuèrent à se conformer à ses lois, vivant de façon satisfaisante dans les limites de leur environnement naturel. Leur réussite ne reflète pas seulement leur organisation sociale et économique, mais aussi leur notion du monde naturel. Le respect que les Grecs de l'Antiquité manifestaient à l'égard de Gaïa, depuis longtemps révolu en Europe et en Amérique du Nord, trouve aujourd'hui son expression dans les croyances de certains groupes tribaux, comme les Indiens Yacuna d'Amazonie occidentale.

Les Yacuna ne considèrent pas que les forêts existent seulement pour leur profit à eux ou pour celui des êtres humains en général. Au contraire, une notion est profondément enracinée dans leur conception du monde : à savoir qu'il faut conférer à chacune des parties vivantes de la forêt équatoriale la possibilité d'exister, afin de maintenir l'intégrité du tout, faute de quoi surviendront la maladie, les catastrophes et la mort. Les Yacuna envisagent la nature et l'ensemble de la création comme participant à un réseau complexe d'échanges réciproques; ils ont la conviction qu'aussi bien les animaux que les plantes sont semblables à eux. Aussi respectent-ils les territoires et les modes de vie de ces créatures qui sont leurs prochains; ils savent comment se comporte chacune d'elle et redoutent les conséquences de tout mal qui leur serait fait.

Pour les personnes élevées dans la société industrielle d'aujourd'hui, les Yacunas et d'autres groupes analogues semblent sans doute être des arriérés bizarres, des sociétés que le «progrès» a négligées, les laissant à la merci d'un environnement hostile dont on ne peut rien tirer et contre lequel il faut lutter avec bec et ongles. Tel n'est pas le cas de l'homme moderne! Par son esprit de recherche, par son ingéniosité et par l'application assidue de la science et de la technologie, il a acquis une maîtrise croissante sur le monde naturel, à ce point que la majorité de nos concitoyens consomme trois repas par jour sans se demander une seconde d'où vient la nourriture.

Ainsi, Gaïa a été défroquée, descendue de son piédestal et confinée au rôle de servante indisciplinée. Nous avons pris au sérieux l'exhortation de Francis Bacon, philosophe du XVIIe siècle qui nous engageait à «arracher à la nature les secrets de sa poitrine, de sa matrice et de ses entrailles», et à modeler le monde naturel conformément à nos desseins. L'intervention du moteur à vapeur, puis celle du moteur à combustion interne, nous ont donné la possibilité d'extraire des ressources et de fabriquer des biens à une échelle dont ne pouvaient rêver les technologues de l'ère préindustrielle. L'avènement de la révolution pétrochimique dans les années 40 nous a conféré des pouvoirs encore plus grands; il a permis la production en masse de substances chimiques inconnues dans la nature, dont le pesticide DDT n'est qu'un exemple. Aujourd'hui, nous sommes entrés dans une ère d'interventions sans précédent : l'ingénierie génétique nous donne, en effet, la capacité de créer des formes de vie entièrement nouvelles.

En fait, notre foi en la science et la technologie est telle que, par moments, il a pu sembler qu'il n'y avait pas de limites à ce que nous pouvions réaliser. En 1966, Hubert Humphrey, alors vice-président des Etats-Unis, déclarait à un auditoire de jeunes hommes de science : «Il se peut que nous soyons vraiment dans l'âge des miracles. Ce sera votre âge.» En l'an 2000, prédisait-il, les scientifiques seraient parvenus à «l'élimination virtuelle des maladies bactériennes et virales», à la «correction des défauts héréditaires» et à «l'atterrissage d'êtres humains sur la planète Mars». Aujourd'hui, certains hommes de science ont même présagé des «durées de vie infinies». Ils se livrent à bien d'autres prévisions encore : la mise à notre disposition d'une énergie abondante et bon marché grâce à la fusion nucléaire, l'établissement de colonies spatiales gigantesques et la réélaboration du corps humain de façon à éviter le gaspillage et la perte de temps que représentent, par exemple, les fonctions excrétrices.

A l'heure actuelle, les jeunes scientifiques qui écoutaient naguère le discours de Hubert Humphrey se demandent peut-être ce qu'il est advenu de l'utopie qu'il annonçait. En dépit de deux décennies d'expansion économique et de sophistication technologique croissante, l'âge des miracles n'a pas réussi à se concrétiser de façon palpable.

L'humanité a incontestablement bénéficié de certains avantages, mais ceux-ci seront bientôt éclipsés par le coût des destructions. A vrai dire, pour la plus grande partie de l'humanité, l'avenir est sombre. Comme l'a conclu le président Carter dans un rapport datant de 1980 : «Si la tendance actuelle se poursuit, en l'an 2000, le monde sera plus encombré, plus pollué, moins stable écologiquement et plus vulnérable aux perturbations que le monde dans lequel nous vivons aujourd'hui… En dépit d'une production matérielle plus abondante, la population mondiale sera plus pauvre, à beaucoup d'égards, qu'elle ne l'est aujourd'hui. Pour des centaines de millions de personnes désespérément pauvres, la perspective de disposer de nourriture et d'autres biens nécessaires à la vie ne sera pas meilleure. Pour beaucoup d'entre elles, les choses empireront. S'opposant aux progrès révolutionnaires de la technologie, l'existence de la plupart des gens, sur la Terre, sera plus précaire qu'elle ne l'est à présent – à moins que les nations du monde n'agissent de façon décisive pour modifier les tendances actuelles».

▲ Un village des indigènes Orang Asli, sur les hauts plateaux de la Malaysie. Comme les Indiens d'Amazonie, ces indigènes vivent en harmonie avec leur environnement. Ils chassent, pratiquent une agriculture faisant alterner récolte et brûlis, cultivent le riz et le tapioca sur des zones de terrain qu'ils abandonnent au bout de deux saisons.

UN IMPACT GLOBAL

Notre civilisation n'est pas la première qui ait dévasté son environnement. La documentation archéologique abonde en vestiges de civilisations anciennes qui ont dépassé les limites de leur milieu écologique et laissé derrière elle, comme héritage, des paysages complètement dégradés. Il est certes difficile d'imaginer que les sables qui recouvrent maintenant, en Irak, la ville de Babylone, jadis splendide, servaient de terreau aux céréales qui nourrissaient une grande civilisation; ou que les collines dénudées du Liban moderne étaient recouvertes des vastes forêts de cèdres qui fournirent au roi Salomon le bois nécessaire à la construction du grand temple de Jérusalem. Mais tel fut bien le cas, et c'est la main de l'homme qui a amené ces pays à leur état actuel. Dépouillés de leur couverture forestière, ayant servi de pâture au bétail jusqu'à épuisement, exploités à fond, ces pays autrefois fertiles ont été victimes de l'érosion et rapidement réduits à l'état de brousse ou de désert.

Mais il y a d'importantes différences entre les destructions du passé et celles d'aujourd'hui. Autrefois, les dégradations écologiques étaient limitées dans leurs proportions et dans leur étendue, tant en raison des techniques dont on disposait alors que

14 LA PLANETE VIVANTE

«Avec la bénédiction de cette philosophie qui semble désormais guider notre destin, rien ne doit se mettre en travers du chemin de l'homme armé de sa bombe insecticide. Les éventuelles victimes de sa croisade contre les insectes comptent pour quantité négligeable : si d'aventure rouge-gorge, faisan, raton-laveur, chat ou même bétail occupent le même coin de terre que les insectes visés et se trouvent frappés par une pluie de poisons insecticides, nul n'a le droit de protester.»
Rachel Carson, Silent Spring.

▶ En Ukraine, une femme soigne une victime des retombées de la catastrophe de Tchernobyl. Contrairement à certaines formes de pollution, les rayonnements radioactifs sont invisibles et leurs effets ne deviennent apparents qu'avec le temps. Nombre d'isotopes radioactifs demeurent dangereux pendant des décennies ou des siècles, de sorte qu'il est difficile de déceler et de soigner les personnes contaminées. Pour cette vieille femme, la nécessité de cultiver la terre a été plus forte que la crainte d'une menace invisible.

parce que les activités des hommes, à cette époque, n'affectaient que des zones relativement restreintes.

En ce sens, notre civilisation est unique, car son impact est devenu global : il détruit ou sape la viabilité de nos écosystèmes d'un pôle à l'autre. Des déchets toxiques, enfouis dans des cavités du sol ou déchargés directement dans les cours d'eau, ont contaminé fleuves et nappes phréatiques dans le monde entier *(voir p. 132-153)*, polluant les réserves d'eau et détruisant la population aquatique. L'agriculture excessivement intensive condamne chaque année une zone de deux cent mille kilomètres carrés à se muer en désert ou en semi-désert : près d'un quart de la surface émergée de la Terre s'en trouve actuellement affecté *(voir p. 100-119)*. Les forêts tropicales, les forêts des zones tempérées, la mangrove, les marécages, les prairies, les océans et les mers, tous sont désormais menacés par nos activités. Même l'Antarctique, qui fut pendant longtemps le continent vierge, est en danger : on est en train d'évaluer ses ressources minérales et pétrolières pour les exploiter...

Cet assaut global sur l'environnement est soustendu par un mode de vie qui exige de notre milieu davantage qu'il n'en peut supporter. Nous sommes devenus dépendants de produits et de processus qui sont intrinsèquement destructeurs, soit du fait de leur fabrication, soit par leur utilisation, soit par leur élimination, ou par les trois démarches réunies. Pour se rendre à leur travail, par exemple, beaucoup de personnes doivent conduire une voiture. Pour fabriquer une voiture, il faut du fer, de l'acier, des matières plastiques, du caoutchouc, de l'eau et de nombreuses substances chimiques. Pour se procurer de l'acier, il faut extraire le minerai de fer, le fondre, le refroidir. Pour faire fonctionner la voiture, il faut de l'essence. Pour obtenir l'essence il faut des puits et des raffineries de pétrole. Pour circuler en voiture, il faut des routes. Pour construire des routes, il faut sacrifier du terrain, dont la plus grande partie est extrêmement productive. Et le processus ne s'arrête pas là. Chaque fois qu'elle circule, une automobile émet quantité de substances chimiques nocives, dont certaines sont préjudiciables pour la santé humaine et certaines ont une action destructrice sur l'environnement. Et quand, finalement, la voiture parvient au terme de son existence utile, il faut s'en débarrasser, ce qui crée encore d'autres problèmes d'environnement.

Les clignotants sont allumés depuis des décennies. A la fin des années 50, une partie des habitants de la ville japonaise de Minamata ont été empoisonnés après avoir consommé du poisson contaminé par le mercure; ainsi a été mis en lumière le danger qu'en s'introduisant dans la chaîne alimentaire les substances chimiques dispersées dans le milieu puissent atteindre des niveaux toxiques. Quelques années plus tard, dans son ouvrage devenu classique, *Silent Spring*, Rachel Carson a mis en évidence le péril que font courir les pesticides. A la fin des années 70, à la suite du suintement de substances chimiques d'une ancienne décharge toxique près de Niagara City aux Etats-Unis et de l'évacuation consécutive de résidents voisins, le public a pris conscience de l'héritage que nous avait laissé la pollution qui résultait d'années de dépôt irresponsable de déchets. A la fin des années 80, on a assisté à des retombées radioactives sur des régions entières d'Europe et des Etats-Unis, par suite de l'explosion d'un réacteur nucléaire à Tchernobyl en URSS, et on a constaté suffisamment de signes de changement de climat pour que la plus grande partie des climatologues nous préviennent que le «réchauffement du globe» était déjà une réalité.

Ce qui semble inquiétant, c'est la possibilité que

▶ Les eaux vertes d'une rivière polluée dans le Tyrol autrichien. L'industrie utilisant de plus en plus de produits chimiques synthétiques, les risques de fuites accidentelles s'accroissent. Il est rare que la pollution soit localisée, car l'eau et l'air peuvent diffuser les contaminants dans tout le milieu environnant. A la fin du XXᵉ siècle, on commence seulement à évaluer les effets potentiels de la pollution.

Le système solaire

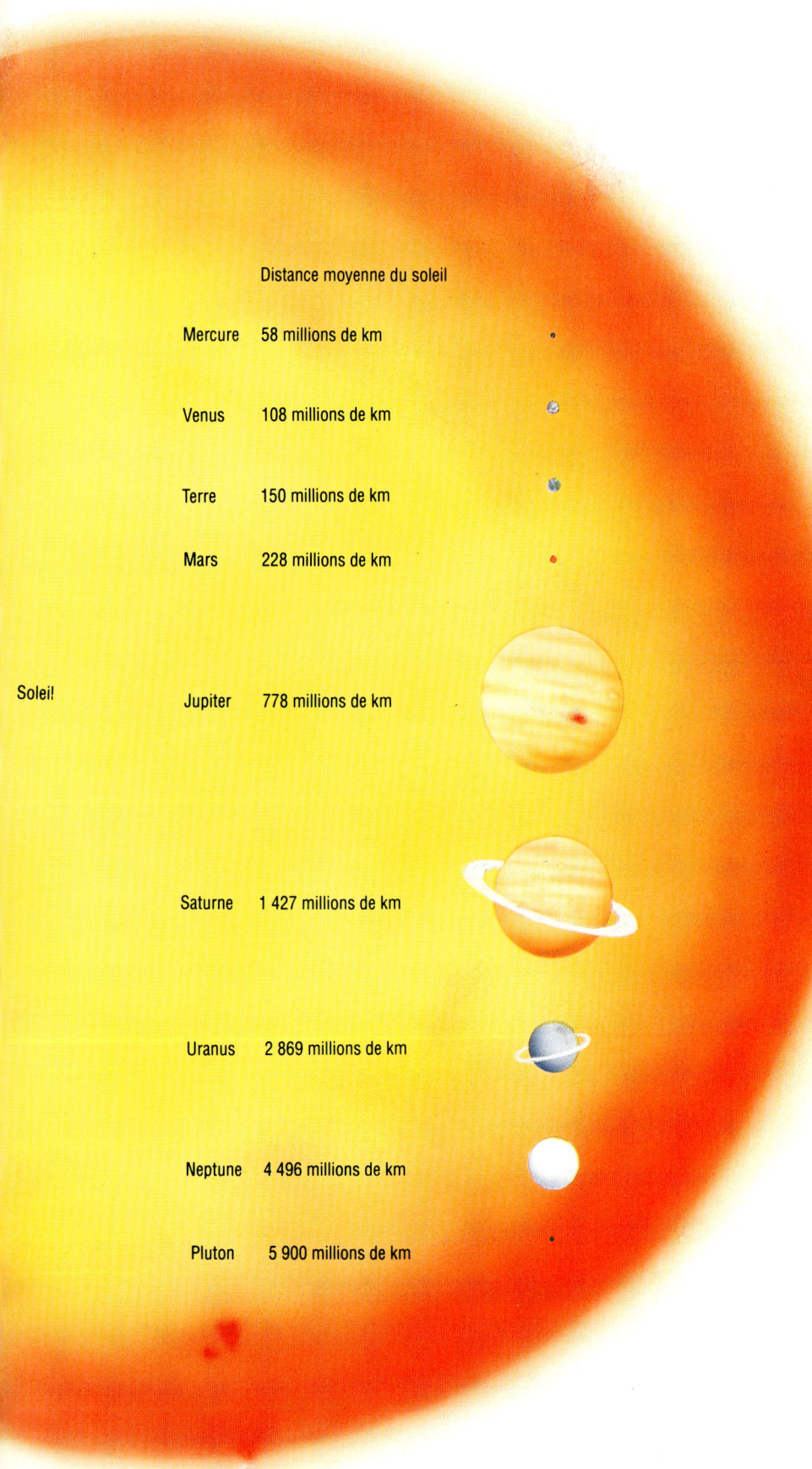

	Distance moyenne du soleil
Mercure	58 millions de km
Venus	108 millions de km
Terre	150 millions de km
Mars	228 millions de km
Soleil	
Jupiter	778 millions de km
Saturne	1 427 millions de km
Uranus	2 869 millions de km
Neptune	4 496 millions de km
Pluton	5 900 millions de km

nous ayons dépassé le stade d'un simple endommagement des écosystèmes et que nous soyons en train de détruire les processus mêmes qui confèrent à la Terre une situation adéquate pour entretenir des formes plus élevées de vie. En fait, plus nous apprenons de données sur l'existence sur terre, moins extravagante paraît l'idée antique de «Gaïa».

L'HYPOTHESE DE GAIA

Pour que la vie telle que nous la connaissons se poursuive, l'équilibre des gaz dans l'atmosphère doit demeurer dans certaines limites. Si l'on dépasse ces limites, les conséquences peuvent en être désastreuses. Ainsi, pendant les 250 millions d'années qui viennent de s'écouler, la proportion de l'oxygène dans l'atmosphère est restée remarquablement constante, autour de 21%. Il est heureux qu'il en ait été ainsi, car si la proportion de l'oxygène descendait, disons à 16 %, les animaux à métabolisme rapide, comme les humains, suffoqueraient; et si elle atteignait 25 %, la surface de la Terre serait consumée par des incendies ravageurs, même les forêts tropicales les plus humides prenant feu au premier coup de tonnerre.

Comme l'a fait remarquer le chimiste James Lovelock, spécialisé dans l'étude de l'atmosphère, la composition chimique de l'atmosphère terrestre est «hautement improbable», et ce n'est pas celle qu'on s'attendrait à découvrir compte-tenu des règles de la chimie orthodoxe. Par exemple, l'oxygène coexiste avec le méthane qui absorbe l'oxygène et est considéré comme gaz «réducteur». Certains dérivés de l'oxygène réagissent au méthane en présence de la lumière solaire pour produire du gaz carbonique et de l'eau. Faute de nouvelles sources de méthane pour remplacer celui qui a été ainsi oxydé, ce gaz serait vite épuisé.

Tel est effectivement le cas sur Mars et sur Vénus, les deux planètes voisines de la Terre, toutes deux dotées d'atmosphères comportant des traces minimales d'oxygène et pas de méthane du tout. En revanche, l'atmosphère terrestre contient 21 % d'oxygène et la teneur en méthane est 10^{35} fois (1 000 millions de billions de billions de fois) plus élevée qu'on ne s'y attendrait compte tenu du niveau d'oxygène. Selon Lovelock, cela s'explique du fait que l'atmosphère est réapprovisionnée aussi bien en méthane qu'en oxygène par des organismes vivants.

On a également la preuve que la vie joue un rôle essentiel pour régler la teneur de l'atmosphère en gaz carbonique, donc, en partie, pour régler la température de la surface de la Terre. Contrairement à la Terre, Vénus et Mars ont des atmosphères riches en gaz carbonique, avec des concentrations qui dépassent 95 %. En revanche, la teneur de l'atmosphère terrestre en gaz carbonique est seulement de 0,03 %. Ce gaz produit un puissant «effet de serre», ce qui signifie qu'il laisse passer la chaleur du Soleil mais en retient une partie qui est renvoyée vers son origine. Du fait de cette couche de gaz carbonique qui retient la chaleur (et que nous appellerons donc «gaz de serre»), la température à la surface de Vénus, plus proche du Soleil que la Terre, est de 450 °C, alors que celle de Mars, plus élevée grâce au gaz carbonique qu'elle ne devrait l'être, est néanmoins glaciale : – 53 °C.

GAIA A L'OUVRAGE

La Terre a des origines analogues à celles de Vénus et de Mars et il est probable qu'il y a quatre milliards d'années son atmosphère était aussi riche en gaz carbonique. Le Soleil était alors d'environ 25 % plus froid qu'il ne l'est aujourd'hui, et seule la teneur élevée en gaz carbonique de l'atmosphère terrestre a dû maintenir la Terre assez chaude pour que la vie puisse s'y instaurer. Mais alors que le Soleil se réchauffait, la couche de gaz carbonique aurait dû également susciter le réchauffement excessif de la Terre.

Comment la vie a-t-elle réussi à réduire cette couche de gaz carbonique à un rythme suffisant pour maintenir la température moyenne de la surface terrestre à un niveau optimum pour la vie elle-même? Ce

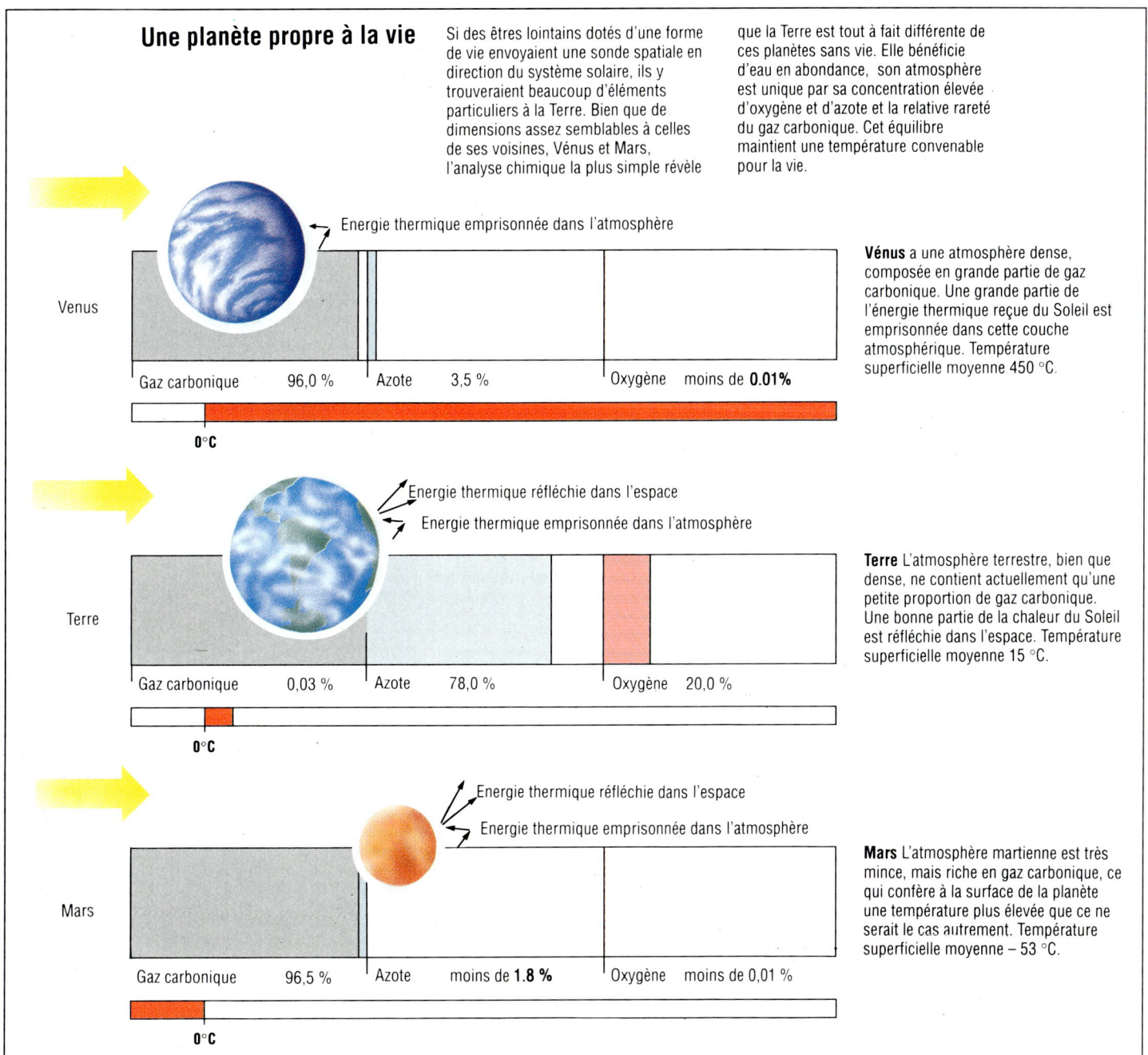

Une planète propre à la vie

Si des êtres lointains dotés d'une forme de vie envoyaient une sonde spatiale en direction du système solaire, ils y trouveraient beaucoup d'éléments particuliers à la Terre. Bien que de dimensions assez semblables à celles de ses voisines, Vénus et Mars, l'analyse chimique la plus simple révèle que la Terre est tout à fait différente de ces planètes sans vie. Elle bénéficie d'eau en abondance, son atmosphère est unique par sa concentration élevée d'oxygène et d'azote et la relative rareté du gaz carbonique. Cet équilibre maintient une température convenable pour la vie.

Vénus a une atmosphère dense, composée en grande partie de gaz carbonique. Une grande partie de l'énergie thermique reçue du Soleil est emprisonnée dans cette couche atmosphérique. Température superficielle moyenne 450 °C.

Terre L'atmosphère terrestre, bien que dense, ne contient actuellement qu'une petite proportion de gaz carbonique. Une bonne partie de la chaleur du Soleil est réfléchie dans l'espace. Température superficielle moyenne 15 °C.

Mars L'atmosphère martienne est très mince, mais riche en gaz carbonique, ce qui confère à la surface de la planète une température plus élevée que ce ne serait le cas autrement. Température superficielle moyenne – 53 °C.

18 LA PLANETE VIVANTE

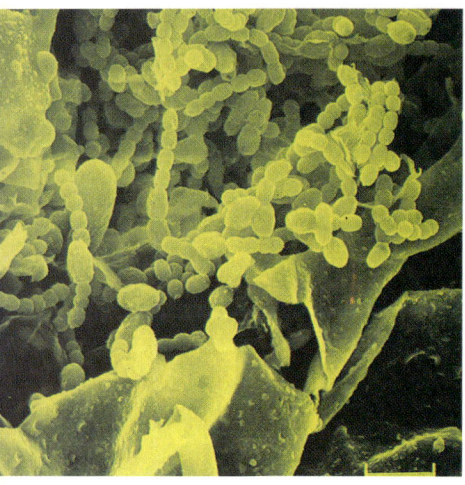

▲▲ Des stromatolites à Shark Bay, en Australie occidentale. Les stromatolites sont des structures dures en forme de coussin, formées par des cyanobactéries. Ce sont les plus anciennes structures organiques de la terre : on estime que certaines d'entre elles sont âgées de 3 milliards d'années.

fut possible grâce à la capacité des organismes à utiliser l'énergie du Soleil pour synthétiser des substances riches en énergie, les hydrates de carbone, à partir de la combinaison de gaz carbonique et d'eau, processus que l'on désigne aujourd'hui sous le nom de photosynthèse, parce qu'il utilise l'énergie de la lumière du Soleil pour provoquer cette réaction. Tout en retirant le gaz carbonique de l'atmosphère, la photosynthèse engendre de l'oxygène. Quand ces substances sont apparues sur la Terre, il y a peut-être 3,9 milliards d'années, il aurait pu sembler que la photosynthèse était inutile, car les mers abondaient en composés riches en énergie. Mais ces substances s'épuisèrent bientôt et, pour que la vie continue, il était essentiel que soit produite une autre source d'énergie. D'après les vestiges fossilisés trouvés dans les plus anciennes roches terrestres, nous avons la preuve que les premiers organismes capables de photosynthèse étaient des cyanobactéries, dont les descendants modernes se trouvent dans divers habitats, parmi lesquels les tapis de stromatolite de certaines régions sub tropicales.

Ces organismes anciens et microscopiques n'ont pas seulement dégagé les premières molécules d'oxygène libre, ils ont aussi été à l'origine du processus consistant à déposer le gaz carbonique sous forme de car-

◀ L'histoire de l'atmosphère terrestre, telle qu'on peut la lire dans les roches des Badlands, dans le Dakota du Nord. Les bandes de couleurs différentes mettent en évidence la "modification" qui a eu lieu dans l'atmosphère il y a plus de 2 milliards d'années. C'est alors que les organismes capables de photosynthèse ont commencé à dégager de grandes quantités d'oxygène dans l'atmosphère. En se combinant avec les minéraux du sol, l'oxygène a fixé des couleurs diverses, ce qui constitue une sorte d'image du passé de notre planète.

« Quel que soit le soin avec lequel nous analysons le phénomène de la vie, quels que soient les noms que nous choisissons de donner aux espèces ou les types d'arbres généalogiques que nous leur élaborons, la vie qui, sous toutes ses formes, habite notre planète en a au cours des siècles progressivement, mais profondément, modifié l'aspect. En un sens, la vie et la Terre constituent une unité dont les deux composantes influent l'une sur l'autre. »
Lynn Margulis, professeur de biologie à l'université de Boston

« Jusqu'au centre du monde vous m'avez conduit, puis montré la bonté, la beauté et l'étrangeté de la Terre verdoyante, notre unique mère. »
Elan Noir, saint homme des Sioux, 1931.

▲▲ Les falaises crayeuses d'Etretat en Normandie : elles résultent du dépôt, pendant des millions d'années, de carbonate de calcium par des animaux marins élémentaires. Aujourd'hui, la mer gagne sur les falaises.

Un nudibranche ou «limace de mer» : comme la plupart des organismes, celui-ci est «aérobique», c'est-à-dire qu'il a besoin pour vivre d'oxygène qu'il absorbe par ses branchies en forme de plume.

bonate de calcium ($CaCO_3$), c'est-à-dire de craie. Depuis lors, quantité d'organismes divers, dont des plantes marines unicellulaires, des animaux marins, des mollusques et des coraux, ont acquis la capacité de former des coquilles calcaires et des squelettes extérieurs. Selon Lovelock, c'est ce processus qui a assuré le mécanisme grâce auquel la couche de gaz carbonique terrestre s'est réduite. Effectivement, on peut considérer les falaises blanches de Douvres, la Grande Barrière australienne et d'autres dépôts calcaires comme de vastes décharges naturelles de gaz carbonique.

Aujourd'hui, grâce aux images de l'Océan prises par satellite, nous pouvons voir d'énormes floraisons d'algues coccolithorides, parfois de plus de 150 km de long, qui rendent la surface de la mer laiteuse par l'effet de leurs écailles calcaires. De tels organismes continuent à freiner le réchauffement de la surface terrestre au fur et à mesure que le Soleil devient plus brûlant.

DES CYCLES CRITIQUES

Les dépôts calcaires dépendent d'un cycle complexe, dans lequel les organismes vivants jouent un rôle crucial. En tombant, la pluie capte le gaz carbonique de l'air, forme un acide léger, l'acide carbonique (H_2CO_3), qui désagrège peu à peu les roches. Si celles-ci sont calcaires, cette désagrégation provoque le dégagement de bicarbonate soluble (HCO_3) qui, une

«L'écologie nous a pris à la gorge.»
Mikhail Gorbatchev.

▼ Une forêt de Tchécoslovaquie tuée par les pluies acides. On ne comprend pas encore exactement comment la pluie agit de façon aussi dévastatrice. Trop souvent, l'incapacité où se trouvent les hommes de science de reconstituer la chaîne des causes et des effets sert d'excuse à l'inaction. Mais au moment où l'on prendra des mesures, il risque d'être trop tard.

fois entraîné dans les cours d'eau et dans la mer, fournit le matériau dont les organismes marins tirent leur squelette externe. Cependant, les plantes terrestres accélèrent le processus de désagrégation en absorbant dans le sol autour de leurs racines le gaz carbonique, qui peut ensuite former de l'acide carbonique; elles bénéficient du dégagement de substances nutritives dans le sol.

La quantité de gaz carbonique qui reste dans l'atmosphère dépend de plusieurs facteurs. Par exemple, on sait que les plantes qui procèdent à la photosynthèse ont tendance à croître davantage au fur et à mesure que la teneur en gaz carbonique de l'atmosphère augmente; cette croissance accrue des plantes aura tendance à réduire la proportion de gaz carbonique dans l'atmosphère. Ainsi le cycle se régularise de lui-même par un processus de rétroaction.

Le soufre est une autre substance nutritive essentielle qui, comme le bicarbonate du sol, tend à filer dans la mer, en s'introduisant dans un cycle où sont impliqués des organismes vivants. Là, des plantes simples, telles que les algues nommées coccolithophorides, ont trouvé une utilisation ingénieuse du soufre, en créant dans leurs cellules un composé spécial qui empêche les sels de l'eau de mer d'y pénétrer. Quand ce composé se désagrège après la mort des coccolithophorides, il produit une substance volatile, le diméthylsulfure. Celui-ci s'oxyde rapidement en anhydride sulfureux (SO_2) dans l'atmosphère qui se trouve au-dessus de la mer. L'anhydride sulfureux suscite la formation de nuages de pluie au-dessus des océans, nuages qui amènent la pluie sur la terre ferme et, avec elle, le soufre sous forme d'acide sulfureux (H_2SO_3), produit par la combinaison d'anhydride sulfureux et d'eau.

LA SURCHARGE DU SYSTEME

La pluie acide est donc un phénomène parfaitement normal et essentiel. Mais avec l'industrialisation très poussée de notre civilisation, nous avons ajouté une grande quantité d'anhydride sulfureux à l'environnement, commencé à surcharger le système naturel et, de ce fait, à en entraver les mécanismes régulateurs. Ainsi, les pluies acides sont devenues un grave problème dans plusieurs parties du monde; par leur faute, les eaux de nombreux lacs et des cours d'eau de Scandinavie, d'Ecosse et d'Amérique du Nord se sont révélées incapables de maintenir en vie même les espèces les plus résistantes de poissons.

Dans des régions relativement protégées de la pollution, comme les parties les plus septentrionales du Canada, les retombées de soufre sont inférieures à 10 kilos par hectare et par an. Mais dans les parties très atteintes du monde, comme la Suède méridionale, la teneur moyenne en soufre des pluies acides est deux à trois fois plus élevée. En Suède, au moins dix-huit mille lacs, sur un total de vingt mille, sont à présent acidifiés au point de ne pouvoir assurer l'existence de poissons. Le sol souffre également : certaines régions du Sud de la Suède ont vu leur acidité s'accroître dans la proportion de un à dix. Une des conséquences de cet accroissement du niveau d'acidité des sols, est que des minéraux toxiques, tels que l'aluminium, le cadmium et le mercure, deviennent solubles et, ainsi, peuvent pénétrer dans les plantes, avec des effets désastreux, alors que, normalement, ces substances minérales toxiques restent intégrées au sol.

Dans l'ensemble du monde, une centaine de millions de tonnes de soufre pénètre annuellement dans l'atmosphère par suite des activités de l'homme; la plupart provient de la combustion de combustibles fossiles.

L'agriculture moderne, avec son lourd apport d'engrais artificiels, perturbe également les cycles naturels de Gaïa. Aux Pays-Bas, on alimente les cultures en azote, dans des proportions allant jusqu'à 760 kilos par hectare et par an; et 10 % de ces produits s'évaporent directement dans l'atmosphère. Dans certaines régions d'Europe septentrionale, où le recours aux engrais est abondant, les retombées de composés azotés dans l'atmosphère ont augmenté de vingt fois, ou même davantage. La pluie qui tombe sur les forêts d'Europe du Nord-Est est, à présent, si riche en composés azotés que les troncs de nombreux arbres se sont recouverts d'une sorte de vase verte, comme si des algues s'étaient développées sur l'écorce fertilisée.

QUEL SERA L'AVENIR ?

La «théorie de Gaïa» fait naître de multiples préoccupations, et l'une des plus graves s'exprime en une question : ne sommes-nous pas en train de pousser les processus naturels au-delà de leur capacité à maintenir une atmosphère adaptée aux plus hautes formes de vie? Au-delà d'un certain point, le système cédera la place à un état entièrement nouveau qui peut être extrêmement inconfortable pour la vie telle que nous la connaissons. Actuellement, nous ne savons pas si nous nous acheminons vers une telle mutation; mais une fois déclenchée, l'évolution vers un nouvel état peut survenir avec une extrême rapidité, peut-être en quelques décennies seulement.

Pouvons-nous survivre à un tel «basculement» et, ce qui est encore plus important, pouvons-nous l'éviter? Quelle que soit la réponse, il serait d'une témérité folle de persister dans nos coutumes génératrices de pollution, en espérant que les modifications que nous apportons aux terres, aux mers et aux airs sont seulement transitoires. Car, comme le savaient bien les Anciens, et comme la science moderne est en train de le confirmer, Gaïa prendra à coup sûr sa revanche.

2
Notre PLANETE *qui* MEURT

◀▶ Rock Island Bend sur la Franklin River, au sud-ouest de la
Tasmanie . Durant les années 80, ce fleuve sauvage et magnifique
fut le théâtre d'un conflit majeur entre l'industrie hydroélectrique et les mouvements de
protection de la nature . A la suite d'une protestation internationale, le projet de barrage fut
enterré et toute la région classée patrimoine mondial .

L'EQUILIBRE
de la NATURE

Durant les années 60, pour tenter de faire disparaître la malaria, l'Organisation mondiale de la santé a mis en route un vaste programme destiné à débarrasser les régions tropicales des moustiques, vecteurs de cette maladie. Bornéo faisait partie des pays bénéficiant de ce traitement, et l'OMS entreprit, dans les zones les plus affectées, une grande campagne de pulvérisation de DDT.

Le programme de l'OMS commença par être couronné de succès et le nombre de moustiques diminua de façon spectaculaire. Mais cette population ne fut pas la seule à être exterminée : de nombreuses autres espèces furent intoxiquées par le DDT, et parmi elles une minuscule guêpe, prédatrice des chenilles qui vivent dans le chaume des maisons locales. Une fois les guêpes décimées, le nombre des chenilles s'accrut et prit les proportions d'un véritable fléau : dévorant le toit des maisons, elles provoquaient leur effondrement. Le programme de pulvérisation du DDT ne s'en poursuivit pas moins, mais, seconde conséquence néfaste, les cadavres des moustiques servirent de nourriture aux geckos qui abondent à Bornéo et ces lézards, rendus malades par le DDT, devinrent une proie facile pour les chats du pays qui accumulèrent dans leurs tissus de fortes concentrations du DDT. Les chats trépassèrent par milliers et les rats de Bornéo connurent alors une véritable explosion démographique. Or non seulement ces rongeurs dévorent les récoltes locales, mais ils sont porteurs d'une menace bien pire, la peste bubonique. En désespoir de cause, le gouvernement de Bornéo a demandé qu'on parachute des chats dans les régions les plus atteintes.

A l'heure actuelle, les moustiques ont réinvesti les zones où l'on avait vaporisé le DDT et la malaria y sévit toujours. Beaucoup d'insecticides ont perdu leur efficacité, car les moustiques y sont devenus résistants.

◀ Sur une île des tropiques, la palmeraie s'étend jusqu'à la mer et les récifs de corail bordent le rivage. Mais après l'abattage des forêts, le sol reste sans protection et la plus grande partie en est balayée par les pluies tropicales. Puis la terre que charrient les cours d'eau se déverse dans la mer et étouffe les coraux.

28 NOTRE PLANETE QUI MEURT

TOUT SE TIENT

«Nul n'est une île, complète par elle-même», a écrit le poète élisabéthain John Donne. Il en va ainsi de la faune et de la flore qui composent le monde naturel. Pour survivre, le lion doit dévorer la gazelle, laquelle doit brouter l'herbe qui tire du sol ses substances nutritives. Et tous dépendent du soleil, car sans énergie solaire il ne saurait y avoir de vie sur terre.

Le monde naturel est donc bien davantage qu'une collection fortuite de plantes et d'animaux. La chaîne alimentaire, qui lie chaque organisme à d'autres, les associe tous en une communauté interdépendante, un écosystème, où toutes les créatures vivantes, si petites soient-elles, ont leur place et leur fonction. A l'origine de la chaîne se trouvent les plantes vertes : plantes à fleurs, fougères, mousses, algues géantes ou microscopiques. Ce sont les producteurs primaires, qui prennent le gaz carbonique de l'atmosphère et l'eau du sol et se servent de l'énergie rayonnante du soleil pour produire du glucose, riche en énergie. Au cours de ce processus, ils dégagent de l'oxygène, élément sans lequel les plantes et les animaux ne seraient pas en mesure de survivre.

Ces «producteurs primaires» sont mangés par les herbivores, soit, sur la terre ferme, les cervidés, les

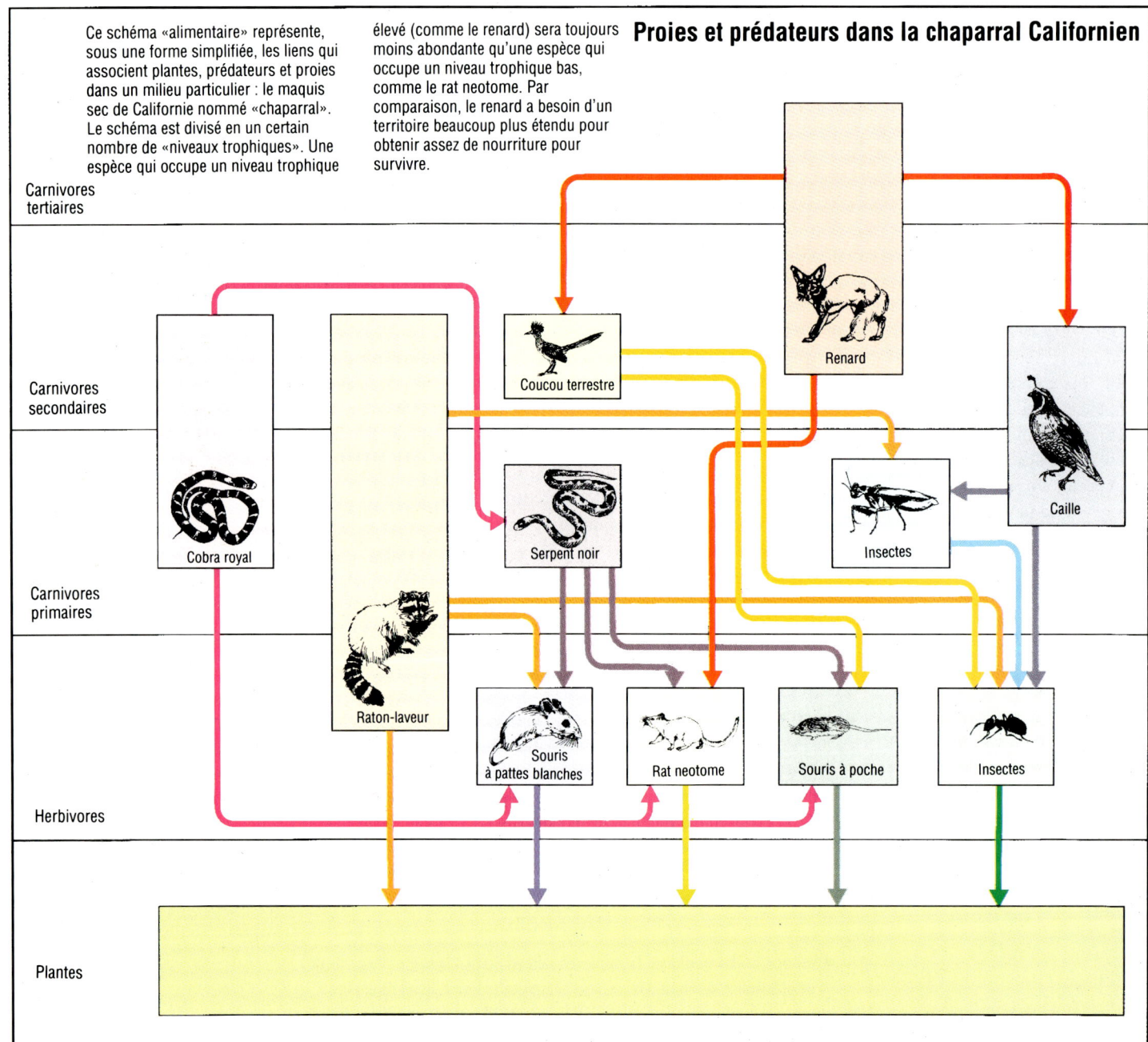

Proies et prédateurs dans la chaparral Californien

Ce schéma «alimentaire» représente, sous une forme simplifiée, les liens qui associent plantes, prédateurs et proies dans un milieu particulier : le maquis sec de Californie nommé «chaparral». Le schéma est divisé en un certain nombre de «niveaux trophiques». Une espèce qui occupe un niveau trophique élevé (comme le renard) sera toujours moins abondante qu'une espèce qui occupe un niveau trophique bas, comme le rat neotome. Par comparaison, le renard a besoin d'un territoire beaucoup plus étendu pour obtenir assez de nourriture pour survivre.

kangourous, les lapins, les chenilles et bien d'autres animaux, et, dans les océans, des créatures microscopiques, désignées globalement sous le nom de zooplancton, qui se nourrissent des petites algues. Les herbivores sont des consommateurs primaires végétariens, et ils servent de proies à des consommateurs secondaires carnivores : gros félidés, rapaces et requins, qui se situent au sommet de la chaîne alimentaire. Pendant ce temps, des décomposeurs, tels que les bactéries et les moisissures, désagrègent la matière morte et recyclent ses substances nutritives à l'intérieur de l'écosystème.

En opérant la photosynthèse, les plantes vertes inhalent du gaz carbonique et dégagent de l'oxygène. Les consommateurs, primaires aussi bien que secondaires, inhalent, eux, de l'oxygène et dégagent du gaz carbonique. Cette espèce d'échange réciproque entre organismes vivants constitue une caractéristique fondamentale du monde naturel. Les cerfs, par exemple, broutent l'herbe et les feuilles des arbres, mais leurs fumées nourrissent les coléoptères, les champignons et les bactéries qui décomposent les excréments et procurent des substances nutritives aux plantes qui permettent aux cerfs de survivre. Des relations analogues, mais à l'échelon microscopique, s'établissent entre beaucoup d'arbres et les bactéries du sol. Les substances sucrées que dégagent les racines de l'arbre favorisent la prolifération des bactéries, et celles-ci alimentent de minuscules amibes qui excrètent de l'ammoniac, lequel est transformé en nitrate par d'autres bactéries, et ce nitrate, assimilé par les arbres, favorise leur croissance. Ainsi, en exsudant des sucres, un arbre peut accroître la quantité d'ammoniac dont disposent ses racines. Où que nous tournions nos regards, nous voyons de telles relations mutuellement bénéfiques; et nous-mêmes dépendons d'une foule de bactéries diverses, dont beaucoup vivent dans nos intestins et dont l'absence serait préjudiciable à notre santé.

L'ÉQUILIBRE DE LA NATURE

Les relations complexes entre plantes et animaux à l'intérieur d'un écosystème sont essentielles à sa stabilité. Elles assurent que le flux d'énergie reste constant dans le système, que des substances nutritives sont à la disposition des membres de celui-ci et que les déchets seront recyclés. Bien qu'avec le temps certaines espèces puissent se modifier par le processus de l'évolution ou même disparaître complètement, le système, dans son ensemble, demeure équilibré.

Il y a plus d'un siècle, un des pères du mouvement écologique moderne, George Perkins Marsh, a mis en évidence la facilité avec laquelle on pouvait déséquilibrer les écosystèmes. Marsh avait été le premier ambassadeur des Etats-Unis en Italie; mais c'était aussi

un botaniste accompli, bien qu'il ne pratiquât cette science qu'en amateur. Il a démontré comment, en détruisant les larves des moustiques le long des rives d'un fleuve, on peut exercer une action fatale sur l'existence des saumons.

A la suite d'une série d'observations patientes, il avait noté que, dans les zones boisées où abondent moustiques et moucherons, leurs larves représentent la nourriture favorite des truites. Celles-ci consomment aussi les larves des éphémères qui, elles, se nourrissent des œufs de saumon. «Ainsi», écrit Marsh, «comme par l'effondrement d'un château de cartes, la destruction du moustique, qui nourrit la truite qui consomme l'éphémère qui détruit les œufs qui produisent le saumon qui fait les délices du gourmet, peut déterminer une pénurie de saumon dans les eaux où, autrement, il abonderait.»

Marsh n'était pas le premier à noter que le monde naturel est doté d'une structure fragile qui, si on la perturbe trop fortement, peut provoquer des répercussions imprévues et désastreuses. En fait, l'idée de l'équilibre de la nature, comme celle de Gaïa, remonte à la préhistoire de l'humanité. Mais bien que beaucoup de gens aient lu les écrits de Marsh à son époque, son message tomba dans l'oreille de sourds. C'était l'âge d'or de la révolution industrielle et les idées de Marsh n'étaient pas en accord avec l'esprit du temps. On considérait alors le monde naturel comme

▲ Darwin a été parmi les premiers à noter la complexité des interactions entre êtres vivants, qui contribue à l'équilibre de la nature. Dans *L'Origine des espèces*, il a noté que les bourdons sont plus nombreux dans les régions où les chats abondent. Les bourdons font leurs nids en sous-sol, et les souris creusent le sol pour manger leurs œufs, leurs larves et leur miel ; or les chats, en mangeant les souris, favorisent indirectement la survie des bourdons.

▲ Le figuier de Barbarie est répandu dans le monde entier. En Australie, son expansion a été catastrophique, jusqu'au jour où on a réussi à la maîtriser en implantant un papillon dont la chenille dévore le figuier. Ce fut l'une des premières applications du «contrôle biologique».

parfaitement malléable et il était admis que l'homme pouvait le modeler à sa guise.

Pourtant, plus nous étudions les mécanismes du monde naturel, plus il devient clair qu'il existe une limite aux perturbations que le milieu peut subir. Comme une toile d'araignée, un écosystème ne peut subir qu'une certaine tension et il n'est possible d'y réparer qu'une certaine quantité de dégâts. Si l'on sectionne un lien essentiel de la chaîne alimentaire, tout l'écosystème se trouve désorganisé. Si l'on détruit le prédateur naturel d'un insecte, celui-ci connaît une explosion démographique qui prend souvent les proportions d'un véritable fléau avant que l'équilibre ne se rétablisse. Si l'on perturbe le recyclage des substances nutritives, l'écosystème tout entier commence à se dégrader.

LES INVASIONS ECOLOGIQUES

Marsh n'a mis en lumière qu'une des manières dont le monde naturel peut se trouver bouleversé. Virtuellement aussi nocive que l'élimination d'une espèce, l'introduction dans un écosystème d'un animal ou d'une plante qui lui est étranger est également délétère.

D'abord, la population d'une espèce apparue récemment dans un milieu risque de croître spectaculairement en nombre, du fait qu'elle n'est tenue en échec par aucun prédateur naturel. Par exemple, le figuier de Barbarie, qu'on avait introduit dans les vergers australiens, s'est mis à proliférer à l'état sauvage et, n'étant maîtrisé par aucun processus naturel, il a rapidement colonisé de vastes régions de l'arrière-pays, où ses épines acérées le rendaient immangeable pour la faune indigène. Une raison supplémentaire de cette prolifération du figuier de Barbarie est qu'on avait précédemment introduit en Australie une autre espèce étrangère, le mouton domestique, qui avait dévasté toute la végétation locale et laissé le sol complètement nu. Mais les moutons ne pouvaient brouter ces figuiers qu'ils trouvaient trop épineux.

Dans son milieu d'origine, l'Amérique du Nord et l'Amérique centrale, le figuier de Barbarie est soumis à un contrôle naturel, du fait d'un papillon, le *Cactoblastis cactorum*, dont la chenille se nourrit de la chair des cactus et, en particulier, de celle du figuier de Barbarie. Mais cette chenille ne se trouve pas à l'état naturel en Australie. En l'occurrence, il a été possible de maîtriser avec succès cette invasion écologique en important en Australie le papillon et en le laissant s'y développer en liberté. En quelques années, le nombre de figuiers de Barbarie avait spectaculairement diminué.

Mais on ne résout pas toujours aussi aisément de tels problèmes. La faune et la flore originales de Nouvelle-Zélande, par exemple, ont souffert de façon particulièrement grave d'invasions écologiques. Les rats, les chats et, pis encore, les furets ont exercé des ravages en détruisant plusieurs espèces d'oiseaux, spécifiques de la Nouvelle-Zélande, qui nidifient au sol.

LA PERTURBATION CHIMIQUE

Récemment, pour conjurer certaines craintes exprimées à propos de l'adjonction de substances chimiques dans les aliments, une entreprise américaine a publié dans plusieurs journaux des placards publicitaires comportant ce slogan rassurant : «La vie n'est qu'un bol de produits chimiques.» En un certain sens, c'est vrai. Tous les organismes vivants sont composés de substances chimiques et en exigent certaines pour survivre. Mais cela ne signifie nullement que toutes les substances chimiques qu'on rencontre dans

L'EQUILIBRE DE LA NATURE 31

▲ Un cerf dans un ranch de Nouvelle-Zélande. Ces animaux s'échappent facilement et vont grossir les troupeaux de six espèces différentes de cerfs, introduits en Nouvelle-Zélande au début du siècle. Ils causent de grands dommages à la végétation et, de ce fait, nuisent aux seuls oiseaux d'origine qui subsistent dans les deux îles. Parmi eux, le takahé, oiseau très rare et très beau *(voir p. 196)*, qu'on croyait disparu et qui a été redécouvert en 1948, est très affecté par la défoliation causée par la gloutonnerie des cerfs.

◄ Le phascogale (possum) introduit en Nouvelle-Zélande entre 1837 et 1875, en provenance d'Australie, y est maintenant omniprésent. Il aggrave les dégâts déjà causés à la végétation locale, qui ont eux-mêmes entraîné l'érosion des pentes et des berges des cours d'eau. Pour stabiliser le sol, on a planté des saules et des eucalyptus, mais en en mangeant les feuilles, les possums ont tué ces arbres, ainsi que beaucoup d'autres plus anciens.

◄ Importés de Hawaii en Australie, pour détruire les insectes nuisibles qui ravageaient les plantations de canne à sucre, les crapauds ont connu au Queensland une expansion catastrophique.

la nature sont inoffensives – à preuve le venin des serpents – ni que les plantes et les animaux peuvent supporter n'importe quel composé chimique que l'homme décide d'introduire dans le milieu.

Même les produits dont les organismes vivants ont besoin pour se maintenir en bonne santé peuvent provoquer des dégâts écologiques quand ils se trouvent en excès. Les plantes, par exemple, ont besoin pour leur croissance de substances nutritives telles que le phosphore et l'azote. Si elles n'en reçoivent pas assez elles périssent. Mais un apport trop riche de ces éléments peut provoquer une explosion démographique de la végétation. Dans les écosystèmes aquatiques tels que les mers, les fleuves, les lacs et les ruisseaux, cela induit un phénomène nommé eutrophisation dont les effets peuvent être dévastateurs.

Une région en a été particulièrement affectée : l'Est-Anglie, qu'on a surnommée le grenier à blé de la Grande-Bretagne. Il y a sept cents ans, le niveau de la mer s'est élevé et l'eau a inondé cette partie de l'Angleterre; elle a comblé d'anciennes tourbières et constitué un réseau de lacs peu profonds, de marécages et de cours d'eau sinueux, qu'on appelle encore les Broads. Ils ont presque tous été asséchés pour en faire des terres arables, mais ceux qui restent sont gravement menacés par l'eutrophisation. Du fait des engrais artificiels dont on nourrit les champs environnants, de grandes quantités de nitrate et de phosphore pénètrent, sous forme d'écoulements, dans l'eau des Broads. Les vidanges ménagères et les effluents des fourrages ensilés ajoutent encore à cette suralimentation des étangs, ce qui favorise la formation, à la surface de l'eau, d'un tapis d'algues qui interceptent la lumière du soleil et transforment la masse liquide située en dessous en l'équivalent aquatique d'un désert. Au fur et à mesure que les plantes qui se trouvent dans l'eau meurent et pourrissent, les organismes en décomposition consomment l'oxygène dissous. Celui-ci est encore appauvri du fait du nombre croissant de bactéries qui se nourrissent de ces eaux riches en matières nutritives. Les poissons, qui tirent directement de l'eau l'oxygène dont ils ont besoin, sont asphyxiés et leurs corps, remontant à la surface, se joignent aux masses en putréfaction d'algues flottant sur l'eau. A l'heure actuelle, quatre seulement des quarante et un Broads qui subsistent sont encore en bonne santé. Les substances nutritives qui provoquent l'eutrophisation sont des composants naturels et même essentiels de la biosphère : le problème se pose seulement en raison des quantités excessives de ces substances qui pénètrent dans des voies ou des plans d'eau. Mais la grande majorité des composés qu'on utilise actuellement dans l'industrie et dans l'agriculture n'ont aucun rôle à jouer dans les processus qui permettent à la vie de subsister.

Certains de ces composés chimiques, comme le cyanure, sont d'une toxicité aiguë, c'est-à-dire qu'ils provoquent la mort même à petites doses. D'autres n'ont qu'une toxicité chronique, c'est-à-dire qu'ils entraînent la mort ou la maladie lorsque des organismes vivants y sont exposés de façon répétée sur une longue période. La même substance chimique peut être d'une toxicité aiguë à haute dose et d'une toxicité chronique à petites doses. Quand le produit chimique affecte le processus qui contrôle la division cellulaire, il peut aboutir à un cancer : les cellules endommagées se multiplient sans contrôle et envahissent les autres tissus de l'organisme, ce qui provoque finalement la mort; on dit de ces produits chimiques qu'ils sont cancérigènes. Dans bien des cas, les cancérigènes sont également mutagènes, c'est-à-dire qu'ils altèrent l'information génétique, en endommageant l'ADN qui détermine le développement des organismes vivants. D'autres substances chimiques, encore, affectent les ovules, les spermatozoïdes ou les embryons d'un animal, ce qui aboutit à des malformations congénitales; on qualifie ces substances-là de tératogènes et l'exemple le plus connu – et le plus scandaleux – en est la thalidomide, qui fut utilisée à un certain moment pour combattre la nausée des femmes enceintes. Des 103 éléments chimiques présents sur notre planète, vingt seulement sont effectivement utilisés par la faune et la flore terrestres. La plupart des autres sont nocifs pour les organismes vivants.

ETRANGERS A LA VIE

Depuis l'aube de l'ère industrielle, l'homme a synthétisé environ six millions de composés chimiques. De ceux-ci, soixante-dix mille au moins sont d'usage courant, et plus de mille substances chimiques nouvelles sont mises sur le marché chaque année. La grande majorité en est xénobiotique, c'est-à-dire «étrangère à la vie».

Tous les composés organiques contiennent des molécules qui consistent en combinaisons diverses d'atomes de carbone et d'hydrogène, mais le nombre de ces combinaisons naturelles n'est qu'une petite partie de celles qui sont chimiquement possibles. La science a permis de produire par synthèse un grand nombre de composés chimiques organiques nouveaux. Par exemple, en joignant un atome de chlore à une molécule composée de carbone et d'hydrogène, les chimistes ont produit des hydrocarbures chlorurés, tels que le trichloréthylène, solvant industriel d'usage courant, et les pesticides DDT, chlordane et pentachlorophénol (PCP). D'autres manipulations chimiques ont produit les biphényles polychlorurés (PCB), qu'on utilise comme ignifuges en raison de leur résistance à la chaleur.

Tôt ou tard, la plupart de ces substances se répand dans le milieu. Certaines, comme les pesticides, sont vaporisées directement sur le sol; d'autres, comme les chlorofluorocarbones (CFC), entrent dans l'atmosphère. A eux seuls, les Etats-Unis produisent trois cent millions de tonnes par an de déchets dangereux, c'est-à-dire plus d'une tonne par citoyen du pays. Et ce chiffre ne comprend pas les masses de résidus que l'industrie vomit dans l'atmosphère ou décharge dans les voies d'eau et les mers.

On a peu expérimenté l'envergure des effets des substances chimiques d'usage courant sur les êtres humains, sans même parler de leurs répercussions sur l'environnement. On ne sait rien des effets de plus d'un tiers des insecticides d'usage courant, mais, on sait que beaucoup de substances chimiques organiques produites par synthèse suppriment ou altèrent les processus biochimiques qui ont lieu dans la nature et que quelques-unes d'entre elles provoquent des cancers, des malformations congénitales ou

▲ Pollution industrielle à Urumqui dans le Nord-Ouest de la Chine. Par suite de la pollution de l'air dans beaucoup de villes chinoises le nombre des bronchites, des pneumonies et de l'asthme est très élevé. On donne beaucoup de publicité aux maladies causées par de grands accidents industriels comme ceux de Bhopal en Inde et de Seveso en Italie, mais le public est moins conscient des effets néfastes d'une exposition continue à des polluants à faible dose.

L'EQUILIBRE DE LA NATURE

des défauts génétiques chez les animaux. Les plus nocives sont celles qui se maintiennent de façon persistante dans le milieu, encore que les plus stables finissent elles-mêmes par se décomposer. Le danger, avec des composés tels que le DDT, le lindane et la dieldrine, c'est leur tendance à se concentrer dans les tissus graisseux des animaux, par un processus dit bioaccumulation. Tous les polluants qui ne sont pas excrétés tendent à rester dans les organismes, puis à passer dans la chaîne alimentaire en se concentrant chez les prédateurs situés au sommet de celle-ci. En mer du Nord, par exemple, la concentration de biphényles polychlorurés dans les tissus des phoques est 80 millions de fois plus élevée que dans l'eau de mer. La bioaccumulation ne se limite pas aux composés organiques produits par synthèse. Les métaux lourds, eux aussi, restent dans les tissus des prédateurs qui ont consommé des animaux pollués, et la concentration de ces polluants peut devenir toxique et aboutir à la mort, comme l'a montré l'exemple des

chats de Bornéo. Parallèlement des animaux exposés à de faibles degrés de pollution sur de longues périodes ne meurent peut-être pas tout de suite, mais leur santé s'altère progressivement, de telle sorte que leur résistance à la maladie en est fortement diminuée. On peut en trouver un exemple dans l'épizootie qui, en 1988, a causé la mort de 18 000 phoques en mer du Nord. Certes, la cause directe de cette hécatombe était un virus, mais il est probable que des polluants comme les biphényles polychlorurés avaient sapé la résistance des phoques au virus. Si tel est bien le cas, la vraie cause de la mort des phoques est la pollution de la mer du Nord et non le virus.

LE FLEAU DES RADIATIONS

Toutes les créatures vivantes sont exposées à des rayonnements naturels, dont certains émanent de l'espace, d'autres de substances radioactives, comme l'uranium et le thorium, qui se trouvent dans les rocs, dans le sol et dans l'eau de mer.

▲ Ces phoques sont en train de mourir d'une maladie virale sur les rivages de la Grande-Bretagne. Cela se passait en 1988, et l'on discute encore des causes de cette épizootie, mais beaucoup de spécialistes pensent que la présence de polluants dans la mer du Nord a diminué la résistance des phoques à la maladie. On a constaté la présence de tumeurs et d'autres affections découlant de la pollution chez les poissons de la mer du Nord, et la concentration de polluants dans le corps de certains d'entre eux fait qu'on ne peut les consommer plus d'une fois par semaine.

34 NOTRE PLANETE QUI MEURT

▼ La pluie infiltrée de matières radioactives et les toxines émanant des déblais d'une mine d'uranium ont détruit toute végétation alentour. La pollution et les maladies causées par l'extraction de l'uranium constituent un des coûts cachés de l'énergie nucléaire.

▶ Beaucoup de roches volcaniques, comme celles de ce paysage granitique, sont naturellement radioactives. Toute forme de radioactivité peut affecter le matériel héréditaire du corps, l'ADN, mais les êtres vivants réparent sans cesse les dégâts et peuvent donc supporter des doses naturelles de rayonnements, sauf si ces radiations sont exceptionnellement intenses. Quand tel est le cas et que le système de «réparations» naturel se trouve dépassé, les déficiences de l'ADN suscitent des tumeurs et des malformations congénitales.

▶ Le cœur d'un réacteur nucléaire est protégé par un épais réservoir contenant de l'eau.

«La rapidité des changements et la vitesse à laquelle se créent les nouvelles situations suivent bien plutôt le rythme impétueux et insouciant de l'homme que la marche circonspecte et réfléchie de la nature. La radioactivité n'est plus le seul fait du rayonnement naturel, que ce soit celui des roches, du bombardement des rayons cosmiques, ou des ultra-violets émis par le Soleil qui, tous, existaient bien avant l'apparition de la vie sur terre ; la radioactivité est désormais une création artificielle résultant des manipulations aventureuses de l'atome par l'homme.»
Rachel Carson. Silent Spring.

L'ÉQUILIBRE DE LA NATURE 35

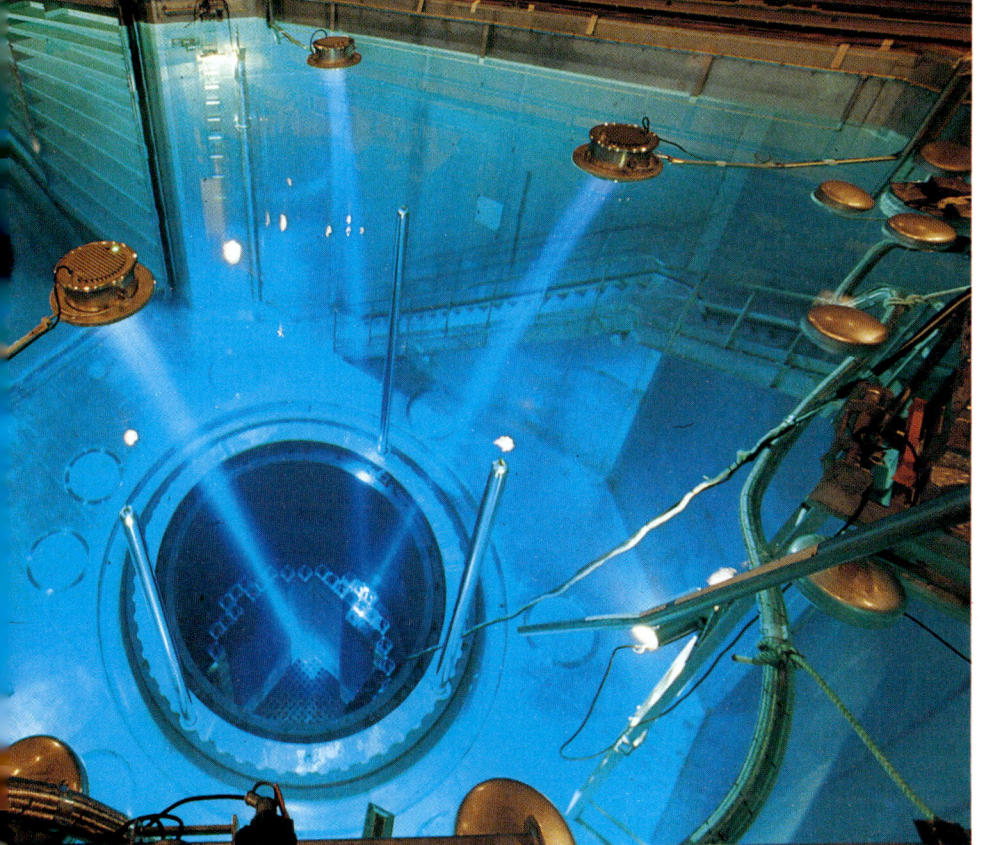

Le rayonnement se mesure en becquerels, un becquerel équivalant à une désintégration atomique par seconde. En moyenne, un être humain reçoit environ 60 000 becquerels en provenance de sources naturelles ; ce rayonnement émane de l'extérieur, ainsi que de substances radioactives naturelles, comme le potassium radioactif qu'on absorbe avec la nourriture. Il n'est évidemment pas possible d'empêcher que l'on soit exposé à ces radiations-là, encore qu'on puisse parfois en réduire la dose.

Si le rayonnement est nocif pour l'organisme, c'est que les cellules sont bombardées par les rayons et les particules à hautes énergie engendrées par la désintégration de l'atome. Les plantes et les animaux n'ont pas le choix : il leur faut vivre sous l'action de ces radiations naturelles du milieu, et ils disposent de mécanismes protecteurs pour en combattre les effets. Mais si ce rayonnement fait inévitablement partie de l'existence, cela ne veut pas dire que des doses supplémentaires de radiations, émanant de sources artificielles, soient inoffensives. Il a été prouvé que l'adjonction, même minime, de radiations au rayonnement naturel provoque un accroissement des maladies et que même, dans certaines régions, le rayonnement normal qui émane du milieu peut provoquer l'apparition de cancers et des altérations génétiques.

Au cours des quarante dernières années, en raison de l'activité de l'homme, les écosystèmes se sont trouvés pollués de façon croissante par des substances émettrices de radiations. Après qu'on a expérimenté plus de mille engins nucléaires en les faisant exploser dans l'atmosphère, les retombées ont recouvert la Terre d'une fine poussière radioactive qui contient du plutonium, substance hautement cancérigène, dont il suffit d'inhaler quelques grains pour accroître sensiblement les risques de formation d'un cancer du poumon. Et le plutonium demeurera un danger de l'environnement pendant des dizaines de milliers d'années. En 1963, ayant pris conscience des risques que cela représentait pour la santé, l'Union soviétique et les Etats-Unis ont signé un traité d'interdiction partielle des essais nucléaires.

Pour approvisionner en combustible les centrales atomiques qui sont maintenant les principales sources d'électricité de quelques pays, notamment la France, il faut extraire de l'uranium, et cette extraction amène à la surface d'énormes quantités de résidus qu'on déverse sur le sol : il peut s'ensuivre un accroissement important des rayonnements radioactifs. Pour extraire l'uranium nécessaire au fonctionnement d'un seul réacteur atomique pendant une année, il faut extraire cent mille tonnes de minerai, dont la plus grande partie sera répandue à la surface du sol sous forme de résidus, et dans ceux-ci subsistent près de 90 % de la radioactivité originale du minerai. Le nombre de réac-

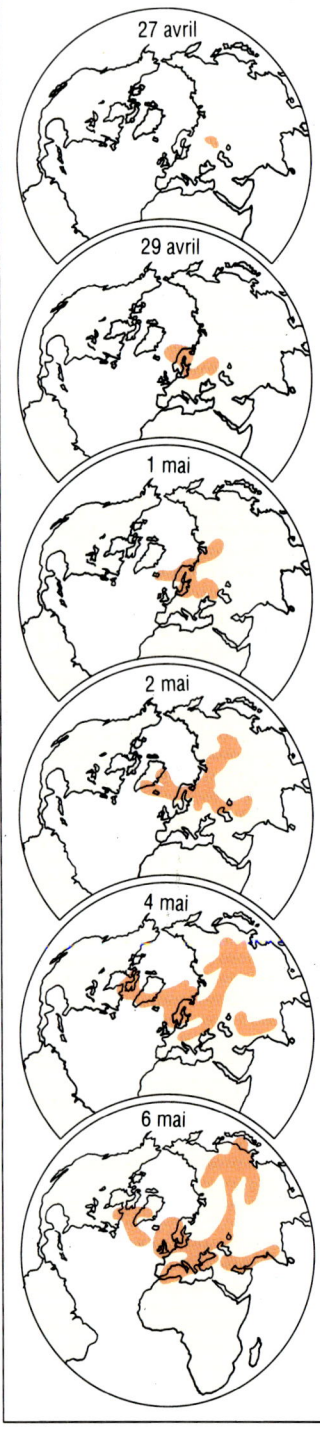

La pollution sans frontières

La radioactivité se répand rapidement dans l'atmosphère de l'hémisphère Nord, à la suite de l'explosion de Tchernobyl qui a eu lieu en avril 1986. En deux semaines, la pollution a parcouru des milliers de kilomètres, traversant sans obstacles les mers et les frontières nationales.

teurs qui ont besoin d'uranium augmente chaque année et les montagnes de résidus radioactifs s'élèvent jour après jour.

En même temps, les centrales atomiques produisent un cocktail extrêmement dangereux de substances radioactives. La fission de l'atome accroît un million de fois, voire davantage, la radioactivité originale de l'uranium. Les déchets à haut degré de radioactivité qui en résultent sont si dangereux qu'il faut les isoler des êtres vivants pour des millénaires. A ce jour, on ne s'est pas mis d'accord sur la meilleure façon de disposer de ces déchets; on a proposé aussi bien de les envoyer par fusée dans l'espace que de les enfouir profondément dans le sol. Quant aux déchets à faible degré de radioactivité, ils sont déchargés dans l'environnement dans des limites fixées par les gouvernements, bien qu'il ait été prouvé de façon accablante qu'ils causent de graves dommages au milieu naturel.

Avec une régularité inquiétante, les installations atomiques ont connu des accidents qui, fréquemment, provoquent le dégagement de substances radioactives dans la nature. Le plus cataclysmique de ces accidents a eu lieu en avril 1986 quand un des réacteurs de la centrale de Tchernobyl, en Ukraine, a explosé. Il a fallu évacuer des centaines de milliers de personnes et, quatre ans après l'accident, on en déplace encore. Dans des zones situées jusqu'à 400 kilomètres de Tchernobyl, la radioactivité est encore de 8 à 25 fois plus élevée qu'elle ne l'est en moyenne dans le milieu environnant. Dans la zone proche de la centrale, les arbres sont morts; mais plus loin, ils se sont développés de façon anormale, produisant d'étranges surgeons et des feuilles difformes. En Bavière, à près de 2 000 kilomètres de Tchernobyl, un mois après l'accident, les vaches qu'on avait laissées paître en pleine nature ont mis au monde trois fois plus de veaux morts-nés que celles qu'on avait gardées dans les étables pour leur éviter de brouter l'herbe contaminée. Dans certaines parties de la Grande-Bretagne, les retombées ont également été importantes. Un an après l'explosion, en Cumbria, dans le pays de Galles septentrional, dans le Yorkshire et en Ecosse, il a fallu proscrire de l'abattage un demi-millions d'ovins dont la viande contenait plus de mille becquerels par kilogramme.

On a rapporté que les habitants de la zone contaminée de l'Ukraine souffrent de diverses affections et retrouvent difficilement la santé, en raison de l'altération de leur système immunitaire. L'iode radioactif émis à Tchernobyl est particulièrement dangereux pour les enfants, car il se concentre dans la thyroïde, glande régulatrice de la croissance.

En Corse, à plus de 2 000 kilomètres du lieu de l'accident, les autorités médicales françaises ont négligé d'avertir les habitants de la présence de retombées radioactives dans les montagnes; de ce fait, après avoir consommé du fromage de chèvre ou de brebis, un grand nombre d'enfants présentent d'importantes anomalies thyroïdiennes.

LA DISPARITION DE LA DIVERSITE BIOLOGIQUE

La flore et la faune terrestres sont d'une stupéfiante diversité. A ce jour, les biologistes ont classé près de deux millions d'espèces, mais selon des recherches récentes, le chiffre final pourrait atteindre quarante millions, dont trente pour les seuls insectes. Mais comme nous avons entrepris de conquérir la nature et de soumettre un à un ses écosystèmes à ce que nous estimons être nos besoins, les espèces animales et végétales disparaissent l'une après l'autre de la surface de la planète.

L'extinction de certaines espèces, comme l'éléphant d'Afrique *(voir p.120)* et le rhinocéros noir, est en cours; elle est due au fait qu'on chasse avec excès ces animaux dont les défenses et les cornes sont très appréciées, et beaucoup de spécialistes ont tout lieu de penser qu'aucune de ces deux espèces ne survivra à la fin de ce siècle. On chasse également sans merci les léopards, les tigres, les ocelots et autres gros félins, pour répondre à la demande des négociants en fourrure. Pour des raisons similaires, on capture des bêtes telles que les perroquets et les tortues, qui se vendent comme animaux d'appartement, et les plantes rares qui décorent salons et chambres d'enfants : ces espèces-là également sont condamnées à disparaître tôt ou tard. Un traité international a bien été signé pour régulariser le commerce des espèces menacées : c'est la Convention sur le commerce international des espèces en danger (souvent désignée par ses initiales anglaises CITES), mais elle est très largement ignorée par les chasseurs et les commerçants.

Mais la plus grave menace, pour la faune et la flore, provient de la destruction et de la dégradation de leur habitat. A mesure que les forêts sont abattues, les marécages asséchés, les coraux extraits des récifs, les plaines érodées et désertifiées, les mers et les océans pollués, les animaux et les plantes qui en dépendent disparaissent à jamais. Or certaines espèces, ont une répartition géographique très limitée. L'orchidée dorée, par exemple, ne se reproduit à l'état sauvage que sur une certaine montagne calcaire du Yunnan. Si l'on détruit cet habitat, l'extinction de cette espèce rare sera inévitable.

LES «ILES» DE VIE

Pendant les années 70, pour préserver l'existence des espèces menacées, une méthode jouissait d'une grande faveur : la création de réserves naturelles et de parcs nationaux, cependant qu'on développait, pour l'agriculture ou à d'autres fins, les régions environnantes.

L'EQUILIBRE DE LA NATURE

La menace de la fragmentation

D'une étude menée sur quelques-uns de ces fragments forestiers en Australie occidentale, il est ressorti que le nombre de mammifères sylvicoles d'origine augmentait avec la taille de la forêt, phénomène courant dans tous les milieux que l'homme a fractionnés. La situation de la forêt est aussi importante que ses dimensions. Par exemple, un fragment de forêt proche d'une zone amplement boisée est plus riche qu'un fragment isolé, car les espèces qui s'éteignent peuvent y être remplacées par des immigrants venus de la zone forestière voisine, plus vaste. Parfois, un petit fragment peut héberger plus d'espèces qu'un grand, s'il est colonisé par des animaux adaptés au territoire alentour. Mais il s'agira probablement d'espèces courantes, très répandues, qui, avec le temps, décimeront les espèces plus rares confinées dans le fragment de forêt.

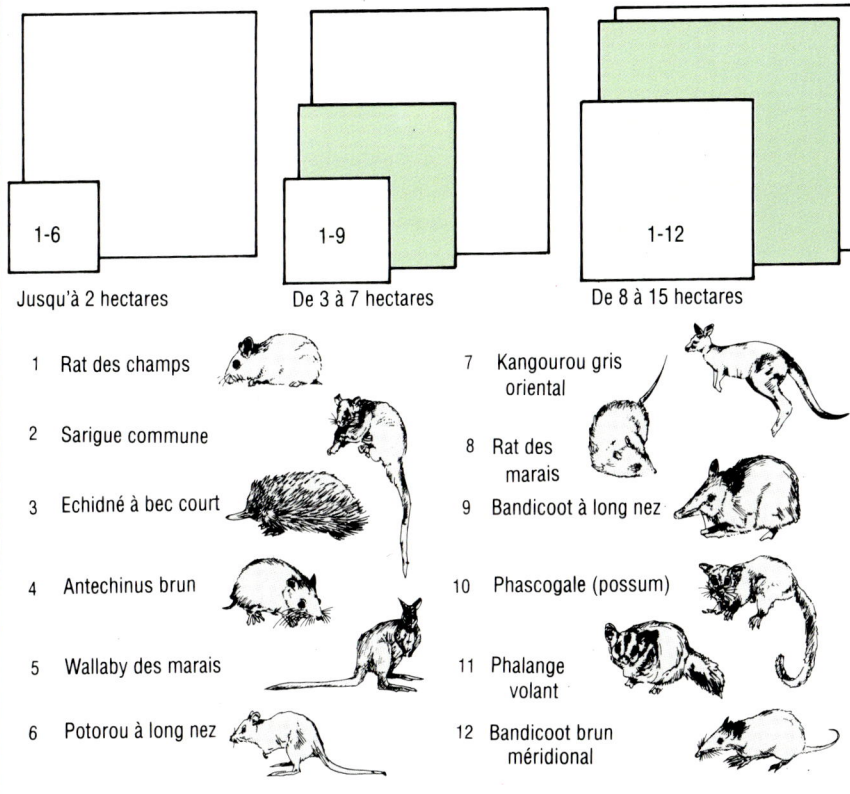

MAMMIFÈRES INDIGENES D'AUSTRALIE DANS DES FORETS FRAGMENTEES

Jusqu'à 2 hectares: 1-6
De 3 à 7 hectares: 1-9
De 8 à 15 hectares: 1-12

1 Rat des champs
2 Sarigue commune
3 Echidné à bec court
4 Antechinus brun
5 Wallaby des marais
6 Potorou à long nez
7 Kangourou gris oriental
8 Rat des marais
9 Bandicoot à long nez
10 Phascogale (possum)
11 Phalange volant
12 Bandicoot brun méridional

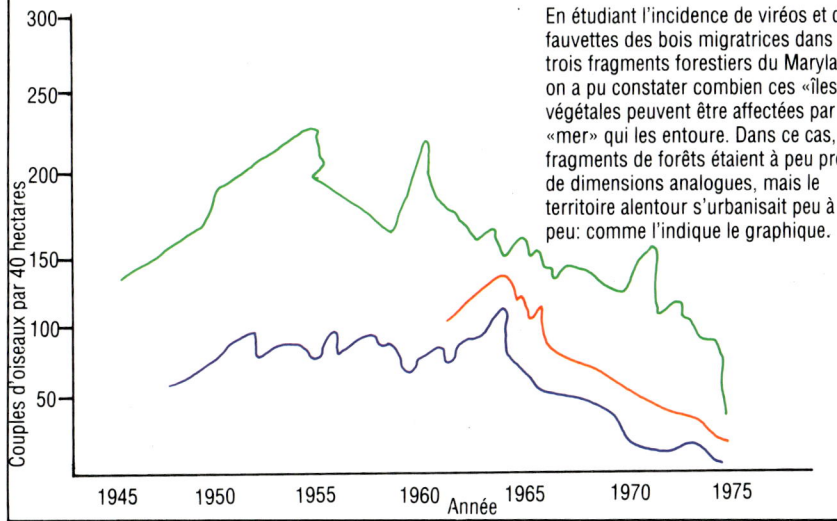

LES OISEAUX MIGRATEURS DANS LES FRAGMENTS DE FORETS DANS L'EST DES ETATS-UNIS

En étudiant l'incidence de viréos et de fauvettes des bois migratrices dans trois fragments forestiers du Maryland, on a pu constater combien ces «îles» végétales peuvent être affectées par la «mer» qui les entoure. Dans ce cas, les fragments de forêts étaient à peu près de dimensions analogues, mais le territoire alentour s'urbanisait peu à peu: comme l'indique le graphique.

Ce système se fondait sur une logique : on conserverait pour la postérité, dans ces zones protégées et quasiment vierges, des résidus de vie sauvage. Selon un tel raisonnement, on pouvait fort bien développer industriellement sur toute son étendue le bassin de l'Amazone, à condition qu'on y laisse subsister des «îles» de forêt vierge dans des régions réputées pour la richesse de leur flore et de leur faune.

Mais au cours des dernières années, les failles fondamentales de ce système sont apparues à l'évidence. Pour comprendre le problème, il suffit de considérer ces fragments de forêt – ou de n'importe quel autre milieu – comme s'il s'agissait d'îles. En étudiant l'histoire naturelle des îles, on s'est aperçu à diverses reprises que ce n'étaient pas des microcosmes reproduisant le modèle de la vie telle qu'elle est sur le continent. Les îles sont toujours plus pauvres en espèces que le milieu continental du même type, et plus une île est petite, moins d'espèces elle héberge. Cette règle fondamentale constitue un élément de la théorie dite de la *biogéographie des îles*, qui est très pertinente pour la conservation des espèces, en quelque lieu que ce soit. Cette théorie implique que, si l'on réduit fortement les dimensions d'un écosystème, le nombre des

▲ La chasse a conduit le rhinocéros noir aux limites de l'extinction de l'espèce. Le commerce légal des cornes de rhinocéros ayant été totalement interdit, les prix du marché noir sont montés en flèche et le braconnage a pris un grand essor.

▲ Un chasseur avec son butin d'oiseaux du paradis. Si la Nouvelle-Guinée n'en avait pas interdit l'exportation depuis les années 20, l'espèce en serait éteinte. Avant cette interdiction, les modistes européens importaient jusqu'à deux millions d'oiseaux morts par an.

espèces que peut entretenir ce milieu diminue également, et parfois de façon catastrophique. De l'étude des îles et de leurs homologues fabriqués par l'homme on a pu tirer quelques règles de base. La dimension n'est qu'un des facteurs qui influent sur le nombre d'espèces présentes. La distance à laquelle l'île se trouve par rapport au continent est également essentielle. Plus le continent est éloigné, moindre est la chance qu'une colonie atteigne l'île pour en enrichir la population ou la reconstituer après des pertes naturelles. En étudiant les «fragments» de réserves naturelles, les biologistes se sont aperçus de l'importance que pouvait revêtir, pour préserver la richesse des espèces, l'existence de «corridors» que les migrants puissent emprunter. Les petites réserves entourées de vastes «mers» de terres agricoles ou de béton sont les moins viables. Pour beaucoup des espèces les plus sensibles, une telle «mer» s'avère impossible à traverser, ce qui signera le déclin final de la population isolée. Il est donc évident qu'une grande réserve fera plus pour la préservation de la faune et de la flore sauvage que plusieurs petites réserves dont la surface totale serait identique.

LES LIENS CACHES ENTRE ESPECES

Le Fonds mondial pour la nature a entrepris, en collaboration avec l'Institut national de recherches amazoniennes (dont le siège se trouve à Manaus), d'établir, par expérience, quelles sont les dimensions minimales d'un écosystème capable de subsister intact dans la forêt amazonienne, en admettant que tout le reste de la forêt ait été abattu.

Dans les parcelles de mille hectare ou moins, le nombre d'espèces animales décline rapidement en deux ans dès que le fragment de forêt a été isolé. Sur la végétation, les effets de l'isolement sont un peu plus longs à se faire sentir. Mais durant les deux premières années, la forêt est endommagée par le vent à son orée: les arbres y sont renversés et souffrent manifestement du manque d'eau. Desséché, le tapis de feuilles ne pourrit pas aussi vite; il forme des tas sous les arbres, ce qui accroît le risque d'incendie et raréfie la quantité de substances nutritives, celles-ci restant emprisonnées dans les feuilles au lieu de se recycler.

Les répercussions que peut avoir la disparition de certaines espèces d'insectes sur d'autres espèces animales ou végétales sont peut-être moins évidentes que les modifications immédiates de la végétation, mais à la longue, elles sont tout aussi délétères. Une espèce d'abeille, l'euglosse, joue un rôle vital dans la pollinisation des arbres de la forêt; or, l'étude des parcelles de forêt a révélé que certaines espèces animales ne pouvaient ou ne voulaient pas traverser les zones déboisées, même si celles-ci sont relativement étroites. Beaucoup d'abeilles ont des relations spécifiques avec certaines plantes particulières, surtout des orchidées, et en l'absence de ces pollinisatrices quelques espèces végétales seraient vouées à l'extinction. La disparition de celles-ci, en raison des relations complexes entre les espèces qui vivent dans les forêts tropicales, pourrait avoir des conséquences inattendues. Les euglosses qui pollinisent le noyer du Brésil sont de sexe féminin, mais le mâle de la même espèce a besoin, lui, d'une espèce particulière d'orchidée pour sa parade nuptiale. Si cette orchidée disparaît, l'euglosse disparaîtra, et les noyers du Brésil ne pourront plus se reproduire.

Des pollinisateurs moins spécialisés sont tout aussi menacés. Comme aucune espèce d'arbre ne fleurit toute l'année, les pollinisateurs – que ce soient des abeilles, des chauves-souris ou des oiseaux – ont besoin d'autres sources de nourriture lorsqu'ils ne peuvent butiner les arbres qu'ils pollinisent. En fait, on dirait que les saisons où fleurissent les différentes plantes de la forêt sont échelonnées tout au long de l'année. Et c'est encore un exemple d'une situation dans laquelle une parcelle de forêt pluviale pourrait se trouver menacée : il suffirait qu'un arbre particulier, qui fleurit à un moment où le reste de la forêt n'est pas en fleurs, soit exclu de cette parcelle. Les botanistes sont en train de découvrir des espèces d'arbres qui subsistent sous forme de rares individus isolés dans la forêt et qui semblent avoir pour mission de nourrir les pollinisateurs lorsque ceux-ci disposent de peu d'autres sources d'alimentation. Les autres espèces d'arbres, plus importantes, ont besoin de ces rares échantillons pour leur survie; et si l'on ne tient pas compte de ces liens particuliers quand on décide de tracer les limites d'un parc national, le projet tout entier risque de capoter, faute de pouvoir jouer son rôle de zone protégée.

Même quand une espèce réussit à survivre à la fragmentation et à la dégradation de son milieu, le nombre de ses représentants peut se trouver tellement réduit qu'elle n'est pas en mesure de maintenir une population qui se reproduise. C'est ce qui est arrivé au condor de Californie, et tel pourrait bien être aussi le sort du panda géant. Ces animaux font partie de l'armée croissante des espèces que les biologistes désignent par le terme de «morts vivants», car leur extinction est inévitable, bien qu'il puisse encore s'écouler des décennies avant que le dernier représentant de ces espèces ne disparaisse. Ce qui est également grave, c'est que le déclin des populations capables de se reproduire supprime la diversité génétique des espèces et les rend de moins en moins aptes à s'adapter aux changements à long terme de l'environnement. Leurs chances de survie sont encore réduites par la pollution et par l'appauvrissement général du milieu. Les chaînes alimentaires sont perturbées; les liens entre les espèces sont rompus; et la vulnérabilité des écosystèmes en cas de bouleversement s'accroît encore.

LES EXTINCTIONS INVISIBLES

Bien qu'on ait porté une plus grande attention aux animaux les plus «câlins» dont le sort est menacé (animaux considérés comme «câlins» surtout parce qu'ils constituent d'excellents modèles pour les jouets d'enfants et pour les photographes), notre avenir, et celui de millions d'autres espèces, dépendent probablement davantage de la survie des insectes et des plantes que de celle des pandas et des léopards. Car, si importants que soient les pandas et les léopards, leur disparition n'aurait pas les mêmes répercussions que celle des pollinisateurs et des décomposeurs. Faute de décomposeurs, par exemple, le cycle des substances nutritives à l'intérieur des écosystèmes serait fatalement perturbé et le sol privé de sa fertilité. Inévitablement, compte tenu du rôle que les organismes biologiques jouent dans la régulation de la composition chimique de l'atmosphère, les schémas climatiques en seraient également affectés.

Au fur et à mesure que s'éteignent les espèces, une réaction en chaîne s'amorce. Avec la disparition de cinquante espèces par jour en ce moment, certains spécialistes craignent qu'on ne soit à la veille d'une extinction en masse. Et il est vrai que, si le rythme actuel se poursuit, ce sont plusieurs centaines d'espèces qui pourraient bien disparaître chaque jour.

On a mis à l'épreuve jusqu'à ses limites extrêmes l'élasticité de la nature. Où que l'on porte le regard, on peut voir la dévastation causée par les activités humaines. L'effet de serre, l'agonie des mammifères marins, le dépérissement des arbres dans toutes l'Europe et l'Amérique du Nord, le bouleversement du climat, tout cela nous avertit clairement que le monde naturel est malade. Il ne reste peut être que peu de temps avant que les systèmes de survie dont dépend l'existence humaine ne soient débordés.

▼ Un champignon commun du sol et de l'eau vu au microscope électronique. Cette armée invisible de décomposeurs, qui désagrège les restes des êtres vivants, joue un rôle vital dans tous les écosystèmes.

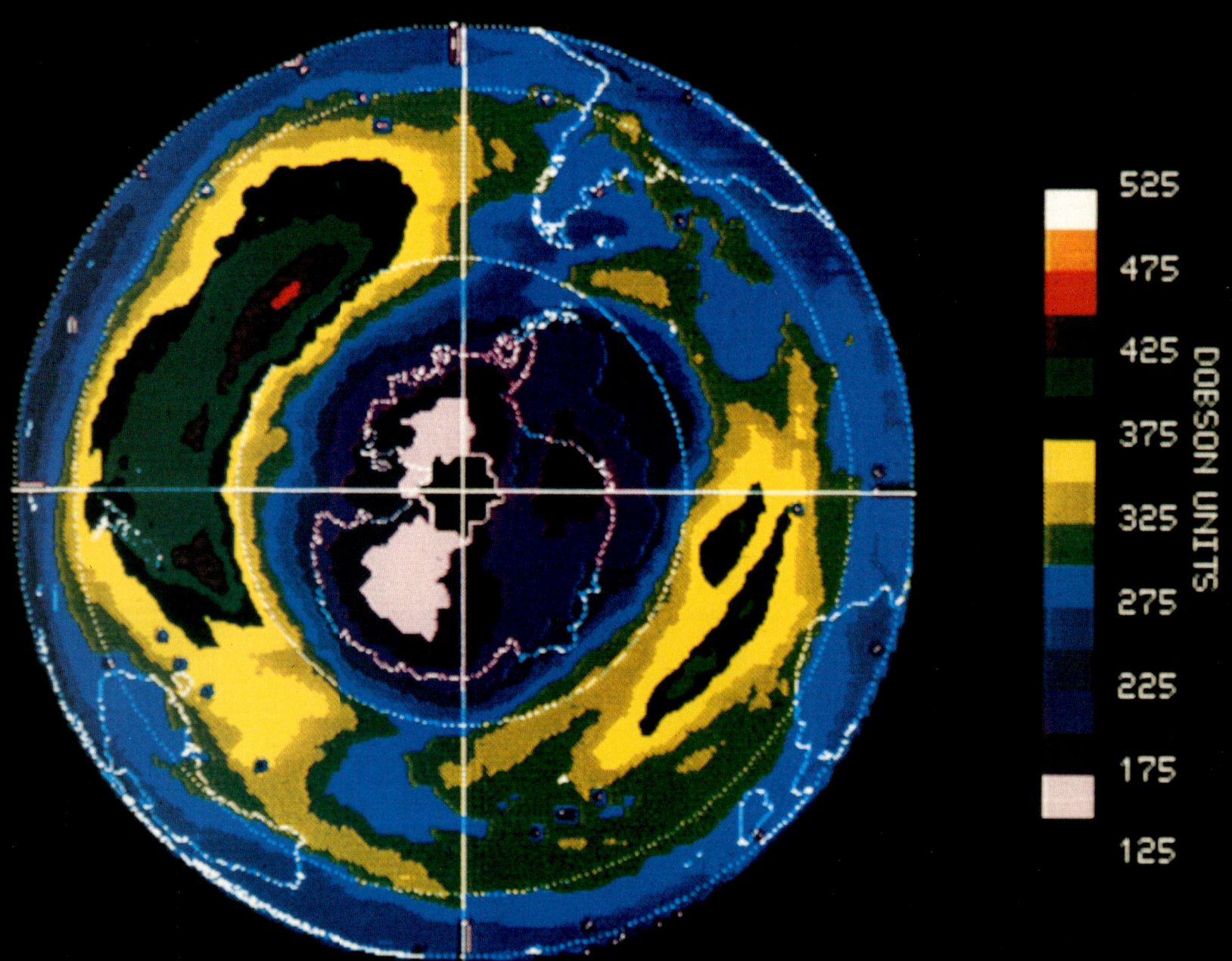

Les MODIFICATIONS de l'ATMOSPHERE

En 1984, lorsqu'on découvrit un trou dans la couche d'ozone au-dessus de l'Antarctique, il apparut avec une évidence dramatique que nos activités industrielles provoquaient des dégâts irréparables dans les systèmes atmosphériques dont dépend la vie. Les dimensions du trou en question fluctuent mais on sait qu'en 1987, il atteignait la hauteur du mont Everest et s'étendait à une zone aussi vaste que les Etats-Unis.

Depuis le début des années 70, des scientifiques nous avaient mis en garde : les chlorofluorocarbures (CFC) et d'autres gaz pouvaient progressivement éroder la couche d'ozone stratosphérique; mais ils ne prévoyaient pas que les dégâts pourraient prendre une telle envergure. Depuis plusieurs années avant 1984, des satellites américains avaient mesuré l'apparition d'un trou dans la couche d'ozone lors de chaque printemps antarctique, mais leurs ordinateurs n'étaient pas programmés pour enregistrer ces données aberrantes.

LES CAUSES DE LA DIMINUTION DE L'OZONE

La couche d'ozone se trouve dans la stratosphère, entre 15 et 35 kilomètres au-dessus de la surface de la Terre. Là, la lumière ultraviolette du Soleil tombe sur les molécules d'oxygène et les transforme : au lieu de deux atomes d'oxygène (symbolisés par O_2), elles en auront désormais trois et cet "isotope" de l'oxygène est appelé l'ozone (O_3).

L'ozone se forme et se décompose sans cesse dans la stratosphère, chacun de ces deux processus annulant l'autre, de sorte que la stratosphère comporte habituellement une teneur constante en ozone. Mais celui-ci peut être ramené plus rapidement à l'état d'oxygène par des substances hautement réactives, telles que le chlore (Cl_2) et le monoxyde d'azote (NO). Ces molécules amorcent une réaction en chaîne, un seul atome de chlore décomposant des milliers de molécules d'ozone.

◀ Une carte montrant le «trou» dans la couche d'ozone au-dessus de l'Antarctique, carte dressée d'après les indications du satellite météorologique Nimbus-7. Le trou correspond à la zone indigo, pourpre et noire située au-dessus de l'ensemble du continent.

Du fait de nos activités industrielles, de nombreux composés contenant du chlore se sont répandus dans l'atmosphère. Parmi ceux-ci, les plus nocifs sont les CFC qui, parce qu'ils ne se décomposent pas facilement, sont utilisés de ce fait dans de très nombreux processus industriels et entrent dans quantité de biens de consommation, allant des réfrigérateurs et des climatiseurs aux emballages en polystyrène expansé, aux mousses isolantes, aux bombes d'aérosols; les CFC sont encore utilisés pour la production de composants micro-électroniques.

En raison de la stabilité des CFC dans la troposphère, la couche de l'atmosphère qui s'élève jusqu'à 15 kilomètres au-dessus de la surface de la Terre, ceux-ci ne remontent dans la stratosphère qu'au bout de quelques années. Ils y sont décomposés par le rayonnement ultraviolet en chlore libre et en d'autres composés contenant du chlore. Dans des conditions normales, la plus grande partie du chlore de la stratosphère est liée à d'autres molécules et, de ce fait, celui-ci n'endommage pas l'ozone. Mais pendant les mois d'hiver, dans l'Antarctique, les vents du tourbillon polaire, en tournant autour du pôle Sud, créent des conditions exceptionnellement glaciales. Des cristaux de glace se forment dans les nuages de la stratosphère et y créent une surface sur laquelle les substances contenant du chlore commencent à se décomposer. Avec l'arrivée du printemps et d'un temps plus chaud, au fur et à mesure que les cristaux de glace fondent, les atomes nocifs de chlore sont libérés, et le chlore est alors libre d'attaquer l'ozone.

D'autres gaz sont impliqués dans la destruction de la couche d'ozone. Par exemple les halons (utilisés dans les extincteurs d'incendie), le chloroforme méthylique (utilisé pour les solvants, les adhésifs et les aérosols) et le tétrachlorure de carbone (utilisé à de multiples usages, dont le nettoyage à sec). Tous ces produits libèrent du chlore ou des gaz aux effets

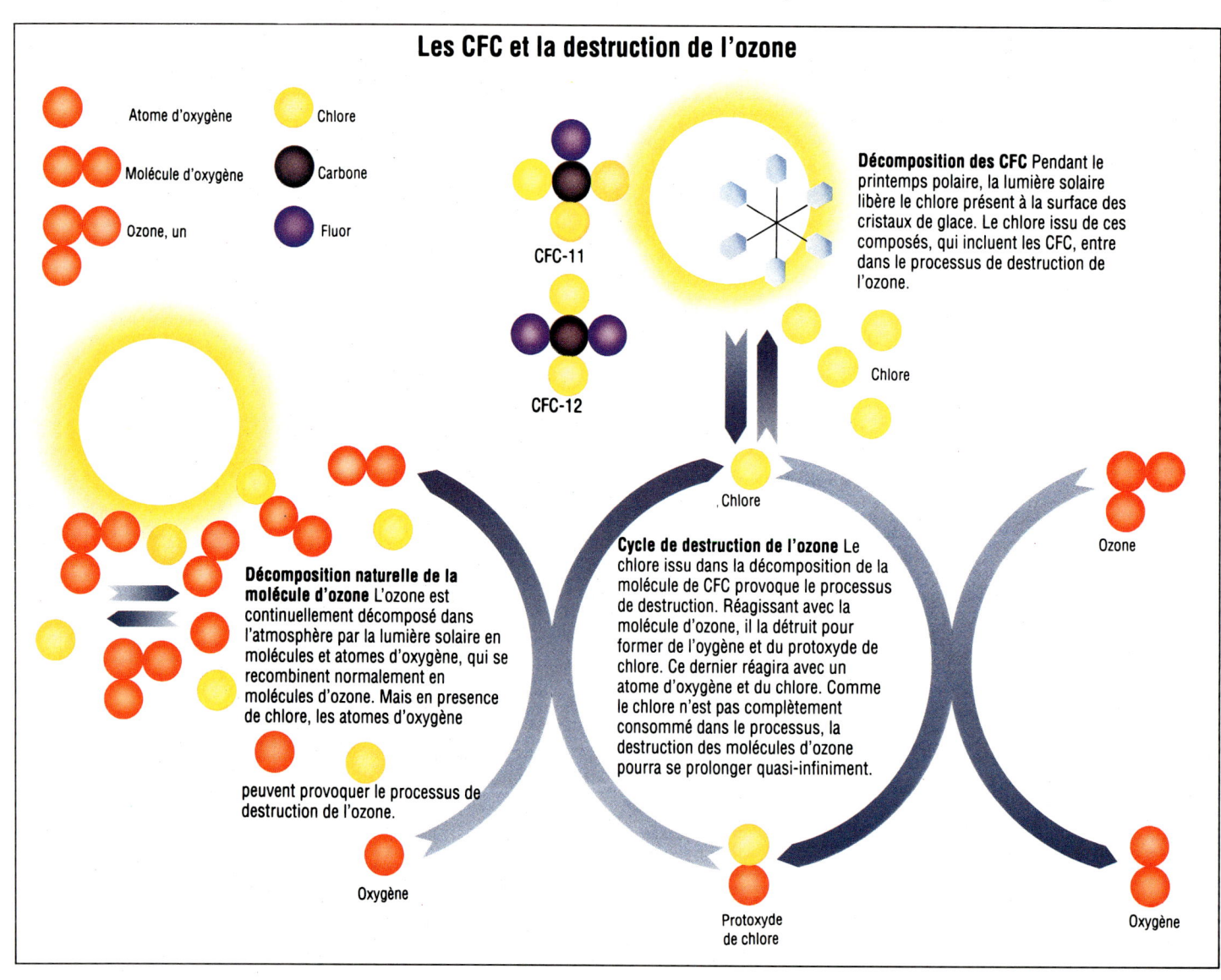

Les CFC et la destruction de l'ozone

Atome d'oxygène
Molécule d'oxygène
Ozone, un
Chlore
Carbone
Fluor

CFC-11
CFC-12

Décomposition des CFC Pendant le printemps polaire, la lumière solaire libère le chlore présent à la surface des cristaux de glace. Le chlore issu de ces composés, qui incluent les CFC, entre dans le processus de destruction de l'ozone.

Chlore

Décomposition naturelle de la molécule d'ozone L'ozone est continuellement décomposé dans l'atmosphère par la lumière solaire en molécules et atomes d'oxygène, qui se recombinent normalement en molécules d'ozone. Mais en présence de chlore, les atomes d'oxygène peuvent provoquer le processus de destruction de l'ozone.

Cycle de destruction de l'ozone Le chlore issu dans la décomposition de la molécule de CFC provoque le processus de destruction. Réagissant avec la molécule d'ozone, il la détruit pour former de l'oygène et du protoxyde de chlore. Ce dernier réagira avec un atome d'oxygène et du chlore. Comme le chlore n'est pas complètement consommé dans le processus, la destruction des molécules d'ozone pourra se prolonger quasi-infiniment.

Ozone
Oxygène
Protoxyde de chlore
Oxygène

LES MODIFICATIONS DE L'ATMOSPHERE 43

voisins, le brome et le fluor (qu'on appelle collectivement «halogènes»).

Le protoxyde d'azote (N_2O), autre coupable, est un gaz qui existe à l'état naturel, mais sa présence dans l'atmosphère ne cesse de s'accroître du fait des activités humaines. Sa concentration augmente en ce moment de 0,4 % par an. Comme les CFC, le protoxyde d'azote reste stable jusqu'au moment où il atteint la stratosphère; là il se décompose pour former du monoxyde d'azote (NO) qui attaque l'ozone de la même façon que le chlore.

LES TENDANCES DE L'OZONE

Au fur et à mesure que la recherche relative à l'ozone stratosphérique se poursuit, il apparaît de plus en plus que nous comprenons fort peu de choses à cette couche vitale de notre atmosphère. On a imaginé, par exemple, que le trou dans la couche d'ozone de l'Antarctique ne serait pas aussi grand en 1989 que les années précédentes, en raison de l'activité accrue du soleil (qui crée de l'ozone nouveau) et de modifications dans la direction des vents stratosphériques qui amènent au tourbillon polaire de l'air plus chaud. Or il semble bien que le trou de 1989 soit au moins aussi grand que celui de 1987.

Autre fait troublant : on a découvert une perte allant jusqu'à 30 % de l'ozone situé dans des régions très éloignées du tourbillon du pôle Sud, à des latitudes comprises entre les 50e et 60e degrés de latitudes. On n'a pas encore compris la raison de cette diminution de l'ozone à cet endroit.

Les perspectives de l'ozone stratosphérique sont peu réjouissantes. Bien que beaucoup de gouvernements soient désormais d'accord pour restreindre l'utilisation des CFC, la teneur en chlore de la stratosphère continuera à s'accroître spectaculairement au cours des prochaines décennies. Même si les émissions de CFC cessent complètement à partir de l'an 2000, compte tenu de la longue durée de vie atmosphérique de ces gaz, la concentration de chlore dans la stratosphère ne redescendra même pas au niveau élevé qu'elle avait atteint à la fin des années 80 avant la dernière partie du XXIe siècle.

*LA MENACE QUE FAIT PESER
LA DIMINUTION DE L'OZONE*

La couche d'ozone est surtout importante en ce qu'elle protège la vie du rayonnement solaire ultra-violet à ondes courtes (UV-B). La plus grande partie de ce rayonnement est absorbée par l'ozone, mais la proportion qui atteint le sol est responsable de certains cancers de la peau. Les ultra-violets en excès peuvent aussi déterminer des cataractes du cristallin et affaiblir le système immunitaire de l'homme.

▲ Pollution industrielle dans l'estuaire de la Tees en Grande-Bretagne. Beaucoup de plantes agissent comme «catalyseur» en rejetant les produits chimiques dans l'atmosphère et aggravent la destruction de l'ozone.

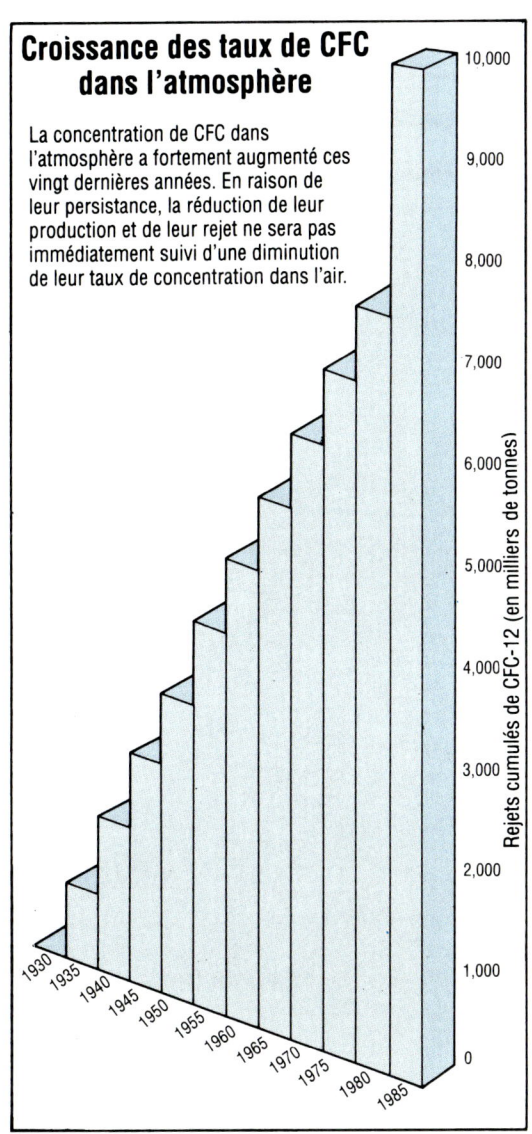

Croissance des taux de CFC dans l'atmosphère

La concentration de CFC dans l'atmosphère a fortement augmenté ces vingt dernières années. En raison de leur persistance, la réduction de leur production et de leur rejet ne sera pas immédiatement suivi d'une diminution de leur taux de concentration dans l'air.

Rejets cumulés de CFC-12 (en milliers de tonnes)

44 NOTRE PLANETE QUI MEURT

LES MODIFICATIONS DE L'ATMOSPHERE

Toutefois, la conséquence la plus nocive est peut-être son action sur la production alimentaire et sur les écosystèmes. Sur deux cents plantes qui ont subi des tests, deux tiers ont démontré leur sensibilité aux ultra-violets, et cette sensibilité semble augmenter quand la teneur en phosphore du sol s'accroît. Ainsi, en cas d'augmentation de ce rayonnement, les zones agricoles où l'on a utilisé de fortes doses d'engrais pourraient être gravement affectées.

L'effet des UV-B sur la vie marine pourrait également être sensible. On a montré que la productivité du phytoplancton était sensible à un accroissement du rayonnement ultra-violet. Certains hommes de science pensent que les conséquences de la raréfaction de l'ozone sur l'écologie marine de l'Antarctique sera particulièrement dramatique, car le krill (c'est-à-dire les petites crevettes dont le rôle est essentiel dans la chaîne alimentaire de l'Antarctique) dépend du phytoplancton *(voir p.221)*. S'il arrive quelque chose au krill, l'écosystème tout entier risque de s'effondrer.

LA PERTURBATION DE L'ATMOSPHERE ET LE RECHAUFFEMENT DU GLOBE

Depuis plus d'un siècle, des hommes de science et des spécialistes de l'environnement nous ont avertis que l'accroissement de la proportion de gaz carbonique dans l'air, provoqué par l'utilisation de combustibles fossiles, pourrait amener un réchauffement désastreux de l'atmosphère terrestre. Mais il a fallu une succession d'événements météorologiques exceptionnels, en particulier à la fin des années 80, pour alerter le public

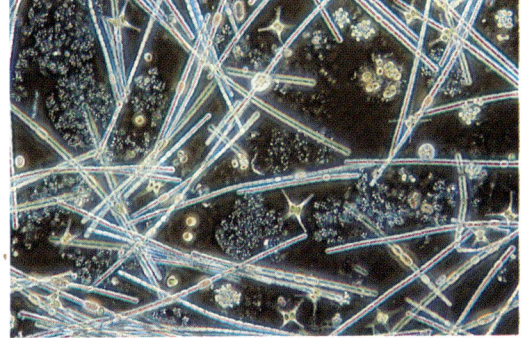

▲ Un enchevêtrement de phytoplancton dans une goutte d'eau. Des plantes aussi simples que celles-ci souffrent de la diminution de l'ozone.

◄ Le ciel azuré, au-dessus de ces collines de France, n'est pas seulement une couche d'oxygène vivifiante, c'est aussi un bouclier qui nous protège de rayonnements dangereux.

et les hommes politiques : les terribles sécheresses au Sahel et en Ethiopie, un grand nombre de cyclones tropicaux dévastateurs, des inondations et des sécheresses catastrophiques au Bangladesh, la sécheresse de 1988 aux Etats-Unis et une série d'hivers doux et d'étés chauds en Europe.

Au cours du dernier siècle, l'atmosphère de la Terre s'est réchauffée d'un demi-degré centigrade ; six des dix étés les plus chauds qu'on ait jamais enregistrés se sont déroulés pendant la décennie 80; et des changements importants se sont produits dans la configuration des chutes de pluie. L'observation de ces nombreux phénomènes inquiétants convaincu beaucoup de scientifiques que le réchauffement du globe a déjà débuté.

Quand en 1988, un climatologue de la NASA, James Hansen, a déclaré que des indices assez forts permettaient de penser que l'effet de serre avait commencé à se manifester, la plupart de ses confrères ont estimé que cette opinion était excessive. Mais à présent, ce n'est pas loin d'être celle de la majorité des hommes de science.

LES CAUSES DU RECHAUFFEMENT DU GLOBE

Comme on l'a vu *(voir p.17)*, si l'effet de serre n'existait pas, les conditions ne permettraient pas à la vie de se maintenir sur terre. Sans les gaz qui naissent naturellement de l'effet de serre, à savoir le gaz carbonique (CO_2), la vapeur d'eau, le méthane (CH_4) et le protoxyde d'azote (N_2O), la planète serait d'environ 30 °C plus froide. Ces gaz permettent à l'énergie de courte longueur d'onde qu'émet le soleil de les traverser, mais ils retiennent le rayonnement infrarouge de grande longueur d'onde que renvoie la surface terrestre.

Malheureusement, de nos jours, la concentration de ces gaz dans l'atmosphère augmente rapidement, surtout par suite de la carburation de combustibles fossiles et de la destruction des forêts. L'utilisation croissante d'engrais azotés, l'expansion de la production de riz irrigué et le nombre croissant de troupeaux joue également un rôle dans ce phénomène. La production de gaz synthétiques a encore aggravé le pro-

▲ Bois de chauffage transporté à Dire Dawa en Ethiopie. C'est dans ce pays qu'au cours de la dernière décennie les effets de la sécheresse se sont fait le plus cruellement sentir, et de nombreux facteurs ont contribué à la famine qui a ravagé l'Ethiopie. Parmi ceux-ci, outre les modifications du climat, il faut signaler l'abattage intensif des forêts.

▶ Un orage se prépare au-dessus du sol de boue desséchée d'Etosha Pan, en Namibie. La faune de ces zones arides est tributaire des pluies saisonnières qui remplissent les mares et font s'épanouir les plantes. Dans ce type de milieu, tout changement dans la distribution des pluies peut avoir des résultats imprévisibles.

48 NOTRE PLANETE QUI MEURT

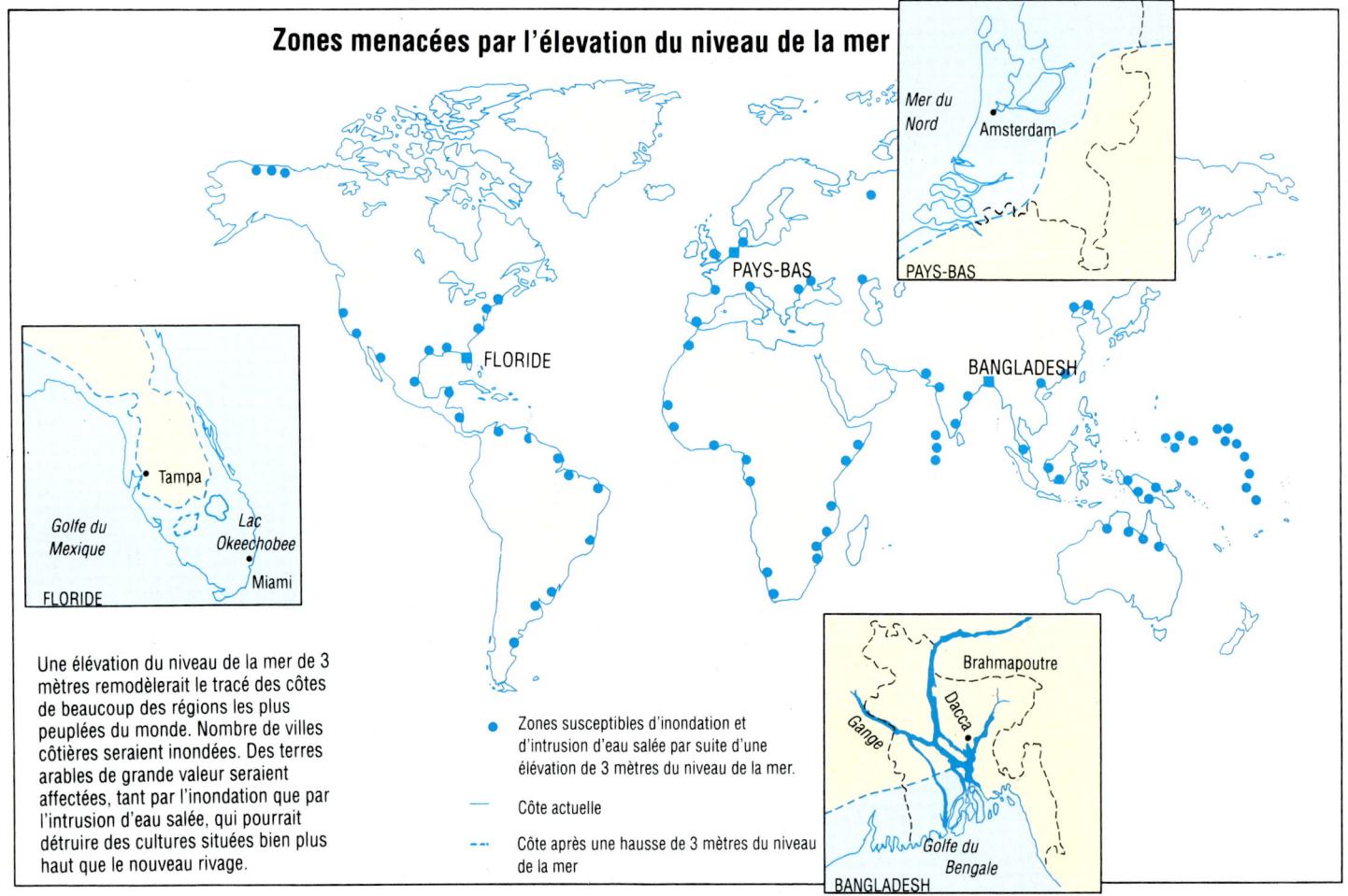

Zones menacées par l'élévation du niveau de la mer

Une élévation du niveau de la mer de 3 mètres remodèlerait le tracé des côtes de beaucoup des régions les plus peuplées du monde. Nombre de villes côtières seraient inondées. Des terres arables de grande valeur seraient affectées, tant par l'inondation que par l'intrusion d'eau salée, qui pourrait détruire des cultures situées bien plus haut que le nouveau rivage.

• Zones susceptibles d'inondation et d'intrusion d'eau salée par suite d'une élévation de 3 mètres du niveau de la mer.
— Côte actuelle
--- Côte après une hausse de 3 mètres du niveau de la mer

blème. On en connaît environ trente à quarante à l'état de traces, et il en existe sans doute beaucoup plus : chaque année, on produit des centaines de nouveaux gaz, sans avoir la moindre idée de leur effet de serre potentiel. Les plus puissants, de loin, de ces gaz à effet de serre produits par l'homme, les chlorofluorocarbones (CFC), sont, on l'a déjà vu, la cause principale de la diminution de l'ozone. Chaque molécule du CFC le plus couramment utilisé retient le rayonnement infrarouge de façon dix mille fois plus efficace qu'une molécule de gaz carbonique. Et la persistance des CFC aggrave le problème, puisque ces gaz peuvent subsister pendant un siècle ou même davantage.

On estime que le gaz carbonique sera responsable de plus de la moitié du réchauffement total du globe tel qu'il est prédit. La proportion de gaz carbonique dans l'atmosphère s'est déjà accrue de 25 % depuis la période pré-industrielle; elle est à son plus haut niveau depuis 160 000 ans. Si l'on n'entreprend pas une action importante pour restreindre les émissions de gaz carbonique dans l'atmosphère, sa concentration doublera avant le milieu du XXIe siècle.

Le méthane, lui, est responsable d'environ un cinquième du réchauffement du globe, et sa concentration dans l'atmosphère a déjà doublé depuis l'époque pré-industrielle. Les émanations de méthane ont des origines diverses : les marécages, les rizières, les décharges en plein air, mais aussi la combustion des carburants d'origine végétale et la fermentation dans les estomacs des troupeaux et les intestins des termites. L'ozone dans l'air qui nous entoure produit aussi un effet de serre. Il naît de l'action de la lumière solaire sur les hydrates de carbone et les oxydes d'azote émis par l'industrie et par les véhicules routiers. Il est difficile d'évaluer sa concentration globale, mais on suppose, en général, que celle-ci s'accroît d'environ 0,25% par an. On estime que la vapeur d'eau dans la stratosphère, due en majeure partie aux échappements des avions, contribue pour environ 2 % au réchauffement du globe.

Ce cocktail de gaz divers suscitera d'ici à 2050, selon les évaluations, une augmentation de la température terrestre de 1,5 à 4,5 °C; ce réchauffement pourra être ralenti ou accéléré par divers facteurs, tels qu'un changement de la distribution des nuages, un accroissement de la vapeur d'eau dans l'atmosphère et le déplacement de la limite des neiges et des glaces.

Ces prévisions sont également incertaines en raison

LES MODIFICATIONS DE L'ATMOSPHERE 49

de la quantité de facteurs politiques, économiques et sociaux impliqués dans le contrôle des émissions de gaz susceptibles d'exercer un effet de serre. En outre, ces pronostics, même s'ils sont exacts, ne représentent que des températures «moyennes» pour l'ensemble de la planète. Il est probable que l'on constatera également de fortes différences régionales, le réchauffement étant vraisemblablement beaucoup plus fort aux pôles qu'aux tropiques.

L'ELEVATION DU NIVEAU DES MERS

Selon des évaluations courantes, le réchauffement terrestre devrait provoquer d'ici à l'an 2050 une élévation du niveau de la mer variant entre 7 et 165 centimètres, tant en raison de l'expansion des océans au fur et à mesure qu'ils se réchauffent qu'à cause de la fonte des glaciers et des calottes de glace du Groenland et de l'Antarctique.

Une élévation d'un mètre du niveau de la mer affecterait jusqu'à 300 millions de personnes. Parmi les régions particulièrement vulnérables, il faut citer les deltas du Nil et du Gange et les pays composés d'îles comme les Maldives. Beaucoup de très grandes villes – dont Londres, Bangkok et New York – courraient de grands risques. Selon Gjerrit Hekstra, du ministère néerlandais de l'Environnement, si l'on tient compte de l'envergure maximum des tempêtes et des effets de l'intrusion d'eau salée dans les embouchures des fleuves, une élévation d'un mètre de la surface de la mer affecterait toutes les terres émergées jusqu'à la courbe de niveau de cinq mètres.

A l'échelle mondiale, cela représenterait un territoire d'environ cinq millions de kilomètres carrés, soit environ 3 % de la surface émergée du globe, mais il est à noter que cela inclurait également un tiers des terres cultivées du monde.

L'élévation du niveau de la mer et celle de la température coûtera cher aux écosystèmes des zones marécageuses. Une élévation d'un mètre de la surface de la mer inonderait 80 à 90 % des régions marécageuses des côtes des Etats-Unis. Dans le passé, des zones de ce genre ont été gagnées sur la mer à la suite de l'élévation naturelle du niveau de celle-ci. Mais le développement urbain le long des côtes et les lignes de défense qu'il va falloir ériger pour protéger aussi bien les terres cultivables que les établissements humains restreindront les zones disponibles pour de nouveaux marécages.

▶ L'utilisation des carburants fossiles tels que le gaz naturel contribue donc fortement à l'effet de serre.

LES MODIFICATIONS DE LA SURFACE DE LA TERRE

Au cours des soixante prochaines années, l'augmentation des températures des régions polaires pourrait atteindre jusqu'à 12 °C; cet accroissement, d'une rapidité sans précédent, pourrait déterminer l'extinction de beaucoup des espèces polaires les plus connues, dont les ours polaires et les morses. La fonte de la couche de glace de l'Arctique détruirait les algues qui poussent sous celle-ci et qui constituent la base de la chaîne alimentaire dont dépendent de grandes quantités de poissons, d'oiseaux de mer et de phoques. Ces derniers ont aussi besoin de la glace comme plate-forme, comme base de chasse et comme site de reproduction. Selon des données récentes, la calotte glaciaire de l'Arctique aurait diminué d'environ 30 % au cours de la dernière décennie.

Si les mers polaires se réchauffent, cela risque de modifier les courants océaniques du globe tout entier et, par suite, de réduire les réserves de poisson. En amenant à la surface des substances nutritives du fond de la mer, les courants activent la croissance du plancton, et les «floraisons» de plancton qui en résultent alimentent largement d'autres animaux. Nombre de poissonneries dépendent de ces floraisons-là.

Bien que le gaz carbonique favorise la croissance de la végétation (en fournissant davantage de matière première pour la photosynthèse), beaucoup d'espèces d'arbres, adaptées à un climat froid, s'avéreront incapables de survivre sous les températures tièdes d'un monde «en serre». Au fur et à mesure que les zones septentrionales se réchaufferont, la toundra, la forêt boréale et les forêts tempérées se déplaceront vers le nord. La rapidité avec laquelle les forêts «émigreront» par réaction au changement des conditions climatiques sera un indicateur critique du rythme de l'extinction des espèces.

Les animaux sont mobiles et beaucoup d'entre eux pourraient se déplacer rapidement en réaction à des changements de leurs conditions d'existence. Toutefois, ils seront retardés par le rythme auquel la végétation de leur habitat naturel peut, elle-même, se déplacer. Et les animaux aussi bien que les plantes verront leurs déplacements fortement entravés par les routes, les villes et les «déserts» agricoles créés par l'agriculture intensive moderne, ainsi que par des barrières naturelles telles que les chaînes de montagne. Les espèces qui sont habituellement confinées dans des parcs nationaux et dans d'autres zones limitées par des paysages à prédominance humaine risquent de se trouver prises au piège.

D'autres problèmes pourraient découler d'une modification de la distribution des pluies. Sous les tropiques, si la saison sèche fait défaut ou se prolonge plus longtemps que d'habitude, la relation entre plantes et insectes nécessaire à la pollinisation peut se trouver gravement perturbée. Selon des observations faites au Costa-Rica, dans la forêt tropicale, les jeunes plants ont beaucoup moins de chance de se développer lorsque la fréquence des périodes de sécheresse augmente.

DES RÉACTIONS EN CHAÎNE

L'aspect peut-être le plus redoutable du réchauffement du globe est le nombre de mécanismes éventuels de rétroaction *(voir p. 21)* qui risquent de déclencher un effet de serre incontrôlable. La toundra arctique, par exemple, contient des milliards de tonnes de méthane, dont une bonne partie se dégagera dans l'atmosphère au fur et à mesure que le permafrost fondra. De même, la forêt et les terres boréales contiennent un quart du carbone organique de la terre tout entière. Si les forêts boréales ne sont pas en mesure de s'adapter assez rapidement à un climat plus chaud, elle dépériront dans de vastes proportions. Plus les arbres pourriront et plus les sols se dessécheront, plus de gaz carbonique s'ajoutera à l'atmosphère, plus le climat se réchauffera et plus le nombre d'arbres détruits s'accroîtra.

Si la calotte glaciaire de l'Arctique se rétrécit, la quantité de chaleur réfléchie dans l'atmosphère diminuera également, car la neige et la glace reflètent environ quatre fois plus de chaleur que l'Océan.

Le plancton joue un rôle clé en absorbant le gaz carbonique de l'atmosphère. Si la production de plancton diminuait, le réchauffement du globe pourrait s'en trouver spectaculairement accéléré. Or le plancton, qui se développe dans les mers froides, est menacé tout à la fois par l'augmentation de la température de l'Océan et par l'accroissement de l'exposition aux ultraviolets, en raison de la diminution de la couche d'ozone.

Selon des recherches récentes, l'augmentation de la quantité de vapeur d'eau dans l'atmosphère pourrait exercer une rétroaction très puissante. Si la température de la mer monte plus haut que 27 °C, ce qui, à l'heure actuelle ne se produit qu'aux tropiques, la capacité qu'a la vapeur d'eau de capter la chaleur s'accroît apparemment de façon spectaculaire. On sait que la vapeur d'eau est un «gaz de serre», mais on ne comprend pas pourquoi son aptitude à capter la chaleur devient soudain plus grande autour de 27 °C. En pareil cas, la température du globe pourrait devenir trois ou quatre fois plus haute que prévu.

Il existe encore une probabilité alarmante : celle d'un «saut climatique». L'atmosphère peut ne pas réagir à l'accroissement des polluants de façon linéaire et (au moins partiellement) prévisible, mais parvenir à un seuil au-delà duquel se produirait un changement

▲ La réserve de Taimyr, dans l'Arctique soviétique. Ce paysage plat se déploie au-dessus d'un sous-sol de permafrost, ce qui empêche l'eau de s'écouler et crée un réseau de lacs et d'étangs. Le sol gelé joue aussi le rôle d'un entrepôt de carbone : il contient de grandes quantités de méthane emprisonné dans la glace. Un réchauffement global de quelques degrés suffirait à en faire fondre une partie et à dégager dans l'atmosphère assez de méthane pour aggraver sérieusement l'effet de serre.

LES MODIFICATIONS DE L'ATMOSPHERE

global avec l'instauration d'un climat entièrement nouveau et totalement imprévisible. Selon James Lovelock *(voir p.16)*, «Si elle subit une agression qui excède les limites de son système régulateur courant, Gaïa passera d'un seul bond dans un nouvel environnement stable, où beaucoup des espèces communes actuellement seront éliminées». En d'autres termes, «Gaïa prendra soin d'elle-même, et le meilleur moyen pour elle d'y parvenir, ce pourrait bien être de se débarrasser de nous».

LA NECESSITE D'AGIR

On dispose maintenant de preuves accablantes : le climat est en train de changer. Mais les hommes de science ne pourront jamais être certains de la mesure dans laquelle il va se modifier, ni du rythme auquel cela aura lieu. Il en va de même pour la couche d'ozone : nous savons qu'elle est vouée à une plus grande perturbation, mais tous les pronostics relatifs aux proportions de sa diminution et au moment où cela se produira sont purement spéculatifs. Toutefois, ces incertitudes ne doivent pas servir de prétexte à l'inaction.

Au contraire, il faut y voir une raison supplémentaire pour commencer à réduire, «dès maintenant», nos exactions envers l'atmosphère; c'est la seule police d'assurance dont nous disposions contre la perturbation massive des systèmes naturels dont dépendent toutes nos structures économiques et sociales. Les risques sont trop grands pour ne pas commencer à agir immédiatement.

◀ Phoques crabiers sous la glace de l'Antarctique. Des espèces comme celle-ci ont évolué au cours de millions d'années et sont devenues capables de survivre dans un milieu à très basse température. Un réchauffement global rapide pourrait perturber la chaîne alimentaire dont ils dépendent.

▶ Brûlage de forêt dans le Mato Grosso, au Brésil. A mesure que des millions de tonnes de carbone se dégagent dans l'atmosphère lors d'opérations de déboisement de ce genre, l'atmosphère du monde se modifie à un rythme sans précédent et avec des conséquences imprévisibles.

Les FORÊTS

Quand Christophe Colomb aperçut pour la première fois les Antilles, il fut «si confondu par la vue d'une telle beauté» qu'il demeura «incapable de la décrire». Débarquant à Cuba, il y trouva «une multitude de palmiers de formes diverses, les arbres les plus hauts et les plus beaux que j'eusse jamais rencontrés, et une infinité d'autres grands arbres verts». Sur certaines îles, les volées de perroquets étaient si denses que, selon Colomb, elles «voilaient le soleil». Mais le joyau qu'il découvrit lors de ce premier voyage dans le Nouveau Monde, ce fut Haïti. L'île surgit de la mer dans toute la splendeur de sa végétation tropicale, «ses montagnes plus hautes et plus rocheuses que celles des autres îles, mais les rochers émergeant d'une masse de riches forêts». «A coup sûr, déclara Colomb, c'était l'une des plus belles îles du monde.»

De nos jours, Haïti se dresse, dépouillée de ses arbres. Il y a quarante ans, les forêts recouvraient encore 80 % du pays; maintenant, ce chiffre est descendu à moins du 10 %. Haïti n'est pas un cas isolé. Beaucoup de pays tropicaux qui étaient richement boisés il y a seulement quelques décennies sont à présent virtuellement dénudés. L'Afrique a perdu près de la moitié de ses forêts tropicales, les Amériques, un tiers des leurs. A Madagascar, 93 % de la forêt originale de l'île ont été détruits au cours des quarante dernières années.

> «Il nous faut écouter battre le cœur des arbres, car les arbres sont comme nous des êtres vivants.»
> *Sunderlal Bahuguna, porte-parole du mouvement Chipko.*

◀ Collines érodées de l'intérieur de Madagascar, naguère recouvertes de forêts d'une essence qu'on ne trouve nulle part ailleurs sur la terre. Dans plusieurs parties de cette île, tout ce qui reste aujourd'hui après un déboisement intensif, c'est le sol nu. On peut voir le sous-sol gris quand la pluie a complètement lessivé la couche supérieure de terre rouge.

56 NOTRE PLANETE QUI MEURT

FORETS LATIFOLIEES ET MIXTES

■ **Forêt pluviale tropicale et subtropicale y compris forêt d'altitude, forêt de lande, forêt noyée.** Forêts à forte densité, à feuilles persistantes, principalement feuillues mais mêlées de conifères dans certaines régions (surtout l'Australie et la Nouvelle-Zélande).

■ **Forêt sèche tropicale et subtropicale**, assez dense, semi-décidue : beaucoup d'arbres perdent leurs feuilles avant la saison sèche; entièrement latifoliée.

■ **Forêt de mousson**, assez ouverte, entièrement décidue. Les feuilles tombent avant une saison sèche prolongée. Cette forêt est entièrement latifoliée.

■ **Bois de la savane, steppe boisée et bois d'eucalyptus.** Là où la voûte arborescente recouvre moins de 50 % du sol, l'herbe pousse. Peu de buissons. La plupart des arbres sont à feuilles caduques.

■ **Forêt de lauriers, forêt sèche d'eucalyptus, forêt subtropicale de fond de rivière, et analogues.** Très dense, toujours verte; les arbres ont des feuilles dures, huileuses ou résineuses. Majorité de latifoliés, mais mêlés aux conifères dans certaines régions, par exemple la Nouvelle-Zélande (dite aussi "forêt humide à feuilles dures").

■ **Forêt sèche a feuilles dures et forêt seche d'eucalyptus.** Assez dense ou clairsemée, le plus souvent verte en permanence. Les arbres ont des feuilles rudes, huileuses ou résineuses.

■ **Brousse tropicale sèche et forêt épineuse**, souvent dense et impénétrable. Les plantes peuvent être à feuilles persistantes ou décidues. Arbres rabougris et arbrisseaux, surtout des acacias et des plantes grasses.

■ **Forêt latifoliée tempérée**, généralement dense, entièrement feuillue dans la plupart des régions. Les feuilles sont minces et délicates, décidues (tombent avant l'hiver).

■ **Forêt mixte tempérée**, dense, arbres latifoliés décidus, perdant leurs feuilles avant l'hiver, les conifères restent toujours verts.

■ **Forêt et bois méditerranéens a feuilles dures**, assez dense, parfois clairsemée. Les arbres ont des feuilles très petites, dures, cireuses, huileuses. La plupart des arbres restent toujours verts. Ces forêts sont le plus souvent mixtes, mais on ne trouve de latifoliés qu'en certains endroits.

■ **Chaparral, forêt naine, et autres analogues.** Souvent clairsemée et faite d'arbustes, en général latifoliée, mais on peut y trouver des conifères. A feuilles persistantes, petites, très dures, huileuses.

■ **Forêt nord-américaine de chênes et de pins**, assez clairsemée. Les latifoliés perdent leur feuilles.

FORETS DE CONIFIERES

■ **Forêt boréale d'épicéas, de sapins et de pins**, très dense. Les conifères sont toujours verts, sauf les mélèzes qui s'y mêlent parfois. Il arrive qu'on y trouve des arbres décidus, surtout des bouleaux.

■ **Forêt boréale de mélèzes**, assez dense ; les conifères qui prédominent (mélèzes) sont décidus. Se trouve dans les zones aux hivers exceptionnellement froids.

■ **Forêt de conifères en montagne**, dense ou plus clairsemée, généralement à feuilles persistantes, mais les mélèzes décidus prédominent dans certaines zones.

■ **Forêt pluviale de conifères de la côte Pacifique** : arbres très hauts et denses, à feuilles persistantes.

■ **Forêt nord-américaine de séquoias dense**, toujours verte.

■ **Forêt de pins subtropicale nord-américaine à feuilles persistantes**, adaptée aux sols sablonneux et pauvres.

■ **Forêt de pins kauri de Nouvelle-Zélande**, arbres à feuilles persistantes.

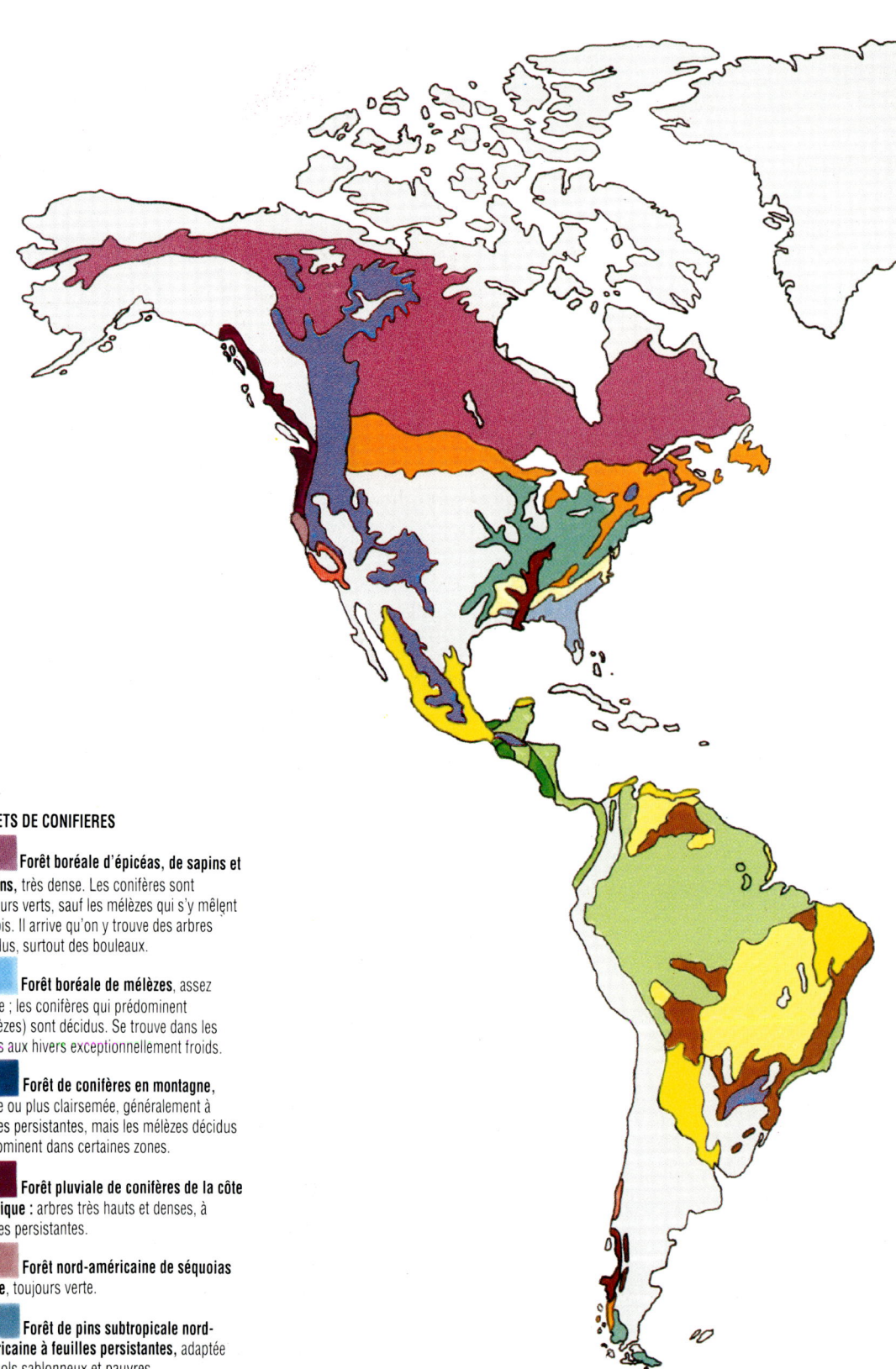

Les régions boisées naturellement dans le monde

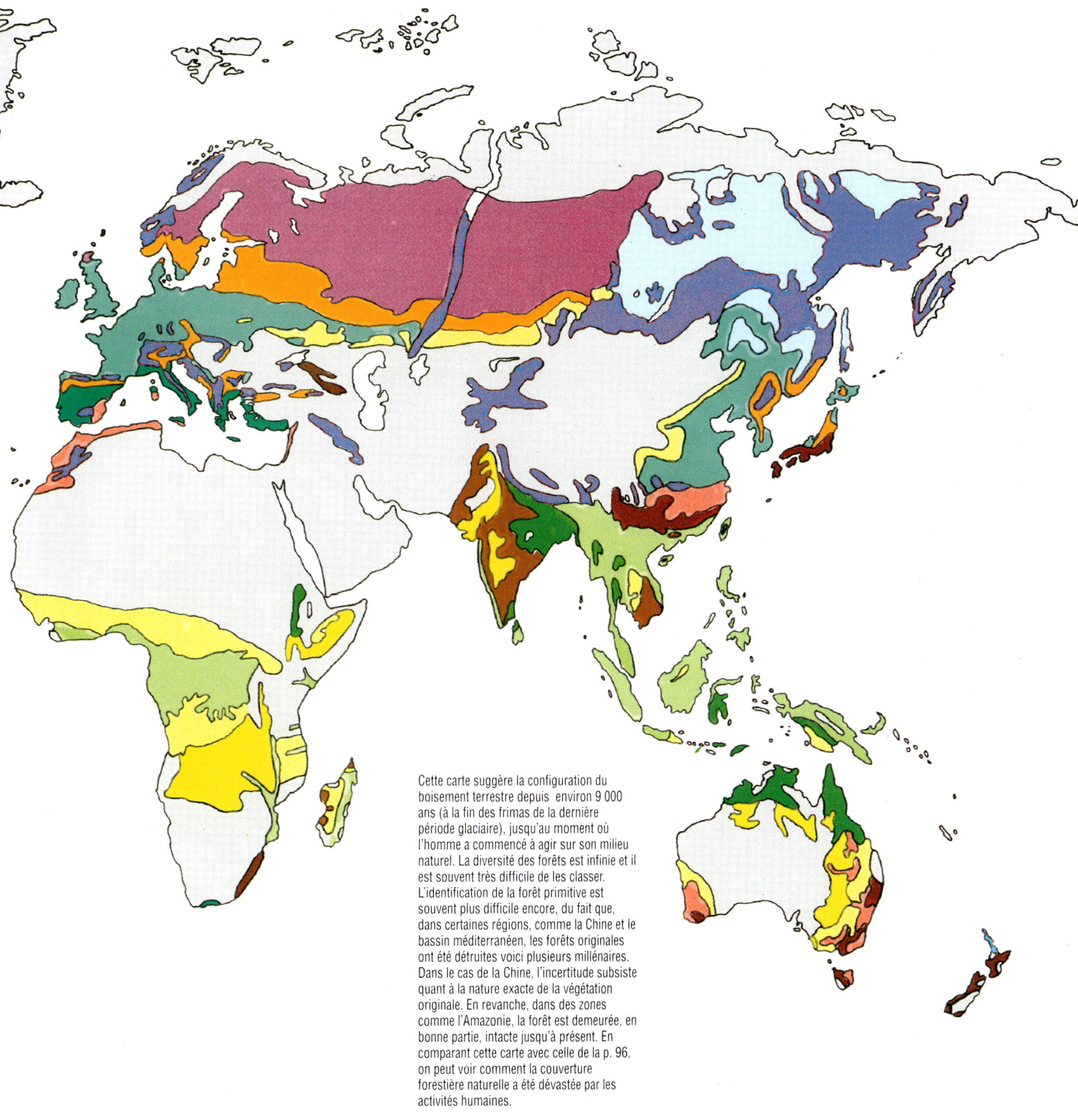

Cette carte suggère la configuration du boisement terrestre depuis environ 9 000 ans (à la fin des frimas de la dernière période glaciaire), jusqu'au moment où l'homme a commencé à agir sur son milieu naturel. La diversité des forêts est infinie et il est souvent très difficile de les classer. L'identification de la forêt primitive est souvent plus difficile encore, du fait que, dans certaines régions, comme la Chine et le bassin méditerranéen, les forêts originales ont été détruites voici plusieurs millénaires. Dans le cas de la Chine, l'incertitude subsiste quant à la nature exacte de la végétation originale. En revanche, dans des zones comme l'Amazonie, la forêt est demeurée, en bonne partie, intacte jusqu'à présent. En comparant cette carte avec celle de la p. 96, on peut voir comment la couverture forestière naturelle a été dévastée par les activités humaines.

58 NOTRE PLANETE QUI MEURT

En abattant leurs forêts, les pays du Tiers-Monde ne font qu'imiter l'exemple déprimant des pays industrialisés du Nord de la planète. Quand les premiers colons européens mirent le pied sur ce qui est à présent les Etats-Unis, le continent était recouvert d'une forêt qu'on évalue aujourd'hui à 3,2 millions de kilomètres carrés. En tout juste cinq cents ans, on a réduit cette surface à 220 000 kilomètres carrés. La colonisation européenne de la Nouvelle-Zélande et de l'Australie a abouti à un schéma de destruction analogue. En Nouvelle-Zélande, de vastes étendues de forêt ont été brûlées, sans même qu'on en récupère le bois, et le terrain sur lequel s'élevaient les arbres est maintenant livré aux moutons. Pour ce qui est de l'Europe, l'Allemagne de l'Ouest est maintenant dépouillée des deux tiers de ses forêts; la Grande-Bretagne en a perdu 90 %.

A aucun moment de l'histoire, l'assaut contre les forêts n'a été aussi global et systématique qu'aujourd'hui. Cette pratique ne condamne pas seulement chaque année des milliers d'essences d'arbres à la disparition, elle prive aussi de leur gagne-pain des millions d'individus. En outre, la destruction des forêts du monde a atteint à présent un point où le déboisement menace la stabilité climatique même de la planète.

LES ARBRES : LES HERITIERS DE LA TERRE

Les forêts constituent la végétation naturelle d'une vaste partie du monde. Sur une parcelle de terrain récemment déboisée, à condition qu'on laisse la nature suivre son cours naturel et que la structure du sol ne soit pas gravement endommagée, la terre sera colonisée d'abord par de petites plantes «pionnières», puis par des plantes plus grandes, au nombre desquelles diverses sortes d'herbe. Des buissons prendront le relais et donneront de l'ombre à l'herbe et,

▶ Des orchidées fleurissent au-dessus d'un torrent de la forêt pluviale.

▼ Forêt mixte de conifères et de bouleaux dans le Nord de la Finlande, alternant avec des zones marécageuses. Cette mosaïque de milieux est particulièrement avantageuse pour la faune : par exemple, de nombreux insectes se reproduisent dans les régions marécageuses, ce qui fournit de la nourriture aux oiseaux. Les entreprises forestières finnoises assèchent souvent les bourbiers et les marécages boisés pour accroître leur production en bois, mais les rendent ainsi moins favorables à la faune sauvage.

LES FORETS DU MONDE

Les forêts varient beaucoup d'une région à l'autre. Dans les forêts pluviales, les arbres peuvent se dresser à plus de 80 mètres, tandis que les forêts rabougries de certaines zones montagneuses s'élèvent rarement à plus de 2 mètres. L'enchevêtrement des taillis rend difficile de pénétrer dans les forêts-galeries qui bordent les fleuves tropicaux, alors que d'autres forêts présentent un sol dégagé avec fort peu de végétation sous les arbres. Et surtout, les types d'arbres varient selon la température, les chutes de pluie et le sol. La principale division que reconnaissent en la matière les botanistes regroupe deux grands types de plantes : les conifères ou résineux, tels que le pin, le cyprès et le séquoia, et les latifoliés ou feuillus, tels que le chêne, le bouleau et l'érable, qui sont des plantes qui fleurissent. Autre distinction importante : certains arbres portent des feuilles toutes l'années, ce sont des arbres à feuilles persistantes; d'autres perdent leurs feuilles au début de la saison froide ou de la saison sèche : ce sont les arbres à feuilles caduques ou décidus.

Deux bandes distinctes de forêts entourent le globe *(voir carte p. 56-57)*. L'une est la ceinture de forêt pluviale équatoriale et tropicale, qui suit à peu près le tracé de l'équateur; les chutes de pluie y sont abondantes durant toute l'année et les arbres presque entièrement latifoliés, encore qu'on y rencontre quelques conifères, comme le «pin colonnaire», qui est en fait un araucaria *(Araucaria cunninghamii)*, de Nouvelle-Guinée et d'Australie. En raison des pluies constantes, ces forêts sont à feuilles persistantes, et la variété des arbres y est surprenante : dans certaines forêts du Sud-Est asiatique, on trouve plus de deux cents essences différentes sur un seul hectare.

La seconde grande bande d'arbres est la forêt boréale du Grand Nord, qui est surtout résineuse, consistant en pins, en épicéas, en sapins et en mélèzes. (S'il existe des terres émergées à la latitude correspondante, la forêt boréale aurait une contrepartie dans l'hémisphère sud, mais la zone où les arbres devraient pousser se trouve dans l'océan Austral.) Contrairement à la forêt tropicale, la forêt boréale comporte peu d'espèces d'arbres – souvent deux ou trois essences par hectare – et le sous-bois est généralement rare. Presque tous les conifères sont à feuilles persistantes, mais les mélèzes perdent les leurs à la fin de l'été, et ce sont eux qui prédominent sous le morne climat de la Sibérie orientale, où même les aiguilles résistantes des conifères seraient endommagées par le froid extrême de l'hiver. Sur la marge méridionale de la forêt boréale, les bouleaux et d'autres robustes essences feuillues poussent parmi les conifères, ce qui produit une forêt mixte beaucoup plus riche en vie sauvage en raison de la variété de ses arbres.

parmi eux, il y aura de jeunes arbustes. Ceux-ci se développeront ensuite suffisamment pour ne laisser aucune place aux buissons; ils formeront un dense bouquet d'arbres élancés qui intercepteront la plus grande partie de la lumière. Avec le temps – et cela peut prendre plusieurs siècles – quelques-uns de ces arbres céderont la place aux autres, et il en résultera une forêt en pleine maturité, où à de grands arbres très anciens en seront mêlés d'autres beaucoup plus jeunes et où l'on trouvera des clairières occasionnelles, là où un vieil arbre s'est écroulé, ce qui permet à la lumière du soleil de parvenir jusqu'au sol de la forêt.

Ce processus est désigné par le terme de succession, et le stade final se nomme climax. Excepté sous les latitudes les plus froides, au sommet des montagnes et dans les régions très sèches, quand elle parvient au climax, la végétation constitue une forêt. Là où il fait assez chaud et humide, les arbres sont les ultimes héritiers du terrain. Dans les zones marginales, où les chutes de pluie sont relativement faibles, il peut s'avérer que le climax se traduise par un mélange d'arbres et d'herbe, qu'on appelle selon les cas savane, forêt épineuse ou bois.

Mais le processus de succession peut être interrompu par un événement fatal. Des incendies, l'utilisation du terrain comme pâture et des abattages d'arbres répétés peuvent arrêter la succession dès ses premiers stades. C'est ce qui s'est produit pour les forêts entourant la Méditerranée. Là où s'élevaient jadis de magnifiques bosquets de chênes verts et de pins d'Alep, il n'y a plus qu'une brousse, appelée maquis, ou une lande plus dégradée encore qu'on nomme garrigue. Et en Grande-Bretagne, sur les landes les arbres ne peuvent se régénérer, parce que les animaux de ferme y broutent continuellement.

En dehors de ces deux zones, les forêts sont extrêmement variées. Dans la région extrême-orientale de l'URSS, des léopards chassent dans les forêts mixtes de l'Oussouri, où des pins de Corée et des sapins du Khinghan poussent à côté d'érables pourpres du Japon, de noyers de Mandchourie et de chênes de Mongolie.

Sur certaines pentes de l'Himalaya, on rencontre des forêts bien arrosées de bambous pareils à des arbres, alors que la végétation originale de la zone chaude et humide entre la mer Noire et la mer Caspienne présente un mélange luxuriant d'arbres et d'arbustes, avec des rhododendrons, des lauriers, du houx et des chênes. Le continent australien comporte, à lui seul, des douzaines de types différents de forêts, avec des acacias et des espèces indigènes d'eucalyptus, dont la plupart des types jouent un rôle prééminent dans la végétation. Ces forêts présentent plusieurs caractéristiques uniques, notamment le rôle important qu'y jouent les incendies naturels pour les entretenir et l'exceptionnelle adaptation au feu dont font preuve les eucalyptus. En raison de la sécheresse du climat, beaucoup d'arbres australiens sont du type sclérophylle, « à feuilles dures » : ces feuilles sont coriaces, huileuses et ont relativement peu de stomates (pores). On trouve des forêts sclérophylles dans d'autres régions sèches du monde, en particulier en Méditerranée et dans certaines parties de l'Afrique australe et de la Californie. La résistance de leurs feuilles à la sécheresse permet aux arbres de ces forêts de rester toujours vertes malgré l'aridité du climat.

Dans la plupart des régions tropicales, les arbres recourent à une autre méthode pour faire face à la sécheresse : ils perdent toutes leurs feuilles durant les mois sans pluie. On donne à ces forêts-là le nom de forêts tropicales saisonnières ou de forêts tropicales sèches, et certaines d'entre elles présentent de magnifiques couleurs éclatantes avant la chute des feuilles.

◀ Forêt pluviale tropicale dans l'île Fraser, au large du Queensland. Les forêts pluviales d'Australie occupent une superficie restreinte, mais elles sont riches en flore et en faune, comportant souvent des espèces uniques. Sur le continent, les forêts ont été abattues pour exploiter leur bois et pour construire des routes.

▼ Forêt tropicale sèche, le long du Limpopo, au Mozambique. On voit ici les feuilles printanières en plein essor, sur des acajous, au début de la saison des pluies. La couleur rouge provient de toxines, dans les feuilles, qui dissuadent les insectes de les manger pendant qu'elles sont jeunes et molles.

62 NOTRE PLANETE QUI MEURT

▲▲ Bois de hêtres dans le Sud de l'Angleterre. On a rendu ces arbres artificiellement bas en vue de la production de bois, et ils ont été élagués à plusieurs reprises afin de ne pas dépasser 4 mètres au-dessus du sol et de fournir constamment des branches longues et droites.

▲ Forêt décidue de hêtres méridionaux sur l'île de la Terre de Feu, à la pointe extrême de l'Amérique du Sud. Ces forêts sont les homologues des forêts de l'hémisphère Nord et si les terres émergées étaient plus étendues au sud, elles seraient plus abondantes.

Celles qui subissent la plus longue saison sèche, les forêts de mousson, sont inondées de pluies torrentielles lorsque celles-ci arrivent enfin.

L'hémisphère nord n'a qu'un seul type de forêt, composé entièrement d'arbres décidus, latifoliés, comme le chêne, l'érable, le sycomore, le hêtre et le peuplier. Apparemment, un été doux et humide et un hiver court et rigoureux favorisent les arbres qui perdent leurs feuilles. Etant remplacées chaque année, celles-ci n'ont pas à survivre au froid ou à la sécheresse et peuvent se permettre d'être délicates. En revanche, les quelques arbustes à feuilles persistantes qui poussent dans ces bois-là ont des feuilles coriaces, qu'il

s'agisse de conifères, comme le genévrier, ou de latifoliés, comme le houx.

De toutes les forêts tempérées, les plus impressionnantes sont les forêts pluviales, qui se trouvent là où les chutes de pluie sont fortes durant toute l'année. Ces forêts-là sont très dispersées sur le globe et très variées par leur composition. Celles de la côte occidentale de l'Amérique consistent surtout en conifères, tels le tsuga (sapin-ciguë) et le cèdre rouge occidental, tandis que celles de Nouvelle-Zélande comportent de magnifiques hêtres méridionaux, des pins kaori et des podocarpes. En Tasmanie, la forêt pluviale est dominée par le myrte, le sassafra et les fougères arbores-

◀ Forêt canadienne mixte, à la fin de l'été : bouleaux et trembles sont sur le point de perdre leurs feuilles, tandis que les épicéas et les sapins conservent leurs aiguilles dures et cireuses. Le mélange des essences est avantageux pour la faune et beaucoup plus d'espèces animales vivent ici que dans les forêts composées seulement de conifères.

▲ Des pins en pleine croissance dans la Forêt-Noire, en Allemagne. Ces arbres jettent une ombre épaisse, qui gêne toute autre végétation, aussi le sous-bois est-il souvent assez ras.

▶ Un bosquet d'érables et de bouleaux à papier dans le Michigan : leurs feuilles brillamment colorées annoncent l'approche de l'hiver.

66 NOTRE PLANÈTE QUI MEURT

centes, ces délicates survivantes d'une ère lointaine.

La réussite des conifères, aussi bien dans les conditions chaudes et humides des forêts pluviales tempérées que dans l'aridité sèche de la Méditerranée, montre bien que leur réputation d'«arbres pour climat froid», stéréotype des pays du Nord, est erronée. Mais les conifères se développent également bien sur les montagnes du monde entier, ce qui suggère qu'à basse température ils concurrencent avec succès la plupart des latifoliés. En conservant leurs aiguilles dures et cireuses durant tout l'hiver, ils sont à même de reprendre rapidement leur développement au printemps et de ne pas perdre un seul instant de la brève saison de la croissance. La forme des arbres, avec leur sommet pointu, leurs branches inclinées vers le bas et leurs aiguilles lisses et minces, les aide à se débarrasser de la neige, ce qui réduit le risque de rupture des branches.

L'ARCHITECTURE DES FORÊTS

Toutes les forêts ont une «architecture» particulière, qui dépend du type de forêt auquel elles appartiennent. Les arbres les plus élevés atteignent habituellement des hauteurs semblables et forment ainsi une voûte de feuillage, dite voûte fermée si les arbres se rejoignent, et voûte ouverte s'ils sont plus espacés. Plus la voûte est ouverte, plus grande est la quantité de lumière qui peut atteindre le sol, ce qui encourage d'autres plantes à pousser sous les arbres. Dans les forêts pluviales tropicales, il peut ainsi se former sous la voûte deux ou trois couches de végétation, voire davantage, avec des arbres plus petits constituant un ou plusieurs sous-étages. De petits arbres comme des palmiers, des fougères arborescentes et des acacias prédominent souvent à ces étages inférieurs de la forêt. Dans les forêts décidues latifoliées, des arbustes tels que les noisetiers et le houx et de petits arbres comme les tilleuls forment quelquefois un sous-étage.

En général, plus riche est la forêts en pluies, chaleur et substances nutritives du sol, plus complexe est sa structure. C'est particulièrement notable dans la forêt pluviale tropicale. Les forêts de plaines sont massives, mais les arbres sont moins hauts, les espèces moins nombreuses et l'architecture plus simple que dans les forêts plus froides («forêts dans les nuages») qui poussent au sommet des montagnes et dans les forêts de bruyères qui poussent sur les sols pauvres.

▲ Une forêt pluviale tempérée de l'Olympic National Park, dans l'Etat de Washington. Ces forêts de la côte Pacifique de l'Amérique du Nord sont l'exemple même de la "forêt pluviale tempérée" à l'atmosphère humide et aux arbres imposants drapés de mousse. Ce terme ne qualifie du reste pas un type de forêts bien défini et on n'est pas d'accord sur celles qu'il convient d'y inclure, mais on admet généralement que certaines forêts de Tasmanie et de Nouvelle-Zélande en font partie.

◀ Un très vieil arbre couvert de mousse dans la forêt d'altitude, très humide, du mont Anne en Tasmanie. Les forêts de cette île ont récemment fait l'objet de controverses, car les adeptes de la protection de la nature voudraient en faire interdire l'exploitation.

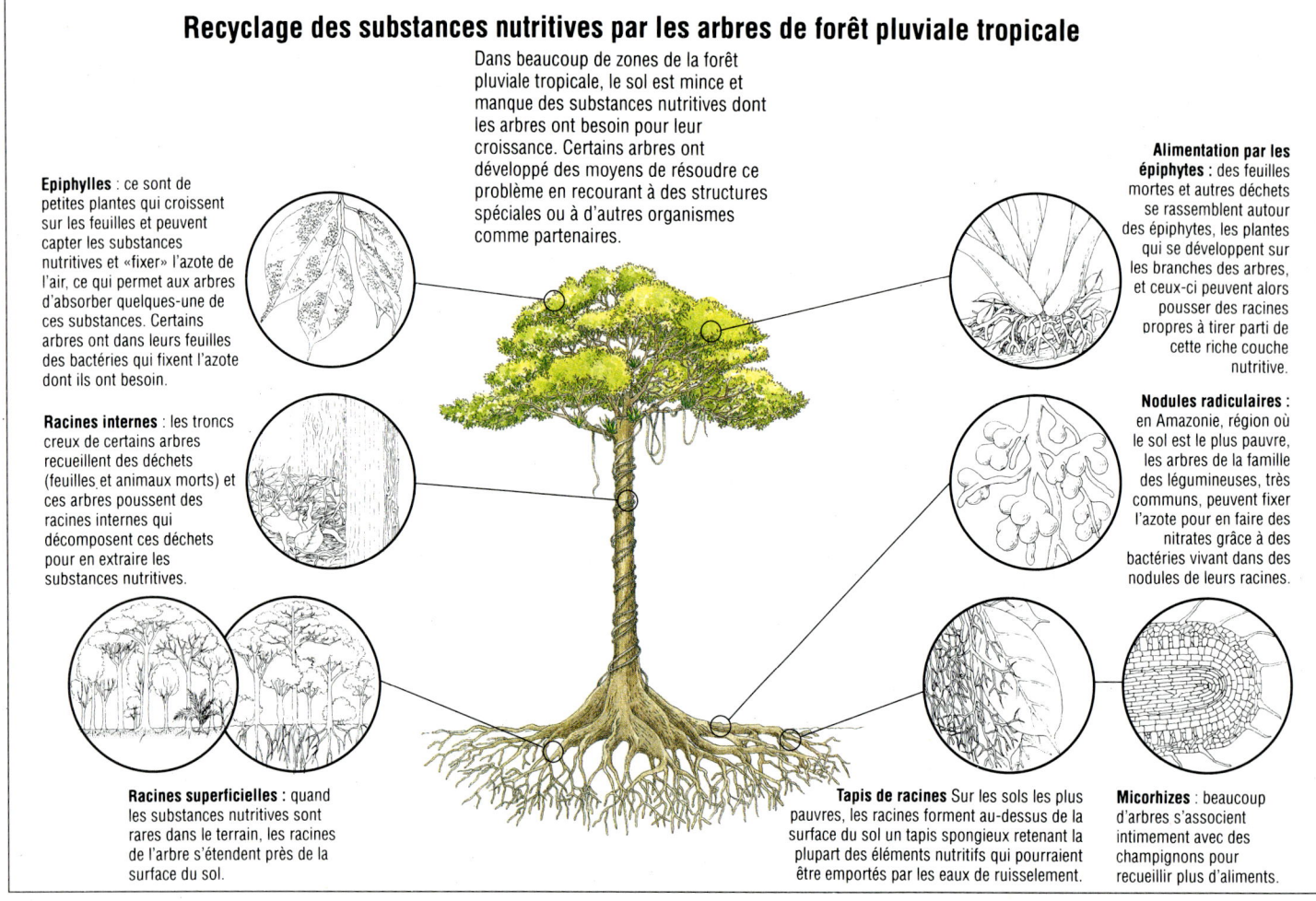

Recyclage des substances nutritives par les arbres de forêt pluviale tropicale

Dans beaucoup de zones de la forêt pluviale tropicale, le sol est mince et manque des substances nutritives dont les arbres ont besoin pour leur croissance. Certains arbres ont développé des moyens de résoudre ce problème en recourant à des structures spéciales ou à d'autres organismes comme partenaires.

Epiphylles : ce sont de petites plantes qui croissent sur les feuilles et peuvent capter les substances nutritives et «fixer» l'azote de l'air, ce qui permet aux arbres d'absorber quelques-une de ces substances. Certains arbres ont dans leurs feuilles des bactéries qui fixent l'azote dont ils ont besoin.

Racines internes : les troncs creux de certains arbres recueillent des déchets (feuilles et animaux morts) et ces arbres poussent des racines internes qui décomposent ces déchets pour en extraire les substances nutritives.

Racines superficielles : quand les substances nutritives sont rares dans le terrain, les racines de l'arbre s'étendent près de la surface du sol.

Alimentation par les épiphytes : des feuilles mortes et autres déchets se rassemblent autour des épiphytes, les plantes qui se développent sur les branches des arbres, et ceux-ci peuvent alors pousser des racines propres à tirer parti de cette riche couche nutritive.

Nodules radiculaires : en Amazonie, région où le sol est le plus pauvre, les arbres de la famille des légumineuses, très communs, peuvent fixer l'azote pour en faire des nitrates grâce à des bactéries vivant dans des nodules de leurs racines.

Tapis de racines Sur les sols les plus pauvres, les racines forment au-dessus de la surface du sol un tapis spongieux retenant la plupart des éléments nutritifs qui pourraient être emportés par les eaux de ruissellement.

Micorhizes : beaucoup d'arbres s'associent intimement avec des champignons pour recueillir plus d'aliments.

L'architecture et la composition d'une forêt ne sont pas des éléments statiques. Elles peuvent changer peu à peu au fur et à mesure que les arbres tombent et sont remplacés, pas nécessairement par les mêmes espèces. Ce dernier point est particulièrement avéré dans les forêts tropicales, avec leur vaste éventail d'essences.

LE BESOIN DE SUBSTANCES NUTRITIVES

Comme tous les êtres vivants, les arbres ont besoin de substances nutritives. En raison de leur grande taille, beaucoup de ces substances sont «bloquées» dans leurs troncs et leurs branches, et si le sol est déficient en minéraux, cela aggrave le problème.

Il n'est donc pas surprenant que des décomposeurs, tels que les champignons, les vers de terre et les termites, soient d'une importance vitale dans toutes les forêts, car ils désintègrent les feuilles tombées et tous les autres débris et restituent au sol des substances nutritives pour un usage ultérieur. Beaucoup d'arbres forestiers ont des champignons spécialisés qui croissent en étroite association avec leurs racines, formant une structure entrelacée nommée mycorhize. En contrepartie des sucres que lui fournit la plante, le champignon peut mettre à sa disposition des matières essentielles, dont certains composés azotés pour élaborer des protéines.

Certaines forêts pluviales tropicales, en particulier celle de l'Amazonie centrale, poussent sur un sol extrêmement pauvre et non fertile. Cette circonstance a conduit les arbres à développer des stratégies exceptionnelles pour récupérer les substances nutritives. Ils sont ainsi capables d'intercepter ces substances d'une couche de feuilles en décomposition avant même qu'elles n'atteignent le sol, par le truchement d'un tapis de racines superficielles. Ces petites racines poussent de façon à prendre au piège les feuilles et les fruits tombés de l'arbre et, ainsi, elles en monopolisent les substances nutritives.

Dans ces forêts-là, les mycorhizes jouent un rôle très important, et beaucoup de ces associations sont très spécifiques, certaines espèces données d'arbres dépendant de champignons particuliers. La coupe à blanc d'une forêt peut laisser le sol privé de ces champignons spécialisés, ce qui empêche plusieurs

▶ Vue aérienne d'une forêt pluviale tropicale au Zaïre, avec des arbres en fleurs. Le Zaïre détient la plus grande étendue de forêt pluviale qui subsiste en Afrique.

«C'est ici que je découvris pour la première fois une forêt tropicale dans toute sa majesté sublime – rien, si ce n'est sa seule réalité, ne pourra donner idée d'un spectacle aussi merveilleux et extraordinaire... Je n'ai jamais rien ressenti qui me procure un ravissement si intense.»
Charles Darwin, lettre du Brésil.

▲ Des dendrolagues (kangourous des arbres) examinent le sol d'une forêt pluviale. Les singes n'ont jamais pu coloniser les forêts de Nouvelle-Guinée et d'Australie : ce sont les marsupiaux qui occupent leur place.

◀ Un gecko arboricole de la Nouvelle-Galles du Sud. La queue en massue de ce lézard lui sert à se défendre : par sa ressemblance avec une tête, elle trompe le prédateur, qui s'attaque à cette partie moins vulnérable du corps, et une fois saisie, la queue peut se détacher.

essences de se régénérer et ralentit le repeuplement, même en présence de graines viables.

LES RICHESSES DE LA FORET

La faune des forêts tropicales est particulièrement riche. Selon certains chercheurs, il se pourrait que ces forêts hébergent plus de la moitié des espèces vivant sur terre. Des 250 000 espèces de plantes qu'ont décrites les botanistes, 30 000 au moins se trouvent dans la seule Amazonie. Le déboisement sous les tropiques et dans les forêts pluviales tempérées est en train de provoquer un appauvrissement de la diversité biologique d'une envergure sans précédent : à peu près à chaque heure du jour, une espèce est condamnée à disparaître. En outre, le rythme de ces disparitions est en train de s'accélérer : entre 1990 et 2020, au fur et à mesure que le déboisement progressera plus avant au cœur des forêts restantes, on prévoit que jusqu'à 100 espèces pourront disparaître chaque jour.

Les insectes se développent bien dans la chaleur constante de l'atmosphère tropicale et, au cours des millénaires, les plantes et les arbres de la forêt pluviale ont développé un impressionnant arsenal de défenses chimiques contre les insectes nuisibles. Beaucoup de ces composés chimiques peuvent aussi agir comme remèdes ou avoir d'autres applications utiles. Parmi les substances chimiques naturelles qu'on trouve en Amazonie, on trouve un produit hypotenseur et tranquillisant, tiré de la racine du *Rauwolfia*, un produit antitumoral tiré du *Tabebuia* (bois de buis) et une substance tirée de la plante *Calea pinnatifida* qui attaque les parasites amibiens. Récemment, on a découvert qu'une drogue extraite de la fameuse pervenche rose, plante originaire des forêts de Madagascar, offrait 90 % de chance de rémission dans les cas de leucémie lymphatique. Mais on n'a pu établir de façon certaine la vertu médicinale que de moins de 1 % seulement des plantes de la forêt pluviale, et à moins que le déboisement ne s'arrête, beaucoup de ces plantes vont disparaître avant qu'on ne puisse tirer parti de leurs potentialités.

LA PROTECTION DU SOL ET DE L'EAU

Les forêts jouent un rôle vital en protégeant les sols et en réglant leur alimentation en eau. L'érosion du sol dans les zones déboisées des régions tempérées suscite certes des inquiétudes, mais ce n'est rien par comparaison avec la dégradation que cause l'abattage des forêts sous les tropiques. Pour en comprendre la raison, il faut examiner attentivement le sol sur lequel poussent les arbres des forêts.

Etant donné que les forêts tropicales poussent en général sur des sols peu fertiles, le déboisement conduit rapidement à un lessivage du sol qui en élimine les substances nutritives essentielles; il peut donc

LES FORÊTS 71

▲ Un toucan du Bélize. Les toucans sont des oiseaux joueurs, qui se donnent la chasse au sommet des arbres et, parfois, se battent au moyen de leurs grands becs. Ce bec leur est fort utile pour atteindre les fruits au bout des branches et pour effrayer d'autres oiseaux, dont les toucans volent les œufs et les oisillons dans leurs nids. La couleur et la forme des becs permettent aux toucans de se reconnaître entre eux et jouent sans doute un rôle dans la parade nuptiale, mais celle-ci a si rarement pu être observée que cela reste incertain.

▲ Papillon de nuit de Madagascar. Les grandes antennes velues indiquent qu'il s'agit d'un mâle ; celui-ci trouve sa femelle grâce à une odeur spéciale qu'elle émet en volant.

◀ La fleur du rafflésia de Bornéo *(Rafflesia pricei)*. Ces plantes sont des parasites des lianes, et on n'en voit généralement que la fleur, le reste de la plante étant dissimulé dans la racine de la liane. Les rafflésias ont les plus grandes fleurs du monde.

72 NOTRE PLANETE QUI MEURT

«La question est bien simple : la préservation de la forêt tropicale humide ainsi que le déboisement constituent l'une de nos principales préoccupations écologiques – l'érosion de la diversité génétique de la Terre.»
Dr Aila Keto, président de la Rainforest Conservation Society (Société pour la défense de la forêt tropicale humide), Australie

▶ Les vestiges dévastés des forêts pluviales de Madagascar vus d'une colline dont les arbres ont été récemment abattus. Le sol rouge sur lequel avaient poussé les forêts a déjà été balayé par les pluies. La disparition de la couverture forestière laisse le sol nu à la merci des pluies torrentielles, et plus le terrain est accidenté, plus la terre est vite dénudée.

transformer la région en terrain vague, dépouillé de toute végétation à l'exception d'herbes arides. Il est typique que, trois ans seulement après qu'un sol a été déboisé en vue d'une exploitation agricole, il a perdu jusqu'à la moitié de sa teneur en matière organique.

Dans beaucoup de régions tropicales se pose en outre le problème de la «ferralitisation». Beaucoup des sols tropicaux sont riches en oxydes de fer et d'aluminium. S'ils se trouvent complètement exposés durant une période prolongée, ils se transforment en une substance dure, semblable à de la brique, la latérite ou ferralite, sur laquelle il est impossible de faire pousser quoi que ce soit.

Dépouillés de leur couverture forestière, les sols tropicaux courent aussi un risque croissant d'être emportés soit par l'eau soit par l'air. Des chercheurs qui ont effectué des études en Côte d'Ivoire ont noté des différences considérables entre le rythme d'érosion du sol dans les régions boisées et dans celles qui ne le sont plus. Selon eux, même dans les zones montagneuses, l'érosion du sol en forêt n'est que de 0,03 tonne par hectare et par an, mais, une fois que le sol a été dépouillé de sa végétation, le taux d'érosion s'élève à 90 tonnes par hectare et par an.

Dans les régions tropicales qui connaissent des pluies torrentielles, une couverture forestière suffisante est essentielle à la santé et à l'équilibre vital des habitants. Le déboisement accroît spectaculairement l'érosion de la surface par la pluie, car celle-ci atteint le sol en beaucoup plus grande quantité et le sol est incapable d'absorber autant d'eau en raison de son tassement. On sait maintenant que des sols boisés absorbent dix fois plus d'eau que des pâturages, et sur les surfaces déboisées, cette eau se contente de s'écouler sur le sol dénudé pour rejoindre les cours d'eau et les fleuves locaux.

Trop souvent, il en résulte des inondations massives. Dans le bassin hydrographique de l'Inde, par suite du déboisement, la surface du terrain classé comme inondable a doublé entre 1971 et 1980; en 1984 elle avait triplé. Paradoxalement, la destruction des forêts peut provoquer la sécheresse aussi bien que l'inondation, surtout dans la zone des moussons, où les chutes de pluie sont saisonnières. Les sols forestiers retiennent bien l'eau et la laissent s'écouler lentement dans les cours d'eau de la région; ainsi ils atténuent les extrêmes du climat, en répartissant l'eau également pendant toute l'année.

Une fois supprimée l'action amortissante des forêts, il s'établit souvent un cycle sécheresse-inondation, avec des crues massives alternant avec des sécheresses dévastatrices. Dans le seul Etat indien de Maharashtra, le déboisement est responsable de la sécheresse qui touche 23 000 villages, ce qui représente un accroissement de 6 000 villages pour les cinq dernières années.

▲ En excavant le sol pour construire une route, au Venezuela, on découvre la minceur de la couche de terre et le peu de profondeur des racines des arbres de la forêt pluviale.

《… Les gens rivalisaient les uns les autres pour bâtir leurs maisons, et dans les montagnes du Sud, les forêts étaient exploitées sans qu'on leur laisse même une année de repos. Les indigènes profitèrent du dénuement des montagnes pour les transformer en fermes… Si des torrents se déversaient des cieux, rien ne ralentissait plus la course des flots. Au soir, quand ils atteignaient la plaine, ils gonflaient et dévastaient furieusement les rives, déplaçant souvent le lit du fleuve… C'est ainsi que la région de Ch'i fut privée de sept dixièmes de sa richesse.》

Manuscrit chinois du XVIe siècle.

74 NOTRE PLANETE QUI MEURT

▲ Dans le monde entier, les tribus qui vivent dans les forêts pluviales sont friandes de miel, mais il est loin d'être facile de le récolter. Ici, on recourt à la fumée pour abrutir les abeilles qui nichent dans le tronc d'un arbre creux.

« L'homme blanc marche dans l'obscurité, aveuglé par l'éclat de l'or. C'est pour cela qu'il ne nous voit pas. »
Davi Yanomani, chef des indiens Yanomani, Amazonie.

▲▶ Des Indiens d'Amérique du Sud récoltent des tubercules dans la forêt pluviale. La forêt peut leur procurer tout ce qui est nécessaire à une alimentation complète : protéines fournies par les animaux et le poisson, hydrates de carbone des tubercules comme ceux-ci, graisses et huiles des animaux, des graines et des fruits.

LES POPULATIONS DE LA FORET

Résultat direct du déboisement, des milliards d'habitants du Tiers-Monde sont condamnés à une existence dégradée et appauvrie, avec une très faible perspective d'amélioration. Mais pour les 50 millions d'indigènes des tribus qui vivent dans la forêt même, les répercussions du déboisement sont encore bien pires. Bien au-delà du désastre écologique causé par la perte de leurs forêts, cela détermine la perte de leur culture, de leur identité et de tout leur mode d'existence.

Ces populations dépendent de la forêt pour leur alimentation, pour les matériaux de construction de leurs habitations, le bois de leurs instruments agricoles, les herbes de leur médecine traditionnelle, les fibres et les colorants de leurs vêtements et le matériel de fabrication des objets de leur religion et de leur culture. Et, ce qui est tout aussi important, ils entretiennent des liens culturels profondément enracinés avec la forêt elle-même, liens qui vont bien au-delà de l'économie et qui confèrent un sens à leurs existences. Rien de surprenant si, pour la plupart des ethnies qui y vivent, la destruction de la forêt équivaut à une condamnation physique et sociale. Beaucoup d'entre eux succombent à la maladie, tandis que d'autres partent à la dérive et finissent dans des taudis où ils deviennent les proies de l'alcoolisme, de la prostitution et des maladies mentales.

LES FORETS ET LE CLIMAT

Si éloigné d'eux que puisse paraître aux habitants de New York, de Londres, de Tokyo ou de Paris le déboisement des forêts tropicales, ils peuvent se trou-

ver, eux aussi, gravement affectés par les effets climatiques de la destruction de ces forêts et de leur population. Les forêts contiennent des quantités massives de carbone, et le déboisement, spécialement quand la forêt est incendiée, comme cela se produit à grande échelle en Amérique latine, ajoute à l'atmosphère des quantités considérables de gaz carbonique. Ainsi, le déboisement accroît de façon appréciable l'effet de serre *(voir p. 40-53)*, avec des conséquences désastreuses aussi bien pour le Nord que pour le Sud. Le déboisement en Amazonie est si étendu que le Brésil pourrait bien, à lui seul, dégager dans l'atmosphère de 500 millions tonnes de gaz carbonique par an.

Le déboisement peut aussi perturber un autre mécanisme climatique d'importance vitale. De la moitié aux trois quarts de la pluie qui tombe sur l'Amazonie retournent rapidement à l'atmosphère, à la fois par suite de l'évaporation des feuillages humides et en raison de la transpiration des arbres, c'est-à-dire le processus par lequel les plantes captent l'eau du sol et la dégagent par leurs stomates (les pores par lesquels respirent leurs feuilles). Sous les tropiques, cette vapeur d'eau, comme la sueur des animaux, sert à rafraîchir les plantes suffisamment pour qu'elles puissent continuer à opérer la photosynthèse. La vapeur née de la transpiration fournit aussi 50 % de la pluie qui tombe sous le vent, au fur et à mesure que les nuages filent vers l'ouest en direction des Andes. Cette même humidité tombe sous forme de pluie immédiate, s'évapore et retombe plusieurs fois par jour sur la forêt elle-même. Le déboisement en Amazonie orientale risque de perturber fatalement ce recyclage, ce qui provoquerait peu à peu le dessèchement des forêts

subsistant encore en Amazonie occidentale. Les nuages formés par la vapeur d'eau au-dessus des forêts tropicales reflètent la lumière du soleil dans l'espace extérieur et, de ce fait, rafraîchissent la région tropicale. Une partie de cette vapeur d'eau est transportée à des latitudes plus élevées, où sa chaleur se transmet à l'atmosphère. En raison de son étendue, la forêt pluviale amazonienne est donc partie intégrante d'une gigantesque pompe thermique solaire qui maintient une certaine fraîcheur aux tropiques en transportant la chaleur sous des climats plus froids. Certains climatologues pensent qu'un déboisement de grande envergure du bassin amazonien pourrait perturber le transfert de chaleur des tropiques à l'hémisphère nord, lequel deviendrait alors plus froid.

▲ Lianes et épiphytes dans une forêt en altitude du Venezuela. On y trouve moins d'espèces animales que dans la forêt pluviale de la plaine, mais la difficulté d'accès de ces forêts «dans les nuages» en fait un refuge pour d'autres espèces menacées.

«Quand ils auront fini, il n'y aura plus d'arbres à caoutchouc, plus d'arbres à noix du Brésil, ni même leur bétail, seulement de la poussière.»
Saigneur de latex, Amazonie.

La mort des FORETS PLUVIALES

▼ Des millions d'années d'évolution s'en vont en fumée : une partie de la forêt pluviale brésilienne est détruite par le feu pour en faire des terres arables.

Si l'on survole aujourd'hui les forêts tropicales, il est difficile d'admettre que ce manteau vert qui s'étend aussi loin que l'œil peut distinguer pourrait disparaître en quelques décennies. Mais si l'on voyage le long des routes ou que l'on suit le cours des principaux fleuves qui traversent la forêt, la destruction devient vite évidente. Des souches calcinées, des broussailles et un sol dénudé font l'effet de cicatrices dans le paysage.

Même là où des arbres et des arbustes ont commencé à recoloniser le terrain, la densité du feuillage est trompeuse. A la forêt secondaire fait défaut la riche variété d'essences de la forêt primaire qui s'étendait là naguère. Là où le terrain a été converti en pâturage – ce qui est fréquemment le cas en Amérique latine, sinon dans le reste de la zone tropicale – les chances de récupération diminuent chaque année au fur et à mesure que les animaux broutent le sol. Le brûlage annuel du terrain pour favoriser la pousse de l'herbe tue les plants qui permettraient le reboisement; ce procédé transforme le territoire en savane, où peu d'espèces peuvent survivre. C'est donc une pratique inutile pour obtenir des moissons et, au bout d'un certain temps, elle l'est également pour faire pousser de quoi nourrir les troupeaux.

Comme on déboise ou abime chaque année, là-bas, un territoire de mêmes dimensions que l'Allemagne occidentale, les perspectives d'avenir de ces régions sont peu réjouissantes. Selon les avertissements prodigués par les experts, à moins qu'on n'entreprenne une action énergique pour arrêter la destruction, les forêts pluviales du monde auront disparu effectivement à la fin du siècle, excepté dans des sites inaccessibles et quelques réserves biologiques.

CE SONT LES PAUVRES QU'ON ACCUSE

L'Organisation des Nations unies pour l'alimentation et l'agriculture (FAO) reproche aux paysans sans terre de pratiquer une agriculture extensive, que la FAO définit comme *shifting cultivation* («culture mouvante»), et de provoquer ainsi 50 % de l'abattage des forêts tropicales dans le monde; les ramasseurs de bois de chauffage sont, toujours selon la FAO, la seconde cause par ordre d'importance du déboisement. Pour étayer ses accusations, la FAO n'est pas dépourvue d'arguments. De l'Amazonie à l'Indonésie, ce sont effectivement des paysans sans terre qui allument les incendies et qui manient les scies à chaîne qui, chaque année, annihilent de vastes secteurs des forêts tropicales. Mais reprocher aux paysans sans terre de déboiser leur pays équivaut à reprocher aux conscrits de provoquer des guerres. Comme l'a dit l'écologiste James Nations, «les paysans effectuent une bonne partie du travail de déboisement, mais ce ne sont que des pions dans le jeu d'un général».

La grande pénurie de bois de chauffage, par exemple, est la conséquence et non la cause du déboisement. Les destructions principales ont lieu dans les zones qui ont déjà été énormément déboisées, ou appauvries d'une autre manière, généralement sous de fortes pressions commerciales.

Dans de nombreux cas, les paysans qui vont travailler en forêt ont été dépossédés de leur terre par la contrainte, pour permettre la mise en œuvre de projets industriels, et ils n'ont pas d'autre possibilité que d'exploiter la forêt s'ils veulent survivre. Une des causes majeures du problème est l'accès inégal à la propriété. Au Brésil, où 42 % des terres cultivées appartiennent à 1 % de la population, des paysans pauvres sont quotidiennement dépossédés des terres qu'ils exploitent, en raison de la montée en flèche du prix des fermages et de l'extension abusive des grandes propriétés. Pourtant, les sols fertiles ne manquent pas : si l'on partageait les grands domaines du Sud, il y aurait assez de terrain pour tout le monde sans qu'il soit besoin de cultiver un seul hectare d'Amazonie.

Mais plutôt que d'instituer une réforme foncière, beaucoup de gouvernements du Tiers-Monde ont préféré utiliser les forêts comme dépotoirs pour les paysans sans terre. Depuis le milieu des années 60, le gouvernement brésilien a activement colonisé l'Amazonie en propageant le slogan : «Une terre sans hommes pour des hommes sans terre.» Au terme du plus connu de ces programmes de colonisation (le «projet Polonordeste»), 70 000 à 80 000 colons ont occupé l'Etat amazonien de Rondonia au cours de la seule année 1987. La zone forestière abattue ou incendiée y double chaque année. Mais en dépit de la promesse qu'on leur avait faite d'un «bon terrain approprié», les colons ont généralement été réduits à la pénurie, en raison de l'infertilité du sol. Et le terrain abandonné est souvent racheté par des entrepreneurs qui y font paître leur bétail.

《... Ce sont les relations sociales et non pas simplement la pression du nombre qui détruisent la forêt tropicale. Des processus identiques vont provoquer le génocide des indigènes habitant les régions forestières.》
Jack Westoby, ancien directeur général de l'Administration des Forêts, FAO.

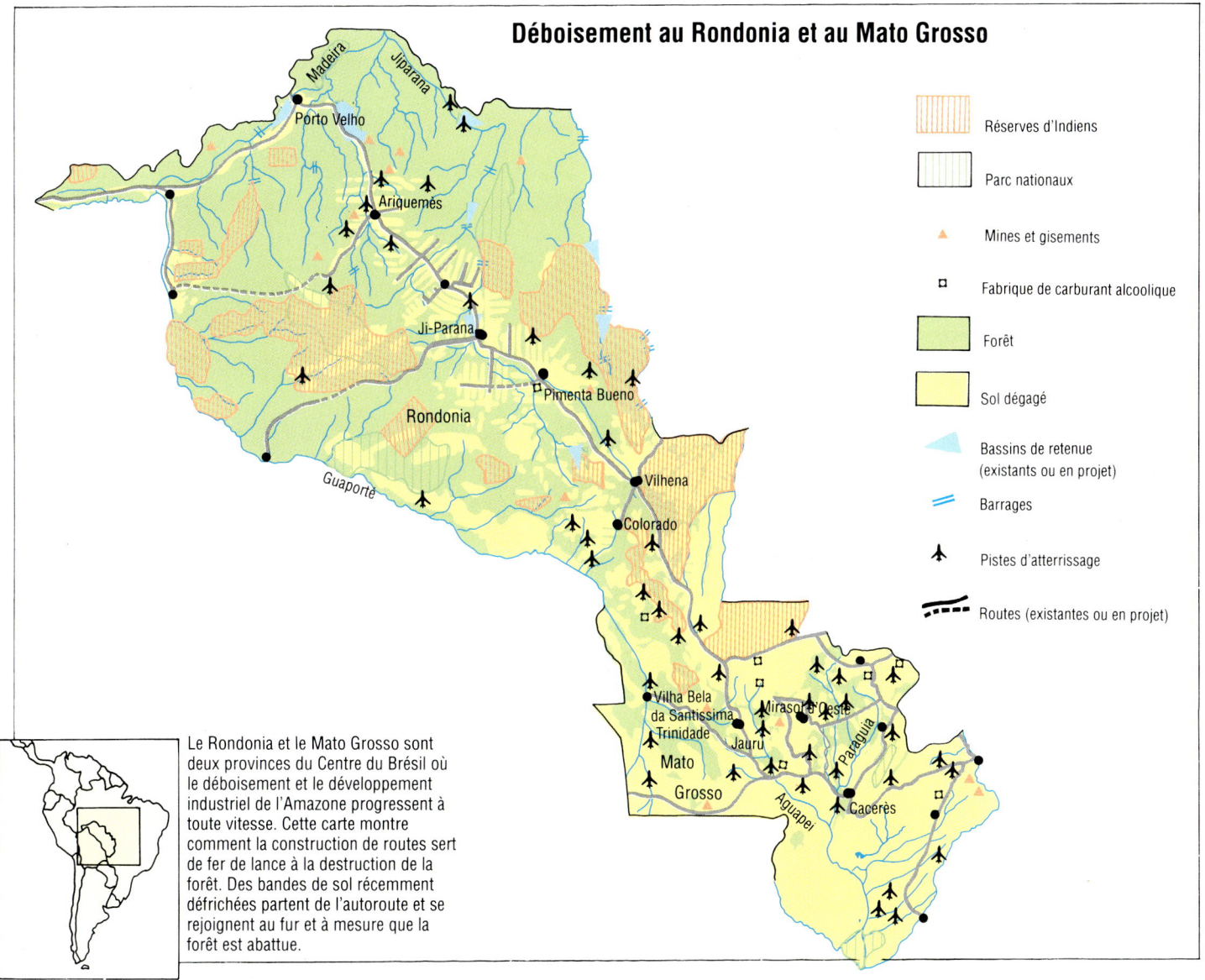

Déboisement au Rondonia et au Mato Grosso

Le Rondonia et le Mato Grosso sont deux provinces du Centre du Brésil où le déboisement et le développement industriel de l'Amazone progressent à toute vitesse. Cette carte montre comment la construction de routes sert de fer de lance à la destruction de la forêt. Des bandes de sol récemment défrichées partent de l'autoroute et se rejoignent au fur et à mesure que la forêt est abattue.

78   NOTRE PLANETE QUI MEURT

De l'autre côté de la planète, l'Indonésie a mis en œuvre le plus grand programme de colonisation du monde, le «Programme de transmigration», pour alléger la pression démographique de l'île surpeuplée de Java en expédiant les paysans javanais dans les îles extérieures de l'archipel indonésien. Du fait de l'afflux soudain et important de colons dans ces îles, plus de 100 000 kilomètres carrés de forêt tropicale pourraient risquer de disparaître.

Entre le début des années 70 et le milieu des années 80, 3 600 000 Indonésiens environ ont ainsi été déplacés, et si le gouvernement met son projet à exécution, ils seront 65 millions de plus au cours des vingt prochaines années. Comme on pouvait s'y attendre, là où la forêt a été abattue, le sol s'est fréquemment avéré trop improductif pour permettre la moindre exploitation agricole, de sorte que les colons sont obligés, maintenant, de procéder à l'abattage de nouvelles forêts. Certains sont morts de faim. D'autres ont refusé de jeter le manche après la cognée et sont

▲ Près de Sekayu (Sumatra méridional), un immigrant indonésien laboure sa terre. Sa réussite dépendra pour beaucoup de la nature du sol. Dans certaines régions, comme le Kalimantan central, le sol est si pauvre que les immigrants y meurent de faim.

▶ A Madagascar, plantation de maïs sur une pente dégagée par l'incendie d'une forêt. Laissé à l'abandon, ce terrain serait soit érodé, soit colonisé par des fourrés épineux que les Malgaches appellent «savoka». Au bout d'un siècle, quelque chose qui ressemble à une forêt primaire repousserait, mais en général, le terrain étant régulièrement brûlé à nouveau, cela ne se produit pas. Et la faune de la forêt originale ne revient pas toujours pour régénérer la zone dégagée. Originaires d'Asie du Sud-Est, les colonisateurs de Madagascar n'y sont arrivés qu'il y a deux millénaires : avant cela, l'île était entièrement recouverte d'une forêt dense. Le climat s'étant un peu desséché et les colons ayant mis régulièrement le feu aux forêts, la couverture forestière s'est fortement réduite et la partie centrale de l'île est désormais entièrement déboisée.

retournés à Java, laissant derrière eux un paysage complètement dégradé.

Ce programme menace également de nombreuses tribus, qu'il oblige à participer à des projets de développement qui ne peuvent que détruire leur culture. On confisque le territoire de beaucoup d'entre elles sans aucune compensation. A la fin de 1984, dans le seul territoire de Papouasie occidentale (Irian), on comptait vingt-quatre sites importants d'immigration, occupant un total de 7 000 kilomètres carrés appartenant à des tribus traditionnelles de Nouvelle-Guinée. Pour tenter d'assimiler ces habitants, on a démembré des communautés papoues entières, parfois en les faisant bombarder par l'armée de l'air indonésienne : des familles ont été dispersées dans des colonies d'émigration séparées.

Des préoccupations de sécurité nationale ont aussi joué un certain rôle dans ces programmes de colonisation. Pour garantir ses forêts contre les revendications territoriales de ses voisins, le Brésil a encouragé la colonisation des zones frontières, surtout au Nord-Ouest. Mais ce qui importe davantage, c'est que la colonisation fait partie d'une stratégie générale visant à ouvrir les forêts à l'exploitation commerciale et à intégrer leurs habitants, souvent contre leur gré, dans la structure nationale étatique. C'est en mettant en œuvre cette stratégie que les forêts ont été systématiquement pillées. Des milliers d'hectares ont été dégagés pour y installer des plantations ou les transformer en pâturages; les arbres ont été débités ou mis en pièces par des explosions de mines. Des fleuves ont été endigués, inondant certaines zones de forêts les plus reculées du monde, et les produits de millions d'années d'évolution ont été déblayés au bulldozer pour créer l'«infrastructure» nécessaire au processus de développement du pays.

FORETS CONTRE AGRICULTURE COMMERCIALE

Aux Philippines, l'île de Negros, naguère couverte de forêts, a été transformée en ce qui n'est guère davantage qu'un vaste domaine sucrier. Cependant, les hommes qui cultivaient cette terre autrefois ont été forcés de déblayer des sols marginaux de plus en plus nombreux sur les hauteurs boisées de Negros, qui sont en train de perdre leur couverture forestière à un rythme de plus de 20 000 hectares par an.

En Thaïlande, une bonne partie des sols les plus fertiles ont été utilisés pour y faire pousser du manioc, principalement en vue de l'exportation, pour nourrir le bétail d'Europe. Durant la décennie de 1973 à 1982, les exportations de manioc de la Thaïlande vers la CEE ont passé de 1,5 million de tonnes à 8 millions de tonnes. Cet accroissement de la production s'est situé en presque totalité dans l'Est et dans le Nord-Est

▲▲ Des fleurs cultivées pour l'exportation, dans le Parc national Doi Inthanon, en Thaïlande. Ces collines étaient naguère couvertes de forêts, mais on les a déboisées peu à peu pour les livrer à l'agriculture. Une des cultures traditionnelles de cette région, c'est le pavot, mais le gouvernement encourage maintenant les paysans à faire pousser des fleurs ou d'autres produits rentables au lieu de fabriquer de l'opium.

▲ Au Brésil, on laboure une zone naguère couverte par une forêt tropicale sèche. A mesure que les tracteurs avancent, le sol trop sec est emporté par le vent.

du pays, et la plus grande partie s'y est faite aux dépens des forêts.

En Amérique latine, l'élevage du bétail est responsable de la destruction d'au moins 20 000 kilomètres carrés de forêt par an. Depuis 1950, en Amérique centrale, les deux tiers de la forêt tropicale de plaine ont été rasés, principalement pour créer des pâturages, et dans plusieurs pays les bestiaux sont à présent plus nombreux que les habitants. Cette expansion du bétail a été encouragée par les principales banques internationales de développement, la Banque interaméricaine de développement, la Banque mondiale et le Fonds de développement des Nations unies. Les gouvernements ont également participé à la promotion de l'élevage en accordant localement des avantages fiscaux.

La destruction écologique provoquée par ces programmes d'élevage est à longue échéance et souvent irréversible. Le terrain est rapidement appauvri en substances nutritives et envahi par les mauvaises herbes. En peu d'années, il se dégrade à tel point qu'il faut l'abandonner : c'est le sort qu'a connu un sur trois des grands ranches établis en Amazonie. Pour le gouvernement, le coût de l'opération a été d'environ deux milliards et demi de dollars.

En Amérique centrale, la plus grande partie de la viande de boeuf est exportée, 80 à 90 % des exportations étant destinés à l'Amérique du Nord. Comme cette viande est trop maigre pour le goût des Américains, elle est surtout utilisée pour fabriquer des hamburgers que vendent les chaînes de fast-food. Les importations de boeuf bon marché ont ainsi réduit de quelques cents le prix du hamburger. Mais ce commerce a fort peu contribué à l'amélioration du sort des pauvres dans les pays exportateurs de viande : rares sont les habitants de ces pays qui peuvent s'offrir le luxe de manger du boeuf.

Au Brésil, la situation est différente. La fièvre aphteuse étant endémique en Amazonie, il n'est guère possible d'exporter beaucoup de viande de boeuf de cette région. Même avec des subsides gouvernementaux, l'élevage y est rarement rentable : selon une enquête récente du gouvernement brésilien, 3 % seulement des grands ranches tiraient quelque profit de leur bétail. C'est donc plutôt la spéculation foncière qui a encouragé l'expansion explosive de l'élevage. Selon la loi brésilienne, quiconque déboise une zone forestière peut revendiquer le terrain pour lui. L'élevage du bétail permet donc de revendiquer de grandes quantités de terrain – avec le droit d'exploiter les minéraux qui s'y trouvent enfouis – au prix d'un travail minimum. Ce n'est donc pas par coïncidence que les régions où l'abattage des arbres est le plus vigoureux soient fréquemment proches des gisements aurifères. C'est cette quête de profits rapides (et faciles), et non l'appétit pour la viande de boeuf, qui fournit l'explication d'une grande partie du déboisement au Brésil. A vrai dire, la moitié au moins des plus grands ranches de l'Amazonie brésilienne n'a jamais envoyé une vache au marché.

LE COMMERCE DU BOIS DE CONSTRUCTION

A l'échelle mondiale, on estime que l'industrie du bois tropical est responsable annuellement de la dégradation d'environ 50 000 kilomètres carrés de forêt pluviale primaire. Beaucoup de ce bois-là est utilisé pour fabriquer des objets jetables bon marché. Huit sur dix des billes de bois brésilien importées par le Japon, par exemple, sont transformées en contre-plaqué, dont beaucoup est utilisé par l'industrie du bâtiment pour faire des cadres de moulage du béton et pour construire des échafaudages ; ceux-ci sont abandonnés après une ou deux utilisations. On utilise aussi le bois dur tropical pour faire des baguettes jetables et du papier. En Europe et aux Etats-Unis, le bois dur tropical sert avant tout à fabriquer des cadres de portes et de fenêtres, des meubles, du contre-plaqué, des planches et des feuilles de placage : pour tous ces usages-là, les bois du pays importateur, durs ou tendres, pourraient

«Dans la zone qu'ils ont détruite ici, la dernière récolte avait produit 1 400 bidons de noix du Brésil, une bonne cueillette. Nous avions demandé au propriétaire foncier et au gouverneur lui-même de calculer le revenu annuel par hectare des produits de la forêt, comme les noix du Brésil ou le latex, et de comparer ces chiffres à ceux qui résultent de la pâture du bétail. Ils ont refusé, car ils savaient que nous pouvions ainsi prouver que les revenus de la forêt sont... vingt fois plus importants.»
Chico Mendes.

▼ Une forêt détruite par le feu en Amazonie, apparemment pour y créer des pâturages, mais les raisons profondes de cette dévastation sont plus complexes.

parfaitement faire l'affaire si on les récoltait de façon convenable.

Les industriels dont l'activité est fondée sur le bois tropical font montre d'une susceptibilité toute particulière quand on les accuse d'être responsables du déboisement : ils assurent qu'environ 10 % seulement des destructions de forêts dans le monde leur sont imputables. Le chiffre avancé par les industriels du bois ne tient aucun compte d'un vaste déboisement que suscite indirectement l'abattage des arbres qu'ils exploitent : en effet, de ce fait, des zones autrefois inaccessibles s'ouvrent à des paysans sans terre. Si on tient compte de ces zones-là, l'industrie du bois est probablement responsable de 40 % des destructions de forêts.

Les dégâts que cause l'abattage sont importants. Les pratiques de coupe courantes au Sarawak, en Malaysie, provoquent l'endommagement de 33 arbres chaque fois qu'on en abat 26 pour le commerce du bois. Dans certaines régions, ce sont jusqu'à 70 % des arbres restés debout qui meurent des blessures qu'ils ont reçues. Le réseau étendu de routes et de voies de glissement nécessaires pour évacuer le bois de la forêt accroît les dégâts. Et le problème particulier le plus

«Nous devons dire au monde entier que le Brésil se mange lui-même. Nous savons que nous perdons la santé, qui est évidemment importante pour nous, mais nous perdons aussi la nature.»
Ouvrier forestier, Amazonie.

◀ Bois scié à la main dans les forêts de Madagascar. Une petite exploitation de ce type, sans bulldozer ou autre machinerie lourde, peut être rentable, mais il ne faut pas en attendre le rendement à court terme qu'exigent les grosses entreprises débitrices de bois.

▼ Au moyen d'une scie à chaîne, un bûcheron peut entamer rapidement l'arbre le plus large.

grave que pose le déboisement est celui de l'érosion subséquente des sols, car celle-ci accroît la charge de limon des cours d'eau, avec des conséquences qui vont bien au-delà du problème des forêts. Au Sarawak, deux cours d'eau sur trois sont classés officiellement comme «pollués», en raison de l'érosion du sol, ce qui conduit à une réduction dramatique de la pêche; or le poisson constitue la majeure partie du régime alimentaire des indigènes. Aux Philippines, dans l'île de Palawan, l'érosion due au déboisement a presque supprimé les pêcheries côtières.

Confrontés à des critiques croissantes à propos du déboisement provoqué par l'abattage commercial, les responsables de l'industrie du bois ont fait valoir que, moyennant une gestion adéquate, les forêts pourraient être exploitées de façon rentable et non destructrice. Ce qui est incontestable. Mais il est significatif qu'il existe à peine un seul exemple d'exploitation industrielle suivie du bois des forêts pluviales tropicales. En fait, l'Organisation internationale du bois tropical (ITTO) a conclu elle-même que les opérations réussies tenant compte à la fois des aspects commerciaux et écologiques de l'exploitation du bois tropical concernent moins de 0,8 % de la superficie de la forêt pluviale tropicale et qu'elles sont «négligeables à l'échelle mondiale».

Cela ne revient nullement à dire qu'on ne peut pas exploiter le bois de façon rentable et suivie : c'est précisément ce que les populations forestières ont fait depuis des millénaires. Plusieurs nouveaux projets sont prometteurs, mais à échelle réduite. Ils se fondent sur un appareillage minimum (certains recourent à des animaux de trait pour extraire les billes de bois) et sont gérés de façon rigoureuse.

En définitive, peu de ces entreprises-là pourraient fournir le taux de rendement qu'exigent les firmes commerciales. Dans les conditions actuelles, une exploitation commerciale acceptable de la forêt pluviale s'apparente à une utopie. Les pressions commerciales, la corruption, les ravages de la machinerie lourde et les routes qui servent au transport du bois, tout milite contre cette exploitation.

L'EXPLOITATION MINIÈRE, L'INDUSTRIE ET LES BARRAGES

On sait que les forêts tropicales du monde entier recèlent de grandes quantités de minerais et de pétrole. Les projets d'exploitation de ces ressources ne cessent de croître en importance et de constituer autant de causes de déboisement. Au Brésil, le programme de Grande Carajas est en train de livrer une vaste zone de l'Amazonie orientale à l'industrie. Ce projet affectera un sixième de l'Amazonie brésilienne, à savoir une superficie équivalant à celle de la France et de la Grande-Bretagne réunies.

La pièce maîtresse de ce projet, c'est la mine de fer à ciel ouvert de la Serra dos Carajas. Pour fournir le combustible nécessaire aux métallurgistes chargés de fondre le minerai de fer, il a fallu abattre quantité d'arbres afin de produire du charbon de bois, et au moment où la mine fonctionnera à plein régime, la forêt perdra environ 6 000 kilomètres carrés par an; ce chiffre doublera le taux officiel de déboisement de l'Amazonie. D'autres projets compris dans le même programme concernent une mine de bauxite et une usine d'aluminium. En outre, on prévoit d'abattre des arbres sur une surface de 54 400 kilomètres carrés, pour laisser la place à des cultures destinées à l'exportation et à des plantations de canne à sucre pour la production de carburants synthétiques. Une trentaine de milliers de kilomètres carrés supplémentaires seront attribués à l'élevage. Dans le Nord-Ouest de l'Amazonie brésilienne, où l'on a découvert des diamants, de l'uranium, du titane et de l'étain, des dizaines de milliers de mineurs chargés des sondages et venus de tout le pays ont maintenant envahi la région. Ce projet menace une dizaine de milliers de kilomètres carrés de forêt pluviale qui sont la patrie des Yanomami. Ces Indiens ont été privés systématiquement de leurs droits territoriaux pour assurer l'accès aux minéraux qui gisent sous leur territoire. A ce jour, 27 concessions d'exploitation minière ont été accordées dans cette zone et 363 autres demandes de permis ont été déposées pour la même région, ce qui, au total, englobe un tiers du territoire des Yanomami.

▲◀ En Malaysia, une route de création récente descend d'une colline; la pente, plus bas, s'érode rapidement à la suite du déboisement. Il n'est pas sans ironie de constater que ce sont des camions de bois qui empruntent cette route : plus ils transportent de bois, plus le problème s'aggrave.

LES FORÊTS 83

◀ Construction d'un complexe d'extraction du minerai de fer dans la Sierra dos Carajas (Amazonie brésilienne). La pollution engendrée par les mines devient un grave problème dans le pays.

▼ Brûleurs de charbon de bois en Haïti. Le charbon de bois est une forme supérieure de combustible ; on le fabrique en faisant brûler du bois avec une quantité d'air insuffisante pour que la combustion soit complète. Au cours des 40 dernières années, cette production a amené la destruction de plus de 80 % des forêts qui subsistaient encore dans l'île.

> « Je suis extrêmement inquiet au sujet de Balbina. Je ne veux pas en parler. Nous allons être confrontés à de très graves problèmes. »
>
> *Un responsable d'Eletronorte, la compagnie nationale d'électricité du Nord Brésil.*

Pour obtenir l'électricité bon marché présumée essentielle au développement économique, les cours d'eau des tropiques ont été endigués les uns après les autres *(voir p. 130-141)*. Au Brésil, le barrage de Tucurui a englouti environ 216 000 hectares de forêt pluviale primaire. Celui de Balbina, près de Manaus, est en train de se remplir; il mettra en eau, une fois l'opération terminée, 234 000 hectares de forêt pluviale. On s'attend que les barrages prévus pour l'Amazonie dans son ensemble inondent un territoire de l'étendue de l'Etat du Montana aux Etats-Unis. Rien que pour l'Amazonie brésilienne, on a fait le plan de 68 barrages.

Les responsables de l'électricité dans plusieurs Etats tropicaux insistent sur le fait que, à moins qu'on ne construise de nouveaux barrages, les consommateurs subiront une crise énergétique grave. Pourtant, selon des études menées par la Banque mondiale pour le Brésil, il semble qu'une capacité suffisante existe déjà pour satisfaire l'accroissement de la demande à moyen terme, à condition que l'énergie soit utilisée de façon plus rationnelle et efficace.

LE PLAN D'ACTION POUR LES FORETS TROPICALES

Plusieurs programmes internationaux ont été proposés pour «résoudre» la crise du déboisement. Le plus avancé, quant à sa réalisation est le plan d'action pour les forêts tropicales *(Tropical Forestry Action Plan – TFAP)*, qui est en train d'être mis en œuvre par la Banque mondiale, la FAO et le Programme de développement des Nations Unies.

Les jardins forestiers des Indiens Yekuana

Les Indiens Yekuana pratiquent la culture itinérante dans la forêt pluviale du Vénézuéla méridional. Leur connaissance approfondie des conditions locales leur permet de faire pousser des ressources alimentaires suffisantes sur le sol pauvre de la forêt pluviale. Après avoir choisi un site convenable pour leur «jardin», ils le déboisent et le brûlent, afin de dégager les substances nutritives nécessaires pour fertiliser le sol, puis ils sèment les plantes choisies, certaines séparément, d'autres combinées ensemble. Les Yekuanas cultivent plus de 70 espèces végétales différentes, qu'ils choisissent en fonction du sol. Un jardin reste productif pendant deux à quatre ans, les diverses plantes parvenant à maturité à des moments différents de l'année, après quoi il est abandonné.

1. Manioc (cassava) avec maïs et ignames
2. Manioc avec maïs, ignames, courges
3. Plantain avec maïs
4. Plantain avec maïs, courge
5. Plantain avec maïs, gourde
6. Plantain avec maïs, tabac
7. Canne à sucre
8. Fa'ada
9. Gourde, tabac
10. Papaye, maïs
11. Piment (chilli)
12. Tabac
13. Tania
14. Papaye
15. Tupiro
16. Mauvaises herbes

Ce plan s'est fixé cinq objectifs : accroître la production de bois de chauffage, promouvoir la sylviculture, reboiser les bassins hydrographiques situés en altitude, préserver les écosystèmes forestiers tropicaux et revaloriser les pratiques de la sylviculture dans le Tiers-Monde.

En dépit des buts qu'il a définis, ce plan est fort imparfait. De fait, beaucoup de groupes de défense de l'environnement redoutent que, s'il est mis en œuvre, il n'exacerbe les problèmes de déboisement. Et les milieux officiels l'ont également critiqué. Une étude qui a été réalisée pour la chancellerie fédérale d'Allemagne de l'Ouest a conclu récemment que les objectifs du plan "ne sont pas compatibles avec la nécessité de conserver intactes les forêts tropicales, leur écologie et la diversité des espèces".

En effet, il semble que le plan se soucie moins de préserver les forêts que d'assurer le développement de l'industrie du bois de construction et l'établissement de plantations commerciales d'essences à croissance rapide comme l'eucalyptus. Or quand on plante des arbres étrangers comme ceux-ci, ils n'offrent qu'une maigre pitance à la faune locale qui n'est pas adaptée à une telle nourriture et ils peuvent même perturber les cycles hydrologiques locaux et nuire à la nature du sol. En Amérique latine, le plan recommande d'investir entre 2 et 2,8 milliards de dollars par an au cours de la prochaine décennie pour le développement industriel des forêts de la région. En Afrique, le Cameroun a l'intention de profiter des fonds du TFAP pour doubler la production de billes de bois provenant des forêts pluviales du pays qui, à l'heure actuelle, figurent parmi les mieux préservées d'Afrique. La Thaïlande, elle, prévoit de multiplier par vingt le territoire planté d'eucalyptus.

Toutefois, ce qui est peut être le plus nuisible, c'est que ce plan omet de s'en prendre à la cause première du déboisement. Bien qu'il reconnaisse que les projets de colonisation, de barrages, de plantations, d'exploitation forestière et de développement industriel ont joué un rôle majeur dans la destruction des forêts, il ne propose aucune mesure pour restreindre ces projets.

UNE UTILISATION RAISONNABLE DE LA FORET

Pendant des millénaires, les indigènes qui habitaient les forêts ont mis au point toute une série de stratégies sophistiquées pour en tirer leur subsistance sans les détruire.

Outre la chasse et la cueillette, l'agriculture «itinérante» – dite aussi «jachère forestière» – est le moyen le plus courant de production alimentaire pour les populations des forêts. Longtemps décriée comme «improductive» et «destructrice», elle est désormais de plus en plus généralement reconnue comme un des rares procédés qui permette avec succès de cultiver les forêts de manière rentable et prolongée. Les aborigènes dégagent de petites zones plantées d'arbustes, les plus petits étant coupés et les autres brûlés, puis ils aménagent des jardins dans les aires ainsi libérées. Le brûlage fait sortir les substances nutritives emmagasinées par la végétation et fournit au sol de l'engrais sous une forme que les plantes peuvent absorber immédiatement.

Dans les régions où il y a peu de concurrence pour la possession de terrains, les populations ont tendance à abandonner ces jardins dès que les mauvaises herbes commencent à les envahir à la faune locale qui n'est par adaptée. On laisse alors les jardins abandonnés en jachère pendant vingt ans ou davantage, pour que la forêt se régénère et que la fertilité du sol soit restaurée. Les populations locales savent bien que la régénération des forêts est cruciale pour la récupération du sol en vue d'un usage futur de la zone en jachère. Ils savent aussi qu'ils doivent conserver une vaste zone tampon, peut-être cent ou mille fois plus étendue que leurs jardins, pour être approvisionnés en gibier et en fruits sauvages, ainsi qu'en autres matériaux essentiels pour la construction, les outils et les armes, et à des fins médicinales et rituelles. Mais dans les régions au peuplement plus dense, les indigènes ont mis au point un certain nombre de techniques intensives, pour que la forêt puisse être cultivée sur de longues périodes sans être dégradée pour autant. L'une de ces stratégies consiste à mélanger une grande variété de cultures, afin qu'elles arrivent à maturité à des moments différents et s'élèvent à des hauteurs différentes. Aux Philippines, par exemple, les Hanunco cultivent jusqu'à 40 espèces différentes sur un seul hectare; les Mayas Lacandons du Mexique en font pousser 70 sur la même surface.

Ainsi se constitue un jardin à plusieurs niveaux qui, à bien des égards, imite la forêt naturelle. L'érosion du sol et la perte de substances nutritives sont donc ramenées au minimum et les problèmes causés par les parasites sont évités. Les Indiens Kapayo d'Amazonie maintiennent des «corridors» de forêt naturelle entre leurs lopins cultivés, ce qui aménage des sortes d'«îles» d'où la forêt peut facilement se régénérer.

Il est essentiel d'observer de strictes périodes de jachère pour que ce type de culture soit durable, et les agriculteurs forestiers ont conçu un certain nombre de contrôles intégrés pour s'assurer qu'ils n'exploitent pas exagérément le terrain. Une étude classique effectuée chez les Tsembaga de Nouvelle-Guinée révèle que 90% des zones dégagées pour la culture ne se distinguent plus, ultérieurement, de la forêt primaire. En fait, l'existence même des forêts à l'heure actuelle est un témoignage du succès du système de jachère forestière au cours des millénaires.

«La forêt est une seule et grande chose : elle possède ses peuples, ses animaux et ses plantes. Il ne sert à rien de sauver les animaux si l'on brûle la forêt. Il ne sert à rien de sauver la forêt si l'on en chasse les animaux et les hommes. Ceux qui tentent de sauver les animaux ne pourront pas gagner si ceux qui tentent de sauver la forêt perdent.»
Bepkororoti, indien Kayapo, Brésil.

«Si nos parents nous ont donné la vie, c'est la forêt qui l'alimente. D'elle nous tirons les quatre éléments nécessaires à la vie : la nourriture, le refuge, le vêtement et les médicaments. Elle équilibre l'air que nous respirons, purifie l'eau que nous buvons et produit le sol sur lequel nous cultivons nos récoltes. Elle nourrit l'esprit de la même manière qu'elle nourrit le corps. Nous devrions lui en être infiniment reconnaissants, pour le moindre bosquet, pour le moindre arbre et pour la moindre feuille.»
Ajaan Pongsak, fondation Dhammanaat pour le reboisement, Thaïlande.

«Mon rêve est de voir préservée l'intégralité de la forêt, car nous savons qu'elle pourra garantir l'avenir de tous ceux qui y vivent. Mais plus que cela, je crois que d'ici quelques années l'Amazonie pourra devenir une région économiquement viable, non seulement pour nous, mais pour tout le pays, pour toute l'humanité et pour toute la planète.»
Chico Mendes.

86 NOTRE PLANETE QUI MEURT

▲▲ Fruits sauvages d'Amazonie, vendus à Manaus, la «ville du caoutchouc», au cœur de la forêt pluviale. Ces fruits et ces noix, récoltés et consommés par des milliers d'indigènes, pourraient bénéficier d'une diffusion bien plus large.

▲ Récolte des noix du Brésil en Amazonie. Actuellement, ces arbres ne peuvent être cultivés en plantations, car les abeilles dont ils ont besoin pour leur pollinisation ne subsistent que grâce à certaines orchidées qui poussent uniquement en forêt vierge. Les lois brésiliennes interdisant l'abattage des noyers, ceux-ci demeurent souvent entourés de pâtures et inaptes à porter des fruits.

Les méthodes de ces agriculteurs des forêts sont ancestrales. Mais des colons plus récents, tels les seringueiros du Brésil, ont également développé un mode de vie qui leur permet de vivre de la forêt sans la détruire. Leur réussite ne découle pas du fait qu'ils cultivent la forêt mais de ce qu'ils recueillent ses "produits mineurs". Outre le caoutchouc, ce sont des fruits, des noix, des herbes, des épices, des huiles, des fibres et des médicaments.

Des recherches récentes ont révélé l'énorme potentiel économique de ces produits-là. En procédant à des études spécifiques en Amazonie péruvienne, par exemple, on a démontré que le revenu qui en découle est deux à trois fois plus élevé que celui du bois ou celui de l'agriculture et, bien entendu, avec l'immense avantage de laisser la forêt intacte. Des recherches ont abouti à la même conclusion pour plusieurs pays d'Asie du Sud-Est qui tirent déjà des sommes substantielles de l'exportation de produits mineurs de la forêt : l'Indonésie, par exemple, en tire 238 millions de dollars par an.

POUR SAUVER LES FORETS

Si l'on considère le commerce international, on peut constater que nous participons tous à la destruction des forêts pluviales. Les énormes quantités de bœuf que mange l'Europe ont été nourries avec du soja qui a poussé au Brésil méridional sur des terrains dont les paysans ont été dépossédés, et ces paysans ont été envoyés dans le Nord pour coloniser la forêt. Les boîtes de conserve en aluminium qui finissent sur nos décharges proviennent d'usines alimentées par la bauxite d'Amazonie et fonctionnant grâce à l'électricité qui provient des barrages responsables de l'inondation des forêts. Le bois dur qui sert à la construction de la plupart des maisons et des édifices publics

◀ Le latex est séché par fumage avant d'être vendu au marché. Les *seringueiros* amazoniens extraient le caoutchouc naturel de l'*hévéa*, qui pousse à l'état sauvage en Amazonie ; ce sont des descendants de tribus indiennes, réduites en esclavage par les barons du caoutchouc, et d'immigrants des régions du Nord-Est du Brésil, où la culture de la canne à sucre avait amené déchéance et famine. Travaillant jusqu'à une époque récente sous le système de la dette-servage, ils vivaient dans une pauvreté extrême. Et à présent, c'est leur gagne-pain qui est menacé par l'abattage de la forêt.

provient d'Asie du Sud-Est et d'Afrique australe, forêts que l'abattage a décimées.

A cet égard, le sauvetage des forêts tropicales ne dépend pas seulement de mesures que doivent prendre les pays où elles se situent, mais aussi de l'adoption par la communauté internationale d'une politique qui atténue les répercussions écologiques du déboisement.

Compte tenu de l'énormité des changements nécessaires – changements qui affecteront toutes nos activités – il serait compréhensible que la détermination de sauver les forêts cède la place au désespoir. Mais malgré les ténèbres, la lumière luit au bout du tunnel. L'idée d'exploiter les fruits et autres produits mineurs de la forêt est en train de gagner du terrain et une vaste région de l'Amazonie a été réservée à cet effet. Et en Colombie, le gouvernement a créé un précédent remarquable en accordant aux indigènes des droits fonciers inaliénables. Quelque 180 000 kilomètres carrés – les deux tiers de l'Amazonie colombienne, soit un territoire équivalent à celui de la Grande-Bretagne – ont été affectés à cette destination.

Ainsi, le gouvernement colombien a reconnu que les populations de la forêt ont un rôle clé à jouer pour sauver la forêt pluviale. Ce rôle, ils ne peuvent le remplir que s'ils ont des droits sur leurs terres et sur leur environnement. En Amazonie, un pays au moins semble avoir compris quelles sont les vraies priorités. Qui va suivre cet exemple ?

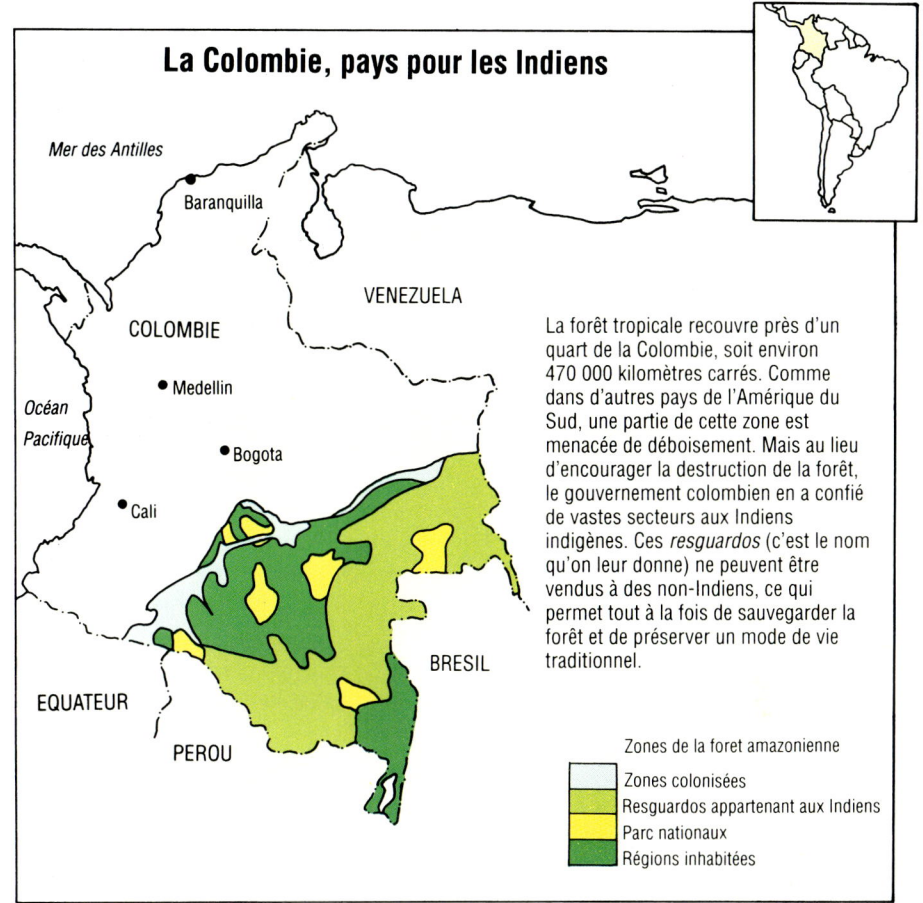

La Colombie, pays pour les Indiens

La forêt tropicale recouvre près d'un quart de la Colombie, soit environ 470 000 kilomètres carrés. Comme dans d'autres pays de l'Amérique du Sud, une partie de cette zone est menacée de déboisement. Mais au lieu d'encourager la destruction de la forêt, le gouvernement colombien en a confié de vastes secteurs aux Indiens indigènes. Ces *resguardos* (c'est le nom qu'on leur donne) ne peuvent être vendus à des non-Indiens, ce qui permet tout à la fois de sauvegarder la forêt et de préserver un mode de vie traditionnel.

Zones de la foret amazonienne
- Zones colonisées
- Resguardos appartenant aux Indiens
- Parc nationaux
- Régions inhabitées

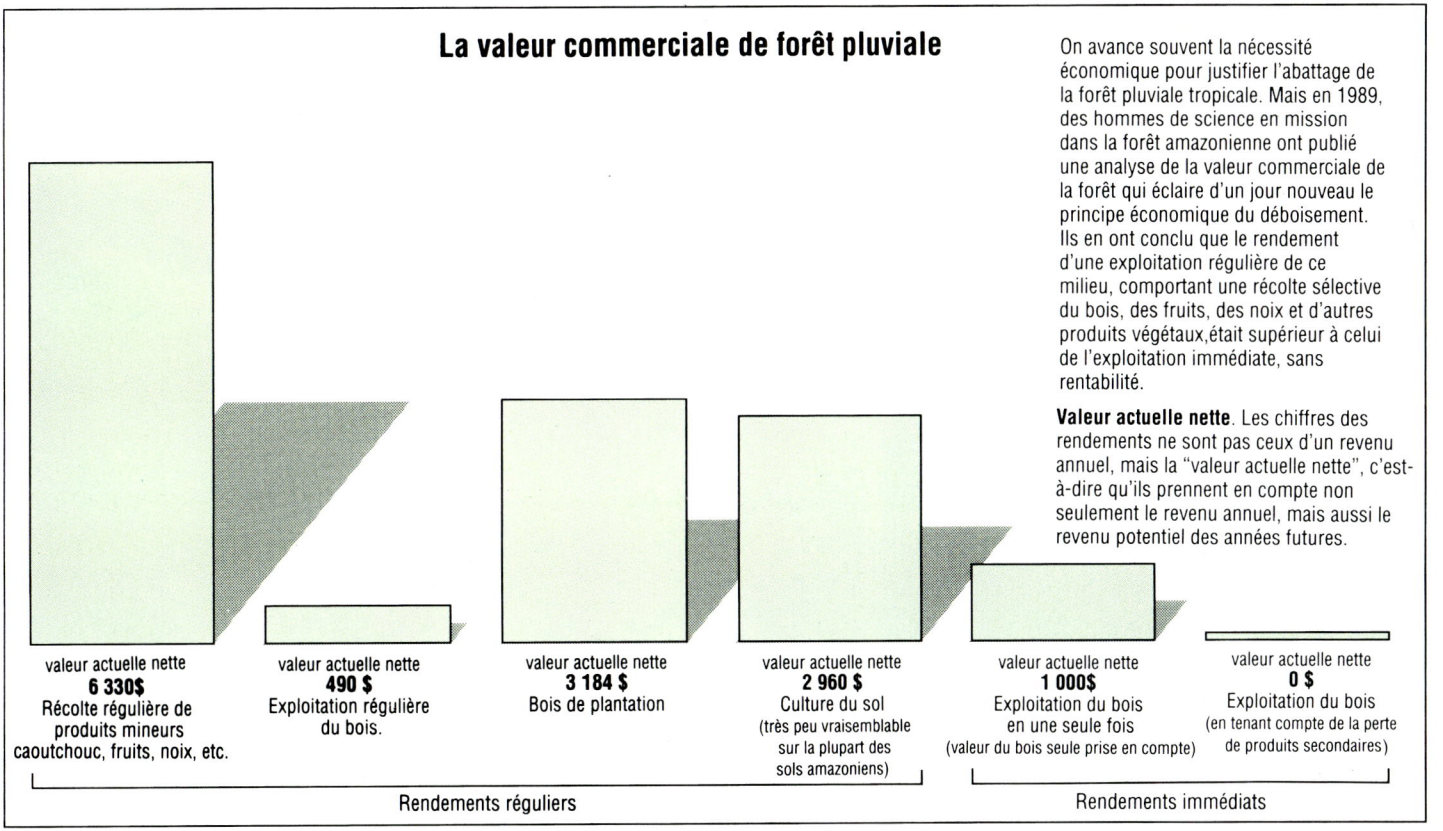

La valeur commerciale de forêt pluviale

On avance souvent la nécessité économique pour justifier l'abattage de la forêt pluviale tropicale. Mais en 1989, des hommes de science en mission dans la forêt amazonienne ont publié une analyse de la valeur commerciale de la forêt qui éclaire d'un jour nouveau le principe économique du déboisement. Ils en ont conclu que le rendement d'une exploitation régulière de ce milieu, comportant une récolte sélective du bois, des fruits, des noix et d'autres produits végétaux, était supérieur à celui de l'exploitation immédiate, sans rentabilité.

Valeur actuelle nette. Les chiffres des rendements ne sont pas ceux d'un revenu annuel, mais la "valeur actuelle nette", c'est-à-dire qu'ils prennent en compte non seulement le revenu annuel, mais aussi le revenu potentiel des années futures.

| valeur actuelle nette **6 330$** Récolte régulière de produits mineurs caoutchouc, fruits, noix, etc. | valeur actuelle nette **490 $** Exploitation régulière du bois. | valeur actuelle nette **3 184 $** Bois de plantation | valeur actuelle nette **2 960 $** Culture du sol (très peu vraisemblable sur la plupart des sols amazoniens) | valeur actuelle nette **1 000$** Exploitation du bois en une seule fois (valeur du bois seule prise en compte) | valeur actuelle nette **0 $** Exploitation du bois (en tenant compte de la perte de produits secondaires) |

Rendements réguliers | Rendements immédiats

La destruction des FORÊTS TEMPÉRÉES

Haut de plus de 90 mètres, plus élevé qu'un gratte-ciel de trente étages, le Géant de Carmanah dresse comme une sentinelle sa silhouette impressionnante à l'entrée de la vallée de Carmanah, dans l'île de Vancouver, sur la côte Pacifique du Canada. Agé de 400 à 500 ans, ce cèdre rouge massif est, par comparaison, un jeune homme dans sa forêt. Moins hauts que lui, beaucoup d'autres sont bien plus vieux, et quelques-uns d'entre eux étaient de jeunes arbres quand Guillaume le Conquérant a envahi l'Angleterre en 1066. Les troncs de beaucoup de ces arbres ont 3 à 4 mètres de diamètre et peu mesurent moins de 70 mètres de haut. Bénéficiant de l'air chaud du Pacifique et de fortes chutes de pluie (jusqu'à 760 centimètres par an), Carmanah est l'une des plus belles survivantes des puissantes forêts de conifères qui s'étendent le long de la côte Pacifique de l'Amérique du Nord, ces forêts si luxuriantes qu'elles ont mérité le nom de forêts pluviales tempérées. Mais pour MacMillan Bloedel, la société qui détient le droit d'exploiter le bois de la vallée, Carmanah est un capital à réaliser. Chaque arbre valant jusqu'à 40 000 dollars, la vallée entière, si elle était débitée, ferait rentrer quelque 13 millions de dollars. Et si la société agit à sa guise, toute la forêt, à l'exception des 538 hectares de la réserve, soit moins de 10 % de l'ensemble, sera effectivement débitée.

La vallée de Carmanah n'est que l'une des régions forestières sauvages du Canada occidental, celle qui est tombée le plus récemment sous la menace de l'industrie du bois. Chaque année, plus de 200 000 hectares de très anciennes forêts de la Colombie britannique sont rasés pour fournir du bois de construction : tous les dix jours, une zone de la même superficie que Carmanah est sacrifiée. Rien que sur l'île de Vancouver, il ne reste que 11 des 67 forêts pluviales : les autres ont été entièrement abattues. Même celles qui avaient été classées parcs nationaux n'ont pas échappé au massacre. Le Strathcona Park, premier parc provincial de la Colombie britannique, a déjà vu deux de ses plus splendides vallées victimes de l'abattage, puis de l'inondation à la suite de l'édification du barrage de Strathcona. D'autres régions sont affectées à l'exploitation minière.

Le gouvernement actuel ayant proposé d'affecter 97% des anciennes forêts à la production de bois de construction, les défenseurs de l'environnement ont lancé un cri d'alarme : en tout juste deux décennies, toutes les forêts dont le bois est utilisable auront disparu. Parmi les régions menacées ou en voie d'être détruites figurent les forêts pluviales tempérées de la Stein Valley, le plus grand bassin hydrographique non encore exploité de la Colombie britannique, le Lower Mainland et le South Moresby, qui héberge d'une part le faucon pélerin de Peale, espèce particulièrement en danger, d'autre part une population de pygargues à tête blanche qui est la seconde du monde par son importance numérique.

UN SCHEMA DE DESTRUCTION

La plupart des anciennes forêts de l'Ontario et du Canada oriental ont disparu depuis longtemps. Quant aux forêts de bois dur de l'Est des Etats-Unis telles qu'elles étaient à l'origine, il ne reste que des vestiges de leur gloire passée : 80 % des forêts situées dans les vallées de cette région ont été abattues pour laisser place à l'agriculture.

En outre, le massacre semble prêt à continuer : si les plans qui ont été annoncés en 1989 par le Service des forêts des Etats-Unis étaient mis à exécution, le débit de bois serait étendu à l'ensemble des 76 millions d'hectares de forêts nationales, et cela bien qu'il ait été démontré qu'une grande partie de l'abattage pratiqué dans les forêts nationales américaines est anti-économique. En URSS, où les pins, les épicéas, les mélèzes, les cèdres et les bouleaux couvrent encore

▶ Les troncs massifs d'épicéas géants, du genre *sitka*, dans la forêt pluviale tempérée de Carmanah. La mousse envahit ces troncs, favorisée par l'humidité.

▼ Abattage d'arbres en Colombie britannique. Bien que de vieilles forêts comme celle-là contiennent des essences rares de tous les âges, les bûcherons n'en épargnent aucune. Frayant des andains dans les vallées et sur les montagnes, ils ne laissent derrière eux que de la sciure et des racines fracassées. Et leurs voies d'accès ouvrent à la «civilisation» des régions naguère inaccessibles.

près de la moitié du pays, il ressort de rapports récents que les forêts sont détruites à un rythme équivalent à celui qui prévaut au Brésil. Plusieurs régions qui étaient recouvertes jusqu'à récemment d'une épaisse toison de forêts sont à présent dénudées, y compris la république autonome de Bouriatie, à l'est du lac Baïkal. En Finlande, toutes les anciennes forêts d'épicéas, à l'exception de quelques zones, ont été détruites. En Australie, des forêts entières d'eucalyptus sont réduites en copeaux destinés à l'exportation, au rythme d'à peu près un kilomètre carré de bois débité chaque jour.

Dans le monde industrialisé, il ne reste que peu de zones de forêt primaire. Pendant des siècles, c'est l'intervention humaine et non le processus naturel de la succession qui a déterminé quelles essences pousseraient, à quel endroit et en quelle quantité. Aux Etats-Unis, deux tiers des forêts sont aménagés; en Europe, 58 %. Dans certains pays, telle la Grande-Bretagne, virtuellement, toutes les anciennes régions forestières qui subsistent ont été aménagées, au moins dans une certaine mesure.

Quand on veut en tirer du bois de construction, les forêts sont débitées sélectivement en prenant bien soin de réduire au minimum les dégâts causés aux arbres voisins ou alors abattues intégralement, puis replantées ou laissées à l'abandon pour qu'elles se régénèrent. De ces deux méthodes, de loin la plus courante, c'est l'abattage total. En Virginie, dans la forêt nationale George Washington, 85 % de la superficie destinée à l'exploitation du bois seront abattus intégralement au cours des cinquante prochaines années.

Les forestiers justifient le tronçonnage des vieilles forêts en prétextant que cela en «améliore» le bois. Ils font valoir que l'abattage ne fait qu'imiter l'élagage naturel que provoquent la foudre, les tempêtes et autres phénomènes météorologiques, avec la différence que le bois abattu systématiquement n'est pas gaspillé comme celui que font tomber les météores. Mais len cas d'abattage naturel, la structure essentielle de la forêt demeure inaltérée, car des arbres d'âges différents et de types divers survivent. Au contraire, quand on abat systématiquement une forêt, toute la végétation disparaît, sans qu'il soit tenu compte de l'âge ou de l'essence des arbres : la forêt trouve réduite à un paysage lunaire.

Il existe d'autres différences cruciales entre l'abattage naturel et celui qui est effectué par la main de l'homme. Lors d'un phénomène naturel, les arbres endommagés restent là où ils sont tombés, le bois mort sert d'habitat à toutes sortes d'espèces vivantes et, à mesure qu'il pourrit, il alimente la forêt en substances nutritives. En revanche, les zones dégagées par l'homme sont débarrassées de tous leurs débris, ce qui aboutit à une perte de substances nutritives pour la forêt et à une fertilité réduite du sol. En outre, les zones dégagées sont reliées entre elles par des chemins, ce qui amène une fragmentation progressive de la forêt et la livre aux chasseurs. Les gros mammifères, comme les ours, redoutent l'activité humaine et traversent rarement les zones dégagées, ce qui les confine à des territoires de plus en plus réduits. En outre, ces chemins accroissent le rythme de l'érosion et aggravent le problème des rafales en créant des «tunnels» de courants d'air à travers la forêt.

Les forêts du monde aujourd'hui

LES FORETS 91

Après des siècles d'abattage, la couverture forestière du monde a diminué de façon spectaculaire *(voir p.56-57)*. La forêt continue qui recouvrait jadis la plus grande partie de la zone tempérée de l'hémisphère nord a été fragmentée et, dans certaines régions, elle a disparu complètement. Sous les tropiques, le déboisement a commencé plus récemment, mais il progresse à un rythme beaucoup plus rapide.

92 NOTRE PLANETE QUI MEURT

▲ Abattage de bois dur, dans des plantations en France. En Europe, la plus grande partie du bois dur provient de plantations régulièrement exploitées.

▶ Une région de l'Ile du Sud, en Nouvelle-Zélande, naguère recouverte de forêts de hêtres méridionaux, qu'on abat maintenant pour en faire du petit bois. Les ajoncs, importés d'Angleterre, envahissent le pays et étouffent la végétation originale.

« Nous secouons les arbres, pour faire tomber les glands et les pignons. Nous n'abattons pas les arbres. Nous n'utilisons que le bois mort. Mais les Blancs labourent le sol, abattent les arbres et tuent chaque chose. »
Sainte femme des indiens Wintu, Californie.

Les répercussions de l'abattage des forêts sur la faune sont graves. En Amérique du Nord, un tiers des animaux que le gouvernement des Etats-Unis a répertoriés parmi les espèces menacées ou en danger vivent dans les forêts nationales du pays : huit cents autres espèces sont «candidates» à cette même qualification. Il est vrai que l'abattage favorise la prolifération de certains animaux, comme les daims et les lapins; mais ce sont là des espèces qui sont courantes en tout état de cause et leur accroissement en nombre se fait souvent aux dépens des autres espèces.

Quant aux répercussions physiques directes de l'abattage des forêts, elles sont considérables et ne peuvent se comparer avec celles qui résultent de phénomènes naturels. L'érosion est une des conséquences les plus graves; elle conduit à des glissement de terrain, à l'ensablement des cours d'eau et à la destruction des frayères. Dans certaines zones de l'Idaho, le taux d'érosion a été multiplié par 220 à la suite de l'abattage d'arbres, avec des répercussions dévastatrices sur les frayères des saumons locaux. Dans la rivière Salmon, qui hébergeait autrefois plus de la moitié de la population estivale de saumons du Pacifique (Onchorhynchus) frayant dans le bassin du fleuve Columbia, le nombre de poissons a été divisé par deux. Beaucoup de gens redoutent que le rythme de reproduction des saumons ne reprenne jamais.

Les pratiques forestières modernes ont aussi aggravé le problème des insectes nuisibles. Dans les forêts intactes, les populations d'insectes sont soumises à une double régulation naturelle : elles sont victimes de certains prédateurs qui s'en nourrissent; et la variété des essences restreint leur développement, car chaque type de parasite ne peut dans la plupart des cas se nourrir que sur une seule espèce d'arbres. En transformant les forêts en des blocs homogènes d'arbres qui ont tous le même âge, non seulement on augmente la quantité de niches écologiques favorables à certaines espèces d'insectes, mais on empêche la limitation naturelle de leur population : ainsi, des invasions mineures sont remplacées par des épidémies. Au Nouveau-Brunswick, par exemple, la zone infectée par le ver de l'épicéa est passée de 87 000 hectares en 1952 à 3,8 millions d'hectares en 1976. Quand on a essayé d'y remédier par des pulvérisations chimiques, cela s'est avéré généralement inefficace et, dans la plupart des cas, cela a même aggravé le problème, en causant de surcroît la mort d'animaux sauvages, tels que les écureuils, et en affectant la santé des indigènes. Une des difficultés provient du fait que beaucoup de parasites sont devenus résistants aux pesticides utilisés. Une autre découle de ce que les pesticides se sont fréquemment avérés aussi efficaces contre les prédateurs des insectes nuisibles que contre ces derniers : de ce fait, les parasites survivants prolifèrent.

LES PLUIES ACIDES

Le sacrifice des forêts pour leur bois, l'agriculture et le développement urbain a une longue histoire dans les régions tempérées du globe. Pourtant, une nouvelle menace pèse non seulement sur les anciennes forêts mais aussi sur celles qui ont été plantées récemment. Dans toute la partie tempérée de la planète, les arbres de tous les types sont en train d'être affectés par la pollution et par les maladies qui en résultent. C'est un syndrome qu'on a pris l'habitude de désigner par le terme allemand *Waldsterben*, la "mort de la forêt".

Beaucoup des symptômes de cette maladie n'ont jamais été enregistrés avant le début des années 70. Les arbres qui en sont atteints perdent des feuilles et souffrent d'une réduction de la capacité photosynthétique des arbres sains. Souvent, ces feuilles sont décolorées et, par suite d'une torsion anormale, elles présentent leur surface inférieure, ce qui réduit substantiellement la superficie qui reçoit la lumière du soleil. La production de branches et de feuilles nouvelles diminue considérablement. Les belles racines rétrécissent et les *mycorhizes (voir p. 68)* décroissent, puis disparaissent. Enfin les arbres deviennent prématurément séniles, perdent leurs cimes et présentent des distorsions dans la croissance de leurs branches.

Le *Waldsterben* a frappé plus de 70 000 kilomètres carrés de forêts dans quinze pays d'Europe. En Allemagne de l'Ouest, 52 % des forêts du pays – soit environ 38 000 kilomètres carrés – sont affectés. Dans le Sud de la Grande-Bretagne, près de la moitié des chênes et des trois quart des ifs ont perdu plus d'un quart de leur feuillage naturel.

De l'autre côté de l'Atlantique, le tableau n'est pas très différent. Les pluies acides, un des éléments du phénomène du *Waldsterben*, ont eu des effets dévastateurs, surtout pour les forêts de conifères qui garnissent les Appalaches, de la Georgie à la Nouvelle-Angleterre. Dans le Vermont, le New Hampshire et l'Etat de New York, on a enregistré la mort de 60 % des épicéas rouges en altitude, tandis que dans le Sud de la Californie, 87 % des pins à bois lourd *(Ponderosa)* et des pins de Jeffrey de la forêt de San Bernardino sont endommagés. Au Canada, les érables à sucre meurent sur de grandes étendues, et cela est dû pour une bonne part à l'acidification croissante des sols dans l'Est du pays.

Le *Waldsterben* est indéniablement une maladie nouvelle de l'ère d'après-guerre. L'augmentation énorme de l'utilisation de voitures et d'avions, l'émission de milliers de substances chimiques produites par l'homme, l'accroissement massif de la production d'énergie et l'industrialisation de l'agriculture ont spectaculairement augmenté le nombre de polluants du milieu. Parmi les produits qui ont causé le plus de

> «... Ce n'est désormais plus le Christ qui est crucifié, mais l'arbre lui-même, sur le cruel échafaud de la cupidité et de la stupidité humaines. Dans notre monde déjà étranglé à mort, seuls des crétins suicidaires pourraient vouloir détruire le plus efficace des climatiseurs naturels que nous offre la création.»
>
> *John Fowles.*

▲ Un épicéa atteint du «Waldsterben», comme on le devine à ses aiguilles jaunissantes.

mal aux arbres, il faut citer l'anhydride sulfureux, les oxydes de l'azote et les hydrocarbures volatiles, qui réagissent à l'eau et au soleil pour former de l'acide sulfurique, de l'acide nitrique, des sels d'ammonium et d'autres acides minéraux. Puis ils tombent sur le sol, souvent à des milliers de kilomètres du lieu de leur émission, sous forme de particules sèches ou de pluie acide, de neige acide ou de brouillard acide.

En construisant des cheminées de plus en plus hautes pour réduire la pollution locale, les industriels ont abouti à la dispersion des polluants sur des étendues beaucoup plus vastes. Les émissions d'oxydes d'azote et d'autres polluants industriels accélèrent aussi la formation d'ozone dans l'air qui nous entoure. L'ozone est extrêmement toxique pour les plantes et, aux Etats-Unis, on a relevé, dans les monts San Bernardino (Californie), dans les Appalaches et dans les Montagnes bleues (Blue Ridge), de graves dégâts causés aux forêts par l'ozone. La destruction est si étendue que le professeur Peter Schutt, rédacteur au *Journal européen de pathologie des forêts*, est parvenu à la conclusion déprimante que tout l'écosystème forestier mondial est en train de se détériorer.

DES FORETS AUX USINES A BOIS

Au fur et à mesure que les anciennes forêts ont été abattues ou débitées pour permettre l'expansion urbaine et agricole, des monocultures de pins et d'autres essences commerciales ont pris leur place. Dans le Sud-Est des Etats-Unis, de vastes étendues de pins naturels ont été remplacées par des plantations industrielles d'arbres ayant tous le même âge. En Grande-Bretagne, plus d'un tiers des anciens bois du pays ont été transformés, au cours des quarante dernières années, en plantations de conifères.

Les forêts de plantation récente couvrent désormais 13 millions d'hectares en Europe septentrionale, 11 millions d'hectares en Amérique du Nord et 17 millions d'hectares en URSS et en Europe de l'Est. De plus, dans plusieurs pays, les plantations s'accroissent. En Grande-Bretagne, par exemple, on a l'intention de faire pousser des pins sur 400 000 hectares de tourbières réputées pour leurs plantes.

On ne saurait considérer de telles plantations comme des forêts au sens plein et véritable du terme. En réalité, il s'agit d'installations industrielles de production du bois. Esthétiquement déplaisantes elles sont en outre néfastes pour la faune, nocives pour le sol et désastreuses pour la distribution d'eau. En Suède, par exemple, du fait du remplacement d'anciennes forêts, surtout mixtes, par des plantations uniformes de pins canadiens (pins de Murray), le nombre d'espèces sauvages à fortement diminué, et cela bien que 57 % du pays soient couverts d'arbres. Selon Ingmar Ahlen, professeur d'écologie à l'Université sué-

doise des sciences de l'agriculture, quarante vertébrés qui se nourrissent dans les forêts ou s'y reproduisent sont en grave danger. Parmi les champignons, les lichens et les plantes à fleurs, une cinquantaine d'espèces sont sur le point de disparaître et 220 autres sont menacées.

Faire pousser des conifères sur des sols de plaine qui n'y sont pas adaptés entraîne l'acidification du terrain où sont plantés les arbres. Beaucoup de pins sont des essences montagnardes dont les racines chevelues ont la capacité de sécréter un acide qui décompose les sols rocheux et leur permet de s'y fixer. Quand les arbres poussent très près les uns des autres, comme c'est le cas dans les plantations, l'acide sert à détruire les racines des voisins gênants et un gisement acide se constitue dans tout le terrain. En outre, les conifères captent dans l'air et dans l'humidité qui les entoure certaines substances chimiques dues à la pollution et les concentrent dans le sol. D'après ce qu'on a pu constater en Tchécoslovaquie, il semble que, pour les raisons exposées ci-dessus et d'autres encore, les conifères plantés sur des terrains qui ne leur conviennent pas les dégradent à tel point qu'au bout de sept générations d'arbres, le sol n'est plus susceptible de servir à la sylviculture commerciale.

▲ Une forêt primaire de Nouvelle-Zélande – déjà réduite à de rares vestiges – est attaquée au napalm. Une fois brûlée, elle sera remplacée par des plantations d'arbres étrangers, offrant peu de ressources à la rare faune indigène. La destruction d'importantes forêts et de ceux qui y vivent, par les habitants d'un pays relativement riche, et pour un profit négligeable, montre à quel point les intérêts politiques et commerciaux font sous-estimer la valeur de l'environnement.

▲▶ Des plantations de conifères dans des landes d'Ecosse. Ces épais bouquets d'arbres ne sont en fait qu'un désert vert, car ils sont virtuellement sans faune et souvent nocifs pour le sol. On en a planté dans quelques zones importantes du point de vue de l'environnement, comme le Flow Country à l'extrême nord.

Les répercussions fâcheuses des plantations de conifères sur la qualité de l'eau sont bien connues. Au pays de Galles, par exemple, on a découvert que les cours d'eau qui traversaient des plantations de conifères ou passaient non loin d'elles étaient plus acides que ceux qui coulaient dans des landes découvertes, avec des conséquences désastreuses pour la faune. Dans certaines zones de la partie montagneuse du pays de Galles, des populations de saumons ont été décimées et toutes les tentatives pour les régénérer ont échoué. Même l'omble américain, poisson vigoureux, a succombé dans certaines eaux. Les plantes et les oiseaux aquatiques ont également été affectés.

Par une ironie de l'histoire, là où le déboisement a été le plus intense, le reboisement est à présent une cause potentielle de destruction supplémentaire des forêts. En Thaïlande, par exemple, le gouvernement projette de planter des eucalyptus sur une superficie d'au moins 30 000 kilomètres carrés, programme qui, selon les estimations officielles, pourrait amener à déplacer six millions de paysans. Ne sachant où aller, ceux-ci seront obligés de s'installer dans les forêts naturelles qui subsistent encore dans le pays.

Le choix de l'eucalyptus comme principale essence de reboisement suscite aussi de graves problèmes sociaux et liés à l'environnement. Contrairement aux essences traditionnelles, l'eucalyptus n'offre aucun fourrage aux animaux, ne protège guère le sol de l'érosion pendant la saison des pluies et consomme de grandes quantités d'eau. En outre, les services écologiques que peuvent fournir les plantations sont de courte durée, car les arbres sont abattus au bout de quelques années pour faire de la pâte à papier et de petites planches.

Dans beaucoup de régions de l'Inde et de la Thaïlande, les villageois ont pris la décision d'arracher les plants d'eucalyptus. Ils savent bien que leur avenir ne sera pas assuré par la plantation d'arbres qui seront décortiqués à intervalles réguliers, mais par la régénération de la richesse originale des forêts. Pour eux, les arbres ne sont pas destinés à produire des devises étrangères et d'amples profits mais à protéger le sol, à donner du fourrage à leurs animaux et à fournir des noix, des fruits et d'autres produits. Comme l'ont dit les activistes du mouvement Chipko en Inde : «Qu'apportent les forêts ? Un sol, de l'eau et de l'air pur.» Comme les arbres sont de plus en plus nécessaires pour combattre le réchauffement du globe, c'est un message que nous devrions tous méditer.

▲ Une orchidacée épiphyte («orchidée fantôme») des forêts suédoises ; on ne la trouve que dans les forêts de latifoliés, lesquels sont, en Suède, systématiquement remplacés par des conifères, ce qui aboutit à la disparition d'une partie de la flore et de la faune.

Les terres ARABLES

Vers la fin des années 60, deux ingénieurs du ministère soviétique des Eaux dressèrent un plan destiné à transformer les plaines arides de l'Asie centrale soviétique en champs de coton susceptibles d'une riche production. Ce plan prétendait être le projet du siècle. L'Ouzbékistan et le Turkménistan seraient sillonnés de milliers de kilomètres de canaux pour irriguer plus de dix millions d'hectares de terres qui, auparavant, ne pouvaient servir que de pâtures. Pour alimenter ces canaux, on utiliserait la moindre goutte d'eau de l'Amou-Daria et du Syr-Daria, les deux plus grands fleuves d'Asie centrale, et pour réalimenter ces cours d'eau, on inverserait le sens du courant de grandes rivières de Sibérie qui se dirigent vers le nord.

Mais pour les habitants de l'Ouzbékistan et du Turkménistan, le projet du siècle n'a pas été une bonne affaire. Bon an mal an, l'irrigation est parvenue à ruiner les terres : elle a fait remonter à la surface le sel contenu dans le sol, et ce sel s'est desséché, transformant les champs en un désert salé. Les deux tiers des terres ainsi irriguées ont été affectées par la salinisation et la plupart des sols ne produisent plus. Pour compléter le désastre, des tempêtes de sables balaient ce qui reste du lit desséché de la mer d'Aral *(voir p. 178)* et déposent des millions de tonnes de sel sur les territoires voisins.

Dans les zones qui ont été épargnées par la salinisation, la surexploitation des terres est telle que la culture n'est possible qu'en recourant à des doses massives d'engrais chimiques. Les invasions d'insectes nuisibles ne peuvent être tenues en échec que par la pulvérisation de tonnes de pesticides. Pour faciliter la récolte mécanique du coton, on commence par en tuer les feuilles au moyen d'herbicides, et ceux-ci comportent un produit nommé Butifos qui provoque des altérations génétiques, affecte le système nerveux et diminue les défenses immunitaires. Bien que ce produit soit interdit dans le reste de l'URSS, les groupes de pression de l'industrie du coton se sont assurés que l'interdiction ne s'appliquerait pas à l'Asie centrale.

◀ Un vaste champ de blé du Montana, traité avec de grosses quantités d'engrais et de pesticides : c'est une véritable flottille de moissonneuses-batteuses-lieuses qui le moissonne.

L'eau potable des régions en cause est désormais fortement contaminée par les pesticides et les herbicides. Leurs répercussions sur la santé de ceux qui vivent et travaillent dans la région ont été dramatiques. Un enfant sur dix meurt en bas âge et les cas d'affections stomacales et respiratoires, ainsi que de cancers de la thyroïde et de la gorge sont en forte hausse. La malnutrition est également très répandue.

Par leur mépris affiché de la nature, les planificateurs soviétiques ont ruiné l'environnement et les habitants de l'Asie centrale. Une bonne partie de leur territoire est pratiquement mort. Et, tragiquement, cette affreuse histoire est en train de se répéter, à des degrés divers, dans le monde entier.

POUR FAIRE TRAVAILLER LA TERRE

Personne ne sait avec certitude pourquoi et à quel moment les êtres humains se sont mis à pratiquer l'agriculture. Il semble improbable que le passage de la chasse et de la cueillette à la culture du sol ait résulté de la pression démographique ni de la pénurie alimentaire. Selon tous les indices dont on peut disposer, nos ancêtres chasseurs et cueilleurs étaient bien nourris. En outre, il suffit de songer au désespoir que reflètent les visages émaciés des habitants affamés de l'Ethiopie pour se rendre compte que, si l'homme de l'âge de la pierre avait manqué de nourriture, il n'aurait eu ni la force ni le temps de faire l'expérience du travail du sol et de la longue attente des récoltes. Au début, du moins, l'agriculture n'a probablement fourni qu'un supplément aux produits de la chasse et de la cueillette. Quelle que soit son origine, l'adoption de l'agriculture a été la force la plus importante qui se soit exercée pour remodeler notre milieu. En maîtrisant pour l'exploiter la productivité biologique naturelle et en l'orientant vers une fin – celle de nourrir des êtres humains – le jardinage le plus simple altère radicalement l'écosystème primitif.

En défrichant des terres pour l'agriculture, le cultivateur interrompt inévitablement le processus naturel

▼ Oasis de prairie non cultivée au Texas. La diversité des plantes, avec des bosquets d'arbres ici et là au milieu des fleurs et de l'herbe, est typique de la prairie naturelle et contraste nettement avec la monotonie des immenses champs de blé que cultivent non loin de là les fermiers modernes.

LES TERRES ARABLES 99

de la succession écologique, arrêtant le développement de l'écosystème et l'empêchant de développer la végétation de son «climax» naturel. Au lieu de cela, par suite de l'intervention humaine, le terrain est maintenu artificiellement au stade «pionnier» de son développement, c'est-à-dire au moment où l'on peut y faire pousser des plantes.

Il y a à cela de bonnes raisons. Dans un écosystème parvenu au stade du climax, une forêt de chênes à maturité, par exemple, le gros de l'énergie reçue du soleil est utilisé pour maintenir le système. Très peu de cette énergie sert à favoriser la croissance de pousses nouvelles. Dans un système «pionnier», au contraire, à mesure que la faune et la flore de l'écosystème profitent du terrain dégagé et cherchent à s'y établir, toute l'énergie et toutes les substances nutritives disponibles sont utilisées pour promouvoir leur croissance. L'écosystème se trouve donc à son stade le plus productif, et c'est pour exploiter cette productivité que sont conçus les systèmes agricoles.

▲ Vue aérienne d'une grande ferme du Kansas. L'échelle à laquelle se pratique l'agriculture intensive moderne est un défi à l'équilibre du monde naturel. Les monocultures – champs semés d'une seule et unique espèce – sont une aubaine pour les insectes nuisibles, qui deviennent alors une plaie majeure.

▲▲ Une partie des immenses champs de coton de l'Asie centrale soviétique. L'utilisation extravagante de l'eau pour irriguer ces champs de coton a réduit la mer d'Aral *(voir p. 178)* à une fraction de sa taille primitive. L'usage d'abondants pesticides, combiné avec la sécheresse du sol, a provoqué en outre de terribles ouragans de sable toxique.

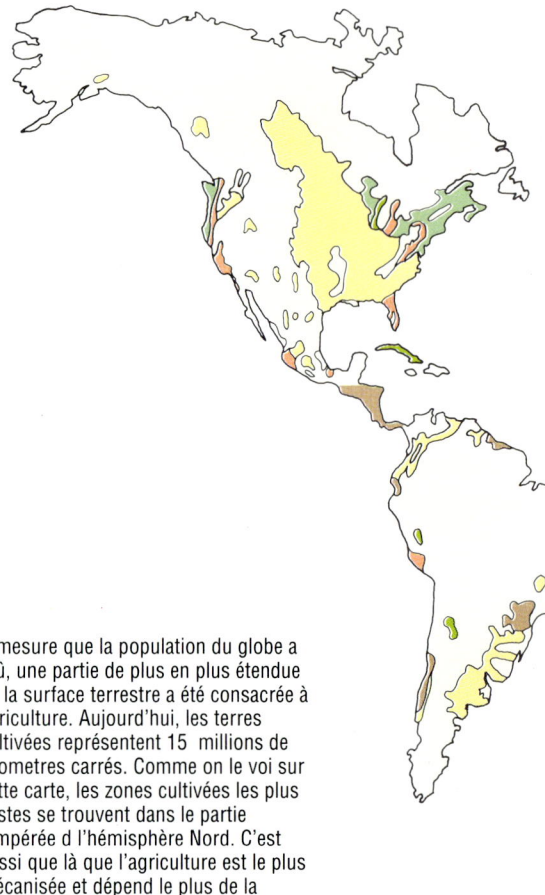

A mesure que la population du globe a crû, une partie de plus en plus étendue de la surface terrestre a été consacrée à agriculture. Aujourd'hui, les terres cultivées représentent 15 millions de kilometres carrés. Comme on le voi sur cette carte, les zones cultivées les plus vastes se trouvent dans le partie tempérée de l'hémisphère Nord. C'est aussi que là que l'agriculture est le plus mécanisée et dépend le plus de la chimie.

▲◄ Terres arables naturellement fertiles dans la vallée de l'Indus, à Ladakh au Cachemire. Dans le monde entier, des plaines inondables comme celle-ci ont été cultivées durant des millénaires. Mais désormais, on laboure d'autres terrains, dont beaucoup ne conviennent pas à l'agriculture, pour satisfaire les besoins d'une population sans cesse croissante.

◄ Terres cultivées traditionnelles dans le Nord du Pays de Galles. Le mélange de champs, de bois et de collines incultes crée un milieu riche et varié dans lequel beaucoup de plantes et d'animaux peuvent survivre. Et cette variété atténue aussi les problèmes que posent insectes nuisibles et maladies.

Les terres cultivées du monde

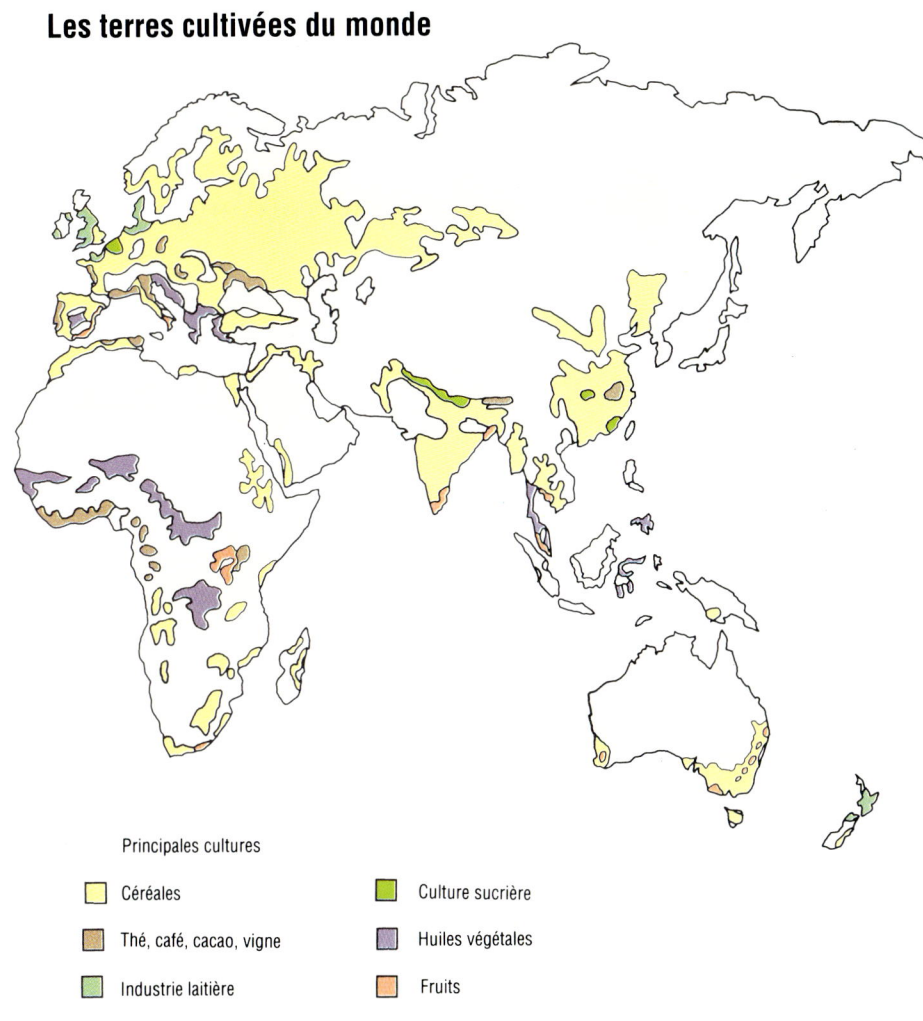

Principales cultures

- ☐ Céréales
- ☐ Thé, café, cacao, vigne
- ☐ Industrie laitière
- ☐ Culture sucrière
- ☐ Huiles végétales
- ☐ Fruits

Mais la productivité accrue d'un écosystème pionnier se paie. Au fur et à mesure qu'un écosystème se développe et mûrit, sa faune et sa flore établissent des relations qui contribuent à sa stabilité générale. Les contrôles et les équilibres qui en résultent réduisent au minimum le risque d'invasions d'insectes, d'explosions démographiques, et autres désastres écologiques. Ils accroissent aussi la sophistication de l'irrigation naturelle et des cycles nutritifs, ce qui confère au milieu une plus grande élasticité face à la sécheresse, aux inondations et à d'autres perturbations.

En revanche, dans un écosystème pionnier, les contrôles et les équilibres sont extrêmement élémentaires. De ce fait, le milieu est beaucoup plus vulnérable et résiste mal aux explosions démographiques soudaines d'animaux et de plantes, suivies d'effondrements démographiques également subits. Les insectes nuisibles et les maladies sont plus courants, les inondations et les sécheresses plus probables et plus nocives : un écosystème pionnier est moins stable qu'un milieu parvenu à son «climax».

LES EFFETS DE L'AGRICULTURE

Pour favoriser les récoltes, les cultivateurs enlèvent tout ce qui pourrait entrer en concurrence avec elles. On élimine le riche mélange de plantes et d'animaux qui, normalement, se développeraient sur le terrain; ils sont souvent remplacés par une monoculture, vaste étendue ininterrompue du même produit agricole. On offre ainsi à de nombreux insectes nuisibles un milieu idéal pour proliférer.

▶ Terres cultivées au Japon : une mosaïque de petits champs avec des plantations variées, dont celle de bananes, sous abri, et d'arbres pour bois de construction. Etant donné la nature montagneuse du terrain, il a fallu s'adapter à des méthodes de culture très souples. Dès que le terrain plat est assez vaste, on y installe un petit champ.

Le terrain aménagé pour l'agriculture ou le jardinage présente d'autres caractéristiques qui accroissent sa vulnérabilité aux perturbations écologiques. Dans un écosystème naturel, les plantes sont d'âges très divers. Leurs racines se trouvent à des stades différents de développement, de sorte qu'elles exploitent des substances nutritives diverses, à différentes profondeurs dans le sol. En revanche, dans des terres arables, le cycle annuel de semailles et de moisson exige que les espèces qu'on cultive soient à peu près du même âge. De ce fait, leurs racines sont en concurrence pour les mêmes substances nutritives et recherchent l'humidité au même niveau dans le sol et, souvent, dans la même parcelle de terrain. Le risque d'épuiser les ressources du sol et la vulnérabilité de la récolte tout entière à la sécheresse s'en trouvent considérablement accrus.

Dans un écosystème naturel, les substances nutritives sont constamment recyclées; elles font d'abord partie d'un organisme, puis d'un autre, au cours des processus de la vie, de la mort et de la pourriture. Ainsi, il se perd peu de la matière organique et des substances nutritives, ce qui assure la fertilité du terrain pour les générations futures. En revanche, quand il y a récolte et moisson, la matière végétale est retirée du sol, et à moins qu'on ne prenne des mesures pour la restituer au terrain, le sol va se dégrader peu à peu. Même si on prend soin de l'enrichir, quand on cultive le même produit sur la même parcelle année après année, les substances nutritives spécifiques du sol s'épuisent et le sol lui-même devient de moins en moins fertile.

Quand on défriche pour le cultiver un terrain boisé, les cycles qui régularisent la distribution de l'eau dans les écosystèmes naturels peuvent se trouver perturbés de manière fatale. Dans les régions tropicales, en particulier, le déboisement prive le terrain de son aptitude à absorber de l'eau, ce qui entraîne des inondations et des périodes de sécheresse.

Dans les zones arides où les pluies sont insuffisantes pour faire pousser les récoltes, les cultivateurs doivent irriguer leur terrain. Dans ce cas, les possibilités de dégâts écologiques sont énormes. Tous les sols contiennent quantité de sels minéraux divers qui, si on les laisse s'accumuler, sont toxiques pour l'existence végétale. Dans les zones où il pleut beaucoup, ces sels sont régulièrement lessivés par l'eau de pluie, ils rejoignent la nappe phréatique et aboutissent finalement dans la mer. Mais dans les régions arides, du fait de l'absence de pluie et des taux élevés d'évaporation, la concentration naturelle de sel dans le sol est forte. La nappe phréatique, elle aussi, tend à présenter un plus haut degré de salinité que dans les zones tempérées.

L'irrigation peut accroître considérablement la salinité des sols. A mesure que la terre absorbe l'eau de

▲ Terrain cultivé au bord d'un lac en Chine. En raison des besoins de l'énorme population du pays, une part très réduite de la campagne reste encore inculte et, dans plusieurs régions chinoises il ne subsiste presque rien de la végétation naturelle.

l'irrigation, les sels du sol se dissolvent. Ramenée à la surface par la chaleur du soleil, l'eau d'irrigation s'évapore, laissant derrière elle sa charge de sels. Lorsque l'on irrigue année après année un terrain mal asséché, il s'imprègne de plus en plus et le niveau de la nappe phréatique s'élève. Elle ajoute encore à la salinité du sol et, par la suite, la teneur en sel de la terre devient si forte que la croissance des récoltes n'est plus possible. Mais l'agriculture n'aurait jamais pu subsister si nos ancêtres n'avaient pas mis au point de nombreuses stratégies pour résoudre ces problèmes. Ces stratégies ont toutes un point en commun : elles cherchent à imiter la nature.

LES TERRES ARABLES 103

▶▲ Terres cultivées en France : le vignoble alterne avec des champs de blé, des cultures de moutarde et des pâturages. La diversité des cultures est le reflet de celle du monde vivant et elle est généralement plus durable si l'on sait éviter d'user de trop de produits chimiques.

▶ Culture de tulipes pour les commerces de fleuristes. Que l'on utilise des terres fertiles pour y faire pousser autre chose que des plantes alimentaires, alors que des millions d'êtres meurent de faim sur la planète, cela donne une forte image du déséquilibre créé dans le monde par la distribution inégale des richesses.

▲▲ Un nid de cigognes sur le toit d'une église en Espagne. La cigogne blanche a longtemps été considérée comme un porte-bonheur, ce qui a aidé l'espèce à survivre. En glanant dans les champs après la moisson, les cigognes détruisent beaucoup d'insectes nuisibles et c'est un bénéfice pour les récoltes suivantes. En Europe septentrionale, le nombre de cigognes diminue en raison de l'intensification de l'agriculture moderne.

▲ Naguère les lièvres étaient communs dans les champs européens. Ils sont devenus rares en raison du changement des méthodes de culture.

MAINTENIR LA DIVERSITE

La caractéristique principale de l'agriculture traditionnelle, c'est la diversité : non seulement le vaste éventail d'espèces cultivées, mais aussi le nombre considérable de variétés de la même espèce qu'on cultive. En Inde, jusqu'à l'instauration de la «révolution verte» *(voir p. 109)*, on cultivait une trentaine de milliers de variétés de riz. Chacune avait son usage particulier : certaines espèces étaient riches en sels minéraux et convenaient donc bien aux mères en train d'allaiter; d'autres étaient mieux adaptées aux hommes adultes; et ainsi de suite. De même, les Indiens d'Amazonie, dont on admet que les jardins forestiers élaborés *(voir p. 84)* constituent des agro-écosystèmes parmi les plus sophistiqués du monde, connaissent plus de soixante-dix variétés de manioc. Ils considèrent sans aucun doute qu'une personne qui se contente d'une seule variété de manioc est un très mauvais jardinier et

risque d'aboutir à un échec. Et à juste raison : des cultures diverses et des variétés diverses de la même culture ont des besoins différents et peuvent survivre dans des conditions différentes. Une sécheresse qui tue une espèce, ou même une variété de cette espèce, peut ne pas en affecter une autre. De même, alors qu'une espèce peut succomber à une invasion d'insectes, d'autres peuvent fort bien ne pas en être affectées. Plus un cultivateur fait pousser d'espèces et de variétés différentes, moindre est le risque que toute sa récolte soit perdue.

De même que les agriculteurs savent combien il est utile de faire pousser une grande diversité de plantes, de même ils savent qu'il est nécessaire de conserver des zones incultes au milieu des terrains qu'ils cultivent. Ces aires de jachère ont de tout temps joué le rôle de refuges pour les oiseaux et autres animaux susceptibles de manger les insectes qui infestent les champs. Au Sri Lanka, on a longtemps préservé de grandes zones de jungle dans les hautes terres situées au-dessus des rizières : ces zones n'empêchaient pas seulement l'érosion, elles servaient d'habitat à la faune sauvage.

LES PLANTATIONS MELEES

D'autres stratégies accroissent encore la sécurité du cultivateur. Certaines espèces cultivées sont toxiques pour les insectes qui nuisent à d'autres : si on les plante ensemble, ces espèces «compagnes» peuvent se protéger l'une l'autre. En Amérique centrale, les fermiers ont toujours planté ensemble le maïs, les haricots et les courges; ces dernières diminuent l'érosion et la croissance des mauvaises herbes en fournissant au sol une solide protection, cependant que les haricots enrichissent la terre en azote et que le maïs offre aux haricots ses hautes tiges pour qu'ils y grimpent.

Ce qui se passe sous le sol est aussi important que ce qui se déroule au-dessus. Aussi les fermiers procèdent-ils souvent à des plantations mêlées de céréales aux racines peu profondes, comme le maïs et le sorgho, et de plantes à racines plus longues telles que le pois de vache *(Vigna sinensis)* et le ray-grass. Ces plantes utilisant les substances nutritives et l'eau à des niveaux différents du sol, le risque d'épuiser la terre s'en trouve diminué.

Les plantations croisées sont surtout sophistiquées lorsque des arbres font partie du cycle. Les arbres ne fournissent pas seulement des aliments, comme les fruits et les noix, mais aussi du fourrage pour les animaux, des matières organiques pour enrichir le sol et de l'ombre pour les plantes qui poussent plus bas. Dans les jardins fertiles à plusieurs étages de l'île de Java, les arbres – ce sont souvent des jaquiers, des cocotiers, des manguiers ou des arbres à pain – protègent le cannelier, la cardamome, le théier et le caféier qui poussent sous eux. Et ces arbustes protègent eux-

LES TERRES ARABLES 105

mêmes des espèces qui poussent au niveau du sol, comme le manioc et l'orysopsis (riz des montagnes). Dans ces jardins, il y a peu d'invasion d'insectes nuisibles, et ces plantations exigent peu d'eau.

Au Sénégal, les agriculteurs mélangent traditionnellement les plantations d'espèces alimentaires et celles d'acacias, et le même terrain est utilisé pour l'élevage du cheptel. Avec ce système, on peut entretenir 50 à 60 personnes à l'hectare, c'est-à-dire plusieurs fois le nombre de gens qui pourraient subsister sur le même terrain où l'on n'aurait fait pousser qu'une seule espèce de plantes. Quand, à la saison des pluies, les acacias perdent leurs feuilles, l'azote qu'elles contiennent vient enrichir la teneur du sol en matières organiques. A la saison sèche, les feuilles d'acacia et les cosses de leurs graines procurent du fourrage aux animaux, lesquels, par leur fumier, amélioreront le sol. Et les arbres fournissent aussi l'ombre dont les animaux ont grand besoin à la saison sèche.

▲ Un village dogon, en Afrique occidentale, avec des greniers au toit de paille. Avec les méthodes traditionnelles d'emmagasinage, les pertes étaient minimes ; mais des systèmes modernes de silos, surtout sous les tropiques, découlent des dégâts, la récolte étant victime des moisissures, des rats et des charançons.

◀ Girofliers et bananiers cultivés ensemble en Indonésie. Cette façon de mêler les cultures imite la diversité de la nature, manifeste dans les forêts par les couches successives de végétation qu'on y trouve. Ce système peut atténuer les dégâts causés par les insectes nuisibles, éliminer les mauvaises herbes et enrichir le sol.

MAINTENIR LA FERTILITE

Dans tous les systèmes de culture et de jardinage, le problème réside dans le maintien de la fertilité du sol. A moins d'y ajouter quelque chose chaque année, on voit diminuer le rendement des récoltes. Le moyen le plus courant pour restaurer la fertilité consiste à enrichir le sol avec du fumier animal ou avec un compost fait de débris végétaux. Mais on peut faire plus pour la fertilité que de se contenter de rajouter de l'engrais : très tôt dans l'histoire, les agriculteurs ont découvert les avantage des jachères, c'est-à-dire le profit qu'il y a à laisser la terre se reposer entre deux récoltes. A partir du VIIIe siècle s'instaura le «système des trois champs».

Le système des trois champs permettait de faire pousser des récoltes d'une plus grande diversité, par exemple de procéder à des semis de printemps aussi bien qu'à des semis d'hiver, ce qui fournissait une assurance contre le risque d'échec total. Dans ce système, le fermier faisait aussi pousser de l'avoine de printemps, pour nourrir les chevaux. Au Moyen Age, les cultivateurs plantaient également davantage de verdure et de légumes que leurs ancêtres : selon tous les renseignements dont on dispose, les normes alimentaires de l'époque étaient remarquablement élevées.

Toutefois, à la fin du XVIIIe siècle, les fermiers européens avaient presque abandonné le système des jachères et procédaient, en lieu et place, à une rotation des récoltes et des pâtures. Par exemple, on faisait pousser sur un terrain du blé, puis des navets, puis de l'herbe mêlée à des légumineuses comme les trèfles et les vesces : à ce stade, le champ était utilisé comme pâture. La plantation de trèfles et de vesces était essentielle car, contrairement à d'autres végétaux, les légumineuses, dont font partie les pois et les haricots, «fixent» l'azote de l'air et, par leurs racines, l'introduisent dans le sol.

La rotation des cultures ne maintient pas seulement la fertilité du sol : elle contribue à combattre les insectes nuisibles et les maladies des plantes. En déplaçant les plantations d'un champ à un autre, on empêche la formation d'un «réservoir» d'organismes pathogènes, en particulier de ceux qui peuvent survivre dans le sol. La plupart des insectes nuisibles et des maladies des plantes sont spécifiques d'une espèce et ne s'attaquent pas aux autres. Un champignon qui peut dévaster les pommes de terre, par exemple, n'affectera par les haricots. Si l'on cultive la pomme de terre année après année sur le même terrain, le champignon dispose d'une source de nourriture permanente. Mais si on déplace les pommes de terre chaque année et qu'on fait pousser à la place des haricots, le champignon n'a pas la possibilité de se maintenir de manière stable.

LES TERRES ARABLES 107

◀ On «fait les foins» dans une petite ferme mixte française. En Europe et en Amérique du Nord, ces petites fermes sont en train de disparaître, tandis que les machines prennent la place des hommes...

▼ Vignes et oliviers en Toscane : cette agriculture-là n'a pas changé depuis des millénaires. Certes, on use de pesticides pour soigner la vigne, mais du moins ce type de terrain échappe au lourd fardeau chimique qui pèse sur les terres arables.

Le gavage de la terre

Ce graphique montre la consommation d'engrais à la fin des années 80 dans douze pays industrialisés. Outre qu'ils constituent une source de pollution, les engrais font partie des coûts énergétiques cachés de l'agriculture moderne.

Consommation d'engrais (en kg par ha)

Australie	Espagne	Canada
33,2	45,8	48,5
Etats-Unis	Suède	Italie
103,1	130,3	187,8
Finlande	Norvège	
206	252	
France	Royaume-Uni	
303,5	360,5	
Japon	Pays-Bas	
410	763,5	

Quand on va d'Antioche à Damas, on passe devant les ruines de maisons dont le seuil se trouve à plus d'un mètre au-dessus du rocher nu : cette anomalie est due au fait que le sol a été érodé par l'usage abusif des terres. On pense que la plus ancienne ville du monde, Jéricho, a été abandonnée par ses habitants parce que l'arrière-pays était devenu incapable de les nourrir, après que les troupeaux en avaient consommé jusqu'au dernier brin d'herbe et que l'érosion avait achevé la dévastation.

En Mésopotamie, berceau de la civilisation occidentale, les exigences des grandes villes-Etats qui sont apparues au Ve millénaire avant Jésus-Christ ont conduit à une salinisation générale des sols par suite d'irrigation excessive : aujourd'hui, beaucoup d'archéologues pensent que l'éclipse de cette fameuse civilisation a été causée par sa dégradation écologique. Quelle ironie de l'histoire! Alors que c'est l'agriculture qui a permis aux villes de se constituer, la croissance de ces mêmes villes a amené, de façon répétée, la destruction des terres arables sur lesquelles leur existence reposait!

LA MODERNISATION DE L'AGRICULTURE

Le XIXe siècle a vu les débuts d'une révolution qui a transformé l'agriculture à tel point qu'elle est devenue méconnaissable. Les fermiers abandonnaient peu à peu la rotation des cultures pour procéder à l'application directe de substances minérales sur le terrain. On avait identifié trois éléments principaux, pas davantage – le phosphore, le potassium et l'azote – comme nécessaires au maintien de la fertilité. C'était, en fait, bien inférieur à ce dont les terres arables ont besoin.

Le phosphore et le potassium étaient fournis par les mines, tandis que l'azote, au début en tout cas, provenait du fumier. Pour cela, on importait de grandes quantités de guano d'îles abritant de vastes colonies d'oiseaux. Par la suite, toutefois, les progrès de la chimie industrielle allaient permettre de fabriquer des engrais artificiels directement à partir de l'azote de l'atmosphère. Ainsi l'on pouvait faire pousser, année après année, la même espèce végétale sur la même parcelle de terrain, et le paysan pouvait maintenir la fertilité du sol, du moins à brève échéance, en ne faisant pas grand-chose de plus que de pulvériser le bon mélange de substances chimiques.

L'avènement de puissants pesticides et herbicides de synthèse allait amener une seconde révolution en agriculture. Au lieu de s'astreindre à planter un vaste assortiment de plantes diverses pour diminuer le risque d'une invasion d'insectes nuisibles, les fermiers pourraient désormais cultiver la même espèce hectare après hectare, en aspergeant ces monocultures de produits chimiques pour empêcher les insectes nuisibles de s'y mettre ou les détruire s'ils s'y trouvaient déjà.

LA «REVOLUTION VERTE»

Au cours des quarante dernières années, toutes les exploitations agricoles du monde industrialisé, à l'exception d'un très petit nombre de petites fermes, ont abandonné l'agriculture non chimique et «organique» au profit de cultures rationalisées, avec produits chimiques et machinerie moderne. Le Tiers-Monde, lui aussi, a vu ses modèles agricoles traditionnels se transformer. Au nom du développement, on a convaincu les pays du Tiers-Monde de se spécialiser dans la culture de quelques denrées exportables, pour se trouver en bonne position de concurrence sur les marchés mondiaux. Les petits cultivateurs ont été éliminés de la production, ou bien déplacés et établis ailleurs, pour laisser la place à d'immenses monocultures mécanisées de thé, de café ou de tabac.

A l'échelon des villages, les plus grands changements dans l'agriculture du Tiers-Monde ont découlé de ce qu'on a appelé la «révolution verte», une campagne lancée dans les années 60 par la FAO pour accroître la production alimentaire du Tiers-Monde. On a donc encouragé les fermiers à renoncer aux variétés qu'ils cultivaient traditionnellement et à les remplacer par des variétés de céréales à fort rendement.

Ces nouvelles variétés nécessitent des quantités massives d'engrais artificiels : on pourrait donc, à plus juste titre, dire qu'il s'agit de variétés «qui réagissent fortement». En Inde, la révolution verte a fait augmenter les rendements de blé de 50 % et les rendements de riz de 25 %, mais cela n'a été rendu possible qu'en multipliant par vingt le recours aux engrais chimiques. Et comme ces nouvelles variétés sont cultivées en monoculture et sont donc particulièrement vulnérables aux parasites et aux maladies, le recours aux pesticides est également monté en flèche.

Au lieu d'être traité comme ce qu'il est, une matière vivante, le sol est devenu le plancher d'une usine, et le fermier moderne est un ouvrier de plus en plus isolé de la terre qu'il «laboure». Il est enfermé dans la cabine de son tracteur, soit coiffé d'un serre-tête pour étouffer le bruit, soit avec une radio stéréo qui beugle; et ce qui se passe derrière le tracteur a davantage à voir avec la technologie chimique qu'avec la sagesse des innombrables générations d'hommes qui l'ont précédé sur ce terrain. On a abandonné la culture traditionnelle en faveur de grandes quantités d'engrais artificiels, de vaporisations chimiques et d'aliments pour animaux. Résultat : une perte globale de terres arables, dans des proportions pyramidales.

▲ On laboure des rizières en Indonésie. Les formes traditionnelles d'agriculture, recourant aux animaux pour le labour et le transport, sont rentables tant que la population reste dans des limites raisonnables ; les animaux sont nourris de fourrage produit par la ferme. Mais l'agriculture moderne, qui dépend de combustibles fossiles pour faire marcher les tracteurs et d'autres machines et pour produire des engrais et des pesticides, ne peut maintenir le sol en état à longue échéance.

◄ Champs d'ananas à Hawaii. Comme toutes les monocultures, celle-ci est vulnérable aux insectes nuisibles et aux maladies, en particulier la cochenille de l'ananas, ainsi qu'un nématode et une flétrissure spécifique de cette plante. Pour maintenir la culture à cette échelle, de fortes doses de pesticides sont nécessaires.

«... Le visage enveloppé dans des mouchoirs, et de la vaseline plein les narines, nous avons tenté de sauver notre maison contre la poussière soulevée par le vent et qui pénètre partout, par les moindres interstices. C'est une tâche presque sans espoir, car très rares sont les jours où les nuages de poussières nous laissent quelque répit, ne serait-ce que pour un instant. La visibilité est proche de zéro et tout est à nouveau recouvert comme d'un dépôt de vase sèche dont l'épaisseur varie d'une mince pellicule à de véritables ondulations sur le sol de la cuisine.»
Lettre d'un habitant de l'Oklahoma, juin 1935.

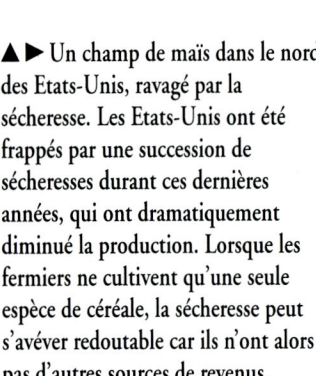

▲ ▶ Un champ de maïs dans le nord des Etats-Unis, ravagé par la sécheresse. Les Etats-Unis ont été frappés par une succession de sécheresses durant ces dernières années, qui ont dramatiquement diminué la production. Lorsque les fermiers ne cultivent qu'une seule espèce de céréale, la sécheresse peut s'avérer redoutable car ils n'ont alors pas d'autres sources de revenus.

▶ En Australie la salinisation croissante des terres est devenu le plus grave problème des fermiers. L'augmentation de la quantité de sel dans le sol tue les arbres et l'herbe et le rende impropre à la culture.

LE DECLIN DE LA FERTILITE

Les agriculteurs dépendent complètement de la couche arable, la mince «peau» de la terre (elle n'a souvent que quelques centimètres de profondeur) sur laquelle les végétaux peuvent pousser. Si la couche arable disparaît par suite de l'érosion ou si elle se dégrade au point de perdre sa fertilité, l'agriculture n'est plus possible. Or la couche arable n'est pas seulement une collection de substances minérales et de particules organiques. C'est une communauté vivante, où coexistent des insectes, des moisissures et quantité de bactéries. Un champ sain comporte jusqu'à trente millions de bactéries par gramme de terre arable.

Tous ces organismes jouent un rôle essentiel pour la santé et pour la fertilité du sol. Les animaux fouisseurs, comme les taupes et les vers de terre, aèrent le sol, lui permettent de respirer et en assurent l'assèchement. Les bactéries et les moisissures du sol qu'ils transforment en humus, cette riche matière organique dont dépendent la cohésion de la couche arable et l'alimentation des bactéries. Celles-ci, de leur côté, désagrègent l'humus et en dégagent de l'azote sous une forme que les plantes peuvent assimiler. En fait, les organismes qui vivent dans le sol, les plantes qui en tirent leur subsistance et le sol lui-même dépendent à tel point les uns des autres qu'on peut les comparer à un seul et unique organisme vivant.

L'agriculture moderne a miné la fertilité naturelle des sols. Dès qu'un cultivateur cesse de mettre du fumier et d'autres matières organiques sur son terrain et les remplace par les divers engrais artificiels qu'il répand par sacs entiers, la structure du sol commence à se détériorer.

Faute de déchets organiques, le sol ne peut alimenter les microorganismes qui produisent l'humus, et faute d'humus, la population de bactéries qui fixe l'azote décline. Le nombre de vers de terre diminue également (diminution aggravée par la vaporisation de pesticides) et le sol, moins bien aéré, ne fournit plus aux organismes qui s'y trouvent l'oxygène nécessaire à leur survie. Au fur et à mesure que les substances nutritives du sol se raréfient, les racines s'enfoncent moins profondément dans la terre, ce qui affaiblit les plantes. L'aptitude du sol à emmagasiner l'eau est aussi affectée, de sorte que la terre se dessèche dans les zones arides, et c'est également la raison pour laquelle la sécheresse augmente là où pourtant les pluies n'ont pas diminué. Cependant, dans les zones où la pluie est abondante et dans celles qu'on irrigue intensivement, la diminution des matières organiques rend le sol plus susceptible d'imbibition, car là, c'est l'assèchement qui se trouve entravé.

Pour compenser la diminution de la fertilité naturelle du sol, les fermiers sont obligés d'y mettre encore davantage d'engrais, ce qui perpétue une dégradation croissante, laquelle aboutit finalement à la ruine du terrain. Dans beaucoup de régions, particulièrement dans le Tiers-Monde, le processus est accéléré par l'introduction de cultures à rendement élevé. Ces variétés consomment souvent avec voracité des oligo-éléments tels que le zinc, le fer, le cuivre, le bore et le molybdène, dont aucun n'est remplacé par les engrais artificiels.

L'EROSION DU SOL

Sa teneur en matière organique s'étant réduite, le sol devient plus vulnérable à l'érosion. Dans le Tiers-Monde, où beaucoup de sols ont une teneur en matière organique naturellement faible, le problème est spécialement grave; il s'est trouvé encore fortement aggravé par l'explosion démographique et le fait que les cultivateurs aient été encouragés à cultiver des produits d'exportation. Les meilleurs terres ayant été progressivement consacrées à ce type de plantations, les paysans ont dû se replier sur des sols de plus en plus marginaux, souvent gagnés sur la forêt. Il en a découlé une disparition des terres arables, dans des proportions sans précédent.

Mais d'autre pays sont affectés. En Grande-Bretagne, l'érosion s'est accrue de façon importante au cours des trente dernières années. L'une des causes principales de ce phénomène, c'est l'accroissement inouï des terres consacrées à la culture des céréales d'hiver (la superficie en a triplé) : or cette culture laisse les terres sans aucune protection végétale pendant la période la plus humide de l'année. On considère maintenant officiellement que près de la moitié des terres arables en Angleterre et au pays de Galles sont menacées par l'érosion. Les habitants des régions marécageuses d'Est-Anglie, qui sont les meilleures terres à céréales du pays, subissent régulièrement des tempêtes de poussière, qu'on a surnommées «bourrasques des marais» : elles sont provoquées par des coups de vent qui balaient le sol des champs dégradés. Les sols de l'Illinois et des autres Etats du «grenier à blé» des Etats-Unis – naguère parmi les régions les plus fertiles du monde – sont aussi gravement atteints par l'érosion. Au rythme actuel de ce fléau, une bonne partie de ces terres auront perdu presque toute leur couche arable d'ici quarante à cinquante ans.

LA SALINISATION ET L'IMBIBITION

Quand on survole la vallée de l'Indus, on a l'impression que le terrain, sous les ailes de l'avion, est recouvert de neige. Mais il s'agit d'une illusion d'optique : c'est du sel et non de la neige qui étincelle à la surface du sol. L'irrigation, année après année, d'une région mal asséchée a transformé de vastes étendues de terres arables en un désert incrusté de sel. La vallée de l'Indus est désormais salinisée sans recours.

L'agriculture irriguée est, certes, l'une des formes les plus rentables de culture que connaisse l'homme. Sans

> «En Chine, l'érosion des terres arables est si dramatique que les personnels scientifiques de la station de recherche de Mauna Loa, à Hawaï, à plus de 5 000 km de distance, peuvent détecter le commencement des cultures de printemps par l'accroissement des retombées de poussières dans l'atmosphère.»
> *Geographical Magazine, mars 1990.*

> «A l'heure actuelle, les potentiels d'érosion sont plus mauvais que dans les années 30. Si la sécheresse atteint le même niveau que durant ces années-là, il faut nous attendre à de sérieuses difficultés. Nous vivons désormais dans un pays que l'homme, dans son infinie sagesse, ne pourra plus améliorer.»
> *Bill Fryrear, directeur du ministère fédéral pour la Recherche agronomique, Big Spring, Texas.*

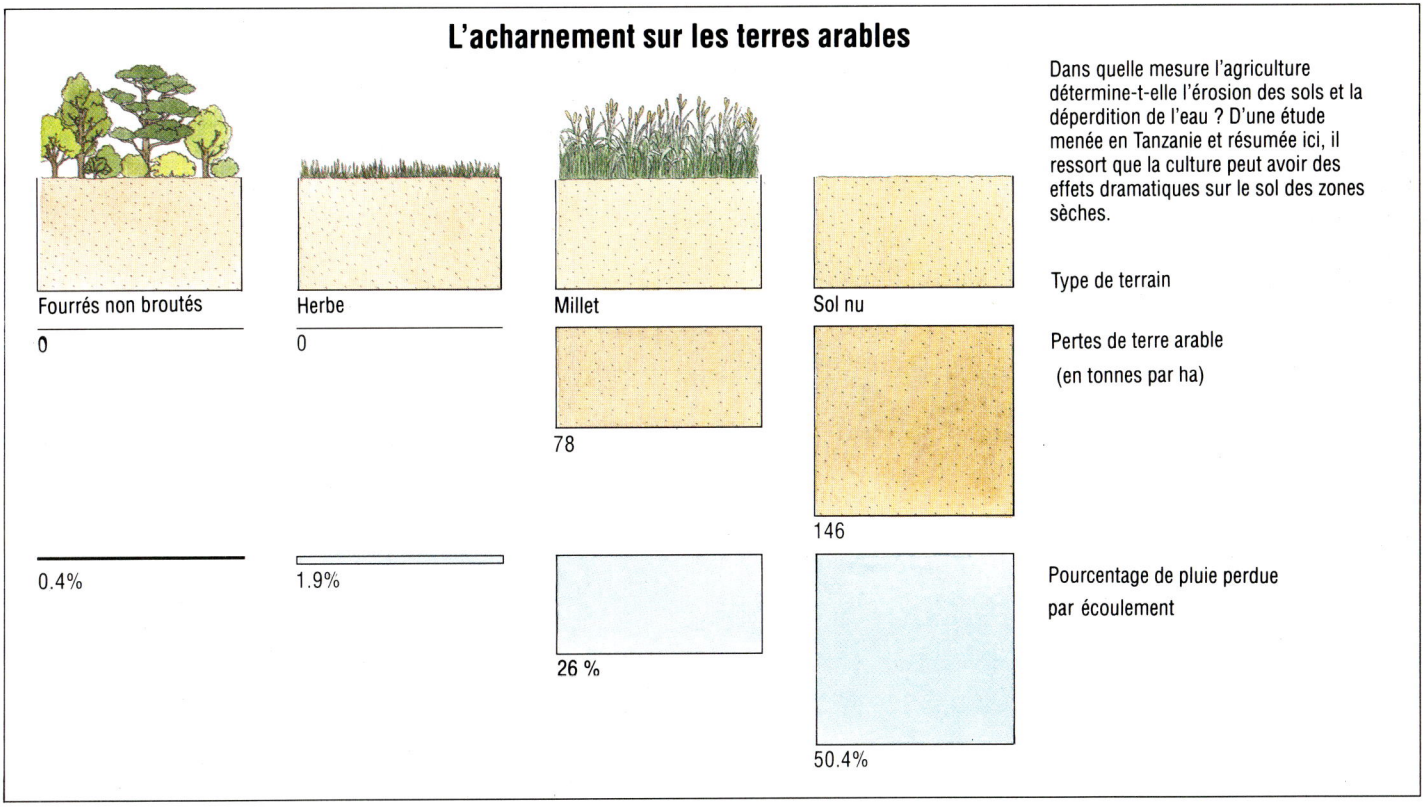

L'acharnement sur les terres arables

Dans quelle mesure l'agriculture détermine-t-elle l'érosion des sols et la déperdition de l'eau ? D'une étude menée en Tanzanie et résumée ici, il ressort que la culture peut avoir des effets dramatiques sur le sol des zones sèches.

Type de terrain : Fourrés non broutés / Herbe / Millet / Sol nu

Pertes de terre arable (en tonnes par ha) : 0 / 0 / 78 / 146

Pourcentage de pluie perdue par écoulement : 0.4% / 1.9% / 26 % / 50.4%

irrigation, un cultivateur américain du Nebraska récolte cent boisseaux de maïs par hectare et par an. En irriguant sa terre, il peut en tripler le rendement. Il n'est donc pas surprenant que des institutions internationales comme la FAO aient en vue l'extension de l'irrigation, comme moyen principal d'accroître la production agricole, aussi bien celle des cultures alimentaires que des autres.

Mais bien qu'il soit évident que la plupart des terres irriguées nécessitent des périodes de jachère, pendant lesquelles le sel accumulé peut être lessivé par la pluie, l'irrigation moderne a été conçue de façon à moissonner le même terrain chaque année. Il en résulte une perte accélérée des terres arables détériorées par la salinisation. En Egypte, où les systèmes traditionnels d'irrigation remontent à l'époque des Pharaons et même auparavant, l'introduction d'un rythme d'irrigation annuel a salinisé un tiers des terres arables du pays en un peu plus de trente ans et en a condamné 90 % à l'imbibition. Le problème est également grave aux Etats-Unis, où un quart à un tiers des terres irriguées du pays souffrent de salinité.

Dans beaucoup de régions, les terres irriguées sont si gravement dégradées qu'elles sont devenues impropres à l'agriculture. En Chine, entre 1971 et 1985, plus de 900 000 hectares de terres dégradées par l'irrigation sont devenus improductifs.

C'est en général une mauvaise gestion qu'on tient pour responsable de la salinisation et de l'imbibition. Dans une certaine mesure, cela n'est pas faux : comme le savent fort bien les cultivateurs traditionnels, il faut bien assécher les terres irriguées si l'on veut éviter qu'elles ne s'imprègnent d'eau et si l'on veut empêcher l'accumulation de sel. Mais les systèmes d'irrigation moderne sont coûteux. Pour s'appliquer à des régions très étendues, ils nécessitent non seulement des barrages, mais aussi un réseau très élaboré de canaux. Aussi les double-t-on rarement d'un système de drainage. Et même si on y pourvoit, cela ne résout pas le problème de la salinisation, cela ne fait que le repousser. Si efficaces que soient les méthodes de drainage, il reste toujours du sel dans le sol, et si l'on ne laisse pas la terre se reposer, l'accumulation de sel est inévitable.

LES POLLUANTS TOXIQUES

Les terres arables sont intoxiquées par d'autres poisons que le sel. Beaucoup de ces poisons proviennent des pesticides et d'autres produits agrochimiques; plusieurs émanent des installations industrielles et nucléaires, des mines, des véhicules à moteur, des décharges de déchets toxiques, et de quantité d'autres nuisances analogues.

Pendant longtemps, on a nié que les pesticides puissent contaminer le sol sinon pendant une brève

◀ Des glaçons se sont formés sur une roue d'irrigation par un froid matin d'hiver. Cela se passe dans l'Utah, et il est certain que dans cet Etat, comme dans d'autres parties des Etats-Unis, l'irrigation à grande échelle accroît spectaculairement les rendements agricoles... mais aux dépends de réserves d'eau qui ne sont pas infinies.

▼ Irrigation à échelle réduite au Mali. Quand c'est l'effort humain qui doit amener l'eau, il y a une limite naturelle à la quantité d'eau utilisée pour une zone donnée. Cela restreint les dégâts et cette forme-là d'irrigation est rentable à la longue.

période : on postulait qu'ils se désagrégeraient, ou alors qu'ils se fixaient aux particules du sol et s'y trouvaient immobilisés. Il est vrai que les pesticides immobilisés dans l'humus font peu de mal aux plantes ou à ceux qui les consomment; mais, plus tard, ils peuvent être libérés par des microorganismes. Par exemple, le proponil, un pesticide utilisé par fumigation dans les rizières, se décompose très rapidement en deux composés chimiques. L'un est relativement inoffensif, mais l'autre, la 3,4-dichloroaniline (DCA), est extrêmement toxique. Et contrairement au proponil lui-même, le DCA peut être libéré des particules du sol par diverses moisissures et bactéries.

On a découvert à présent que beaucoup de pesticides subsistent dans le sol beaucoup plus longtemps qu'on ne le croyait possible. Par exemple, le dibromure d'éthylène (EDB), un pesticide cancérigène qui est maintenant interdit dans plusieurs pays, peut subsister dans le sol pendant plus de vingt ans, car des traces de ce composé restent immobilisées dans les micropores du sol, où les microorganismes qui, normalement, devraient les décomposer, ne peuvent les atteindre. De nombreux composés chimiques toxiques, dont les biphényles polychlorurés (PCB) et plusieurs solvants industriels, se comportent de la même façon quand ils sont immobilisés dans le sol : ils y sont comme pris dans des souricières, n'attendant que le moment d'être libérés. Dès que le sol sera perturbé pour une raison ou une autre, ces produits toxiques peuvent se répandre dans l'environnement, ce qui implique de redoutables conséquences quant à la contamination future non seulement des terres arables mais aussi de la nappe phréatique.

Pour les cultivateurs, le problème est aggravé par le cercle vicieux des pesticides. Les monocultures étant susceptibles de lourdes pertes dues aux parasites, il est indispensable de les traiter avec de grosses quantités d'insecticides. Mais c'est une bataille dans laquelle aucun fermier ne peut remporter la victoire. Car plus on vaporise de pesticides, plus on risque de détruire les prédateurs naturels des parasites visés. De ce fait, les parasites qui en réchappent prolifèrent de façon incontrôlée, et ils engendrent une nouvelle génération de parasites, qui exigent une nouvelle dose de pesticide. En outre, beaucoup de ces produits perturbent le métabolisme naturel des plantes : les protéines que

«Arme aussi rudimentaire que la massue de l'homme des cavernes, le barrage chimique a été lancé contre le tissu de la vie, un tissu délicat et destructible, mais tout à la fois miraculeusement solide et résistant, et capable de se venger par les moyens les plus inattendus.»
Rachel Carson, Silent Spring

▼ Cet ouvrier agricole thaïlandais vaporise des pesticides sans vêtement protecteur. Dans le monde en voie de développement, les morts et les maladies chroniques découlant d'intoxication par les pesticides sont alarmantes. On exporte souvent vers ces pays-là des produits qui ont été interdits en Occident...

▶ Des pavots poussent sur les bords non cultivés d'un champ arable. Quand on n'utilise pas d'herbicide, des fleurs sauvages comme celles-ci procurent des ressources alimentaires aux papillons et à d'autres insectes ou oiseaux sauvages.

«Quelques-uns de mes voisins pensent comme moi que «l'on récolte ce que l'on a semé», et si vous semez des pesticides, vous récoltez du poison. En 1970, j'ai abandonné les produits chimiques et s'il fallait à nouveau que je les utilise, je préférerais abandonner l'agriculture.»
Cultivateur pratiquant l'agriculture biologique, Illinois.

celles-ci contiennent sont alors décomposées et les végétaux deviennent de plus en plus vulnérables aux parasites. Ainsi, l'agriculteur est pris dans un cercle vicieux : la pulvérisation de pesticides favorise indirectement la croissance des parasites et ceux-ci exigent de nouvelles pulvérisations. Et la terre est de plus en plus contaminée.

Mais beaucoup de polluants qui intoxiquent le terrain échappent à toute action du cultivateur. Dans le Sud-Ouest des Pays-Bas, par exemple, la pollution de l'air, dont sont responsables les usines situées le long de la frontière belgo-néerlandaise, a provoqué une telle contamination des sols qu'on a conseillé aux gens du pays de ne plus y faire pousser de légumes. Les décharges de déchets toxiques ont aussi contaminé des milliers d'hectares de terres arables dans le monde. Et une fois qu'elles sont polluées par des produits chimiques, ces terres sont fort difficiles à décontaminer. Dans les cas graves, seule l'incinération du sol peut être efficace, et le coût de ce procédé va de 500 à 1 000 dollars par mètre cube de terre. A Seveso, en Italie septentrionale, il a fallu ramasser et incinérer des milliers de tonnes de terre après que celle-ci eut été contaminée par la dioxine lors d'un accident, survenu en 1976, dans une usine chimique.

L'incinération n'est possible que lorsque la zone contaminée est clairement délimitée. Mais dans certains cas, la régions polluée est trop étendue pour qu'on puisse remédier au désastre, comme après la catastrophe à Tchernobyl.

LA SOLUTION ORGANIQUE

Bien qu'elle puisse donner l'illusion de la productivité, à long terme l'agriculture moderne se solde par un échec. Dans tout le monde développé, surtout aux Etats-Unis, les petits fermiers ne peuvent plus subsister sur leurs terres, qui sont rachetées par de grands propriétaires terriens ou par de grosses entreprises : celles-ci ont les moyens de financer les machines et les produits chimiques onéreux qui sont nécessaires pour amener, à court terme, des rendements maximum. Depuis 1969, aux Etats-Unis, près d'un million de cultivateurs de maïs ont dû abandonner leurs terres. Dans leur ensemble, les fermiers américains doivent environ 300 milliards de dollars à leurs banques.

A long terme, il se peut cependant que la situation se modifie. En 1989, le département américain de l'Agriculture – lequel, pendant des années, a été le promoteur de la culture «moderne» – a stupéfié la communauté agricole en publiant un rapport qui reconnaissait que les méthodes «organiques» de fermage étaient aussi productives que l'agriculture recourant aux pesticides et aux engrais synthétiques. Le rapport conclut qu'en adoptant de façon plus extensive les méthodes de culture organique, les cultivateurs obtiendraient «des bénéfices économiques croissants» et qu'il en résulterait des gains appréciables pour l'environnement de la nation.

Cent mille agriculteurs qui recourent déjà aux méthodes «organiques», aux Etats-Unis et ailleurs,

◀ Des chevaux de labour traînant une charrue : spectacle très fréquent naguère en Europe, aujourd'hui fort rare. Les chevaux ont été remplacés par des tracteurs. Le rendement de la ferme s'en trouve accru, mais les dépenses – en combustibles fossiles – le sont également.

▼ Au Niger, un paysan arrache les mauvaises herbes de son champ. Dans le Tiers-Monde, la culture est souvent artisanale et, de ce fait, parfaitement rentable, alors qu'à long terme, celle des nations industrialisées ne l'est pas.

savent depuis longtemps que c'est la vérité. Il n'empêche que des gouvernements successifs, influencés par les fabricants de produits agrochimiques, ont généreusement prodigué des primes d'encouragement aux fermiers pour qu'ils adoptent les méthodes chimiques de culture.

En 1989, le gouvernement des Etats-Unis a versé au total 13,9 milliards de dollars de subsides aux agriculteurs, dont environ un dollar par boisseau aux producteurs de maïs.

La question est de savoir, maintenant, si les gouvernements vont vraiment agir de façon à promouvoir une agriculture organique et sevrer les terres arables des substances chimiques dont elles dont devenues de plus en plus dépendantes.

Au cours du XXe siècle, la combinaison de la mécanisation, de la révolution chimique et des politiques agricoles officielles tendant à pousser au maximum la production de quelques denrées est parvenue à dégrader les terres arables du monde entier à un point sans précédent dans l'histoire. Et de fait, la croissance de la production alimentaire mondiale, qui a augmenté de façon spectaculaire entre 1950 et le milieu des années 80 est en train de décliner.

Désormais, on peut considérer l'agriculture moderne comme ce qu'elle est : le pillage imprévoyant de ressources dont nous dépendons tous. Seule l'adoption de méthodes organiques peut garantir que les générations futures disposeront, pour les cultiver, de terres appropriées.

Les PLAINES

Les vastes étendues des Grandes Plaines d'Amérique du Nord étaient naguère le domaine de soixante millions de bisons, dont un seul troupeau occupait parfois des centaines de kilomètres carrés. Aux Indiens des plaines, le bison procurait de la viande, de l'huile pour cuisiner et s'éclairer et des peaux pour les vêtements et les tentes. Les Indiens – Apaches, Comanches, Araphos, Kiowas et Sioux – savaient que s'ils tuaient plus de bisons que le troupeau pouvait accepter d'en perdre, ils détruiraient leurs propres moyens de subsistance. Ils respectaient donc les bisons et leur environnement et ils vivaient à la mesure de leurs moyens. Vers les années 1860, les Européens arrivèrent et un massacre systématique commença. On tuait les bisons pour leur peau et ces troupeaux apparemment illimités se réduisirent en quatre décennies à cinq cents individus. Les Indiens et leur riche culture furent de même exterminés par les Blancs, qui recherchaient avidement terrains et profits. En 1876, les Indiens étaient parqués dans des réserves et c'était un peuple vaincu et brisé.

Les Grandes Plaines ne sont qu'un exemple de ces vastes espaces, nombreux dans le monde entier, soit trop secs, soit trop froids pour qu'on puisse y faire pousser des forêts ou y pratiquer l'agriculture. Mais ces plaines-là servent de pâtures à de grandes quantités d'animaux sauvages et de betail. Parmi les plaines les plus sèches, il faut compter la brousse semi-aride de l'Argentine méridionale et de l'Australie, la partie septentrionale du Sahel et l'Asie centrale. On trouve des savanes tropicales en Afrique orientale, dans le Sud du Sahel, en Inde et au Brésil, tandis que les prairies tempérées constituent les steppes eurasiennes, les prairies d'Amérique du Nord (qui comprennent les Grandes Plaines), les pampas d'Argentine et le veld d'Afrique du Sud. Dans le Grand Nord, il existe un genre tout à fait différent de plaine, la toundra *(voir p. 226-235)* qui s'étend sur de vaste zones des régions subarctiques.

◀ Les prairies du Wyoming central hébergeaient autrefois d'immenses troupeaux de bisons. A distance, ces prairies paraissent très uniformes, mais dans leur état naturel elles comportent jusqu'à 80 espèces différentes d'herbes et de beaucoup d'autres petites plantes. De vastes étendues de terres comme celle-là sont désormais labourées pour y faire pousser des céréales.

118 NOTRE PLANETE QUI MEURT

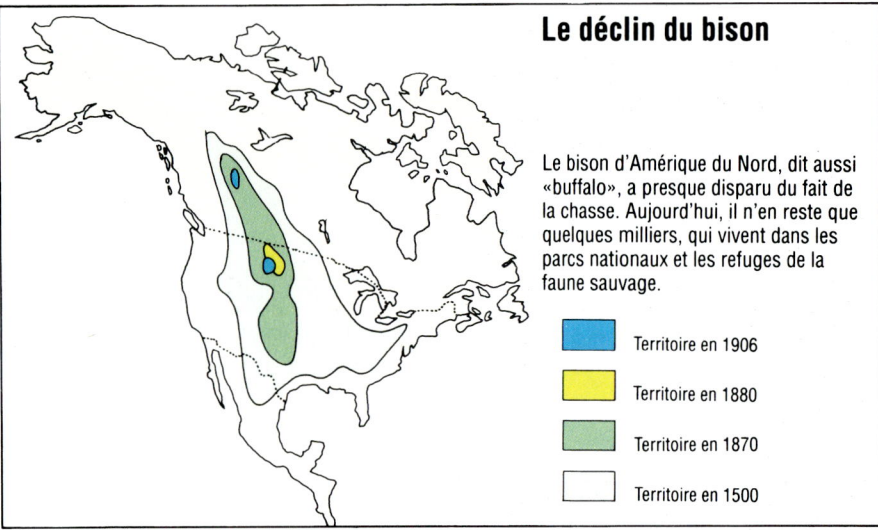

Le déclin du bison

Le bison d'Amérique du Nord, dit aussi «buffalo», a presque disparu du fait de la chasse. Aujourd'hui, il n'en reste que quelques milliers, qui vivent dans les parcs nationaux et les refuges de la faune sauvage.

- Territoire en 1906
- Territoire en 1880
- Territoire en 1870
- Territoire en 1500

LA BROUSSE SEMI-ARIDE

La brousse semi-aride est un milieu difficile. Les étés y sont longs et torrides, les pluies rares, et dans certaines régions, comme en Chine occidentale et en Iran, les hivers y sont extrêmement froids, avec de fortes chutes de neige.

La végétation de ces régions consiste essentiellement en buissons bas et épineux, comme la larrée *(Covillea mexicana)* et le tamaris. Ces buissons ont de petites feuilles coriaces qui réduisent au minimum la quantité d'humidité perdue par évaporation. Des buissons plus élevés poussent à grande distance les uns des autres; ils disposent d'un système de racines qui s'étendent dans un vaste périmètre, pour utiliser au mieux le peu d'humidité disponible.

Biologiquement, la brousse semi-aride est le plus pauvre des écosystèmes de plaines. Toutefois, certaines populations pastorales, comme les Touaregs du Sahel septentrional, sont parvenues à y faire vivre leurs troupeaux durant plusieurs siècles. La brousse semi-aride est aussi l'habitat des dernières tribus nomades vivant de la chasse et de la cueillette, par exemple les aborigènes d'Australie et les Bochimans !Kung de Namibie et du Botswana, qui subsistent uniquement en chassant et en ramassant des fruits sauvages.

Bien que l'existence des chasseurs-cueilleurs puisse sembler dure à un étranger, ils sont en meilleure santé et jouissent d'une plus grande longévité que la plupart des habitants du Tiers-Monde. De fait, les anthropologues ont dit d'eux qu'ils représentaient «la société d'abondance originelle», puisqu'ils satisfont si aisément leurs besoins grâce aux seules ressources de leur milieu. La richesse de leurs connaissances écologiques leur permet de vivre des noix, des graines, des feuilles, des fruits et des racines des centaines de plantes comestibles qu'on rencontre dans ces régions.

▼ Une famille de Touaregs du Niger se déplace avec son bétail, pour tenter d'échapper à la sécheresse. Les modifications du climat en Afrique du Nord, au cours de ces derniers 5 000 ans, ont transformé en désert des prairies jadis fertiles. Le désert continue à s'étendre et, comme des animaux domestiques y paissent en quantité excessive, le processus s'accélère.

▲ Des guanacos paissant en altitude dans le Sud du Chili. Les alpagas et les lamas sont des formes domestiquées du guanaco, mais les croisements sont toujours possibles entre formes sauvages et domestiques. L'apparence délicate du guanaco dissimule la robustesse de cet animal. Il est capable de supporter une chaleur et un froid intenses, ce qui lui permet de vivre aussi bien dans les semi-déserts qu'en haute altitude.

◀ Un aborigène d'Australie attendant, près d'un point d'eau, que des animaux s'y pressent, chassés par le feu qui ravage le maquis. Chasseurs et cueilleurs, les aborigènes vivent de façon traditionnelle et tirent le maximum des ressources limitées de cette partie aride de l'Australie. Aujourd'hui, grâce à des puits artésiens, ces terres sont en grande partie cultivées.

LA SAVANE

La savane est une prairie tropicale sèche où il fait chaud durant l'année entière, avec une alternance de saison humide et de saison sèche, et qui connaît, à l'occasion, de graves sécheresses. De hautes herbes y poussent, ainsi que des arbres dispersés comme les acacias de la savane et les baobabs, avec leurs troncs enflés où s'accumule l'eau et leurs branches courtes et noueuses. Pendant la saison sèche, la savane présente la couleur dorée des terres brûlées; mais dès les premières pluies, la végétation reprend vie et la plaine se transforme en un océan de verdure que rehaussent des fleurs aux teintes éclatantes. Plus de 90 espèces de mammifères vivent dans le Serengeti, la plaine septentrionale de Tanzanie; ils servent de proies aux lycaons, aux hyènes et aux lions. Les animaux qui paissent dans la plaine laissent une grande variété de plantes à la disposition d'autres espèces, car par exemple, les gazelles de Thomson et les gnous préfèrent les herbes courtes, alors que les zèbres broutent les herbes hautes et les tiges. Les élans et les gazelles de Grant se nourrissent surtout des feuilles et des jeunes pousses des buissons, tandis que les girafes consomment les feuilles et les jeunes pousses qui se trouvent sur les arbres, à un niveau plus élevé.

Tel a été le mode de vie, dans la savane, pendant des centaines de millénaires, mais, aujourd'hui, les choses sont fort différentes. Par suite de l'intervention humaine, certaines espèces de la savane sont menacées d'extinction totale. Au cours des années 80 la population d'éléphants africains s'est réduite de moitié, passant de 1,25 millions d'individus à 625 000 environ, et cela en raison de la chasse acharnée qu'on leur livre pour l'ivoire de leurs défenses. La plupart des éléphants du continent africain se trouvent dans des parcs et des réserves, mais le prix élevé de l'ivoire sur le marché mondial rend le braconnage, dans cette région, particulièrement lucratif.

Dans les réserves d'Afrique orientale et méridionale, les gardiens et les braconniers – ces derniers puissamment armés et sans aucun scrupule – se livrent une guerre non déclarée. En octobre 1989, après beaucoup de controverses, la Convention des Nations unies sur le commerce international des espèces menacées (dont le sigle anglais est CITES) a donné son accord à l'interdiction totale du commerce de l'ivoire africain. Mais il sera fort difficile de mettre cette interdiction en vigueur, d'autant plus que, trois mois seulement après avoir voté en faveur de la résolution en question, le gouvernement britannique a annoncé qu'il autoriserait les négociants de Hong Kong à vendre leur

▼ En 1989, pour attirer l'attention sur la déplorable extension du trafic de l'ivoire, on a procédé à un autodafé de centaines de défenses d'éléphants confisquées à des braconniers. Dans d'autres pays d'Afrique, on estime qu'à long terme on protégerait mieux l'espèce en autorisant sous contrôle un certain commerce d'ivoire prélevé sur des éléphants sélectionnés : selon ce principe, l'animal prendrait ainsi de la valeur et sa protection se justifierait. Mais le commerce légalisé offre un alibi facile pour écouler de l'ivoire braconné, lequel représente plus de 90 % des exportations africaines.

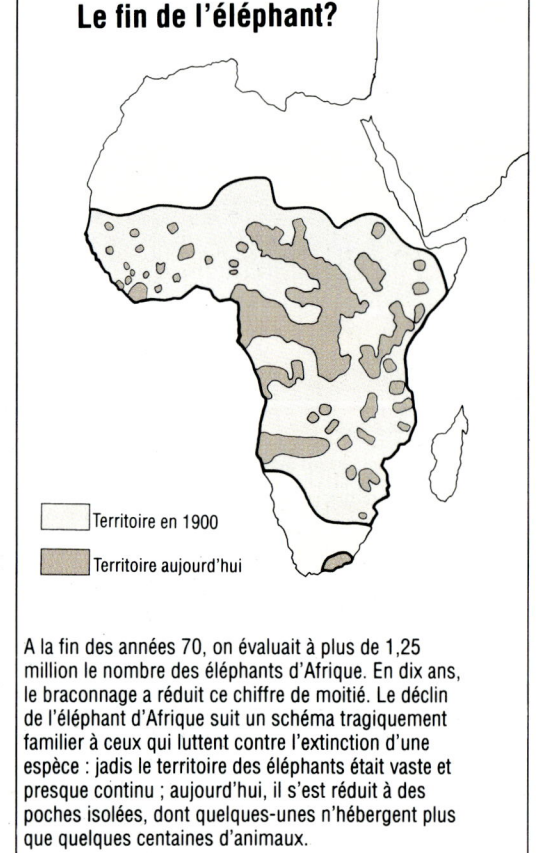

Le fin de l'éléphant?

☐ Territoire en 1900
▨ Territoire aujourd'hui

A la fin des années 70, on évaluait à plus de 1,25 million le nombre des éléphants d'Afrique. En dix ans, le braconnage a réduit ce chiffre de moitié. Le déclin de l'éléphant d'Afrique suit un schéma tragiquement familier à ceux qui luttent contre l'extinction d'une espèce : jadis le territoire des éléphants était vaste et presque continu ; aujourd'hui, il s'est réduit à des poches isolées, dont quelques-unes n'hébergent plus que quelques centaines d'animaux.

stock d'ivoire aux acheteurs chinois. Ce stock de 670 tonnes représente les défenses de 75 000 éléphants et la décision du gouvernement britannique constitue un formidable encouragement au marché noir de l'ivoire, dont les trafiquants vont pouvoir affirmer que leur marchandise fait partie des réserves «légales» de Hong Kong. Le rhinocéros noir est dans une situation encore plus périlleuse que l'éléphant. En 1987, il n'y avait plus que 3 800 rhinocéros dans les plaines africaines, alors qu'ils étaient encore 60 000 au milieu des années 70. Les défenseurs de l'environnement se sont livrés récemment à une expérience sans précédent: ils ont scié la corne de quelques rhinocéros de Namibie, afin de rendre ces animaux, une fois relâchés, sans valeur pour les braconniers. Le commerce des cornes de rhinocéros est illégal depuis plusieurs années, mais le fait qu'il n'ait cessé de se poursuivre depuis lors ne laisse rien augurer de meilleur pour l'avenir de ces animaux que pour celui des éléphants.

Malgré leur aspect souvent desséché, les savanes sont des régions biologiquement très fertiles. En procédant à des études de rendement sur la savane thaïlandaise et sur celle du Mexique, on est arrivé à la conclusion qu'elles avaient un rendement deux fois supérieur aux champs de céréales britanniques cultivés de manière intensive avec des engrais chimiques et des pesticides. Quoique la biomasse, c'est-à-dire la quantité de matière vivante que comporte la savane, ne représente qu'une fraction de celle qu'on trouve dans la forêt pluviale tropicale, la savane convertit de façon beaucoup plus efficace, par photosynthèse, le gaz carbonique en hydrates de carbone : elle consomme autant sinon davantage du carbone de l'atmosphère que les forêts tropicales.

Une proportion importante du carbone qui pénètre ainsi dans l'écosystème de la savane est emmagasinée dans le sol, dans les racines et les tiges souterraines, ainsi que dans la matière végétale en décomposition. Si l'on met le feu à la savane pour la transformer en terre cultivable, une grande partie de ce carbone se dégage sous forme de gaz carbonique, ce qui accroît l'effet de serre *(voir p. 40-53)*.

LES PRAIRIES DES REGIONS TEMPEREES

Les prairies des régions tempérées sont, en fait, des lieux aux températures extrêmes : très chauds et secs en été et très froids en hiver. Plat ou ondoyant, le paysage des steppes et des prairies tempérées présente une dense toison d'herbes de diverses espèces. Compte tenu de la sécheresse, des incendies et de son utilisation constante comme pâture, l'herbe contribue à

▼ Un incendie se propage dans les prairies boisées d'Afrique orientale, à mesure que l'on défriche la végétation dans l'intérêt de l'agriculture. Avec l'augmentation de la population mondiale, la pression s'accentue pour consacrer aux cultures une superficie toujours plus importante.

empêcher les buissons et les arbres de pousser dans les régions de prairies. Les animaux qui broutent cette herbe des régions tempérées vont des chenilles et des sauterelles aux cerfs, aux antilopes et aux bisons.

Dans les prairies des régions tempérées, l'herbe ne sert pas seulement de nourriture, elle protège aussi le sol. Là où l'on laboure le sol, ce qui se produit dans de vastes zones de l'Amérique du Nord, les conséquences peuvent en être désastreuses. La tristement fameuse désertification des années 30 *(Dust Bowl)*, résultant du fait que des cultivateurs avaient tenté de faire pousser du blé au moyen de techniques inadéquates sur un terrain qui n'y était pas adapté, reste une des pires catastrophes écologiques causées par l'humanité. L'épais tapis d'herbe qui assurait la cohésion de la mince couche de terreau ayant été labouré, le sol demeuré nu fut d'abord victime de la sécheresse, puis emporté par le vent.

En 1933, alors que le «blizzard noir» de poussière soufflait avec sa pire violence, on avait déjà dépouillé de leur herbe treize millions d'hectares de la région méridionale des plaines du Kansas, du Colorado, du Nouveau Mexique, de l'Oklahoma et du Texas. En mars 1935, une seule tempête suffit à emporter de ces plaines deux fois plus de terre que ce qu'hommes et machines ensemble avaient déplacé pour creuser le canal de Panama. Pour les Etats de l'Ouest des Etats-Unis, le *Dust Bowl* a représenté un désastre bien pire que la grande crise économique des années 30.

LE PASTORALISME

On estime à environ cinquante millions le nombre d'êtres humains qui dépendent presque entièrement, pour leur subsistance, de troupeaux paissant dans les régions de plaines. A peu près la moitié de ces éleveurs de bétail, qu'on désigne par le terme spécifique de *pastoralistes*, vit en Afrique, où ils se rencontrent surtout dans des pays situés au sud du Sahara, tels que le Soudan, la Somalie et le Tchad. Le pastoralisme est aussi la principale ressource économique de certaines parties de l'Asie, en particulier la Mongolie, les républiques soviétiques d'Asie centrale et le Tibet. Dans nombre de régions, l'élevage est le moyen le plus efficace – et parfois le seul – de tirer parti des zones de plaines. Sans les pastoralisations, de grandes étendues

▶ Des troupeaux de chevaux dans les steppes de la Mongolie Intérieure. Presque tous les pastoralistes traditionnels survivent à l'état nomade et changent de lieu dès que les pâtures de leurs animaux sont épuisées. Les nomades de Mongolie vivent dans de grandes tentes nommées yourtes.

LES PLAINES 123

« Dans certaines régions de l'est du territoire des Massaïs, on avait aménagé des points d'eau permanents au bénéfice des Massaïs et de leurs troupeaux. L'approvisionnement se faisait par forage et pompage des eaux de source de montagne qui étaient acheminées par canalisations. Cette «amélioration» eut deux conséquences désastreuses : la première fut la réduction des quantités d'eau disponibles pour les animaux sauvages, ce dont le gibier a grandement souffert… La seconde fut plus grave encore : ces points d'eau permanents permirent aux Massaïs de réduire leur migration annuelle et par voie de conséquence de concentrer toute l'année la pâture dans certaines zones bien délimitées. Dans ces régions… les herbages se sont complètement dégradés et ont été remplacés par des buissons d'épineux et des arbres : entre les arbres, le sol est nu. En résulta une brousse d'épineux en friche, une zone d'érosion balayée par la poussière et le sable. »

Professeur Bernard Campbell, Human Ecology (Ecologie humaine).

seraient dépourvues de toute présence humaine.

S'il est un facteur qui, davantage qu'un autre, a contribué à établir le mode de vie des sociétés pastorales, c'est le besoin de survivre à la sécheresse. Et l'arme la plus puissante du pastoraliste contre la sécheresse, c'est sa mobilité. Quand la pluie tombe ou quand les pâtures locales sont épuisées, il peut démonter sa tente ou sa hutte et partir en quête de zones plus vertes.

La plupart des pastoralistes se déplacent toujours dans la même direction générale, chaque année au moment des changements de saison. Leurs déplacements sont analogues à ceux des animaux qui paissent en liberté dans les prairies sauvages, si ce n'est que des tribus diverses détiennent des droits traditionnels sur certaines pâtures et certains points d'eau spécifiques. Les pastoralistes ont une connaissance détaillée de l'écologie de leurs régions. Ils savent à tout moment où sont susceptibles de se trouver les meilleures pâtures et les meilleurs points d'eau, ils savent combien de temps ils peuvent demeurer au même endroit avant que les animaux n'aient brouté l'herbe à l'excès et ils savent aussi de combien de temps la végétation a besoin pour se reconstituer.

Pour utiliser au mieux le pays qui les entoure, les nomades composent soigneusement leurs troupeaux. Les Touaregs, par exemple, qui passent la plus grande partie de leur temps dans la brousse située aux limites méridionales du Sahara, élèvent, en plus des bovins, des chameaux, des ânes, des chèvres et, occasionnellement, des moutons. Plus au sud, dans la savane du Sahel, ce sont de loin les bovins qui comptent le plus pour des pastoralistes tels que les Peuls (Foulanis). Ces diverses espèces animales dépendent de différents types de végétation. Les bovins et les ovins ont besoin d'herbe. Les chameaux, qui peuvent survivre jusqu'à une semaine sans nourriture ni eau pendant la saison la plus chaude de l'année, broutent l'herbe mais aussi les branches et les feuilles des arbres et des arbustes. Les chèvres, qui sont les animaux domestiques les plus robustes et les plus rapides d'Afrique, peuvent subsister en consommant uniquement des feuilles et des branches et en se passant totalement d'herbe. Même si les ressources alimentaires d'une espèce deviennent rares, les autres animaux qu'élèvent les pastoralistes seront souvent capables de survivre.

LES MENACES A L'EXISTENCE PASTORALE

Les institutions internationales qui se consacrent au développement, comme la Banque mondiale et l'Organisation des Nations unies pour l'alimentation et l'agriculture (FAO), ont mis en route, au cours des deux dernières décennies, de nombreux projets qui avaient pour but d'élever le niveau de vie des peuplades pastoralistes et la productivité de leurs troupeaux. Entre la fin des années 60 et le début des années 80, on a investi 625 millions de dollars dans des projets d'amélioration du cheptel africain. Presque sans exception, ces projets ont abouti à des échecs complets et sont parvenus, dans une grande mesure, à des résultats opposés à ceux qui étaient poursuivis à l'origine.

Les gouvernements et les institutions d'aide ont activement encouragé le forage de puits pour les nomades, en faisant valoir que les territoires en question étaient secs et qu'il fallait les approvisionner en eau. Mais ces puits, manifestation physique de la présence du gouvernement, figurent également sur les rapports des institutions d'aide, comme une incitation à une action ultérieure.

En revanche, pour les pastoralistes, l'utilité de ces nouveaux puits s'avère très mitigée. Généralement creusés le long des itinéraires principaux qui conduisent aux marchés locaux, ils déterminent une circulation excessive sur ces trajets-là. D'autre part, il en résulte un accroissement des troupeaux, tel que ceux-ci ne peuvent plus subsister sans la création de nouveaux points d'eau, ce qui entrave le nomadisme des éleveurs. De ce fait, il y a surconsommation des pâtures situées autour des puits, et elles sont, de surcroît, piétinées par des milliers de sabots. En outre, les puits tombent en panne. Dans le Nord-Est du Kenya, par exemple, des 54 puits forés depuis 1969, il n'en fonctionnait plus que 14 en 1979. Au Botswana, 40 % des puits n'ont jamais fonctionné que sur de très brèves périodes.

Au Botswana, la Banque mondiale a été l'instigatrice d'un certain nombre de projets d'élevage bien connus. A la suite d'un accord commercial avec la Communauté européenne, le Botswana dispose d'un marché ouvert pour la viande de bœuf, pour toute la quantité qu'il peut en produire. Ce pays a donc entrepris de pousser au maximum sa production de bœuf, sans tenir compte du coût élevé de cette politique, du point de vue social et de celui de l'environnement. La CEE exigeant que la viande importée soit exempte de germes de fièvre aphteuse, le Botswana a dressé 1 300 kilomètres de haies pour séparer le bétail destiné à l'exportation des animaux sauvages qui sont censés être porteurs de la maladie. Ces barrières perturbent complètement les schémas de migration d'animaux tels que les gnous : ceux-ci meurent à présent par milliers chaque année, du fait qu'ils ne parviennent plus à accéder pendant la saison sèche aux points d'eau auxquels ils étaient habitués.

Du fait de la présence actuelle de deux millions de bovins, les prairies du Botswana subissent une pression croissante et la désertification menace les ranches du pays. Les moyens d'existence des petits éleveurs sont également menacés, car les terrains communaux sont acquis par les grandes entreprises privées qui

LES PLAINES 125

◄ Des troupeaux appartenant à la tribu Maassai sont rassemblés autour d'un point d'eau au Kenya. Ils ont épuisé les terres environnantes en y broutant, et celles-ci sont maintenant dangereusement vulnérables en raison de l'érosion.

▼ Des chèvres broutent près d'un campement nomade du Mali. Les chèvres peuvent subsister même là où la végétation est extrêmement sèche : cet animal a donc une très grande valeur dans des régions comme le Sahel. Mais il est aussi fort destructeur et, en dévastant la végétation, il accélère la

▶ Autour d'un point d'eau du Botswana, le bétail se presse. Ces animaux iront garnir les tables des nantis européens... et la terre sur laquelle ils paissent est en voie d'épuisement total, tandis que les éleveurs cherchent à accroître sans cesse leur production de viande pour l'exportation.

«Nous découvrons tout autour de nous un pays plat, dont l'horizon forme comme un cercle parfait de couleur bleue brumeuse, où le dôme bleu cristal du ciel repose sur l'horizontale verte du monde. Vert à la fin de l'automne, vert en hiver et au printemps... mais non point le vert de la pelouse ou le vert des prés... En certains endroits, aussi loin que porte le regard, on ne voit que de denses masses de carlines, ou artichauts sauvages, qui délimitent des pans de couleur vert bleuté ou vert-gris, alors qu'ailleurs fleurit le chardon-Marie géant, une plante aux feuilles panachées vertes et blanches qui peut atteindre, en pleine floraison, une hauteur de 1,8 mètre à 6 mètres. On aperçoit également dans cette grande étendue verte d'autres ruptures et d'autres inégalités, dues au viscache, un grand rongeur de la taille d'un lièvre qui est également un puissant fouisseur. Les viscaches qui pullulaient dans toute cette région sont aujourd'hui presque complètement exterminés...»
W.H. Hudson, décrivant la pampa argentine en 1850.

élèvent le gros cheptel, de sorte que les pâtures du petit bétail deviennent de plus en plus restreintes et, elles aussi, subissent une surconsommation fatale.

Ce nonobstant, la Banque mondiale continue à promouvoir des méthodes d'élevage «modernes» en Afrique, en dépit des preuves abondantes démontrant que le pastoralisme traditionnel est le meilleur système pour utiliser les terrains secs d'Afrique. Et, de ce fait, la Conférence des Nations unies sur la désertification, qui s'est réunie en 1977, est parvenue à la conclusion que le pastoralisme nomade est la seule méthode d'élevage admissible dans les territoires fragiles situés en bordure du Sahara.

LA DESERTIFICATION DANS LE MONDE DEVELOPPE

En Afrique du Sud, où les cultivateurs blancs pratiquent l'élevage «commercial» depuis des générations, 10 % seulement du veld se trouvent encore en bon état. Trois millions d'hectares, environ, de la plaine sud-africaine ont été envahis par les plantes ligneuses, à tel point que ces terres sont inutilisables pour élever normalement du bétail. En plus de deux millions d'hectares, dans le Nord-Ouest de la province du Cap, sont si dégradés que le gouvernement a admis qu'il était impossible de les restaurer avant plusieurs années.

Aux Etats-Unis, on estime que la désertification, due dans une grande mesure à une mauvaise gestion des terres, affecte 90 millions d'hectares. En général, la désertification découle d'un processus progressif de changement dans la composition de la prairie elle-même. Plus robustes, des plantes moins nourrissantes, comme le tamaris et le chardon, se multiplient aux dépens de l'herbe qui protège le sol de l'érosion par le vent et la pluie. Plutôt que d'avancer selon une ligne de front, la désertification a tendance à se produire par petites places, puis à s'étendre comme une maladie de peau. Par la suite, la plaine perd complètement sa capacité d'entretenir la végétation : le terreau est emporté par le vent ou par la pluie et le sol devient dur comme un roc sous l'effet du soleil. La cause principale de la désertification, aux Etats-Unis, est la surconsommation des pâtures par le bétail. Dès 1878, John Wesley Powell, directeur des études géologiques des Etats-Unis, l'avait annoncé prophétiquement : les herbages des régions arides de l'Ouest étaient certes nourrissants, mais ils seraient «facilement détruits par de mauvaises herbes nocives.» Mais on ne prêta aucune attention aux mises en garde de Powell, et on peut voir aujourd'hui que là où les pionniers ont trouvé une herbe «aussi haute que le dos des vaches», on ne voit aujourd'hui que de l'armoise et des cailloux.

Selon le système intensif d'élevage qu'on pratique actuellement aux Etats-Unis, la plus grande partie du bétail ne broute dans les prairies que durant les premiers mois de sa vie. Quand les veaux sont parvenus à maturité, on les parque dans de vastes enclos, où on les nourrit de grandes quantités de céréales et d'autres produits riches en protéines pour les engraisser en vue de l'abattage. Au lieu de les laisser brouter l'herbe, pour laquelle on n'a pourtant guère d'autre usage, on les alimente avec des produits comme le manioc ou le poisson, que nous pourrions fort bien consommer nous-mêmes. Un tiers du poisson pêché dans le monde sert à nourrir le cheptel occidental, ce qui représente un triste gaspillage de la production alimentaire. Et beaucoup des produits qui engraissent le bétail sont importés des pays en voie de développement; parfois, on les a fait pousser sur les terres mêmes où, naguère, les pastoralistes paissaient leurs propres troupeaux!

La surconsommation de viande de bœuf dans les pays développés ne conduit pas seulement à la désertification et au gaspillage d'une nourriture rare pour alimenter les bestiaux et non les êtres humains : elle provoque aussi de la pollution. De la concentration d'un grand nombre de bestiaux dans des enclos résultent de grandes quantité de fumier. Naguère, ce fumier aurait servi à engraisser et fertiliser les champs ; aujourd'hui, il pose de gros problèmes d'évacuation et il pollue l'air et l'eau. Dans les estomacs des bestiaux, la fermentation produit du méthane, un gaz dont l'effet de serre est très puissant. On a calculé que les enclos d'élevage du bétail dégagent dans l'atmosphère 80 millions de tonnes de méthane par an, soit à peu près 20 % du total du méthane émis annuellement. L'effet de serre s'en trouve donc aggravé.

POUR SAUVEGARDER L'AVENIR

Si l'on souhaite mettre un terme à la dégradation des plaines du monde et à l'appauvrissement des peuplades pastoralistes, il est indispensable de réduire la quantité de bétail, et cela sur toute la planète. Or c'est un objectif exactement opposé que poursuivent beaucoup d'institutions qui se consacrent au développement et beaucoup de grandes entreprises, lesquelles tirent leurs bénéfices soit de la vente de produits pharmaceutiques et alimentaires d'origine animale, soit de la transformation de la viande.

La pression que le monde occidental exerce sur les pastoralistes ne pourra diminuer que si l'on suspend les plans de création de ranches et d'expansion de l'agriculture dans les territoires de ces populations. Les pastoralistes ont fourni la preuve qu'ils sont les meilleurs administrateurs des régions arides et il faudrait les laisser libres de gérer leurs pays avec leurs méthodes traditionnelles. Et, à la vérité, les éleveurs du monde développé auraient grand intérêt à s'inspirer de leur exemple qui, contrairement aux systèmes d'élevage modernes, a résisté à l'épreuve du temps.

«Il n'aurait pas fallu cultiver autant de grands pâturages, car ce sol est très pauvre.»
Fermier texan.

«Dieu n'a rien à voir dans ce désastre. C'est uniquement la conséquence de la cupidité, car Dieu n'a pas de charrue.»
Propriétaire de ranch au Texas, au sujet des tempêtes de poussière provoquées par le labour des grands pâturages.

«L'herbe est le produit naturel de cette région qui semble avoir été conçue tout spécialement pour elle ; il ne faut pas que nous parlions de terre pauvre sous prétexte qu'elle ne produit que de la viande.»
William Cobbett, 1832.

«Le Blanc nanti, avec sa surconsommation de viande et son manque de générosité envers les populations les plus pauvres, se comporte véritablement comme un cannibale, un cannibale indirect. En consommant de la viande, ce qui gaspille les céréales qui auraient pu les sauver, nous avons mangé l'année dernière les enfants du Sahel, d'Ethiopie et du Bangladesh. Et cette année-ci, nous continuerons à les manger avec le même appétit.»
René Dumont.

Les COURS D'EAU

« Les barrages vous seront profitables. Ils amèneront le progrès. »

C'est par ces mots que l'ingénieur en chef du conglomérat brésilien de l'électricité, Electronorte, conclut son exposé relatif à la construction d'une série de grands barrages hydroélectriques sur le Xingu. Mais son auditoire n'en parut nullement impressionné. Il consistait, cet auditoire, en un millier d'Indiens rassemblés à Altamira, une ville-champignon de l'Amazonie du Nord-Est, et c'était le premier rassemblement en masse de tribus brésiliennes qui avait jamais eu lieu pour s'opposer à un projet de barrage.

Les Indiens se mirent debout, levant leurs massues et leurs flèches en signe de protestation. Une femme, striée de peinture de guerre, bondit sur l'estrade, brandissant une machette dont elle battait l'air pour mettre l'accent sur ses arguments. D'un geste rapide mais gracieux, elle abaissa son arme qu'elle immobilisa à un cheveu de l'omoplate de l'ingénieur.

« Nous n'avons pas besoin d'électricité. L'électricité ne nous procurera pas de nourriture. Nous avons besoin de rivières qui coulent librement. Nous avons besoin de nos forêts pour y chasser. Nous sommes la population la plus riche du Brésil. Nous ne sommes pas misérables. Nous sommes indiens. »

En l'occurrence, la protestation s'est avérée efficace. Sous la pression de groupes de défense de l'environnement, la Banque mondiale a annoncé qu'elle renonçait à financer le projet. Quoique avec réticence, le gouvernement brésilien a accepté de mettre ce plan en sommeil. Mais les Indiens savent que la menace pèse toujours. Leur rivière peut connaître le même sort que des centaines d'autres cours d'eau dans le monde entier : être endiguée et polluée au nom du progrès.

◀ Pêche dans un affluent de l'Amazone. Pour l'humanité, la propreté des cours d'eau est d'une importance inestimable. Ils fournissent du poisson, de l'eau potable, des lieux de baignade et de nage et des voies navigables. Mais actuellement, ils sont rares et fort éloignés les uns des autres, car la plupart sont devenus des décharges pour toutes sortes de déchets et d'effluents.

130   NOTRE PLANETE QUI MEURT

LES COURS D'EAU DU MONDE

Chaque année, plus de 400 000 kilomètres cubes d'eau s'évaporent des océans et montent dans l'atmosphère. 90 % de cette eau retournent à l'Océan sous forme de pluie ou de neige, mais le reste tombe sur la terre ferme. A mesure que la neige fond et que la pluie irrigue le terrain, l'eau forme des torrents, des rivières et des fleuves, descendant en cascade des montagnes et parcourant la plaine, au gré d'un long voyage pour regagner la mer. Quand le philosophe Héraclite disait qu'on ne se baigne pas deux fois dans le même fleuve, il voulait exprimer la nature sans cesse changeante, bien qu'apparemment invariable, de tous les cours d'eau. Leurs flots sont toujours en mouvement, parfois violents, parfois d'une lenteur d'escargot, et leur niveau s'élève ou s'abaisse selon les saisons. Pour survivre, les plantes et les animaux qui vivent dans les cours d'eau ou sur leurs rives doivent être capables de s'adapter à ces changements.

La vitesse à laquelle coule un cours d'eau est déterminante pour la faune et la flore qui s'y trouvent, car elle influe sur les stratégies que celles-ci déploient pour survivre. Quand les torrents dévalent des montagnes où ils prennent leur source, la force avec laquelle l'eau rebondit sur les rochers et les galets ne permet guère aux sédiments de rester dans le lit du cours d'eau. En ce cas, des poissons comme les saumons recourent à leurs muscles puissants pour nager contre le courant. Eux mis à part, seuls peuvent survivre les plantes et les animaux qui s'attachent aux rochers. Dans les rivières, qui coulent plus lentement, les sédiments que le flot a amenés des montagnes constituent un lit riche en matière nutritives, où les plantes peuvent aisément s'établir. Les poissons sont alors plus nombreux, ainsi que les oiseaux qui s'en repaissent, de l'iridescent martin-pêcheur au pélican disgracieux.

Des millions de gens, de par le monde, dépendent des cours d'eau pour leur subsistance. Les sols alluviaux fertiles des plaines inondables, les riches régions de pêche et la disposition aisée de l'eau ont, depuis des millénaires, encouragé les populations à s'installer le long des rivières et des fleuves. Plus d'un million de gens vivent dans le bassin du Sénégal, en Afrique occidentale, des dizaines de millions dans le bassin du Niger et des centaines de millions dans le bassin du Gange, en Inde. Les plus grandes villes du monde se sont développées le long des rives des fleuves : Paris, Londres, Rome, New York, Bangkok…

L'INCIDENCE DES BARRAGES

Dans l'aride Sud-Ouest des Etats-Unis, où la pluviosité excède rarement 50 centimètres par an, les agriculteurs ont coutume de dire : «Un fleuve sauvage est un fleuve gâché.» Toute leur existence dépend de

LES COURS D'EAU 131

◀ Les rivières "jeunes" s'écoulent rapidement et en ligne droite à travers des terrains d'origine récente. Mais au cours des années, elles creusent de larges vallées et créent de vastes méandres dans les plaines. Le riche limon amené par les cours d'eau au cours des millénaires rend ces terrains particulièrement propres à l'agriculture : ce paysage de l'Orne en est un bel exemple.

▲ Près de leur source, la plupart des rivières et des fleuves sont relativement propres, aussi faune et flore y sont-elles en bonne santé. Mais les torrents de montagne sont moins propices à la faune que les cours d'eau placides des plaines : la violence et la rapidité du cours sont souvent un obstacle à la vie sauvage.

▼ Un martin-pêcheur regagne son nid après avoir attrapé un petit poisson. Cet oiseau a besoin de cours d'eau calmes et non pollués pour survivre.

132 NOTRE PLANETE QUI MEURT

l'eau : il faut la capter dans les rivières et les fleuves, l'emmagasiner et la rediriger vers les zones – souvent distantes de centaines de kilomètres – où il n'y en a pas. Sans barrages et canaux, la plus grande partie du pays serait encore à l'état de brousse et incultivable. Des villes telles que Phoenix, dans l'Arizona, et Denver, au Colorado, cesseraient d'exister.

Le Sud-Ouest des Etats-Unis n'est pas une exception. Plus de la moitié de la surface émergée de la planète est classée comme terrain aride ou semi-aride. Dans certaines régions, la pluie est si rare que l'agriculture y est impossible. Dans d'autres, les agriculteurs doivent survivre pendant la majeure partie de l'année avec peu ou pas de pluie, puis vient la mousson, période durant laquelle la pluie est si torrentielle qu'une bonne partie de l'eau ne fait que s'écouler et va se perdre dans la mer. C'est seulement en construisant des barrages sur les fleuves et les rivières qu'on peut emmagasiner l'eau en vue des mois secs de l'été.

Les barrages ont l'avantage supplémentaire de permettre à l'homme de capter l'énorme potentiel énergétique des cours d'eau. En canalisant vers des turbines géantes l'eau accumulée dans les bassins de retenue, on produit de grandes quantités d'électricité. A lui seul, le barrage d'Itaipu, au Brésil, produit 12 000 mégawatts, soit assez d'électricité pour alimenter la

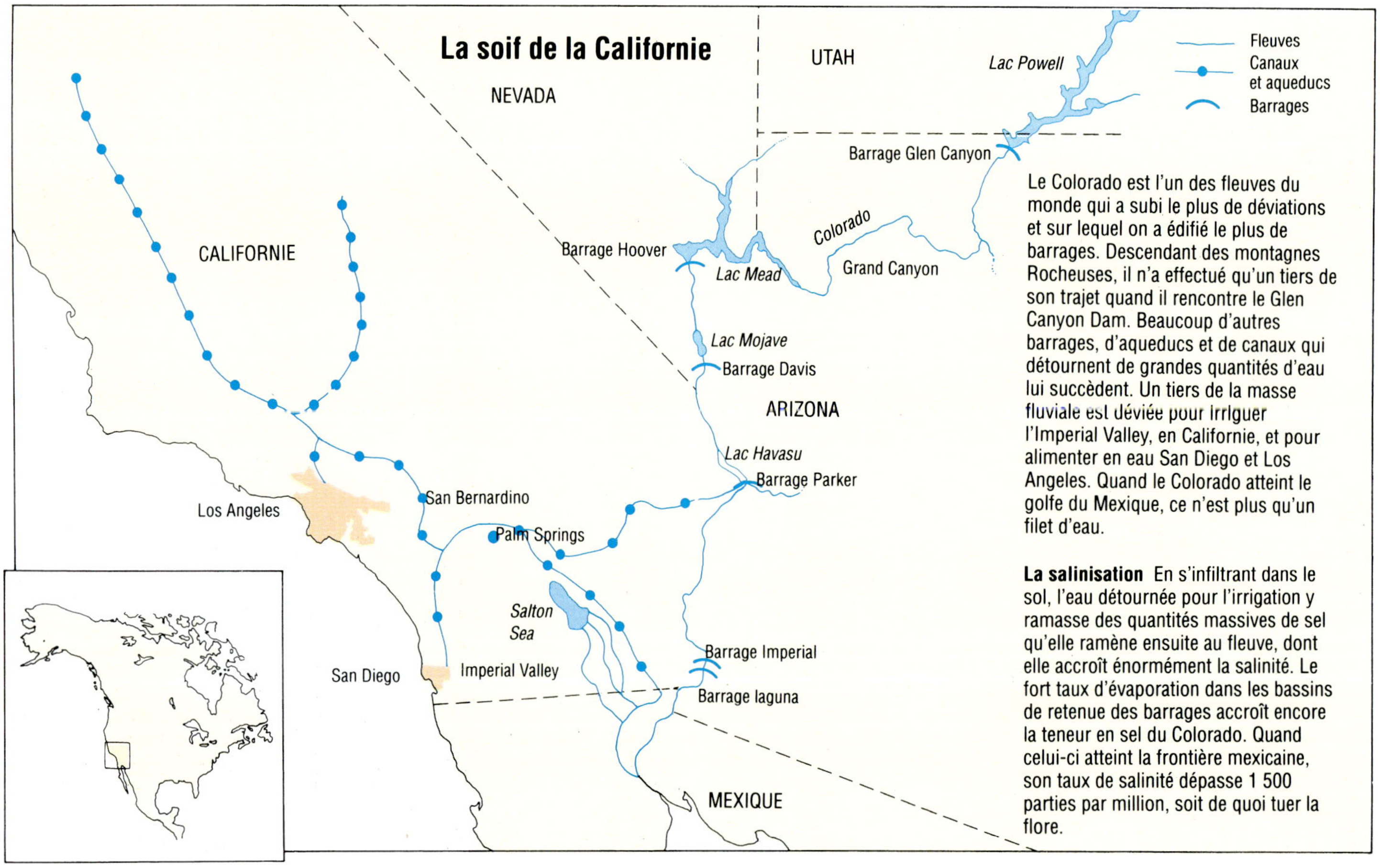

La soif de la Californie

Fleuves
Canaux et aqueducs
Barrages

Le Colorado est l'un des fleuves du monde qui a subi le plus de déviations et sur lequel on a édifié le plus de barrages. Descendant des montagnes Rocheuses, il n'a effectué qu'un tiers de son trajet quand il rencontre le Glen Canyon Dam. Beaucoup d'autres barrages, d'aqueducs et de canaux qui détournent de grandes quantités d'eau lui succèdent. Un tiers de la masse fluviale est déviée pour irriguer l'Imperial Valley, en Californie, et pour alimenter en eau San Diego et Los Angeles. Quand le Colorado atteint le golfe du Mexique, ce n'est plus qu'un filet d'eau.

La salinisation En s'infiltrant dans le sol, l'eau détournée pour l'irrigation y ramasse des quantités massives de sel qu'elle ramène ensuite au fleuve, dont elle accroît énormément la salinité. Le fort taux d'évaporation dans les bassins de retenue des barrages accroît encore la teneur en sel du Colorado. Quand celui-ci atteint la frontière mexicaine, son taux de salinité dépasse 1 500 parties par million, soit de quoi tuer la flore.

ville de New York. Les barrages procurent déjà au monde le cinquième de son énergie, et si l'on endiguait tous les fleuves du monde, ils pourraient produire autant d'électricité que douze mille réacteurs atomiques. Il n'est donc pas surprenant que l'on considère les barrages comme essentiels au développement économique, puisqu'ils procurent aux pays l'énergie qui leur permet de progresser.

La technologie qui a amené l'eau aux Etats arides du Sud-Ouest des Etats-Unis ou aux régions sèches d'Afrique et d'Inde n'est pas nouvelle. L'utilisation de l'eau pour actionner un mécanisme ne l'est pas non plus. Depuis des siècles l'homme a construit des barrages et des moulins à eau. Les digues et les réservoirs qui subsistent dans d'anciennes capitales, comme Angkor Vat au Cambodge, témoignent fièrement de la grande habileté technique des ingénieurs qui les ont construits.

Mais les produits de la technique, l'usage du béton et le développement de grosses machines capables de retourner la terre ont permis de construire des barrages et de détourner des cours d'eau à une échelle qui aurait stupéfié les anciens. En Californie, par exemple, les ingénieurs ont littéralement défié la nature, en changeant la direction de tout un système hydrologique pour amener l'eau au Sud assoiffé de l'Etat. Des pompes hydrauliques d'une puissance de 300 000 chevaux-vapeur siphonnent des milliards de mètres cubes d'eau, qu'elles font passer par-dessus les monts Tehachapi pour irriguer les terres agricoles de l'Imperial Valley, au sud de Los Angeles.

L'ère de la construction massive des barrages a commencé en 1935, avec la construction du Hoover Dam sur le Colorado. Depuis lors, l'un après l'autre, tous les fleuves des Etats-Unis ont été endigués, au point qu'il y a fort peu de cours d'eau, dans ce pays, qui parviennent à la mer sans que leur courant soit arrêté à un endroit ou à un autre.

Grâce au financement de la Banque mondiale et des institutions internationales d'assistance, le Tiers-Monde a entrepris, lui aussi, de maîtriser ses fleuves. L'Inde, en particulier, a investi des milliards de dollars dans son programme de construction de barrages; il y en a plus de 1 500 à l'heure actuelle. Dans le bassin de la Narmada, qui traverse les Etats indiens de Maharashtra, de Madhya Pradesh et de Gujarat, un des plus énormes programmes de construction en Asie est en voie d'exécution. Quand il sera terminé, 30 grands barrages, 135 barrages moyens et 3 000 petits barrages régulariseront le cours de la Narmada et de ses affluents. L'Indonésie, le Brésil et la Chine ont des projets non moins ambitieux.

◀ Le Glen Canyon Dam en Arizona. C'est le premier des nombreux barrages que rencontre le Colorado entre sa source et son embouchure dans le golfe du Mexique.

▼ Le Colorado creuse sa tranchée dans la roche molle de l'Utah avant de se heurter aux obstacles que l'homme a érigés sur son cours inférieur.

▲ Une voie d'eau en Birmanie, obstruée par des jacinthes d'eau. Cette plante flotte au moyen de feuilles-tiges remplies d'air. Au fur et à mesure qu'elle se développe, elle produit des surgeons qui s'étendent rapidement à la surface de l'eau. Cela peut devenir néfaste dans le cas de bassins de retenue créés par les barrages que l'homme édifie sur les cours d'eau.

LES EFFETS DEFAVORABLES DES BARRAGES

Il est peu d'entreprises technologiques qui aient des répercussions aussi grandes que celles de la construction de grands barrages sur les cours d'eau et les habitants des régions qu'ils traversent. Pour les riverains qui habitent immédiatement au-dessus du barrage, ces répercussions commencent même avant que les vannes ne soient fermées. Les bassins de retenue engloutissent de grandes étendues de terrain, et il faut déplacer des milliers de personnes pour laisser la place à ces lacs artificiels.

Par exemple, pour édifier le barrage Kariba sur le Zambèze, on a déplacé 57 000 personnes qui, auparavant cultivaient les fertiles plaines inondables situées des deux côtés du fleuve. Bien que le gouvernement leur eût promis que leur situation ne subirait aucune détérioration par suite de la construction du barrage, on exila ces malheureux dans une région si marginale que, pendant plusieurs années, ils eurent besoin d'une aide alimentaire pour survivre. En Inde, le programme de construction complexe du bassin de la Narmada menace les populations de bouleversements pires encore.

Dans certains cas, les populations locales ont résisté. En 1989, en Indonésie, quand le bassin de retenue de Kedung Ombo a commencé à se remplir, plus de mille familles se sont installées sur les toits de leurs maisons dans l'espoir que le gouvernement se laisserait toucher et interromprait les travaux. Mais le bassin a continué inexorablement à se remplir : c'est tout un mode de vie qui s'y est englouti.

Quand un bassin de retenue se remplit, l'écosystème du cours d'eau se transforme à jamais. La montée des eaux condamne à mort les nombreux animaux qui vivent dans la vallée. Dans plusieurs cas, on a tenté de sauver la faune avant le début de la mise à eau du lac artificiel, mais la réussite de l'opération s'est avérée limitée. Une certaine publicité donnée à cet effort conservatoire a certes contribué à rendre plus «positive» l'image de la construction de barrages, mais le nombre d'animaux qui ont été sauvés de cette façon est restreinte et beaucoup d'entre eux ne se reproduisent pas de façon satisfaisante après avoir été déplacés. De plus, ces opérations de sauvetage sont limitées aux plus gros animaux; on ne peut rien faire, ou fort peu de choses, pour le reste de la faune menacée, petits mammifères, reptiles, insectes, non plus que pour la flore voisine du cours d'eau.

◀ Une loutre géante de l'Amazone. La chasse menace la survie de ces animaux qui peuvent atteindre près de deux mètres de long. Protégée dans quelques pays, la loutre géante a peu de chances de l'être dans la plupart des autres.

▼ En Thaïlande, la construction d'un barrage cause la mort de nombreux arbres et plantes.

▲ Un castor transporte une branche qui va lui servir à édifier un magasin pour sa nourriture de l'hiver. Les castors figurent parmi les plus extraordinaires des animaux aquatiques. L'eau n'est pour eux qu'un habitat, ils n'en consomment pas la faune. En construisant des barrages, ils créent de profonds étangs qui ne gèlent pas, même au cœur de l'hiver, et ils creusent aussi de nombreux petits canaux pour amener des branches jusqu'à leur «domicile».

Les poissons, eux aussi, sont affectés par l'édification de barrages. Dans un bassin de retenue, les espèces que favorise un courant libre sont remplacées par celles qui sont mieux adaptées à un milieu lacustre. Au début, les poissons ont tendance à prospérer, en raison de l'abondance de substances nutritives dont les rives submergées enrichissent l'eau du lac. La pêche locale en bénéficie ; mais, trop souvent, ce profit est de courte durée.

En pourrissant, la végétation submergée consomme l'oxygène de l'eau. Peu à peu, le lac se transforme en un marécage puant et stagnant, dans lequel peu de poissons peuvent survivre.

Les pêcheries situées en aval peuvent également subir des conséquences fâcheuses. Par exemple, avant la construction du barrage d'Assouan, les pêcheries de sardines en Méditerranée orientale étaient prospères. Mais depuis que le barrage a privé la côte des substances nutritives qu'y apportait le limon du Nil, le produit de la pêche a diminué de 97 pour 100.

Pour les poissons migrateurs, comme le saumon et l'esturgeon, les barrages peuvent se révéler particulièrement désastreux. Dans le Sud de l'Union soviétique, les prises d'esturgeons se sont réduites spectaculairement après que l'érection de barrages a fermé aux

▶ Inondation au Bangladesh. Le déboisement, combiné avec diverses interventions humaines sur le cours des fleuves, a beaucoup accru les risques d'inondation dans le monde. Une bonne partie du Bangladesh ne se trouve qu'à quelques mètres au-dessus du niveau de la mer, ce qui n'offre aux habitants que peu de possibilités de fuir les inondations.

«Mille quatre cent soixante-quinze kilomètres carrés de forêt vierge pluviale furent inondés pour ce réservoir. De la décomposition des arbres résultèrent des émanations de sulfure d'hydrogène accompagnées d'une puanteur qui incommoda les populations qui résidaient dans la direction des vents dominants, jusqu'à de grandes distances. Pendant deux ans, les ouvriers du barrage durent porter des masques à gaz. Mais la conséquence la plus grave de la décomposition des végétaux, ce fut l'augmentation de l'acidité de l'eau, avec pour effet la corrosion du coûteux circuit de refroidissement du barrage.»
Catherine Caufield, au sujet du barrage de Brokopondo, au Surinam.

«Le barrage de Narmada est le dernier d'une série de projets qui résument toutes les démences sociales, écologiques et économiques… C'est par une vaste campagne de désinformation que l'Etat du Gujarat a pu convaincre la population que ce projet était vital pour elle. On a délibérément caché le fait que ce sont les déboisements entrepris depuis des années qui ont provoqué le grave manque d'eau que nous connaissons, et que la meilleure solution réside dans le reboisement et dans l'emploi judicieux des nappes phréatiques.»
Bittu Sahgal, rédacteur de la revue indienne Sanctuary Magazine.

esturgeons l'accès à leurs frayères dans les principaux fleuves tributaires de la Caspienne.

L'établissement de bassins de retenue peut aussi amener un accroissement des maladies d'origine hydrique. Contrairement à l'eau courante d'une rivière, les bas-fonds d'un lac artificiel constituent un milieu idéal pour les moustiques porteurs de la malaria et les gastropodes vecteurs de la bilharziose, affection tropicale qui provoque de la fièvre et de l'anémie. Après la construction du barrage d'Assouan, la fréquence d'une autre maladie, la schistosomiase, a augmenté chez les habitants de cette partie de l'Egypte. Dans certains villages, toute la population en a été affectée.

L'impact d'un barrage ne se limite pas à son emplacement même. Retenus par le barrage, ni les crues ni le précieux limon ne parviennent plus aux plaines situées en aval, ce qui compromet l'existence de milliers de fermiers. Du fait de cet allégement des cours d'eau en limon, leur lit s'érode progressivement, car le sédiment emporté régulièrement par l'érosion n'est plus remplacé. D'autre part, le limon qui se trouve ainsi retenu derrière les barrages provoque souvent leur fermeture prématurée, car il réduit la capacité des bassins de retenue, donc leur existence utile. Le problème est particulièrement grave sous les tropiques, et surtout dans les zones qui ont été fortement déboisées. En Chine, le barrage de Lao-Ying s'est trouvé ainsi envasé avant même d'avoir produit un seul mégawatt. Par ailleurs lorsque le limon ne pose pas de problème, les algues et les déchets pourris obstruent les turbines de beaucoup de barrages récemment édifiés et les rendent inutilisables.

LA MAITRISE DES INONDATIONS

Pour les cultures à irrigation saisonnière, les crues annuelles sont les bienvenues. Mais pour ceux qui se sont établis sur des terrains récupérés sur les marécages *(voir pp. 150-163)* ou qui cultivent des terres asséchées, les inondations équivalent à la dévastation des villages, à la ruine des récoltes et à la misère.

Au cours des trente dernières années, les inondations n'ont cessé d'augmenter, surtout sous les tropiques. Le déboisement des bassins des fleuves en est une des principales causes. Faute d'arbres et de végétation pour absorber les pluies de la mousson, l'eau se précipite dans la vallée située plus bas. Pour empêcher les débordements et rendre la navigation fluviale plus facile, on drague les lits des cours d'eau et on les rend plus étroits en endiguant leurs rives, de sorte que les rivières et les fleuves ne sont plus guère que des canaux bétonnés.

Cette stratégie a encouragé beaucoup de gens à s'établir de façon permanente dans des plaines inondables, convaincus qu'ils seraient désormais à l'abri

LES COURS D'EAU 137

◀ Un terrain cultivé de façon intensive au bord d'un fleuve. Cette scène tranquille peut dissimuler d'immenses dégâts invisibles, que subit le cours d'eau du fait des effluents agricoles. Les engrais, en particulier les nitrates et les phosphates, font proliférer de façon excessive les algues, ce qui appauvrit l'eau en oxygène et provoque la mort des poissons. Les insecticides et les fongicides intoxiquent encore plus directement la faune du fleuve. Les «prédateurs au sommet», comme les loutres, souffrent davantage que les autres, car leurs tissus accumulent les pesticides persistants tels que la dieldrine. Bien que certains des pesticides les plus nocifs aient été interdits dans plusieurs pays, on continue à trouver quantité de loutres empoisonnées.

▶▶ Une rivière, en Amérique du Nord, obstruée par des déchets. Métaux et plastiques, n'étant pas biodégradables, resteront là indéfiniment à moins qu'on ne prenne des mesures énergiques pour nettoyer le cours d'eau.

▶▼ Bidonville en bordure d'un fleuve aux Philippines. Le fleuve servant à la fois de latrines, d'eau potable et de baignade, les maladies hydriques se répandent rapidement. La diarrhée provoque la mort de nombreux bébés et petits enfants, et l'on peut aussi redouter des épidémies plus graves, telles que le choléra et la typhoïde.

«La source et le ruisselet, le ruisseau, la rivière et le lac semblent tous donner vie à la nature ; d'ailleurs nos ancêtres les considéraient comme des entités vivantes. L'eau est si magnifique vue dans le plan d'eau... Le pouvoir rafraîchissant de l'eau sur la terre est à peine plus puissant que celui qu'elle exerce sur l'esprit de l'homme.»
Sir John Lubbock, 1898.

des ravages des fleuves même les plus impétueux. De ce fait, inévitablement, quand il y a des inondations, les dégâts n'en sont que plus étendus.

L'ironie tragique de cette situation est que la «canalisation» des fleuves et des rivières n'a nullement réussi à résoudre le problème des inondations et que, dans de nombreux cas, elle l'a aggravé. En Inde, entre 1953 et 1979, on a dépensé près d'un milliard de dollars pour endiguer les rives et creuser des canaux, ce qui n'empêche pas les dégâts dus aux inondations de s'accroître année après année. Les rives bétonnées empêchent le fleuve de déborder et de déposer son limon dans la plaine environnante, mais alors le limon s'accumule au fond et le lit du fleuve s'élève, après quoi il faut surhausser les rives pour qu'elles soient en mesure de contenir le nouveau niveau du cours d'eau. Année après année, le niveau s'élève ainsi, et quand il y a rupture des rives, ce qui se produit invariablement tôt ou tard, les conséquences sont catastrophiques.

LES EAUX PORTEUSES DE DÉCHETS

Depuis des millénaires, l'humanité a confié ses détritus aux cours d'eau. Quand les établissements humains sont modestes et les quantités de déchets limitées, le mal n'est pas grand. Pourvu que les déchets puissent se décomposer naturellement et qu'il y ait assez d'eau pour les emporter, il faut peu de temps pour les désagréger et les rendre inoffensifs. Mais au fur et à mesure que les villes ont grandi et que l'industrie a pris de l'expansion, la masse et la toxicité des déchets se sont accrues et la faculté qu'avaient fleuves et rivières de s'autonettoyer a été débordée.

Les vidanges non traitées ont transformé en cloaques puants quantités de plans et de cours d'eau, lesquels sont à tel point dépourvus d'oxygène que les poissons n'y peuvent plus survivre. Dans les bidonvilles du Tiers-Monde, les égouts à ciel ouvert, encrassés d'excréments humains, sont responsables de l'expansion de fléaux anciens, tels que le choléra, qui provoquent des morts par milliers. A ces vidanges s'est ajouté un cocktail de produits chimiques très toxiques et rémanents que l'industrie a créés. Les engrais chimiques et les pesticides, que la pluie amène des terrains cultivés, ont encore augmenté la pollution des rivières et des fleuves. Les poissons sont morts par milliers, empoisonnés ou asphyxiés, et des sources d'eau potable qui servaient à des millions de personnes ont été contaminées à tel point qu'elles sont devenues impropres à la consommation humaine.

Les cours d'eau du monde développé ne se portent guère mieux. Si l'on va de Bruxelles, en direction de l'est, jusqu'à la frontière des Pays-Bas et de l'Allemagne, on pénètre dans une zone que les industriels ont surnommée «Euregio Rhin-Meuse» et qui s'étend de Rotterdam, à l'ouest, à Dortmund et à la

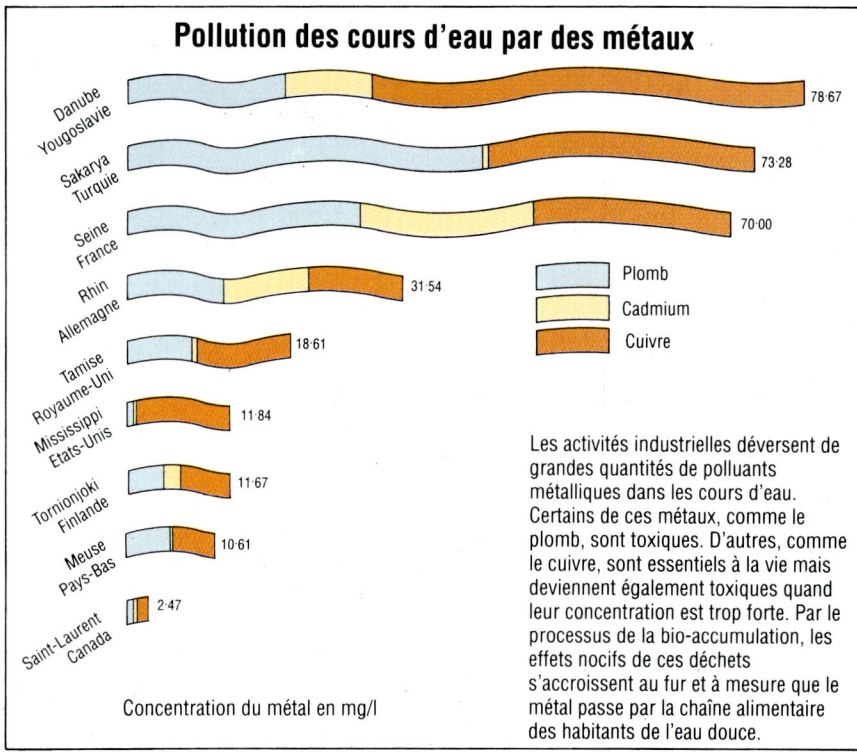

«Pollué en premier lieu par la Tchécoslovaquie, le fleuve Oder est en état de coma biologique avant même de passer la frontière. Et la Vistule, la principale artère de Pologne, est si active chimiquement parlant sur 80 % de sa longueur qu'elle est impropre même à la consommation industrielle, car son eau corrode tous les circuits hydrauliques. Environ 10 000 usines y déversent leurs effluents sans les filtrer, et la moitié des 800 communes réparties sur ses rives ne possèdent pas de station d'épuration des eaux.»
Peter Martin.

«Die meisten Flüsse sind Kloaken.»
(La plupart des fleuves sont des égouts.)
Titre du Berliner Morgenpost, quotidien est-allemand.

Ruhr, à l'est, et à Luxembourg au sud Depuis le milieu du siècle dernier, les industries lourdes se sont installées l'une après l'autre sur les rives des fleuves et des canaux qui quadrillent cette région. Les mines de charbon de la vallée de la Ruhr et celles du Limbourg hollandais ont favorisé l'expansion de ces entreprises en leur fournissant de l'énergie. Aux mines de charbon, aux aciéries, aux usines d'embouteillage, aux papeteries, aux fabriques et aux ateliers de traitement du minerai alignés le long de la Ruhr, du Rhin et de la Meuse se sont ajoutées des usines de produits chimiques et, plus récemment, des centrales atomiques. Les déchets de toutes ces activités ont été déchargés aux endroits les plus commodes pour les industriels: dans l'atmosphère, dans des fosses creusées dans le sol et, surtout, dans les cours d'eau.

LA CRISE ET LA POLLUTION DU RHIN

Le Rhin est l'exemple le plus typique de la pollution aquatique. Plus d'un cinquième de toutes les substances chimiques produites annuellement dans le monde l'est sur ses rives. A Bâle, l'usine Sandoz produit des pesticides. Plus en aval, les firmes BASF, Hoechst et Bayer fabriquent des engrais, des médicaments et d'autres produits chimiques.

Au milieu des années 80, l'industrie rhénane rejetait ainsi chaque jour plus de deux mille composés chimiques différents, la plupart du temps sans aucun contrôle. Au moment où il se jette dans la mer du Nord, le Rhin charrie ainsi plus de cent tonnes de métaux lourds toxiques et trente tonnes de produits chimiques toxiques par jour.

La Meuse, qui traverse la France et la Belgique avant de pénétrer en Hollande au sud du Rhin, est encore plus sale. Comme elle coule au cœur de l'«Euregio», la concentration de ses nombreux polluants – lesquels vont des matières fécales humaines au cadmium, au zinc et au plomb – excède régulièrement les limites de sécurité fixées par la CEE. La pollution est particulièrement grave entre Liège et Maastricht, zone où la décharge dans le fleuve n'est virtuellement pas contrôlée du tout. En fait, dans l'ensemble de la Belgique, 10 % seulement des détritus ménagers sont traités avant d'être déchargés dans les cours d'eau, et le pourcentage des déchets industriels qui subissent un traitement est à peine plus élevé. La Meuse doit aussi recevoir les résidus de tritium, de césium et de cobalt radioactif en provenance des centrales nucléaires que la France et la Belgique ont construites récemment. Depuis 1985, la concentration du tritium que la Meuse et d'autres fleuves déversent dans la mer du Nord s'est accrue de 75 %.

En 1986, plus de trente tonnes de pesticides, de fongicides et de colorants chimiques ont été déversées dans le Rhin à la suite d'un incendie qui s'était déclaré aux usines chimiques Sandoz près de Bâle. En tout juste deux heures de temps, l'incendie des usines Sandoz a fait passer dans le Rhin plus de polluants que ce fleuve n'en reçoit normalement en un an. Sur plus de cent kilomètres en aval des établissements Sandoz, toute vie était devenue impossible dans le Rhin, qui commence seulement à «récupérer» actuellement.

A la suite de cet incendie, les autorités ont intensifié la surveillance des décharges dans le Rhin, ce qui a révélé la véritable envergure des décharges accidentelles ou illégales. En une seule semaine, on avait ainsi découvert douze incidents importants: d'abord un écoulement à l'usine Ciba-Geigy; puis la décharge, à Ludwigshafen, de 1 100 kilos de l'herbicide 2,4-D provenant de l'usine BASF; puis une très grosse fuite de chlorobenzène provenant des installations de Hoechst sur le Main.

LE COUT DU NETTOYAGE

Les pays riverains de la mer du Nord se sont engagés, maintenant, à réduire de moitié d'ici à 1995 le volume des polluants les plus dangereux que les fleuves y déversent. Mais beaucoup d'observateurs craignent que même une réduction de 50 % de la pollution ne suffise pas à rétablir la santé de beaucoup de cours d'eau. Selon le gouvernement néerlandais, si l'on souhaite faire revenir les saumons, depuis longtemps disparus des cours d'eau, et rétablir des pêches commerciales, les émissions de métaux lourds, de pesticides et d'hydrocarbures chlorés devraient être réduites de 75 à 90 %. Or une telle réduction ne peut être obtenue par une simple amélioration des contrôles : ce qui serait essentiel ce serait un changement des habitudes de consommation, ce qui implique des modifications d'une envergure beaucoup plus ample que ce que beaucoup de pays sont prêts à envisager.

Même la réduction de 50 % de la pollution, sur laquelle on s'est mis d'accord, s'avère difficile à réaliser. Beaucoup de gouvernements ont manifesté leur réticence à investir les sommes nécessaires pour nettoyer leurs cours d'eau. Pour remettre en état l'Escaut, par exemple, il faudrait quatre à cinq fois plus d'argent que ce que le gouvernement ou les industriels de Belgique sont disposés à dépenser. Et les groupes de pression ont également entravé la mise en œuvre du nettoyage des fleuves. En Allemagne fédérale, les négociations avec les dirigeants des industries chimiques ont été si lentes qu'on ne compte pas pouvoir appliquer les règlements relatifs à l'évacuation des polluants avant 1993 au plus tôt, c'est-à-dire bien trop tard pour que la réduction envisagée puisse être réalisée à la date limite de 1995.

De l'autre côté de la mer du Nord, la Grande-Bretagne s'est montrée particulièrement têtue dans son refus de réduire les décharges de polluants dans ses cours d'eau, ce qui a aggravé encore sa réputation d'«homme sale de l'Europe». A un certain moment, cependant, la Grande-Bretagne avait obtenu de bons résultats dans la lutte contre la pollution.

De l'autre côté de l'Atlantique, la pollution des fleuves et des rivages a également prélevé un lourd tribut. Beaucoup de cours d'eau de l'Est des Etats-Unis sont si pollués par les composés chimiques qu'y déverse l'industrie qu'on ne peut plus y recourir pour se procurer de l'eau potable.

Toutefois, beaucoup de cours d'eau d'Amérique du Nord et d'Europe occidentale sont propres si on les compare à ceux d'Europe orientale.

Et ainsi, le catalogue de la pollution et de l'empoisonnement des cours d'eau se poursuit, de ceux des pays industriels à ceux du Tiers-Monde, où le contrôle des vidanges est souvent inexistant. Car le coût du nettoyage des fleuves est prodigieux. Mais celui des dégâts causés à l'environnement et à la santé publique l'est tout autant, et il augmentera encore si nous continuons à prendre les cours d'eau pour des poubelles. Le monde, on le sait à présent, est trop petit pour qu'on puisse détériorer un milieu sans en affecter beaucoup d'autres.

«Les chauves-souris… apprécient beaucoup l'eau. Non seulement pour se désaltérer, mais aussi pour les insectes qu'elles y trouvent en plus grand nombre à sa surface. Il y a quelques années je me rendais en bateau de Richmond Sunbury par une chaude soirée d'été. Il était tard et je pus voir des myriades de chauves-souris qui pullulaient le long de la Tamise, en si grand nombre qu'on en voyait des centaines à la fois.»
Gilbert White, naturaliste, 1767.

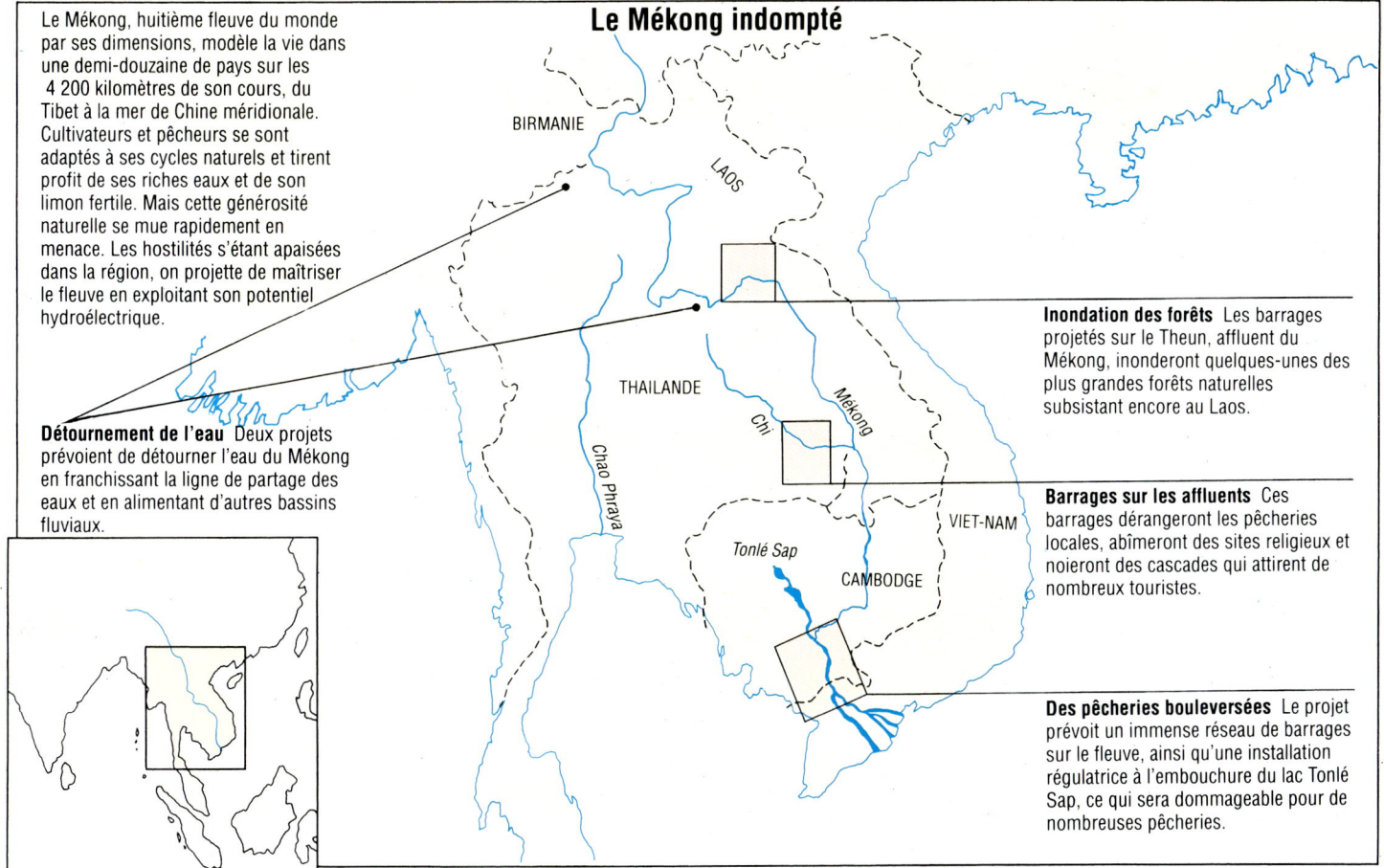

Le Mékong indompté

Le Mékong, huitième fleuve du monde par ses dimensions, modèle la vie dans une demi-douzaine de pays sur les 4 200 kilomètres de son cours, du Tibet à la mer de Chine méridionale. Cultivateurs et pêcheurs se sont adaptés à ses cycles naturels et tirent profit de ses riches eaux et de son limon fertile. Mais cette générosité naturelle se mue rapidement en menace. Les hostilités s'étant apaisées dans la région, on projette de maîtriser le fleuve en exploitant son potentiel hydroélectrique.

Détournement de l'eau Deux projets prévoient de détourner l'eau du Mékong en franchissant la ligne de partage des eaux et en alimentant d'autres bassins fluviaux.

Inondation des forêts Les barrages projetés sur le Theun, affluent du Mékong, inonderont quelques-unes des plus grandes forêts naturelles subsistant encore au Laos.

Barrages sur les affluents Ces barrages dérangeront les pêcheries locales, abîmeront des sites religieux et noieront des cascades qui attirent de nombreux touristes.

Des pêcheries bouleversées Le projet prévoit un immense réseau de barrages sur le fleuve, ainsi qu'une installation régulatrice à l'embouchure du lac Tonlé Sap, ce qui sera dommageable pour de nombreuses pêcheries.

La NAPPE PHRÉATIQUE

Comme beaucoup d'autres communes du monde, Woburn, dans le Massachusetts, est tributaire de puits pour son approvisionnement en eau. Au cours des cent dernières années, cette petite ville est aussi devenue le siège d'un certain nombre d'usines chimiques, qui fabriquent ou traitent un large éventail de produits divers, allant des colles et des pesticides aux liquides destinés au nettoyage à sec et au cuir. Pendant plusieurs années, ces entreprises ont déchargé une bonne partie de leurs déchets dans un emplacement sis à moins de 800 mètres de deux des puits de Woburn. A la fin des années 70, on a procédé à des tests, qui ont révélé que l'eau de ces puits était fortement contaminée par de nombreux composés chimiques, notamment le trichloréthylène, le chloroforme et le benzène : on sait que tous ces composés chimiques sont cancérigènes. Les puits en question ont été fermés. Mais le mal était déjà fait. Chez les enfants de Woburn, le taux de leucémie est le double de la moyenne nationale.

QU'EST-CE QUE C'EST LA NAPPE PHRÉATIQUE?

Une bonne partie de la pluie qui tombe sur terre est absorbée par la végétation, se perd par évaporation ou retourne à la mer par la voie des torrents et des fleuves. Mais là où le sol est perméable, une partie de l'eau de pluie se fraie peu à peu un chemin vers le bas; elle remplit les interstices entre les particules qui constituent le sol, puis suinte dans les pores vides des rocs sous-jacents. On appelle nappe phréatique cette eau emmagasinée dans les roches souterraines.

On dit qu'une roche est saturée quand tous ses pores sont remplis d'eau, alors qu'elle est insaturée quand ses pores sont encore à même d'absorber davantage d'eau. La ligne de partage entre roches saturées et insaturées constitue ce qu'on appelle le niveau hydrostatique. Dans certaines régions, ce niveau se situe à quelques millimètres seulement en-dessous de la surface du sol, ou atteint cette surface. Ailleurs, il se trouve à plusieurs mètres de profondeur.

◀ En Australie, cette pompe à ciel ouvert capte l'eau du sous-sol pour le bétail. Avec cette méthode on ne peut pomper l'eau à plus de 3 m de profondeur, ce qui préserve la nappe phréatique.

«L'eau est devenue la plus précieuse de toutes les ressources naturelles... A une époque où l'homme a tout oublié de ses origines et reste aveugle aux nécessités les plus essentielles à sa survie ; l'eau, ainsi que d'autres ressources, est aujourd'hui la victime de cette indifférence.»
Rachel Carson.

◀ La source Blauloch en Allemagne. C'est l'une des plus pures d'Europe et ce «trou bleu» procure de l'eau venue des profondeurs de la terre. Mais, alors qu'elles sont propres et non polluées, ces eaux, lorsqu'elles arrivent à la surface de la terre sont mises au contact de pesticides et de produits chimiques.

Extraire de l'eau du sous-sol

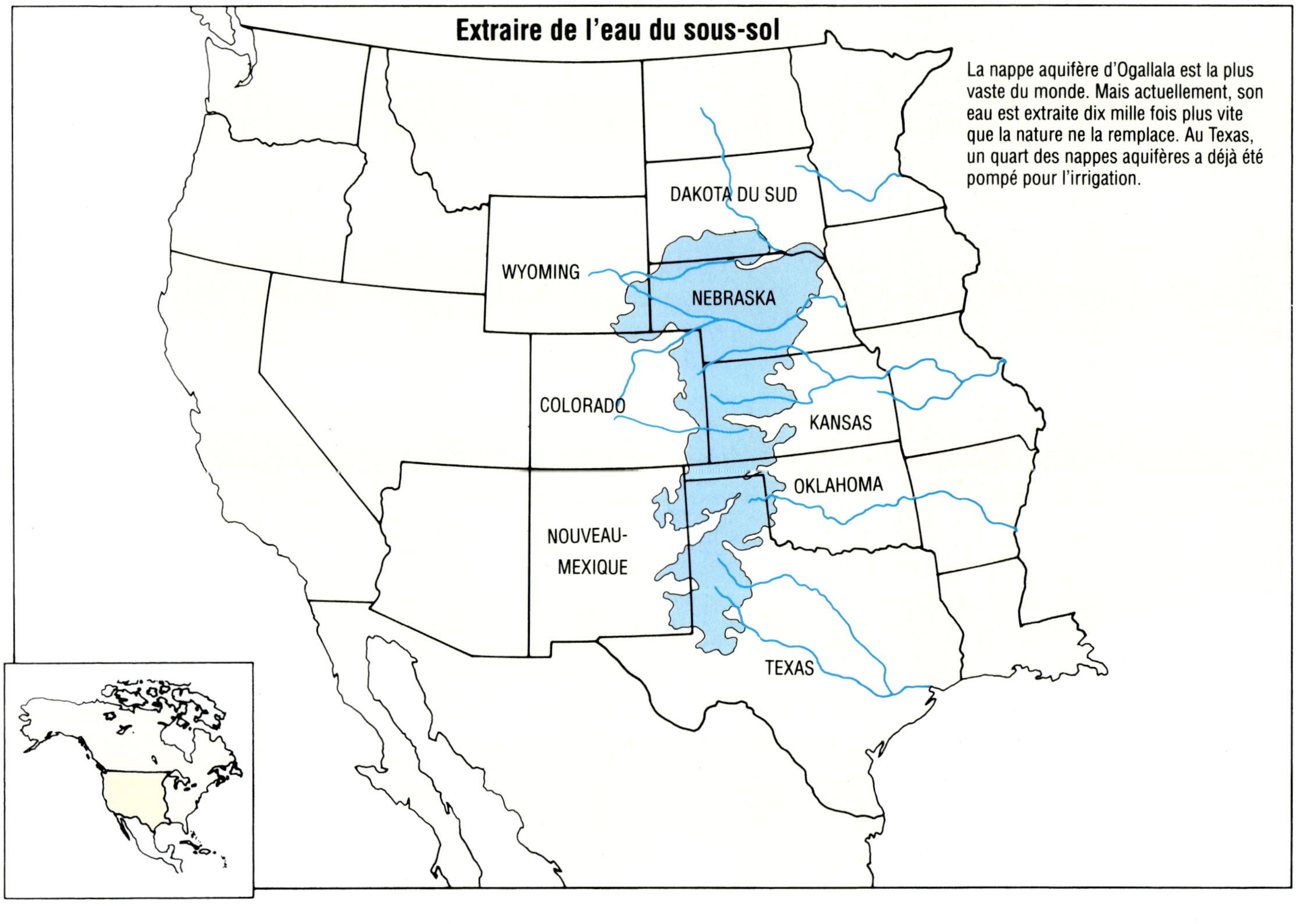

La nappe aquifère d'Ogallala est la plus vaste du monde. Mais actuellement, son eau est extraite dix mille fois plus vite que la nature ne la remplace. Au Texas, un quart des nappes aquifères a déjà été pompé pour l'irrigation.

Le fond des puits rejoint le niveau hydrostatique, de telle sorte que l'eau puisse être amenée à la surface. Quand le volume de la nappe phréatique emmagasinée dans les roches souterraines est suffisant pour être exploité, on dit que la roche est aquifère et que ce terrain est un aquifère.

Lors de ses longs trajets souterrains, l'eau voyage lentement. Selon la profondeur du niveau hydrostatique et la perméabilité de la roche, l'eau de pluie qui passe par un aquifère peut prendre plusieurs années pour émerger sous forme de source ou rejoindre un fleuve ou un puits. La nappe phréatique située sous le centre de Londres, par exemple, est vieille de 20 000 ans. Dans beaucoup de dépôts profonds de limon et de sable, l'écoulement de la nappe phréatique est si lent qu'il est presque imperceptible, l'eau ne se déplaçant que de quelques mètres en mille ans. En revanche, des roches telles que le calcaire, souvent très fissurées, permettent à la nappe phréatique de se déplacer très facilement. Néanmoins, la nappe qui traverse un aquifère calcaire peut avoir besoin de cinq ans pour en sortir.

On estime que le sous-sol de la Terre contient entre 40 et 60 millions de kilomètres de cubes d'eau, mais une fraction seulement de cette eau est récupérable.

Pendant longtemps, on a postulé que la nappe phréatique était virtuellement sans vie, principalement parce qu'elle est privée de tout apport nouveau d'oxygène. Tel est certainement le cas des aquifères très profonds, mais la nappe phréatique proche de la surface, sous le lit ou sous les rives d'un cours d'eau, héberge, on le sait à présent, des communautés complexes de petits animaux aquatiques, allant de larves de perles à des crevettes aveugles et des vers primitifs. Cet écosystème souterrain joue peut-être un rôle essentiel dans le maintien de la santé des fleuves : il sert de refuge à certains êtres vivants pendant les périodes de sécheresse et il fournit de la nourriture aux animaux qui vivent dans les cours d'eau. Ainsi, les larves de perles sortent de la nappe phréatique pour subir leur métamorphose sur les rives des fleuves ; là, elles servent de nourriture aux saumons et à de nombreux autres poissons.

LA POLLUTION DU PASSE

Malgré son importance pour l'alimentation en eau, on ne s'est guère préoccupé de prévenir la pollution de la nappe phréatique. Une grande partie en est maintenant gravement contaminée par des déchets agrochimiques et toxiques. Etant donné que le mouvement des polluants dans les sols est extrêmement lent, la pollution que nous constatons aujourd'hui résulte d'écoulements souterrains de substances chimiques qui ont été déchargées ou vaporisées il y a plusieurs années. En réalité, il s'agit de la première vague de la pollution de la nappe phréatique : le pire est encore à venir.

De par leur nature froide, sombre et virtuellement sans vie, les aquifères à grande profondeur permettent aux substances contaminatrices de demeurer là pendant des siècles ou même des millénaires. Dans le comté de Norfolk, en Angleterre, la nappe phréatique contaminée par de l'huile de baleine en 1815 en contenait toujours des résidus toxiques lorsqu'on a creusé des puits en 1950, près d'un siècle et demi plus tard. A vrai dire, dans la plupart des cas, les aquifères contaminés doivent être rayés de la liste des sources d'approvisionnement futur en eau.

LE SOUS-SOL DES ZONES AGRICOLES

Pour obtenir de plus hauts rendements, les agriculteurs ont eu recours, dans le monde entier, à des millions de tonnes d'engrais et de pesticides destinés à améliorer les terres arables. Dans de nombreuses régions, ces produits chimiques sont en train de polluer la nappe phréatique. On sait que deux des pesticides les plus envahissants, l'alachlor et l'atrazine, déterminent des tumeurs chez des animaux de laboratoire et sont, probablement, également cancérigènes pour l'homme.

Les nitrates aussi contaminent dangereusement la nappe phréatique. A fortes doses, ils peuvent rendre malades les très jeunes bébés; on les soupçonne de contribuer à la formation de cancers de l'estomac. Or, la principale origine des nitrates dans la terre, se sont les engrais artificiels, dont l'utilisation a doublé dans le monde au cours des vingt dernières années. Les fuites des fosses septiques et des fumiers des fermes sont également responsables d'une partie de la pollution par les nitrates.

Leur concentration dans la nappe phréatique ne cesse d'augmenter. Le nombre de puits à eau potable dont la teneur en nitrate dépasse la limite de concentration recommandée a plus que doublé entre 1970 et 1987. Dans la Brie, la concentration de nitrate dans la Petite Traconne, l'une des nombreuses sources qui approvisionnent Paris en eau potable, a triplé au cours des trois dernières décennies et dépasse régulièrement les limites de sécurité fixées officiellement.

LA MENACE CACHEE DES DECHARGES TOXIQUES

Chaque année, notre société industrielle moderne produit des millions de tonnes de déchets, qui vont des solvants du goudron, substances extrêmement acides et cancérigènes, aux pesticides et aux ordures ménagères. La plupart du temps, ces déchets sont déchargés en pleine campagne, selon une méthode qui, sous sa forme la plus grossière, ne consiste guère qu'à déverser les détritus dans des trous du sol.

« … Quelques employés municipaux d'Amsterdam découvrirent lors d'une inspection de routine des bidons suspects… Après quelques coups de pelle, ils mirent au jour pas moins de 10 000 bidons remplis de déchets toxiques, des résidus de pesticides, dont beaucoup étaient rouillés et laissaient échapper leur contenu qui s'infiltrait dans la nappe phréatique… Tous les jours on découvrait de nouvelles décharges, à tel point que l'on pouvait se demander s'il existait encore un lieu où des déchets toxiques n'étaient pas entreposés… En moins de six mois, on avait dénombré 4 000 décharges illégales… A l'évidence, la protection de l'environnement n'avait pas été sans failles ces dix dernières années. Mais aussi surprenant que cela puisse paraître, la Hollande est sans aucun doute l'un des pays les plus attentifs aux problèmes écologiques. C'est grâce au courage des Hollandais qui n'hésitèrent pas à «aller pêcher dans les égouts» que l'on a pu connaître l'ampleur du problème des déchets toxiques. Et cela pose la question de ce que nous allons découvrir ailleurs, car le premier enseignement à tirer de cette affaire se résume à : cherchez et vous trouverez. »
Graham Bennett, expert près l'Institut européen de politique écologique.

« Ce que j'ai souvent envie de faire, c'est d'ajouter un petit paquet de déchet à chaque produit que nous commercialisons, simplement pour que l'on se rappelle que l'on ne peut avoir l'un sans l'autre. »
Un membre du comité directeur d'une entreprise productrice de déchets chimiques.

Des centaines de milliers de sites de ce genre, dont beaucoup sont abandonnés marquent actuellement de leurs stigmates le paysage des pays industrialisés. Lorsque la pluie tombe sur les sites en question et s'infiltre dans les déchets, elle s'imprègne au passage des polluants qu'ils contiennent et constitue ainsi un liquide hautement toxique, un filtrat. On a calculé qu'une décharge typique de 7 hectares d'envergure produit plus de 20 millions de litres de filtrat par an, et que cette production se poursuivra durant une cinquantaine d'années, bien après que la décharge aura été fermée et sa surface recouverte de terre.

Selon ce qui aura été déversé dans le sol, le filtrat peut être contaminé par des métaux lourds comme le cadmium et le plomb, par des solvants, par de l'ammoniac, par du phénol, par des biphényles polychlorurés, par du cyanure et par de nombreux autres composés chimiques. Les filtrats provenant de décharges ménagères peuvent être tout aussi polluants que ceux qui émanent de décharges de produits chimiques. En particulier, la prodigieuse quantité de déchets organiques dans les décharges ménagères – restes de nourriture, vieux journaux, etc. – produit un filtrat si riche en substances nutritives qu'il peut provoquer une floraison d'algues s'il s'introduit dans des rivières ou dans des fleuves. Quand ces algues meurent, leur décomposition entraîne rapidement l'appauvrissement de l'eau en oxygène, ce qui provoque la mort des poissons aussi bien que celle d'autres animaux et de plantes. Les produits chimiques à usage ménager et les biens de consommation que l'on jette aux ordures ajoutent encore des substances toxiques à ce mélange déjà dangereux.

Aux Etats-Unis, on considère que 160 000 des anciennes décharges de produits chimiques constituent une menace pour la nappe phréatique. Dans une décharge illégale du Kentucky, qu'on a surnommée «la vallée des bidons», 100 000 bidons de déchets chimiques, entassés les uns sur les autres, ont été abandonnés, et leur contenu mortel s'est déversé dans une crique locale. On a recensé, qu'à présent 10 000 sites qui ont besoin d'une action d'urgence, dont le coût probable est évalué à plus de cent milliards de dollars.

Selon l'Agence américaine de protection de l'environnement, 1 % au moins de toute la nappe phréatique utilisable aux Etats-Unis est maintenant contaminée par des déchets toxiques. D'autres chercheurs estiment que le pourcentage est bien plus élevé, jusqu'à 20 %. Dans le Michigan, par exemple, les experts officiels admettent qu'on assiste à une multiplication explosive des aquifères contaminés. Dans l'Etat de New York, la moitié des terrains de décharge sont à l'origine de filtrations dans la nappe.

L'Europe ne se porte pas mieux. En Allemagne occidentale, 35 000 sites posent des problèmes; au Danemark, on estime à 2 000 le nombre des décharges ayant contaminé la nappe phréatique. En Grande-Bretagne, le département de l'Environnement admet que 10 % des aquifères sont peut-être contaminés par des solvants industriels, dont beaucoup sont cancérigènes, et que leurs concentrations en substances chimiques toxiques dépassent celles qui sont prescrites par l'Organisation mondiale de la santé. On a repéré environ 1 300 décharges qui menacent directement la nappe phréatique et, en Ecosse, on a relevé des traces de trichloréthylène, solvant très toxique et cancérigène, dans 61 des 168 aquifères qui alimentent le pays en eau potable.

UNE BOMBE CHIMIQUE A RETARDEMENT

Préoccupés par le danger que faisaient courir ces décharges en plein air, plusieurs pays, notamment les Etats-Unis, l'Allemagne fédérale et les Pays-Bas, ont été conduits à rendre plus sévères les règlements relatifs au déversement des ordures dans des sites terrestres. Aux Etats-Unis, par exemple, il est exigé que toutes les nouvelles décharges en plein air soient garnies d'argile ou d'une autre matière imperméable, pour éviter qu'un filtrat ne s'en échappe et ne pénètre dans la nappe phréatique. Mais ce système ne s'est pas toujours avéré efficace. Certaines substances chimiques, en particulier les solvants industriels, détruisent rapidement la couche protectrice d'argile, même si elle est épaisse, et en font un véritable crible. En fait, l'Agence pour la protection de l'environnement admet à présent que toutes les garnitures finissent par fuir. Les Etats-Unis ont désormais interdit la décharge de déchets liquides dans le sol, et celle de toutes les matières non traitées sera bientôt défendue également.

Mais la plupart des pays restent fermement attachés au principe de la décharge dans le sol. En outre, malgré le danger de pollution de la nappe phréatique, la décharge sur des sites non munis d'une protection demeure la règle et non l'exception. La Grande-Bretagne, par exemple, s'est fortement opposée à tout renforcement du contrôle sur les décharges en pleine terre; plus de la moitié des ordures ménagères du pays y est déversée, et presque toutes les décharges qui reçoivent des produits toxiques sont dépourvues de garniture protectrice. Du fait de ce contrôle très relâché des terrains de décharge en Grande-Bretagne, les pays dont les règlements sont plus stricts se sont trouvés encouragés à exporter vers les îles Britanniques les déchets qu'il ne leur était pas permis d'enterrer sur leur propre territoire.

En France, on estime que plus des trois quarts des déchets toxiques produits chaque année sont, soit exportés vers des pays dont les décharges sont moins strictement contrôlées, soit simplement déversés dans d'anciennes carrières, dans des gravières, dans des ravins ou des champs. Des déchets contaminés par des poisons comme les pesticides ou les solvants sont recouverts d'une simple couche de terre. Après qu'on a déchargé sur la frontière allemande, dans une gravière près de Colmar, 700 tonnes de déchets contenant un insecticide extrêmement dangereux, le lindane, on a découvert que le lait et les pommes de terre de la production locale contenaient l'élément actif du lindane, une substance chimique dite HCH, à une concentration 9 000 fois plus élevée que celle prescrite comme limite par l'Organisation mondiale de la santé.

Beaucoup de pays en voie de développement sont devenus des décharges pour les déchets des pays industrialisés : 20 millions de tonnes de déchets sont envoyés chaque année dans le Tiers-Monde. En un site bien connu du Nigéria, on a trouvé 3 500 tonnes de substances chimiques toxiques qui suintaient de plus de 8 000 bidons rouillés.

QUAND LES PUITS SE TARISSENT

On a besoin de plus en plus d'eau, en particulier pour l'industrie et l'irrigation agricole. Dans plusieurs parties du monde, il en est résulté une exploitation excessive de la nappe phréatique.

◄ Lors de l'ensilage le purin se répand. De même que le purin dégagé par les animaux élevés en batterie, ce liquide est très riche en nitrates qui contaminent la nappe phréatique ainsi que les rivières et les étangs.

▼ Bidons contenant des déchets chimiques. Laissés dans des décharges - légalement ou non - de tels bidons ne sont pas plus efficaces que des sacs en papier pour contenir les déchets. La pluie les use de l'exterieur et les produits chimiques qu'ils contiennent les attaquent de l'interieur.

En Inde, le niveau hydrostatique a baissé de cinq à dix mètres dans plusieurs Etats. Dans l'Etat de Maharashtra, environ 23 000 villages sont actuellement privés d'eau, tandis que dans le Gujarat, le chiffre de ces localités sans eau s'élève à 64 500. Ce déclin est dû en grande partie à la «Révolution verte» *(voir p. 113)* qui a incité les fermiers à adopter de nouvelles variétés hybrides de blé et de riz, lesquelles exigent beaucoup plus d'eau que les variétés traditionnelles. Ainsi la zone irriguée de l'Inde s'est massivement accrue, passant de 50 millions d'hectares après la Seconde Guerre mondiale à 250 millions d'hectares aujourd'hui. L'introduction de nouvelles cultures intensives, destinées à l'exportation, comme celle de la canne à sucre, a aussi exercé une contrainte énorme sur l'approvisionnement en eau : la canne à sucre consomme dix fois plus d'eau que le blé. La plantation à grande échelle d'eucalyptus, en application du programme social de sylviculture du gouvernement indien, a également joué un certain rôle dans l'histoire : l'eucalyptus tire de grandes quantités d'eau du sol, et partout où on en a planté, le niveau hydrostatique a baissé spectaculairement.

La destruction des méthodes traditionnelles de stockage de l'eau de pluie a aggravé le problème du tarissement de la nappe phréatique. Pendant des siècles, les villageois indiens ont mis en réserve l'eau de pluie et celle des torrents dans de vastes étangs, qu'ils appellent «réservoirs». Ces réservoirs sont reliés les uns aux autres par une série de canaux, ce qui permet au trop-plein d'un étang situé plus haut de se déverser dans des réservoirs situés plus bas : ainsi, pas une seule goutte d'eau n'est gaspillée.

Mais l'introduction de cultures commerciales a complètement transformé les modèles agricoles dans toute l'Inde rurale. En particulier, l'agriculture a cessé d'être une activité communale et la coopération nécessaire pour maintenir en état les réservoirs a cessé d'être possible. Beaucoup de ceux-ci sont maintenant envasés, de sorte que l'eau de pluie se perd et que la nappe phréatique est privée de cette source de réapprovisionnement. Et en même temps, on en prélève davantage d'eau !

La baisse du niveau hydrostatique s'est avérée ruineuse pour l'ensemble des fermiers indiens. Les méthodes traditionnelles de recours à la nappe phréatique pour l'irrigation ne sont praticables que si le niveau hydrostatique est à moins de sept mètres sous la surface. En dessous de cette profondeur, il faut mettre en place des systèmes onéreux de tuyaux (puits instantanés) et de pompes mécaniques. De ce fait, seuls les fermiers les plus riches peuvent continuer à irriguer leurs terres; les pauvres sont réduits à la condition de paysans sans terre ou de travailleurs indépendants. Beaucoup d'entre eux finissent dans les bidonvilles de la grande ville la plus proche.

La diminution de la nappe phréatique n'est pas un problème qui se limite au Tiers-Monde. Aux Etats-Unis, un cinquième de l'ensemble des terres irriguées le sont grâce à l'aquifère d'Ogallala, dont il a déjà été question et dont la masse d'eau est équivalente à celle du lac Huron. Il a fallu près d'un demi-million d'années à cette nappe phréatique pour s'accumuler : mais au rythme actuel d'extraction de l'eau, elle sera tarie d'ici 25 à 30 ans.

Au fur et à mesure que les aquifères se tarissent, le terrain situé au-dessus commence à devenir plus compact; il en résulte un affaissement étendu du terrain et des trous béants apparaissent en certains endroits. En Californie, plus de 13 000 kilomètres carrés de la vallée de San Joaquin sont ainsi affectés. Aux alentours de Mexico, où la nappe phréatique a été exploitée à la fois pour approvisionner la ville en eau potable et pour l'industrie, une partie du terrain s'est affaissée de 9 mètres ou davantage.

Aux Etats-Unis, les défenseurs de l'environnement ont appelé à limiter l'exploitation de la nappe phréatique, mais leurs paroles sont tombées dans les oreilles de sourds. Dans la vallée californienne de San Joaquin, une des principales zones d'agriculture irriguée des Etats-Unis, le rythme de pompage de la nappe dépasse actuellement le rythme de renouvellement de celle-ci de plus de 2,3 trillions de litres par an, et à la fin du siècle, on s'attend que ce chiffre soit multiplié par deux. Beaucoup de ces terrains sont entre les mains de très grosses firmes – Exxon, Getty Oil et Texaco, pour n'en citer que quelques-unes – et leurs groupes de pression se sont assurés que les autorités n'exerceraient pratiquement aucun contrôle sur la quantité d'eau que ces firmes seraient autorisées à extraire de la nappe phréatique.

Dans le Sud-Ouest des Etats-Unis, les Etats qui dépendent de l'aquifère d'Ogallala ont pris la décision délibérée de continuer à extraire l'eau au rythme actuel, en insistant sur le fait que la nappe phréatique laissée au fond n'est que de l'eau gâchée. La perspective que l'Ogallala se tarisse ne les dérange pas : à ce moment-là, font-ils valoir, on disposera de sources de remplacement, par suite de la réalisation d'un plan de dérivation des fleuves. Mais ces travaux provoqueront des dégâts écologiques massifs, et il se peut aussi qu'ils s'avèrent par trop onéreux. Le Sud-Ouest des Etats-Unis, région aride, risque donc de se retrouver, tôt ou tard, purement et simplement privée d'eau. Là comme ailleurs, la pollution et le gaspillage d'eau, notre plus précieuse ressource, présentent un des exemples les plus frappants de la manière dont industriels et gouvernements font passer le gain politique et financier à court terme bien avant le souci de notre survie à longue échéance.

▲ Terres irriguées à grande échelle. A travers le monde la nappe phréatique est épuisée par de telles enterprises, lorsqu'elle sera à sec toutes ces zones devront être abandonnées.

LA NAPPE PHRÉATIQUE   149

◀ Système d'irrigation traditionnel en Afrique occidentale. La force humaine, un âne ou un boeuf peuvent extraire des quantités d'eau considérables. Cependant ils ne peuvent pomper l'eau que jusqu'à 7 m de profondeur. C'est cela qui a permis de ne pas surexploiter la nappe phréatique dans le passé.

▼ Un jardin irrigué grâce aux dattiers dans les montagnes de la region d'Oman. Les dattiers ont des racines qui peuvent aller chercher l'eau jusqu'à 10 m de profondeur. Cela permet à l'arbre de pousser sans système d'irrigation, mais peut avoir des conséquences graves s'il y a surabondance de dattiers. Au siècle dernier des milliers de dattiers ont été plantés en Tunisie et la nappe phréatique a vu son niveau baisser de 5 cm par an.

Les *MARECAGES*

Dans de très nombreuses cultures du monde entier, des mythes et des légendes nous parlent des grues. Leurs appels sonores, leurs danses élaborées et leurs cérémonies prénuptiales, leur élégante silhouette en vol ont inspiré l'humanité durant des millénaires. Or, pour leur survie, ces oiseaux si gracieux dépendent presque entièrement des marécages. Leurs longs becs sont adaptés à la recherche de nourriture dans l'eau et dans le sol humide et leurs minces jambes pareilles à des échasses leur permettent d'avancer dans la boue en quête d'une proie.

Malheureusement, les grues sont, à l'heure actuelle, l'une des familles d'oiseaux les plus menacées. La grue blanche d'Amérique du Nord est en voie d'extinction, et d'autres espèces, parmi lesquelles la grue sibérienne et la grue japonaise, sont presque aussi rares. L'état précaire de ces magnifiques oiseaux témoigne de la destruction massive des marécages dans le monde mieux que ne pourraient le faire les statistiques les plus élaborées. Car, souvent, les marécages constituent de petites zones trop insignifiantes géographiquement pour qu'on signale leur disparition. C'est seulement sur des régions plus étendues, comme le delta de l'Okavango en Afrique ou les Everglades de Floride, que l'attention du public s'est trouvée attirée. Pendant ce temps, des marais plus petits, des étangs et des marécages de moindres dimensions disparaissent au nom de l'agriculture, de projets de construction ou d'autres formes de développement; ou bien ils sont empoisonnés par des polluants, et des oiseaux comme les grues se retrouvent sans refuge.

DIVERS TYPES DE MARECAGES

La richesse du vocabulaire relatif aux terrains humides témoigne de leur grande diversité. Les fondrières sont des terrains imbibés d'eau mais ne présentant nulle part de flaques; elles abondent dans les régions relativement froides du monde. Les étangs ont en général comme origine l'eau contenue dans le sous-sol.

◀ Le delta de l'Okavango, en bordure du désert de Kalahari, au Botswana, est un refuge pour la faune des régions marécageuses. Dans ce "delta" intérieur, les eaux de l'Okavango s'étalent autour d'innombrables îles frangées de roseaux, avant de disparaître dans le sol sablonneux du désert.

Le marécage proprement dit peut être porteur de végétation, buissons ou arbustes qui, inclinés dans une direction ou dans une autre parce que le terrain qui les porte n'est pas stabilisé, constituent des «forêts ivres». Près des côtes et des estuaires, le marécage est imbibé d'eau saumâtre : là se forment les marais salants, peuplés d'herbes compactes qui supportent le sel marin, et d'où émergent de petites éminences vert-émeraude. Dans les mêmes régions proches de la mer, on peut voir aussi des roselières, d'où émergent les hautes tiges duveteuses des roseaux qu'agite le vent venu du large.

Les régions tropicales ont leur propre type caractéristique de marécages, qui reflètent l'influence de la température. C'est la mangrove qui en est l'exemple le plus connu; ce genre de terrain prospère le long des estuaires et dans les zones étroitement associées à la mer. En Afrique centrale, près des fleuves et rivières de cours lent, on rencontre des étangs où se dressent les hautes tiges des souchets.

Plusieurs facteurs déterminent le type de plantes prédominantes dans un terrain marécageux. La température et la salinité importent beaucoup, mais c'est le niveau de l'eau qui est le facteur essentiel. Recouvre-t-elle le sol ou se trouve-t-elle juste en dessous? Le niveau baisse-t-il de façon marquée durant les mois d'été ou l'eau reste-t-elle même alors proche de la surface? Certains marécages présentent toute l'année un miroir liquide, permanent mais peu profond; c'est le cas, par exemple, des roselières et des forêts de taxodiums (cyprès chauves) des Everglades. Pour s'adapter à de telles conditions, les taxodiums poussent des racines aériennes, noueuses, destinées à leur procurer l'oxygène qui est rare dans l'eau stagnante. D'autres marécages sont complètement submergés durant une partie de l'année puis se dessèchent, telles les varzeas, qui servent de support à une riche forêt dans les plaines inondables à eau «blanche» de l'Amazonie, de même que les forêts d'igapo poussent dans les plaines inondables à eau «noire» de la même région. Les igapos se distinguent des varzeas par l'absence de limon dans l'eau, donc de fertilité.

LA FAUNE DES MARECAGES

Là où le terrain est imbibé en permanence et où l'eau reste statique, il peut se former de la tourbe, ce qui change complètement la nature du milieu. La tourbe, substance brune, habituellement acide, est constituée par des débris compressés de plantes qui ne se sont pas décomposées. Dans les marécages, les bactéries et les moisissures ont quelque difficulté à décomposer les restes de plantes, car l'oxygène de l'eau s'épuise rapidement et, sans oxygène, la plupart des décomposeurs ne peuvent fonctionner.

L'accumulation régulière de tourbe fait s'élever le niveau du terrain et, par la suite, le rend moins humide et mieux adapté à d'autres plantes. Ainsi, la végétation peut se modifier peu à peu, au gré d'un processus nommé succession *(voir p. 59)*. Mais la formation de tourbe amène aussi un manque de fertilité, du fait que les substances nutritives des générations antérieures de plantes ne retournent pas enrichir le sol. Dans de telles circonstances, certaines plantes ont développé des moyens inhabituels pour satisfaire leurs besoins nutritionnels. La sarracénie, la dionée et le droséra, toutes ces plantes dites «attrape-mouche» font partie de la végétation des marécages, mais elles suppléent la consommation minérale insuffisante de leurs

▲ Des cyprès festonnés de mousse d'Espagne dans le bayou de Louisiane. Comme les arbres de la mangrove *(voir p. 156)*, les cyprès des marécages ont des racines spéciales qui leur servent à "respirer" dans des terrains imbibés d'eau. Ce sont des arbres caractéristiques du bayou, vaste zone de marais formée par les méandres du Mississippi avant qu'il ne se jette dans la mer.

LES MARECAGES 153

▶ Dans le Queensland, en Australie, une tortue d'eau au long cou guigne à travers les plantes aquatiques. Les marais d'Australie sont particulièrement riches en reptiles : non seulement des tortues, mais aussi des crocodiles et des serpents d'eau.

▼ Dans le Pantanal, une volée d'aigrettes se repaît d'un poisson échoué sur la grève. Le Pantanal, région marécageuse saisonnière du Brésil, s'étend sur plus de 12 millions d'hectares. Chaque année, les pluies font déborder les cours d'eau qui l'irriguent. Puis il sèche peu à peu, obligeant les poissons à se réfugier dans des étangs de plus en plus petits, avant de devenir la proie des oiseaux.

▲ Vue aérienne de la Camargue, vaste étendue marécageuse formée par le delta du Rhône. Comme celui de la plupart des deltas, le sol de la Camargue est très fertile et on en a asséché une bonne partie pour la cultiver. Le reste de cette région est d'une importance internationale pour la sauvegarde des oiseaux qui y trouvent refuge, en particulier les flamants roses.

racines grâce au précieux azote qu'elles tirent des insectes qui sont leurs proies.

En revanche, les marécages inondés annuellement, ou alimentés par des cours d'eau ou des marées, sont souvent extrêmement fertiles, car le limon, riche en substances nutritives, leur sert d'apport constant. Sous les tropiques, cette grande fertilité se combine avec l'humidité abondante, le soleil et la chaleur pour créer le milieu naturel le plus fécond du monde. Certaines régions marécageuses tempérées produisent aussi une végétation luxuriante.

Au lieu de rester enfermés dans un groupe massif d'arbres, les sucres élaborés au cours de la photosynthèse par les algues et les plantes des zones marécageuses passent rapidement dans la chaîne alimentaire pour nourrir une faune abondante. Les denses volées d'oiseaux qui paissent dans les marécages s'y plaisent en raison de la foule de vers, de coquillages et d'autres animaux qu'ils trouvent dans ces eaux-là. La Camargue française, par exemple, constitue un milieu idéal pour les flamants roses et les avocettes; sur la frontière austro-hongroise, en hiver, on peut voir à tout moment jusqu'à dix mille oies attirées par les marais de la réserve de Neusiedl. Et les oiseaux ne sont pas les seuls bénéficiaires de la richesse biologique des terrains ulligineux. Le marais d'Okefenokee, en Georgie américaine, avec ses forêts de cyprès chauves et ses prairie inondées, contient une riche faune de tortues, de serpents et d'alligators. En Inde, la zone marécageuse du Parc national de Kazirange, sur les rives du Brahmapoutra, contient des rhinocéros, des tigres, des daims, des éléphants, des crocodiles, des buffles d'eau, ainsi que des tantales, des ibis, des grues, des canards et des hérons.

LA VALEUR DES MARECAGES

En raison de leur forte productivité et de leur rôle d'escales pour les espèces migratrices, pour les oiseaux en particulier, les régions marécageuses du monde contribuent énormément au maintien de la santé de nombreux écosystèmes. En effet, le mouvement continuel des animaux au cours de leurs migrations, dans les zones uligineuses et alentour, constitue une méthode efficace pour distribuer dans des régions moins productives une riche accumulation de substances nutritives.

De ce fait, la destruction de zones marécageuses a d'amples répercussions. Presque toute la population

LES MARECAGES 155

◀ Le marais d'Okefenokee, dans l'Etat de Georgie, fait partie d'une longue bande de terrains bas et imbibés d'eau qui s'étendent sur toute la côte Est des Etats-Unis. Les eaux superficielles de l'Okefenokee recouvrent une couche épaisse de tourbe, créée par les vestiges accumulés d'anciens cyprès. Une bonne partie de ce marais, qui couvre plus de 1 650 kilomètres carrés, constitue un refuge protégé pour la faune sauvage.

▼ Des oiseaux piscivores dans les Everglades de Floride. Les trois espèces qu'on voit ici pêchent de façons différentes : la grande aigrette, au centre, tue le poisson d'un coup de bec puis l'avale ; les pélicans bruns, qui se trouvent aux côtés de l'aigrette, piègent le poisson dans la poche que forme la peau élastique qui joint les deux moitiés de la partie inférieure de leur bec. Quant au cormoran à double huppe qu'on voit dans le fond, il poursuit les poissons sous l'eau.

des harengs de la mer du Nord dépend, durant une certaine période de son cycle vital, des marécages côtiers du Waddenzee (la lagune qui longe tous les Pays-Bas et une partie de l'Allemagne septentrionale et du Danemark); or ceux-ci sont maintenant gravement menacés par la pollution. En fait, on a de bonnes raisons de penser que les deux tiers des pêcheries du monde dépendent directement de la fertilité des zones côtières marécageuses. A cet égard, les marécages revêtent une importance toute particulière pour le Tiers-Monde. En Afrique, par exemple, un cinquième des protéines animales consommées par les indigènes proviennent de poissons qui dépendent eux-mêmes des marécages.

En absorbant rapidement l'eau qu'ils dégagent ensuite peu à peu avec le temps, les marécages jouent aussi un rôle essentiel dans la prévention des inondations et dans le renouvellement progressif des cours d'eau locaux et de la nappe phréatique.

En outre, ce sont des épurateurs d'eau extrêmement efficaces, au point qu'un écologiste a qualifié les marais d'Afrique où poussent des souchets de «fosses septiques naturelles». Des substances nutritives, comme les nitrates et les phosphates, sont assimilées rapidement par les plantes, et retirées ainsi de l'eau environnante, ce qui évite une prolifération excessive et nocive d'algues.

Les plantes des marais absorbent aussi beaucoup d'autres polluants – les pesticides et les métaux lourds, par exemple – mais il y a tout de même une limite à la quantité de polluants qu'un marécage peut tolérer avant que ses propriétés purifiantes ne soient dépassées. Et les animaux situés au sommet de la chaîne alimentaire risquent aussi d'être intoxiqués par l'accumulation de polluants dans les plantes dont ils se nourrissent *(voir p. 33)*.

Des économistes américains ont calculé que le traitement de l'eau et d'autres fonctions remplies gratuitement par les marécages représentent la contre-valeur d'environ 400 000 dollars par hectare : c'est ce que coûteraient les mêmes fonctions dans des installations construites par l'homme.

VIVRE AVEC LE MARÉCAGE

Dans plusieurs parties du monde, les habitants ont appris à exploiter la productivité naturelle des marécages sans détruire l'écosystème. Sur le lac de Xochimilco, au Mexique, et aux alentours, les paysans pratiquent toujours une méthode ancienne d'agriculture des zones de marais, mise au point et utilisée jadis par les Aztèques, mais menacée aujourd'hui par le système d'égouts et l'expansion de la ville de Mexico. Les horticulteurs entassent en alternance des couches de végétation et des couches de limon, pour constituer des jardins rectangulaires, dits chinampas, qui s'élèvent de plusieurs centimètres au-dessus du niveau de l'eau. Le limon, riche en matière organique, en provenance du fond du lac, nourrit amplement ces jardins, et les chinampas sont renommés pour leur productivité ; jusqu'aux années 50, ils produisaient près de la moitié des légumes de Mexico.

Aujourd'hui, les chinampas ne recouvrent plus qu'une partie de la zone qu'ils occupaient du temps des Aztèques : 200 hectares seulement, alors qu'ils en occupaient 20 000 quand les conquistadors ont envahi le Mexique. Et l'avenir des chinampas est précaire. Une grande partie du lac de Xochimilco a été asséchée, à la fois pour prévenir les inondations et pour fournir du terrain à l'expansion urbaine. Cependant, le niveau de l'eau du lac baisse, en raison du déboisement dans le bassin hydrographique et, aussi, parce que la nappe phréatique alimente en eau la population de Mexico. Pour ajouter l'insulte à l'injure, les habitants de Mexico déversent leurs ordures dans le lac, ce qui rend le produit des jardins impropre à la consommation.

D'autres formes d'agriculture traditionnelle des zones uligineuses sont également menacées. Pendant des millénaires, les crues annuelles du Nil alimentaient

▲ Cyprès des marais dans les Everglades, avec des plantes épiphytes poussant sur leurs troncs. Le Parc national des Everglades s'étend sur plus de 5 000 kilomètres carrés de marais et de lacs, à la pointe sud de la Floride. Ce parc attire quantité de touristes, mais le flot annuel des visiteurs pose certains problèmes pour la faune de la région, car cela accroît la demande d'eau, et sans abondance d'eau, les Everglades ne peuvent survivre.

LES MARECAGES   157

▲▶ Des rangées de tomates poussent sur des jardins flottants, sur le lac Inlé en Birmanie. La combinaison d'un climat tropical et d'une grande masse d'eau rend ce type de culture très avantageux, et contrairement à l'assèchement en vue de cultures intensives, cela perturbe peu le milieu.

◀ Un marécage côtier de l'île de Lantau près de Hong Kong, site prévu pour la construction éventuelle d'un aéroport international. Dans le monde entier, les régions côtières marécageuses comme celle-là sont menacées par diverses formes de développement, allant des aéroports et des complexes industriels aux entrepôts et aux logements.

en eau douce les paysans de la région du delta. Quand le fleuve commençait à monter, à la fin de l'été, les villageois creusaient des rigoles pour déverser les eaux de crue dans de grands bassins, d'où elles allaient irriguer les champs; elles pouvaient y demeurer pendant quarante jours ou même davantage et saturer le sol assoiffé. Une fois que la crue s'était retirée, l'eau que les champs contenaient en excès retournait au Nil, ce qui permettait au terrain de produire sa riche moisson. Les eaux de crue déposaient sur le sol des millions de tonnes d'engrais naturel sous forme de limon; de plus, elles enlevaient les sels qui s'étaient accumulés dans le sol au cours de l'année précédente. Mais aujourd'hui, la crue annuelle du Nil est soumise à la régulation d'une série de digues le long du cours du fleuve, en particulier le barrage d'Assouan. Le limon ne parvient plus jusqu'aux champs du delta; il s'accumule derrière les barrages. Pour compenser cette carence les paysans égyptiens doivent recourir à grands frais à des engrais artificiels. Pour aggraver encore les choses, les sels ne sont plus nettoyés par l'eau des crues, une bonne partie du terrain se salinise *(voir p.111-112)*. Beaucoup d'experts suggèrent que la fertilité passée du delta du Nil ne pourra être restaurée qu'en permettant au fleuve de déborder comme il le faisait autrefois.

On a sapé de la même façon d'autres systèmes d'irrigation saisonnière dans des zones marécageuses, du Sénégal à l'Asie du Sud-Est, et le danger en menace d'autres au fur et à mesure que sont construits de nouveaux barrages *(voir p. 130-136)*. Mais fort heureusement, quelques gouvernements ont reconnu qu'il était important de maintenir des crues saisonnières. Au Botswana, le département des Affaires hydrologiques a récemment abandonné son projet d'utiliser les eaux du delta de l'Okavango pour irriguer de nouvelles régions.

Dans le Sudd, la vaste zone marécageuse qui s'étend sur toute la partie méridionale du Soudan, des tribus d'éleveurs, comme les Nuers et les Dinkas, ont un mode de vie migratoire en parfaite harmonie avec la structure des plaines inondables. A la fin de la période des pluies, les prairies qui entourent les plaines inondables sont brûlées, ce qui amène une explosion de végétation. A mesure que les prairies se dessèchent et que les eaux de crue se retirent, les tribus et leurs vastes troupeaux se rapprochent des plaines inondables permanentes qui sont les plus proches des rivières zigzaguant à travers le marécage. Là, un riche herbage, le *toich*, pousse même pendant la saison sèche, ce qui procure au bétail une ample pâture. Lorsque reviennent les pluies, c'est le moment pour les tribus de se déplacer à nouveau, d'abord vers les prairies qui bordent les plaines inondables, puis vers des terrains plus élevés. Pendant la saison des pluies, elles y pratiquent l'agriculture.

Depuis le milieu des années 70, on construit à travers le Sadd un canal de 350 kilomètres de longueur, le canal de Jongleï; en ce moment, les travaux sont suspendus en raison de la guerre civile dans le Sud du Soudan, mais l'objectif de ce canal est d'accroître le débit du Nil, dont l'eau s'évapore en grande partie quand il traverse le Sadd. Aux trois quarts terminé, le canal de Jongleï perturberait fatalement le mode de vie traditionnel des tribus et altérerait gravement l'écosystème de cette zone marécageuse.

LES MARECAGES PRIVES D'EAU

Là où les marécages sont privés d'eau pour un laps de temps, leur avenir est menacé. On en a déjà asséché de vastes zones pour l'agriculture ou l'expansion urbaine. Les forêts alluviales du Rhin, par exemple, ne représentent plus que moins d'un dixième de leur étendue avant la Seconde Guerre mondiale, et les Etats-Unis, eux, ont asséché plus de la moitié de leurs marécages, principalement en vue d'une exploitation agricole.

Une bonne partie de cet assèchement a été encouragée par des subventions gouvernementales ou par des prêts des banques internationales de développement. En 1984, dans la partie méridionale de Sumatra, 30 000 hectares de zones marécageuses tropicales ont été asséchées pour se conformer à un plan de repeuplement dû à la Banque mondiale, et en 1983, la même Banque mondiale a prêté des milliards de dollars au Mexique pour mener à bien un plan d'assèchement massif dans l'Etat de Chiapas.

Quand on construit sur un terrain asséché ou qu'on y pratique l'agriculture, il est inévitable qu'on le protège des inondations qui, auparavant, nourrissaient le sol asséché. Ces plans de maîtrise des inondations peuvent menacer les milieux des régions marécageuses tout autant que les plans originaux d'assèchement. Depuis les années 20, on a asséché des milliers d'hectares des Everglades de Floride, pour transformer ces marais en quelques-uns des terrains agricoles les plus riches des Etats-Unis. Pour protéger ces terrains, on a construit un réseau vaste et complexe de canaux, de digues, d'écluses et de vannes, ce qui a gravement perturbé l'écoulement des eaux dans la partie restante des marais. A la fin des années 60, la pénurie d'eau dans la région était telle qu'il semblait possible que tout le Parc national des Everglades se dessèche. Désormais, les autorités ont assuré au parc près de 400 millions de mètres cubes d'eau par an ; mais cette eau est souvent répandue dans le parc en tenant peu compte des cycles naturels. En 1983, les écluses ont été ouvertes précisément au moment où les alligators vivant dans les marécages nidifient, ce qui est normalement une période sèche : un tiers des nids des alligators ont été détruits.

La demande croissante d'eau – pour l'industrie, pour l'agriculture, pour les usages ménagers – représente une menace supplémentaire pour les marécages, dont on draine de plus en plus l'eau. Le

delta de l'Okavango est une région particulièrement menacée. Formé par le fleuve homonyme à l'endroit où il se répand dans le désert de Kalahari, le delta – ou cuvette – de l'Okavango a mérité d'être appelé «la plus grande et la plus belle oasis d'Afrique». Dans le Sud du delta, à Orapa, au Botswana, se trouvent de riches gisements de diamants. Pour alimenter en eau les mines de diamants, un des affluents de l'Okavango, le Boro, a déjà été dragué pour accroître son débit, ce qui a provoqué le dessèchement de vastes zones du delta. Mais le Boro reste une réserve d'eau peu fiable et l'on projette d'en accroître encore le débit, pour mettre à l'abri des pénuries d'eau les mines et la ville de Maun, en pleine expansion. Il est probable qu'une

▲ Extraction mécanique de la tourbe à Pollagh Bog en République d'Irlande. Dans des tourbières comme celle-ci, la tourbe peut atteindre 10 mètres de profondeur ; elle s'est constituée au cours de millénaires par l'accumulation de vestiges de plantes mortes. Beaucoup des meilleures tourbières de l'Eire ont déjà été presque dépouillées de leur tourbe : celle-ci était autrefois ramassée à la main. Les machines actuelles entaillent la tourbe pour en faire des «tranches» qui sèchent en plein air.

région plus ample du delta inférieur, comprenant les terrains où paissent les oiseaux aquatiques, en sera affectée. Les zones où s'alimentent les poissons, ainsi que leurs déplacements, seront également perturbés.

LA POLLUTION DES MARECAGES

Il y a bien longtemps que les régions marécageuses sont menacées d'assèchement et de drainage. Mais ce qui fait peser sur elles un danger plus récent, c'est la pollution chimique. Dans le delta de l'Okavango, par exemple, lors d'une action entreprise pour débarrasser la région de la mouche tsé-tsé, on a vaporisé un cocktail de pesticides mortels sur de vastes zones de la cuvette. On ignore encore quels en seront les effets à long terme sur la faune du pays. D'autres marécages sont menacés par des écoulements d'engrais et de pesticides en provenance de terrains agricoles, ainsi que par les décharges de déchets industriels.

Une région où la faune a été gravement affectée par la pollution, est le Refuge national de Kesterton et les marais qui l'entourent, en Californie. Jusqu'au milieu des années 80, des eaux de drainage contaminées en provenance de terrains agricoles irrigués de la Central Valley californienne ont été pompées dans douze étangs d'évaporation, situés dans l'enceinte de la réserve. Ces étangs contiennent maintenant de fortes concentrations de sélénium, de sel, de pesticides et d'autres substances chimiques toxiques. Des oiseaux sauvages vivant dans le refuge ont été empoisonnés en masse, et c'est la contamination de la chaîne alimentaire locale par le sélénium qui en a été déclarée responsable. On a aussi rapporté que des oiseaux sauvages des marécages voisins avaient péri ou étaient nés avec des difformités.

L'EXTRACTION DE LA TOURBE

Débitée en blocs de la taille d'une brique, la tourbe brûle bien une fois séchée ; il y a des siècles qu'on s'en sert comme combustible, surtout dans les petites fermes. Jusqu'à une date récente, dans l'Ouest de l'Irlande, il n'y avait guère de foyer qui ne recoure à la tourbe pour se chauffer et faire la cuisine. Mais les exigences de puissants réseaux électriques ont causé récemment de très graves dégâts dans les tourbières.

Dans le monde entier, le tonnage de la tourbe extraite a doublé en trente ans, entre 1950 et 1980.

Les tourbières s'épuisent aussi en raison de l'expansion de l'horticulture, car la tourbe est une riche réserve d'humus pour enrichir le sol ou servir de compost pour les plantes en pot. L'Irlande est un grand exportateur de tourbe, et même dans certains sites classés «zones d'intérêt scientifique spécial», on a extrait de la tourbe pour satisfaire le marché de l'exportation. Pourtant, un compost constitué de déchets de fruits et légumes, de feuilles mortes et

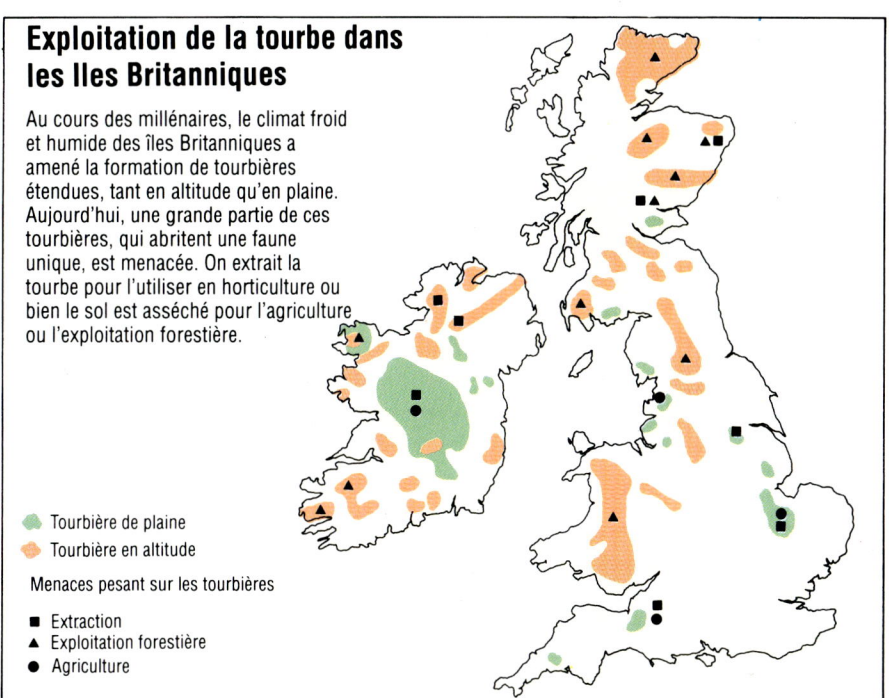

Exploitation de la tourbe dans les Iles Britanniques

Au cours des millénaires, le climat froid et humide des îles Britanniques a amené la formation de tourbières étendues, tant en altitude qu'en plaine. Aujourd'hui, une grande partie de ces tourbières, qui abritent une faune unique, est menacée. On extrait la tourbe pour l'utiliser en horticulture ou bien le sol est asséché pour l'agriculture ou l'exploitation forestière.

- Tourbière de plaine
- Tourbière en altitude

Menaces pesant sur les tourbières
- ■ Extraction
- ▲ Exploitation forestière
- ● Agriculture

d'autres matières organiques, pourrait tout aussi bien faire l'affaire, mais la plus grande partie des déchets organiques, dans les pays qui importent de la tourbe, est en train de pourrir dans les décharges, où ces détritus sont jetés, avec les matières plastiques, le métal, le verre et déchets imputrescibles.

A une époque où l'on redoute le réchauffement du globe *(voir p. 40-53)*, l'épuisement des tourbières est particulièrement préoccupant car les tourbières sont d'actifs fixateurs de carbone, qu'elles immobilisent dans le sol. Quand on extrait la tourbe ou qu'on dessèche une tourbière, sa réserve de carbone se dégage dans l'atmosphère sous forme de gaz carbonique, ce qui accroît le réchauffement du globe. Le dommage est double : la température augmente et la tourbière cesse d'exister comme fixateur de carbone.

LA CONSERVATION DES MARECAGES

Pendant de nombreuses années, on a méconnu la valeur des marécages. Mais en 1971, la nécessité urgente de conserver ceux qui restaient étant enfin apparue, plusieurs Etats ont élaboré la convention de Ramsar, expressément destinée à conserver les plus importants sites marécageux.

Les marécages sont les seuls écosystèmes protégés par leur propre convention internationale : cela donne la mesure de la grave menace que représenterait pour le monde leur destruction !

Mais en dépit de ses bonnes intentions, la convention de Ramsar a été handicapée par un manque de fonds et de volonté politique. En 1988, près de deux décennies après son établissement, elle n'a toujours

«Les marécages sont des terres à l'abandon, du moins selon une opinion commune. Des mots comme marais, marécage, tourbière, et autre palude évoquent au mieux humidité, maladie, difficulté et danger... Rien n'est cependant plus contraire à la réalité, car bien loin d'être des friches, ce sont des écosystèmes parmi les plus fertiles et les plus productifs de la planète.»

Dr. Edward Maltby, Université d'Exeter.

pas de secrétariat permanent ni de financement régulier. Des 357 sites qu'elle est censée protéger – ce qui ne recouvre qu'une superficie de la même dimension que le pays de Galles, soit seulement 2,5 % de tous les marécages du monde – il y en a au moins 20 dont le Fonds mondial pour la protection de la nature a signalé qu'ils sont menacés. En outre, beaucoup de pays dotés de marécages importants (comme le Botswana et l'Indonésie, par exemple), ne sont pas signataires de la convention.

Sans accord international, il est peu probable que les marécages puissent survivre. Leur nature dynamique – de petits lacs, auxquels succèdent des roselières, puis des marais, puis des étangs boisés, puis finalement des terrains desséchés, au gré du processus de succession écologique – fait qu'ils évoluent constamment. Avant que l'homme n'ait exercé son action étendue sur la planète, de nouveaux marécages se seraient régulièrement créés, par exemple en raison du changement du débit d'un fleuve, et auraient remplacé ceux que la succession écologique ou des changements dans le régime d'assèchement auraient fait disparaître. Les animaux, tels les oiseaux migrateurs ou les grenouilles et les libellules, auraient gagné de nouveaux marécages au fur et à mesure que les anciens auraient disparu. Mais dans notre monde moderne dominé par l'homme, où les fleuves et les côtes sont constamment remodelés pour s'adapter à nos caprices, la formation naturelle de nouveaux marécages n'est plus possible, ce qui prive la faune de son habitat vital et les indigènes d'une source d'alimentation souvent indispensable.

Il est temps de mettre fin à cette destruction et de prendre activement soin des marécages qui subsistent dans le monde, car ils font partie de nos plus précieuses ressources naturelles.

LA MANGROVE

Cienaga Grande, la grande région marécageuse de Colombie, offre depuis des siècles l'un des plus riches terrains de pêche du pays. Il y a environ vingt ans, les indigènes pouvaient vivre convenablement des poissons, des crevettes et des crustacés qu'ils pêchaient. Encore aujourd'hui, un regard superficiel jeté sur cette région pourrait faire croire que tout va bien. Les pêcheurs sont toujours là, dans leurs bateaux à fond plat qui glissent silencieusement sur les eaux tranquilles, en train de déployer leurs filets; mais année après année le marécage est en train de se détériorer. On débite les arbres de la mangrove et, pour l'élevage des bestiaux, on prélève de plus en plus d'eau. L'équilibre naturel instable entre le flux et le reflux d'eau salée et d'eau douce a été perturbé et Cienaga Grande se transforme lentement en une zone putride.

Les marais de mangrove recouvrent environ 15,8 millions d'hectares dans le monde; les concentrations les plus vastes se trouvent en Asie tropicale. Le nom de «mangrove» désigne toute espèce d'arbre qui peut vivre en partie submergé dans l'environnement relativement salé des marais côtiers, certaines espèces supportant davantage de sel que d'autres. Une vingtaine de familles, appartenant à douze ordres, sont considérées comme des mangroves.

Les mangroves n'ont pas besoin pour croître d'un environnement salin; au contraire, elles se développent souvent mieux quand la teneur en sel est faible, mais dans ces conditions, elles ont tendance à se faire évincer par d'autres espèces d'arbres qui poussent plus vigoureusement. C'est leur aptitude à supporter des eaux salées qui constitue le secret de leur succès, car cela leur permet de se développer là où d'autres arbres ne le pourraient pas. Elles ont diverses manières de neutraliser l'environnement saumâtre qui entoure leurs racines : soit par une sorte d'excrétion produite par des glandes spéciales, ou alors il est isolé dans des tissus inactifs de la plante.

Le limon des marécages à mangroves, dépourvu d'oxygène, ne fournit par un lit solide. Pour résoudre ce problème, les mangroves ont développé des espèces de racines à échasses, qui agissent comme des pilotis,

▶ Une mangrove sur la côte du Queensland, en Australie. A marée basse, les pneumatophores des arbres, leurs "racines respiratoires", émergent du sable humide comme des pousses en miniature. L'arbre au centre est entouré d'un réseau de racines-échasses, qui l'ancrent dans le sol humide. Les arbres de la mangrove se multiplient à la fois en poussant des surgeons sur leurs racines et en essaimant des semences. Dans certaines espèces, celles-ci commencent à germer alors qu'elles sont encore attachées à l'arbre. Chacune d'elles produit une longue racine ensiforme qui fixe le jeune plant dans la boue, où il poussera après s'être détaché de l'arbre père.

«La coercition sur une région donnée peut s'accroître progressivement, sans que rien à la surface ne paraisse anormal, jusqu'à un certain point à partir duquel le déclin est extrêmement brutal. Nous ne savons pas si nous nous approchons de cette limite, mais de nombreux naturalistes tendent à penser que nous en sommes déjà très près.»
Dr. Jésus Casas, conservateur en chef du parc national de Coto Donana, une grande région marécageuse en Espagne, menacée par un projet de complexe de loisirs qui s'établirait en pourtour.

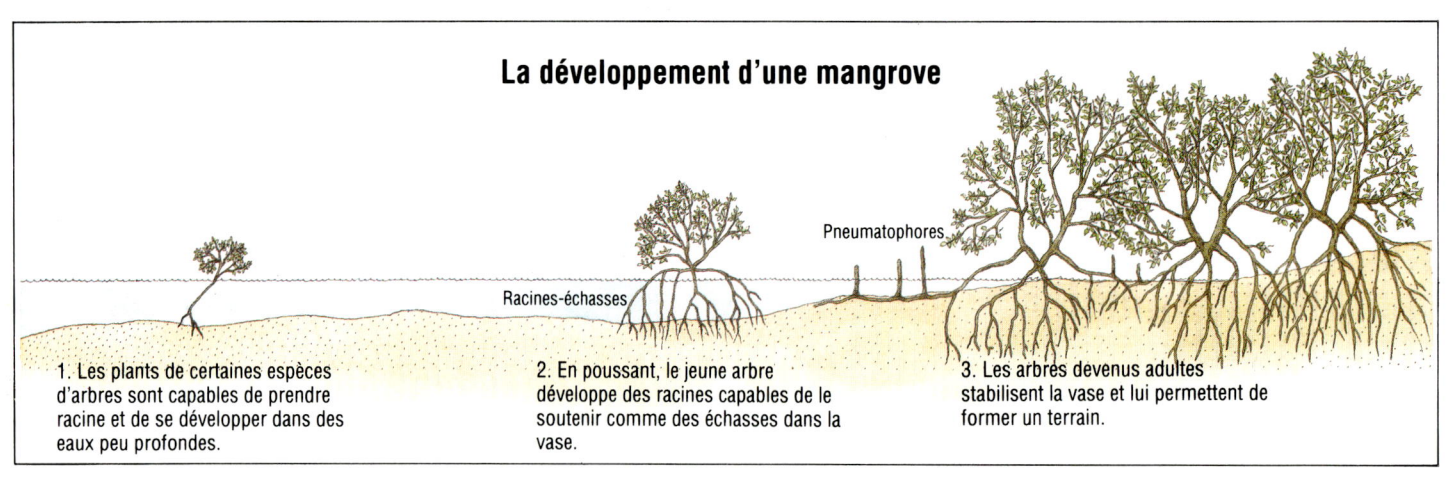

La développement d'une mangrove

1. Les plants de certaines espèces d'arbres sont capables de prendre racine et de se développer dans des eaux peu profondes.

2. En poussant, le jeune arbre développe des racines capables de le soutenir comme des échasses dans la vase.

3. Les arbres devenus adultes stabilisent la vase et lui permettent de former un terrain.

162 NOTRE PLANETE QUI MEURT

▲ Un nasique, auprès de sa principale nourriture, les feuilles coriaces d'un arbre de la mangrove.

▶ Vestiges dévastés d'une mangrove, sur la côte d'Haïti : on en a débité les arbres pour les brûler ou les vendre.

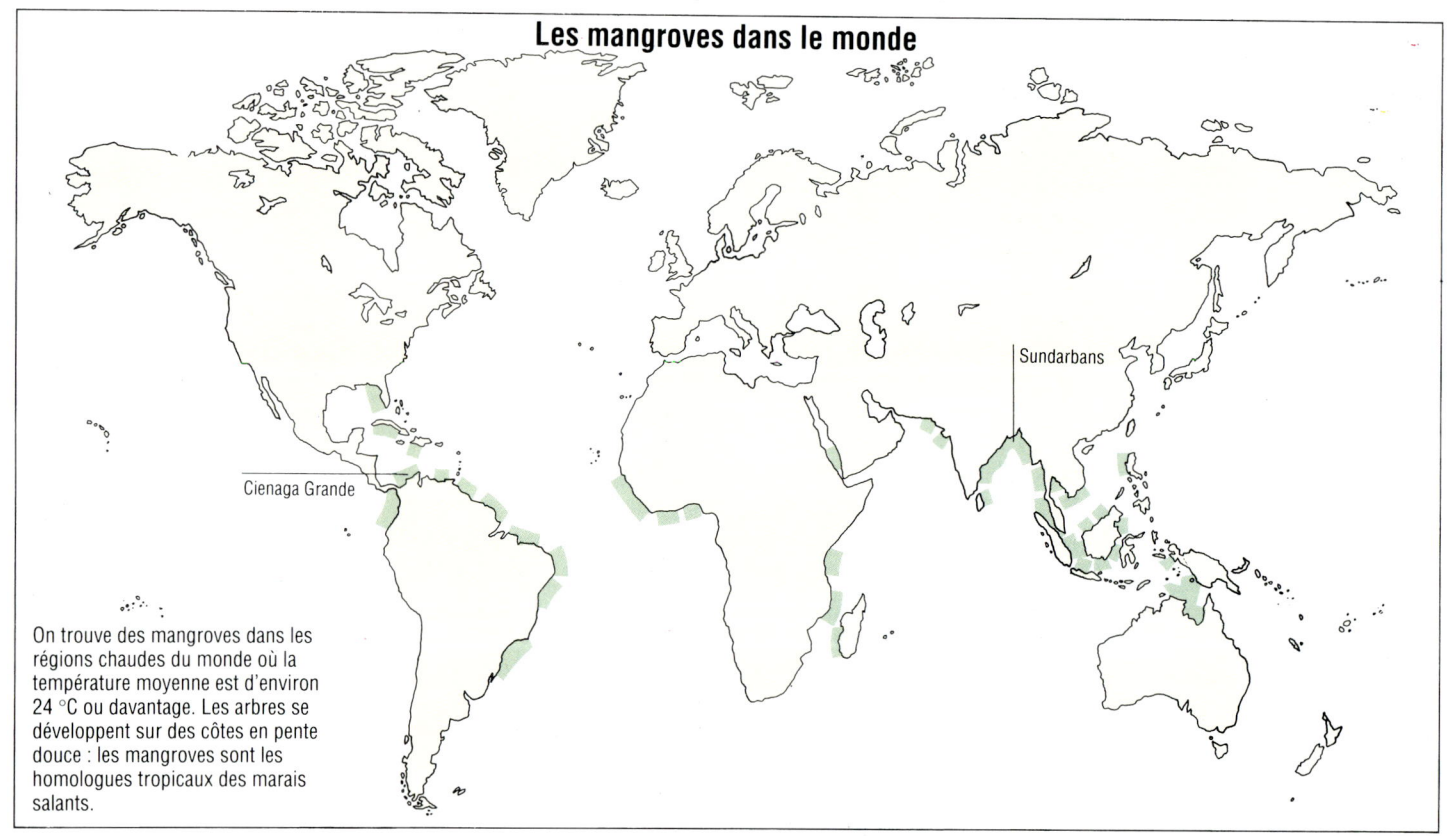

On trouve des mangroves dans les régions chaudes du monde où la température moyenne est d'environ 24 °C ou davantage. Les arbres se développent sur des côtes en pente douce : les mangroves sont les homologues tropicaux des marais salants.

et des pneumatophores, c'est-à-dire des «racines qui respirent», par lesquelles est canalisé l'air qui alimente le reste des racines, lesquelles, sans cela, seraient privées d'oxygène. Les mangroves doivent encore résoudre un autre problème : les bactéries du limon décomposent les détritus des plantes, qui tirent leur oxygène de nitrates et de sulfates dissous, ces derniers étant transformés en sulfures toxiques. Pour empêcher la plante de s'empoisonner, les racines qui ancrent les arbres de la mangrove sont scellées, de sorte que les minéraux ne peuvent y pénétrer. Les substances nutritives, y compris l'eau, sont absorbées par de fines racines situées au-dessus de la couche de limon.

En colonisant des zones côtières à faible rendement, les mangroves contiennent le flux des marées et celui des eaux des estuaires; elles en retiennent le limon et contribuent à l'édification de berges boueuses. Au fur et à mesure que celles-ci se déshydratent, les arbres de mangrove sont remplacés par une autre végétation. Ainsi, sur de longues périodes, les mangroves représentent donc une force essentielle pour le remodelage des côtes. De plus, en agissant comme protection contre les typhons, les cyclones et les ouragans, les mangroves préviennent l'érosion des côtes.

Pendant des siècles, parfois des millénaires, les zones marécageuses à mangroves ont fourni aux populations locales traditionnelles un riche milieu très productif. Au Cienaga Grande, par exemple, les habitants ont exploité pendant longtemps le bois, le charbon et le tannin, le premier étant utilisé pour la construction des maisons, le second pour faire des tuiles et des briques et en fin le tannin pour protéger les équipements de pêche.

Autre avantage important, les mangroves offrent un riche habitat aux poissons et aux coquillages, dont beaucoup dépendent en outre des mangroves pour un stade ou un autre de leur cycle vital. Au Bangladesh, où le poisson est la source principale de protéines, 80% du poisson pêché dans le bas delta du Gange proviennent des Sundarbans, la plus grande forêt de mangroves du monde.

Mais en dépit de leur importance pour les communautés riveraines traditionnelles, on considère souvent les mangroves comme des «terrains vagues bons pour un futur développement». Elles ont la réputation d'être des marécages inhospitaliers, voués aux maladies, pleins de dangers potentiels, ce qui a encouragé leur destruction systématique. Depuis le milieu des années 60, certains pays ont perdu la moitié de leurs forêts de mangrove, voire davantage. L'abattage industriel des arbres a condamné des milliers d'hectares. En Indonésie, plus de 2 000 kilomètres carrés de mangrove sont convertis chaque année en copeaux, principalement pour être exportés au Japon, où l'on en fait de la soie artificielle et de la pâte à papier.

L'élevage de poissons et de crevettes est aussi à l'origine de destructions massives de mangroves. En Equateur, 16 % de l'ensemble de la mangrove ont été abattus depuis 1960, le limon a été éliminé et des étangs énormes ont été créés pour y élever des crevettes. Aux Philippines, le développement de l'aquaculture s'accélère à un tel rythme qu'il risque de ne subsister que peu de mangroves d'ici une décennie.

Les mangroves ont aussi payé un lourd tribu aux projets de barrages et d'usines hydrauliques (voir p. 130-136) : ceux-ci réduisent le flux des fleuves et permettent à l'eau de mer d'empiéter de plus en plus sur le continent. Dans nombre de mangroves, la salinité est devenue intolérablement élevée, ce qui a entraîné le dépérissement des arbres. Les Sundarbans ont été particulièrement affectés par la construction du barrage de Farraka sur le Gange : la salinité y est devenue treize fois plus forte qu'avant !

L'assèchement de terrains pour l'agriculture et le développement urbain est à l'origine de destructions supplémentaires. La pollution, elle aussi, a joué un rôle néfaste. La zone côtière du détroit de Malacca, un des passages où la navigation est la plus dense du monde, abrite quelques-une des mangroves les plus riches de la planète. Celles-ci captent le pétrole que déchargent les tankers et les autres navires qui passent par le détroit : quantité d'arbres morts sont, désormais, intoxiqués au point de ne pouvoir être sauvés.

Quand les mangroves se conforment à leur destination traditionnelle, elles peuvent assurer la subsistance d'au moins dix fois plus de personnes que lorsqu'elles sont exploitées par des enterprises commerciales. En outre, on a pu démontrer que l'utilisation traditionnelle des mangroves peut se poursuivre à très longue échéance, contrairement à l'exploitation commerciale du bois de construction.

Les Nations unies, dans leur Programme de développement, en collaboration avec l'UNESCO, ont mis au point un projet régional de protection des mangroves pour l'Asie et les régions du Pacifique. Inauguré en 1983, ce projet, auquel participent seize pays, a pour but de préserver les forêts de mangrove qui subsistent. Pour répondre à cette initiative, l'Indonésie a établi une «ceinture verte» de 200 mètres de largeur le long de ses côtes et intensifié la réhabilitation des forêts dégradées à Java et à Sumatra. Deux îles entièrement constituées de mangroves ont été en outre déclarées réserves naturelles.

Malgré ces initiatives constructives, le gouvernement indonésien est encore en train de convertir 10 % ou davantage des mangroves restantes en étangs, surtout pour y élever des petites crevettes. Là comme en d'autres pays, l'idée que la mangrove est un terrain vague met longtemps à disparaître.

«C'est également la saison des accouplements, et l'air matinal résonne déjà des éclaboussements des jeunes antilopes qui s'ébattent bruyamment, courant et sautant à travers les hauts-fonds, laissant des traces tourbillonnantes dans une boue qui rappelle de la peinture à l'huile de couleur grise. Bientôt, elles seront rejointes par des foules de cigognes, d'ibis, d'aigrettes et de pluviers, alors qu'une armée de hochequeues virevolte à la poursuite des moustiques. Quand aux guêpiers carmins, ce sont les sauterelles qui les intéressent... A la tombée du jour, les antilopes recherchent la terre ferme. Les engoulevents à longue queue chassent les phalènes là où les glaréoles chassaient durant la journée, tour à tour masqués par les lambeaux de brouillard et de fumée qui proviennent de feux allumés sur les terres hautes, autour desquels les bergers Nuer et Dinka parlent et rient, enveloppés dans les fumées épaisses des feux de bouses.»

Jonathan Kingdon, au sujet des marécages aujourd'hui menacés par le canal Jonglei.

Les COTES et ESTUAIRES

Le port de pêche de Grimsby se trouve à l'embouchure de la Humber, un des fleuves au cours le plus rapide de Grande-Bretagne. Autrefois, la pêche dans l'estuaire était une industrie florissante et le fleuve grouillait de vie. On y pêchait la morue, petite et grande, la raie, la barbue, le turbot, le carrelet, la sole, la baudroie et le hareng. On y voyait aussi des saumons et des truites de mer qui remontaient le courant pour aller frayer en eau douce, et crevettes, crabes, buccins, coques et moules y abondaient.

Aujourd'hui, après quatre décennies de développement industriel, l'industrie de la pêche est presque réduite à néant, détruite par la pollution des usines chimiques qui bordent les rives de la Humber. Comme au voisinage de tant d'estuaires du monde industrialisé, les industries chimiques se sont concentrées dans cette zone-là parce que l'estuaire constitue un cloaque commode et bon marché pour y déverser les déchets.

LA NATURE DES ESTUAIRES ET DES COTES

On appelle estuaire la zone, à l'embouchure d'un fleuve, où l'eau douce rencontre l'eau salée de la mer. Au gré du flux et du reflux des marées, les estuaires changent sans cesse de forme; ce ne sont plus tout à fait des fleuves, mais ce n'est pas encore la mer.

Chaque estuaire a ses caractéristiques spécifiques, qui dépendent de l'envergure du système fluvial, de la nature du sol à l'embouchure du fleuve et du type de terrain que le fleuve a traversé. Quand le sol est plat, comme à l'embouchure de la Tamise, l'estuaire peut serpenter à travers des laisses de vase et des marais salants aussi loin que le regard peut aller. Si, comme c'est le cas pour le Rhône et le Mississipi, la quantité de limon que charrie le fleuve est suffisamment grande et s'il n'y a pas de courants provenant de la mer pour le disperser, il se forme un delta, le limon s'accumulant pour constituer une plaine en forme d'éventail. Quand, au contraire, l'estuaire se trouve dans une vallée très encaissée, il prend le nom de «fjord».

◀ Un front nuageux s'avance au-dessus d'un estuaire d'Irlande. Sur des rives peu profondes et bien protégées comme celles-ci, les vagues clapotent doucement et les algues peuvent s'ancrer fermement et se développer avec luxuriance.

Dans la plupart des cas, l'eau douce qu'amène le fleuve se mélange à l'eau salée au sein de l'estuaire même. Mais certains grands fleuves, comme l'Amazone, charrient de telles quantités d'eau que le mélange avec l'eau de mer a lieu très au large dans l'Océan. Cependant, à la saison sèche, ou dans les cas où le flux du fleuve est entravé par des barrages *(voir p. 128-141)*, l'eau salée fait intrusion dans l'estuaire et remonte le courant; elle remonte plus haut quand le fleuve est à l'étiage que lorsqu'il est en crue. Les conséquences de cette intrusion de l'eau salée peuvent être graves. Les terres agricoles peuvent se trouver si imprégnées de sel qu'elles deviennent improductives et les mangroves peuvent dépérir, empoisonnées par le sel. Dans certaines régions, toutefois, l'intrusion de l'eau de mer a des effets trés positifs. Dans le delta du Mékong, par exemple, les agriculteurs comptent beaucoup sur les sédiments qui se déposent à l'étiage pendant la saison sèche pour neutraliser et fertiliser les sols acides du delta.

LE RIVAGE VIVANT

Le limon que charrie le fleuve et qui se dépose à l'endroit où il rejoint la mer est riche en substances nutritives essentielles, telles que nitrates et phosphates. De nombreux types d'algues, du petit phytoplancton unicellulaire aux masses luxuriants qui foisonnent dans la mer, prospèrent dans ces eaux nourrissantes; et ces algues, à leur tour, alimentent quantité d'animaux. Cette abondance de nourriture est à l'origine d'une vaste population de crustacés, de crabes, de crevettes et de poissons. Divers types d'oiseaux s'en repaissent : en Grande-Bretagne et aux Pays-Bas, par exemple, les oiseaux qui trouvent leur pitance dans les laisses de vase, aux embouchures des fleuves sont en plus fortes concentrations que dans n'importe quel autre habitat. De grandes quantités d'échassiers, tels que les huîtriers, les chevaliers gambettes, les maubèches et autres bécasseaux, peuvent subvenir à leurs besoins dans ces estuaires; lorsqu'ils sont dérangés, ils prennent leur envol en masse et tournoient en vastes volées dans le soleil qui fait étinceler leurs ailes en mouvement. Les estuaires servent aussi d'habitat à plusieurs types de volatiles aquatiques, comme les canards et les oies sauvages, qui émigrent chaque année vers le sud pour échapper au rude hiver arctique.

Sous les tropiques, peu d'espèces sont aptes à supporter les fortes variations de température entre la marée basse, pendant laquelle elles sont exposées à un soleil accablant, et la marée haute, qui les recouvre d'eau. C'est pourquoi peu de plantes et d'animaux vivent dans la zone des marées, et ceux qui y résident sont, pour la plupart, des espèces nocturnes. La faune et la flore sont également rares dans les régions côtières proches des pôles : là, c'est l'impitoyable mouvement des glaces qui empêche les espèces vivantes de s'y établir et d'y demeurer.

Mais dans les zones tempérées, les rivages foisonnent de vie. Quelques espèces, comme les patelles et les anatifes, s'attachent aux rochers et, grâce à une coquille étanche, parviennent à maintenir leur corps humide à marée basse. D'autres animaux, comme certaines crevettes et les anémones de mer, survivent dans l'eau qui reste dans le creux des rochers lorsque la mer se retire. D'autres espèces encore vivent sur les plages de sable; quelques-unes, comme le crabe masqué (ocyopode) et l'astérie fouisseuse, profitent de la

▲ Une colonie de guillemots, de fulmars et d'autres oiseaux marins se cramponne à une falaise face à la côte occidentale de la Grande-Bretagne. On peut entendre de très loin les cris perpétuels de ces oiseaux et la falaise semble vivante du fait du mouvement continu de ceux qui s'envolent ou se posent. Elle offre aussi un lieu de nidification sûr que ne peuvent atteindre la plupart des prédateurs.

marée basse pour creuser des sortes de terriers dans le sable humide. D'autres encore, comme les coques et les couteaux, vivent en permanence enfouis dans le sable. A l'arrière du rivage, des dunes peuvent s'édifier. Au fur et à mesure qu'elles s'élèvent, elles sont colonisées par des herbes dures et piquantes comme l'oyat ou chiendent de mer. Ces plantes contribuent à stabiliser les dunes en retenant le sable par leurs racines. A mesure que le temps passe, si les dunes ne sont pas détériorées par d'autres éléments, l'oyat cède la place à d'autres végétaux, d'abord le panicaut, ou chardon des dunes, puis, plus tard, des arbustes et des arbres. Petit à petit le terrain gagne alors sur la mer.

Les dunes de sable jouent un rôle important en protégeant les terres de l'érosion par la mer et en procurant des sites idéaux de nidification aux oiseaux comme le drome, ou pluvier crabier, natif d'Afrique orientale, qui creuse son nid dans le sable. Les sommets et les parois des falaises fournissent aussi aux oiseaux aquatiques des refuges où ils peuvent faire leurs nids, protégés des prédateurs par l'inaccessibilité du site. Certaines falaises sont de véritables «pâtés de maisons», fourmillantes de vie, colonisées par les mouettes, les guillemots et les pétrels. Leurs étroits

▲ Bien que battus sans cesse par des vagues violentes, le varech et les autres algues y résistent, par leur souplesse et leur consistance caoutchouteuse, et grâce à une couche protectrice gélatineuse qui atténue les attaques des flots. Les algues n'ont pas besoin de racines car elles tirent de l'eau qui les entoure toutes les matières nutritives qui leur sont nécessaires ; mais elles disposent de crampons pour s'ancrer au fond de l'eau.

▲ Dunes de sable sur la plage de la réserve écologique de Jencoacoara au Brésil. Ces dunes sont créées par les forces opposées de l'eau et du vent. Les flots, en érodant le sol du terrain riverain, ramènent de grandes quantités de sable et de limon. Le vent violent de la mer ramasse ces sédiments sur le littoral et les entasse en massives dunes de sable.

lieux de nidification sont serrés les uns contre les autres sur le rebord de falaises abruptes.

Les oiseaux ne sont pas les seuls à tirer profit des côtes et des estuaires. Des millions d'êtres humains, principalement dans le Tiers-Monde, dépendent de ces écosystèmes pour leur subsistance. Les estuaires représentent quelques-uns des lieux de pêche les plus riches du monde; ils fournissent environ 80 millions de tonnes de poisson par an. Les trois quarts au moins de toutes les espèces de poissons qu'on consomme dans l'Est des Etats-Unis passent une partie de leur existence dans des estuaires. Il n'est donc pas surprenant qu'au cours des siècles de nombreux villages de pêcheurs se soient développés tout au long des rives de la plupart des estuaires.

UNE CHAINE DE POLLUTION

En raison du gros volume d'eau qui passe par les estuaires, beaucoup de gens s'imaginent que les polluants déchargés en cet endroit seront rapidement dispersés et dilués jusqu'à ne plus subsister qu'en proportions inoffensives. Des milliers de grandes installations industrielles, notamment des usines de produits chimiques, des raffineries de pétrole, des centrales de production d'énergie, des gazogènes, des fonderies de fer, d'acier et d'autres métaux, et des papeteries, ont donc été construites sur les rives des estuaires. Là où, jadis, s'élevaient des villages de pêcheurs, on voit aujourd'hui des villes en pleine expansion.

Mais en installant des industries sur les rives des estuaires, on ne tient pas compte du fait que l'eau douce et l'eau salée ne se mélangent pas rapidement et que les polluants ont tendance à s'incorporer au limon. Aussi les pesticides, les métaux lourds et d'autres produits contaminateurs ont-ils atteint des concentrations toxiques chez quantité d'espèces diverses vivant dans les estuaires : ils contaminent d'abord les algues et les plantes qui se situent à la base de la chaîne alimentaire, puis, à des degrés de concentration de plus en plus élevés, les tissus des animaux placés plus haut dans la chaîne, au fur et à mesure que ceux-ci consomment les algues et les végétaux.

A l'heure actuelle, beaucoup d'estuaires sont dangereusement pollués. On découvre qu'une proportion croissante de poissons pêchés dans les eaux comme celles de l'estuaire de la Tamise sont malades ou dif-

LES CÔTES ET ESTUAIRES 169

▲ A Goa, en Inde, des hommes transportent le poisson des bateaux de pêche jusqu'au rivage. Ces côtes non polluées sont encore riches en ressources alimentaires.

◀ Les fabriques d'aluminium de Gladstone sont les plus grandes du monde. Du fait qu'on peut y décharger les déchets industriels à bon compte, les estuaires et les côtes bien abritées sont de plus en plus pollués.

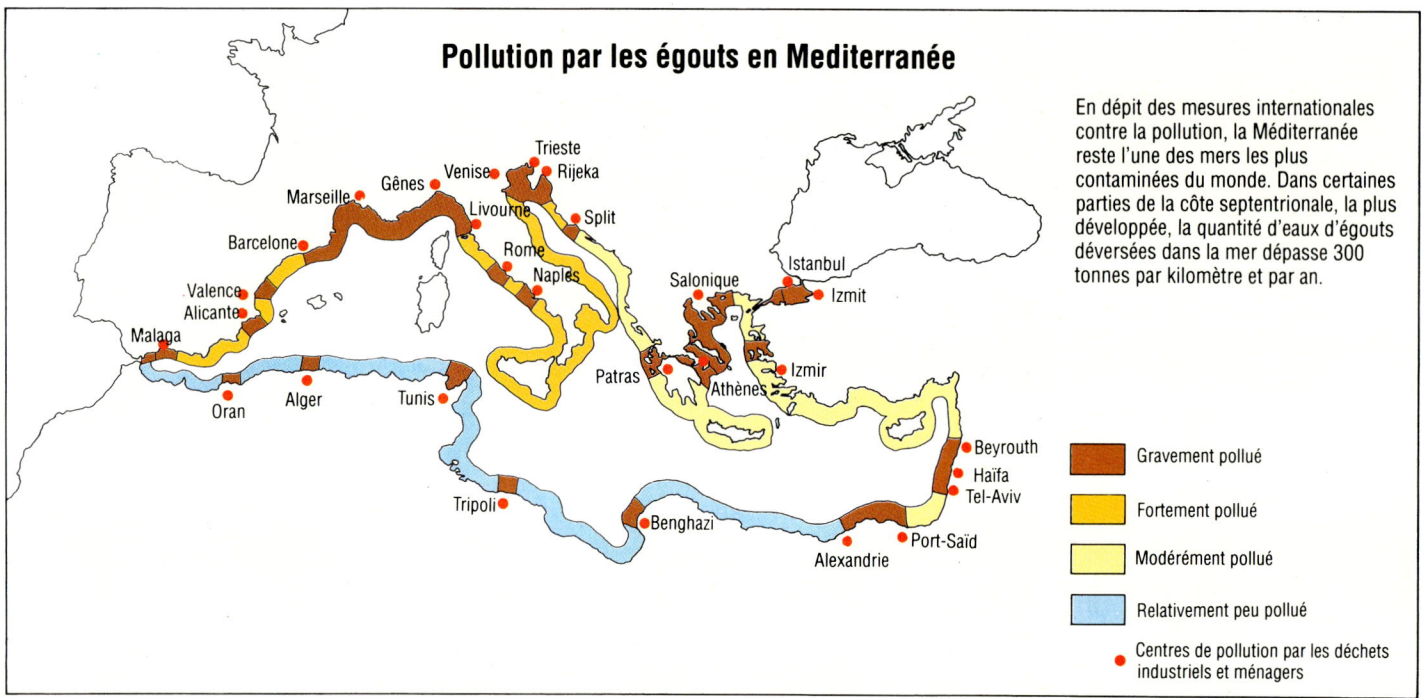

Pollution par les égouts en Méditerranée

En dépit des mesures internationales contre la pollution, la Méditerranée reste l'une des mers les plus contaminées du monde. Dans certaines parties de la côte septentrionale, la plus développée, la quantité d'eaux d'égouts déversées dans la mer dépasse 300 tonnes par kilomètre et par an.

- Gravement pollué
- Fortement pollué
- Modérément pollué
- Relativement peu pollué
- Centres de pollution par les déchets industriels et ménagers

▶ Un phoque barbu se trouve étranglé lentement par un filet de pêche, qui entaille de plus en plus la chair de l'animal au fur et à mesure qu'il grandit. Ce cas est loin d'être unique : chaque année, des milliers d'animaux marins sont tués par ces filets abandonnés en mer.

« Il y a un ravissement sur le rivage solitaire
Il y a une compagnie où personne ne s'ingère,
Près de la mer profonde et de sa musique mugissante :
Je n'en aime pas moins l'homme, mais la nature d'autant plus. »
Lord Byron

formes. Le poisson pêché dans la baie de Liverpool, à l'embouchure de la Mersey, contient du mercure dont la concentration n'est que de très peu inférieure à celle que la Communauté européenne a fixée comme limite de sécurité ; la teneur de certains poissons en biphényles polychlorurés est double de celle qui, aux Etats-Unis, les rendrait impropres à la consommation. Selon une étude récente, un quart des limandes pêchées dans la baie de Liverpool est malade. La Tees, dans le Nord-Est de l'Angleterre, région qui abrite la plus grande concentration d'usines chimiques en dehors des Etats-Unis, n'est guère mieux partagée. On y déverse régulièrement de grandes quantités de substances hautement toxiques, telles que du cyanure et de l'ammoniac, et on a pu dire que ce fleuve puait « comme un millier de matous ».

Naguère prospères, les pêcheries de la baie de Chesapeake, à l'embouchure de James River, sur la côte Est des Etats-Unis, ont été presque anéanties par la pollution. Au millieu des années 70, toute pêche avait été interdite dans le cours inférieur de ce fleuve, où l'on avait décelé, dans les sédiments et les poissons, de hautes concentrations de képone, un pesticide extrêmement toxique. Cependant, l'interdiction a été levée en 1981, bien qu'on eût prouvé que le poisson était toujours contaminé et contenait une concentration de képone nocive pour les êtres humains qui en consommaient.

Au fur et à mesure que les pays du Tiers-Monde s'industrialisent, leurs côtes et leurs estuaires sont de plus en plus pollués. Les mangroves *(voir p. 160-163)* et les récifs coralliens *(voir p. 186-193)* sont partic-

LA COTE ATTAQUEE

Au fur et à mesure que les vagues viennent battre le rivage, elles causent inévitablement de l'érosion. Mais cette érosion est normalement contrebalancée par l'édification de nouvelles plages et de bancs de sable : ceux-ci proviennent des sédiments amenés par les fleuves et déposés ensuite sur la côte par la mer. Toutefois, les activités humaines accélèrent souvent beaucoup le processus de l'érosion des côtes.

Là où l'on a construit des barrages sur un fleuve, par exemple, les sédiments que celui-ci amenait naguère à la mer se trouvent maintenant pris dans le bassin de retenue du barrage. De ce fait, l'érosion le long du rivage s'aggrave. Nulle part la démonstration n'en est aussi spectaculaire qu'en Egypte. La construction du barrage d'Assouan, sur le Nil, a privé le delta d'une quantité de limon qu'on estime à 60 millions de tonnes par an, et, pour la première fois de l'histoire, le delta est en train de reculer.

La destruction de récifs de corail est aussi une cause importante d'accélération de l'érosion côtière, car les récifs disparus ne fournissent plus au rivage de protection contre les tempêtes. Or dans un proche avenir, ces tempêtes vont sans doute augmenter spectaculairement par suite du réchauffement du globe; le paysage de beaucoup de régions côtières en sera profondément modifié. Par ailleurs, le tourisme a détérioré irréparablement de nombreuses côtes en suscitant la construction accélérée d'hôtels et de villas. Les plages ont été polluées, on a bâti à l'excès sur les dunes et quantité d'espèces animales ont perdu leur habitat. Les tortues de la mer Egée sont fortement menacées par les touristes qui envahissent les plages où elles ont l'habitude de pondre leurs œufs. Les parasols détruisent les nids des tortues, et les petits ne peuvent sortir à l'air libre, car les baigneurs, en marchant sur la plage, écrasent le sable qui recouvre les œufs. D'autre part, les lumières des hôtels et des bars éloignent les tortues quand elles sortent de l'eau pendant la nuit pour faire leurs nids. Perturbées, elles pondent alors souvent dans la mer, où les œufs ne peuvent éclore. Et si elles réussissent néanmoins à faire un nid sur la plage, elles risquent d'être désorientées par les lumières et de ne pas retrouver leur chemin pour regagner la mer : dans ce cas, elles mourront le lendemain en raison du soleil trop ardent qu'elles ne peuvent supporter.

La mort des tortues sur les plages de la Méditerranée orientale peut paraître sans importance à ceux qui cherchent à promouvoir le développement d'autres rivages pour le tourisme ou l'industrie, mais c'est un symptôme alarmant de la manière désinvolte avec laquelle les humains traitent leurs côtes et leurs estuaires. Si ces procédés se poursuivent, beaucoup d'autres espèces animales connaîtront le même sort.

▲ Pollution dans la baie de Chesapeake, sur la côte Est des Etats-Unis. Les métropoles de Washington et de Baltimore étant riveraines de cette baie, celle-ci reçoit d'énormes quantités d'effluents de ces villes et des fleuves qui s'y jettent. Cette pollution a profondément affecté les poissons et les coquillages qui, naguère, faisaient la renommée de la baie de Chesapeake.

ulièrement vulnérables, et beaucoup d'entre eux ont déjà été détruits par la pollution.

La décharge d'égouts dans les eaux des côtes et des estuaires, ainsi que celle d'engrais et de pesticides en provenance des terrains agricoles, a encore augmenté la pollution. Les eaux usées et les engrais y ont énormément accru la quantité de substances nutritives qui font prospérer les algues; or, l'expansion de celle-ci peut produire des toxines et constituer des masses de putréfaction qui absorbent de grandes quantités d'oxygène. Dans des mers plus ou moins fermées, comme la Baltique, la mer du Nord et l'Adriatique septentrionale, la floraison d'algues le long des côtes a fait tellement baisser la concentration d'oxygène dans la mer que les poissons et les autres organismes marins ont péri. De nombreuses plages sont gravement polluées du fait de la décharge directe d'égouts par des tuyaux aboutissant dans la mer.

Les déchets que l'on jette à la mer et qui sont ramenés par la marée sont aussi une des causes principales de la pollution. Dans la plupart des cas, il s'agit de bouteilles en plastique ou de boules de goudron provenant du pétrole déchargé en mer de façon parfaitement légale. Mais dans certains cas, les détritus sont plus nocifs. En 1989, par exemple, la mer a rejeté sur la côte de Staten Island, au large de New York, des rebuts médicaux, parmi lesquels des seringues hypodermiques usagées. Plus mortelles encore, on voit de plus en plus fréquemment sur les plages des boîtes de cyanure et d'autres poisons, balayées par une lame ou jetées délibérément par-dessus bord, et ramenées par le flot.

Les MERS et OCEANS

Chaque soir, au moment où le soleil descend sur les flots indigo de l'océan Pacifique, des milliers et des milliers de kilomètres de filets de nylon presque invisibles – mais d'une longueur suffisante pour faire le tour de l'équateur et, ensuite, traverser une fois encore le Pacifique – sont déployés dans la mer par des bateaux en provenance du Japon, de Taiwan et de la Corée du Sud. Vus des profondeurs de la mer, ces filets à la traîne offrent un spectacle étrange, avec des centaines de poissons curieusement suspendus dans l'eau, comme si, pour eux, le temps et l'espace s'étaient immobilisés.

Mais outre les thons et les calmars qu'ils prennent au piège comme c'est leur mission, ces «murs de la mort» presque indestructibles, dont la longueur peut atteindre 65 kilomètres et la profondeur 12 mètres, emprisonnent des centaines de milliers de dauphins, de phoques, de tortues, de requins, de saumons et d'oiseaux de mer, en un holocauste marin sans discrimination. Quand un de ces filets se perd, ce qui arrive souvent lorsqu'une baleine s'y enchevêtre, il rejoint des centaines d'autres «filets fantômes» qui dérivent au gré des courants et continuent à moissonner la faune des mers, parfois pendant des années, avant de s'enfoncer dans le fond de l'océan sous le poids de leur butin.

En écumant ainsi les mers, ces filets à la traîne ont procuré de gros profits à l'industrie de la pêche du Japon, de Taiwan et de la Corée du Sud, mais ils menacent de ruine et de famine les infortunés pêcheurs et autres insulaires du reste du Pacifique. Dans le Pacifique méridional, l'économie des nombreux petits archipels érigés en nations dépend presque entièrement du thon, mais les gigantesques filets à la traîne capturent de deux à trois fois la quantité de poisson qui peut subsister dans leurs eaux territoriales.

◀ Un banc de dauphins dans l'océan Atlantique, au large du Brésil. Les dauphins sont réputés pour leur intelligence : leur cerveau est aussi grand, par rapport à leur corps, que celui de l'homme, et le cortex, qui est le siège de l'intellect, en présente autant de complexité que le nôtre. Les Grecs de l'Antiquité croyaient qu'il était aussi grave de tuer un dauphin que d'assassiner un homme, et ce crime était puni en conséquence.

«Alors que par une nuit très sombre nous naviguions un peu au sud du Rio de la Plata, la mer nous offrit un merveilleux spectacle. Il y avait une brise fraîche et à la surface des eaux, ce que l'on voyait pendant la journée comme de l'écume, luisait maintenant d'un pâle éclat. Le navire fendait sous sa proue deux flots phosphorescents, et une traîne laiteuse suivait son sillage. Aussi loin que portait le regard, la crête de chaque vague brillait...»
Charles Darwin, The Voyage of the Beagle.

▼ Une méduse à peigne, ou cténophore, dotée de phosphorescence. Beaucoup d'animaux marins produisent leur propre lumière, souvent pour attirer un partenaire sexuel et se distinguer d'espèces voisines. Certaines lumières servent aussi de signaux d'alarme à des animaux qui veulent éloigner les prédateurs. Les prédateurs eux-mêmes peuvent recourir à des lumières comme leurres, ou pour éclairer leur nourriture. La façon dont les créatures vivantes produisent la lumière est beaucoup plus efficace que tout ce que la technologie a pu inventer dans le même but, car dans le cas de la lumière animale, il n'y a aucun gaspillage d'énergie sous forme de chaleur.

Ce n'est pas seulement la pêche en excès qui menace à présent la faune des océans. La pollution, la destruction des alevinières, la prolifération des algues et d'autres phénomènes analogues ont amené beaucoup d'écosystèmes marins au bord de l'effondrement. La diminution de la couche d'ozone pourrait probablement leur porter le coup final.

UN MONDE INEXPLORE

L'époque où d'intrépides explorateurs découvraient de nouveaux continents ou pouvaient proclamer qu'ils étaient les premiers à avoir atteint la source d'un fleuve ou le sommet d'une montagne, cette époque-là est à peu près révolue. Il y a peu de lieux sur la terre ferme où les humains n'aient jamais mis le pied, et même ces endroits-là sont très précisément indiqués sur les cartes géographiques grâce aux satellites. Mais il en va autrement des océans et, dans la mesure où leurs eaux recouvrent sept dixièmes de la planète, on peut dire que la Terre est encore largement inexplorée.

Si l'on asséchait les mers, on jouirait d'un panorama plus spectaculaire que celui d'aucun site terrestre. S'étendant jusqu'à 1 500 kilomètres des rivages de l'Atlantique, mais jusqu'à 20 kilomètres seulement de ceux du Pacifique, la plate-forme continentale s'abaisse en pente douce, pour constituer une plaine agrémentée de vallées et de petites collines. Le sol en est en grande partie constitué de sable et de graviers ou, sous les tropiques, de coraux *(voir p. 186-193)*. A l'endroit où se termine la plate-forme, le fond de la mer se creuse brusquement; il consiste alors en escarpements massifs dont la pente peut atteindre 33%. La surface de ces pentes est souvent entaillée de profondes ravines et de canyons, qui se sont creusés au cours de la dernière période glaciaire et qui n'ont cessé de s'agrandir depuis lors, sous l'effet d'avalanches sous-marines qui charrient des sédiments venus de plus haut à une vitesse qui peut atteindre 160km/heure.

Au bas de ces rampes, le fond de la mer recommence à s'élever; des collines de faible hauteur ont été formées par l'accumulation des dépôts sédimentaires. C'est au-delà de ces collines que se trouve la zone abyssale qui constitue la base de l'Océan profond. Bien qu'elle n'ait pas été explorée par les hommes, on peut en dresser la carte au moyen de sonars, assistés d'ordinateurs, assez sensibles pour déceler des crevasses, même petites. Le sonar révèle que le fond de l'Océan constitue une vaste plaine, entaillée par endroits de profondes tranchées. La plus grande, la fosse des Mariannes, à l'est des Philippines, atteint une profondeur de 11 700 mètres, c'est-à-dire qu'elle est plus profonde que le mont Everest n'est élevé. A d'autres endroits, la zone abyssale est interrompue par des montagnes hérissées de sommets pointus, qui s'élèvent de plusieurs kilomètres en direction de la surface de l'Océan.

Traversant tout l'Atlantique, se poursuivant dans l'océan Indien et remontant ensuite dans le Pacifique, la plus longue chaîne de montagnes de toute la Terre, la Dorsale médio-océanique, a une largeur d'environ 800 kilomètres et une longueur de 55 000 kilomètres. Elle s'élève jusqu'à 4 kilomètres au-dessus du fond de la mer, mais descend encore 2 à 3 kilomètres au-dessous de la surface des eaux.

Bien que des marins puissent se vanter d'avoir parcouru toutes les mers du globe, ils n'ont, en fait, navigué que sur un seul Océan, car, comme l'atmosphère, les océans ne connaissent pas de frontières physiques. Animé par l'énergie solaire, le vent et la rotation de la Terre, l'Océan est perpétuellement en mouvement. De puissants courants de surface, qu'on décrit quelquefois comme des «fleuves océaniques», charrient d'énormes quantités d'eau des pôles aux tropiques et vice versa. Prenant naissance dans le golfe du Mexique, le Gulf Stream déferle le long de la côte orientale de l'Amérique du Nord à une vitesse qui peut atteindre 5 noeuds; il transporte environ 55 millions de mètres cubes d'eau par seconde, à travers l'Atlantique Nord, jusqu'en Europe septentrionale. De l'autre côté de la planète, le courant Kuroshio charrie les eaux chaudes des Philippines au Japon, puis aux îles Hawaii et le long de la côte occidentale de l'Amérique.

Sous la surface, des courants également puissants peuvent susciter des cataractes massives : alors que les eaux océaniques profondes dégringolent sur les flancs des chaînes de montagnes sous-marines. Sous le détroit de Danemark, au large du Groenland, une cascade des profondeurs éclipse de loin toutes les chutes d'eau de la Terre : 5 millions de mètres cubes d'eau par seconde tombent en cataracte le long d'une pente qui descend d'à peu près 3,5 kilomètres! La plus haute cascade du monde, le Salto de Angel, au Vénézuéla,

n'a qu'un kilomètre de hauteur, et le fleuve le plus large de la planète, l'Amazone, ne charrie «que» 200 000 mètres cubes par seconde.

LA CHAINE ALIMENTAIRE MARINE

A la base de la chaîne alimentaire marine, on trouve des milliards de plantes microscopiques, flottant librement, qu'on désigne sous le nom général de phytoplancton *(voir p. 45)*. Un seul mètre cube d'eau de mer contient jusqu'à deux cent mille de ces organismes. Comme les plantes terrestres, le phytoplancton dépend de la lumière du soleil pour transformer le gaz carbonique, les sels minéraux et d'autres substances nutritives en nourriture consommable; on ne le rencontre donc que dans la couche des cent mètres supérieurs de la mer, la photosynthèse devenant impossible à une plus grande profondeur. Là où les eaux superficielles sont particulièrement riches en substances nutritives, comme par exemple dans les zones de convergence de l'Arctique et de l'Antarctique, le phytoplancton foisonne. Au large de l'Antarctique, ce foisonnement s'étend souvent jusqu'à plus de 400 kilomètres du continent, dans la mer de Ross, ce qui constitue la principale source de nourriture du krill, cet ensemble d'animaux minuscules qui jouent un rôle si important dans la chaîne alimentaire de l'Antarctique *(voir p. 221)*.

Au-dessus du phytoplancton, dans la chaîne alimentaire, se trouve le zooplancton : celui-ci varie, en dimensions, de la taille d'un unicellulaire à celle d'une méduse, laquelle peut aussi bien se nourrir de phytoplancton qu'être carnivore et devenir le prédateur d'autres formes de zooplancton. Comme le phytoplancton, le zooplancton dépend beaucoup du

▲ Une baleine à bosse émergeant des eaux glacées de l'océan Arctique, où, pendant l'été, elle se nourrit de petits poissons. Il existe trois populations différentes de baleines dans l'Arctique, et cinq ou six dans la région de l'Antarctique. Avant l'arrivée de l'hiver, la baleine à bosse émigre en direction des tropiques, pour s'y reproduire dans les eaux tièdes. C'est dans ces eaux-là qu'elle chante ses fameuses «mélodies» qui se propagent sur des centaines de kilomètres dans les couches profondes de l'océan.

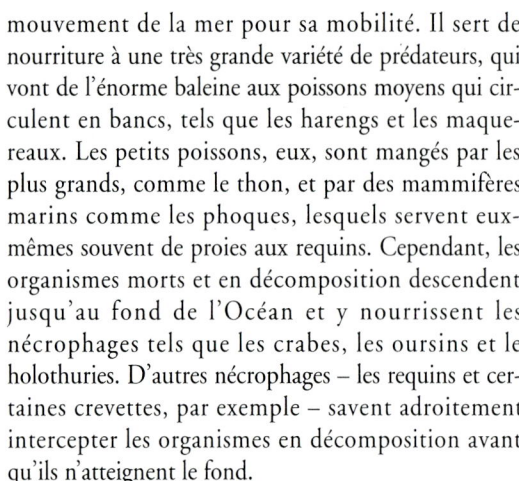

◄ Des animaux qui n'avaient jamais vu la lumière avant qu'ils n'aient été découverts par un bathyscaphe. La chaîne alimentaire de cette étrange communauté animale est basée sur le sulfure d'hydrogène qui s'échappe de volcans sous-marins et qui est rendu comestible par des bactéries spécialisées. La chaleur qui émane de ces volcans compense la température glaciale des profondeurs océaniques.

▼ Un navire britannique décharge des boues d'égout dans la mer du Nord. Seules la Grande-Bretagne et l'Irlande continuent à pratiquer ce genre de décharge, et la Grande-Bretagne a bien l'intention de poursuivre cette pratique jusqu'en 1998.

mouvement de la mer pour sa mobilité. Il sert de nourriture à une très grande variété de prédateurs, qui vont de l'énorme baleine aux poissons moyens qui circulent en bancs, tels que les harengs et les maquereaux. Les petits poissons, eux, sont mangés par les plus grands, comme le thon, et par des mammifères marins comme les phoques, lesquels servent eux-mêmes souvent de proies aux requins. Cependant, les organismes morts et en décomposition descendent jusqu'au fond de l'Océan et y nourrissent les nécrophages tels que les crabes, les oursins et le holothuries. D'autres nécrophages – les requins et certaines crevettes, par exemple – savent adroitement intercepter les organismes en décomposition avant qu'ils n'atteignent le fond.

Bien que l'Océan ne constitue qu'un écosystème unique, sa flore et sa faune varient considérablement d'une région à l'autre, en fonction de la température, de la profondeur, de la salinité et de la présence de substances nutritives. La vie prospère même dans les plus grandes profondeurs : on a identifié, jusqu'à ce jour, environ deux mille espèces de poissons des abysses et autant d'invertébrés. Dans les fosses extrêmes, à onze mille mètres sous la surface, des communautés remarquables de vers, de praires et de crabes blancs aveugles se nourrissent de bactéries qui détiennent la capacité unique de métaboliser l'acide sulfurique qui émane de cratères volcaniques sous-marins.

Toutefois, la vie des abysses est rare par comparaison avec celle qui grouille le long des côtes, aux endroits où l'eau est assez peu profonde pour permettre à la lumière solaire de pénétrer jusqu'au fond et où les substances nutritives ramenées de la terre ferme par les flots et les marées procure aux animaux d'amples ressources alimentaires. Bien qu'ils ne représentent que 1 % de la surface totale de l'Océan, les écosystèmes côtiers – principalement des marécages et des mangroves *(voir p.150-163)*, des estuaires *(voir p. 164-171)* et des récifs de corail *(voir p. 186-193)* – sont des lieux où se concentre le gros des organismes marins. Les mangroves, par exemple, sont à peu près vingt fois plus fécondes que le grand large, et récifs et estuaires abritent jusqu'à dix-huit fois plus d'êtres vivants que le reste de l'océan. Mais c'est précisément sur ces régions côtières que les répercussions de l'activité humaine sont les plus évidentes et les plus destructrices.

DES ABIMES D'IGNORANCE

Beaucoup de ce qu'on sait des forces qui animent les océans, de leur géographie et des myriades de formes de vie qui l'habitent est relativement récent, et même aujourd'hui il subsiste, à ce propos, d'importantes zones d'incertitude et d'ignorance. Il y a cent vingt ans, ceux qui naviguaient sur l'Océan ne savaient à

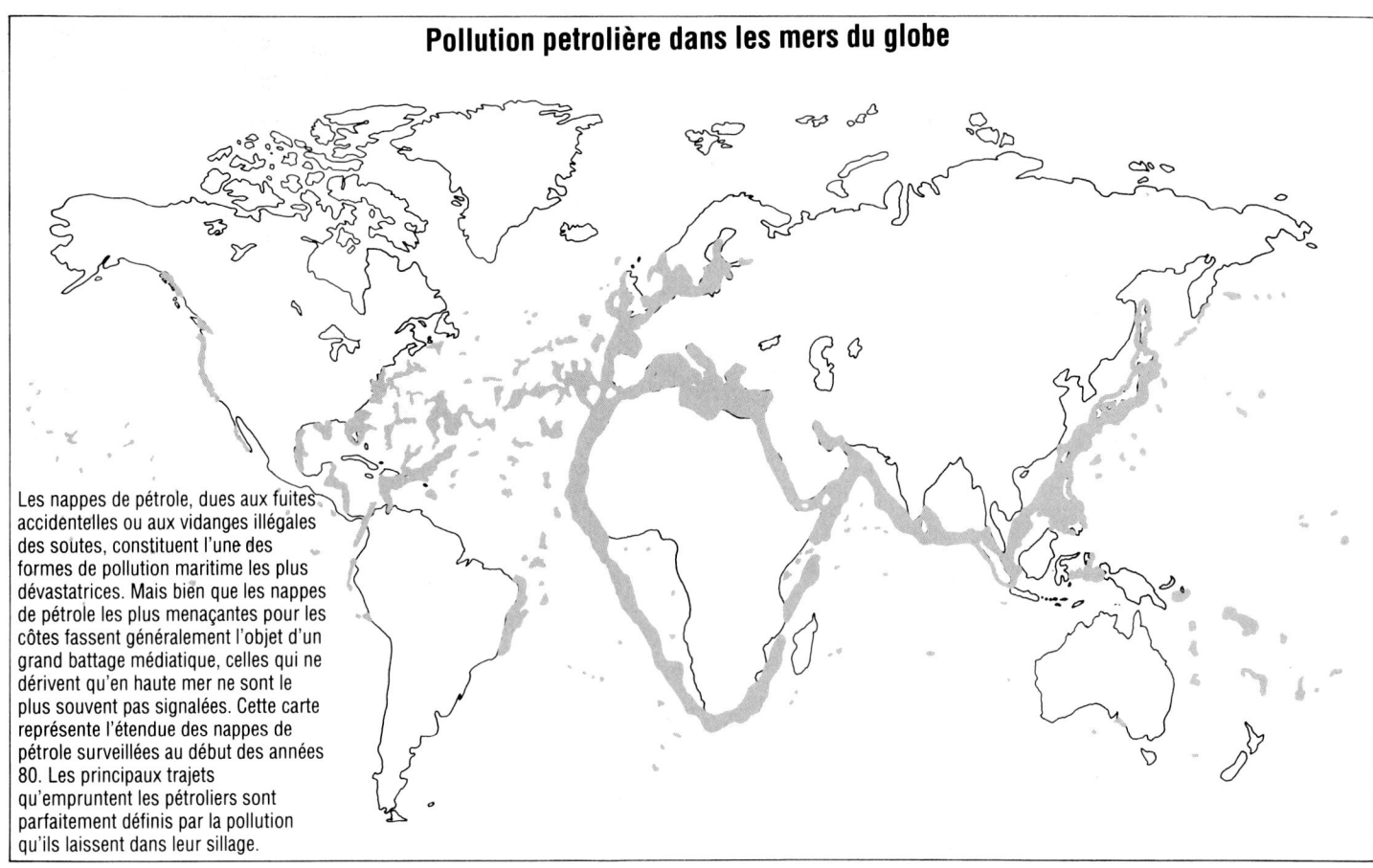

Pollution petrolière dans les mers du globe

Les nappes de pétrole, dues aux fuites accidentelles ou aux vidanges illégales des soutes, constituent l'une des formes de pollution maritime les plus dévastatrices. Mais bien que les nappes de pétrole les plus menaçantes pour les côtes fassent généralement l'objet d'un grand battage médiatique, celles qui ne dérivent qu'en haute mer ne sont le plus souvent pas signalées. Cette carte représente l'étendue des nappes de pétrole surveillées au début des années 80. Les principaux trajets qu'empruntent les pétroliers sont parfaitement définis par la pollution qu'ils laissent dans leur sillage.

peu près rien des énormes chaînes de montagnes qui se dressaient sous l'étrave de leurs embarcations : la Dorsale médio-océanique, par exemple, n'a été découverte qu'en 1872. C'est seulement durant les années 60, quand les transistors ont remplacé les tubes à vide, que les océanographes ont été en mesure d'étudier les cataractes et les courants des profondeurs abyssales.

A mesure que s'accroît notre connaissance des océans, des théories jusque là largement admises se révèlent être des mythes. Jusqu'au début des années 80, on supposait de façon générale qu'au fond des océans très profonds, à 4 800 mètres au-dessous du niveau de la mer, régnait un calme absolu. Or des chercheurs de l'Institut océanographique de Woods Hole, dans le Massachusetts, ont découvert que, loin d'être calme, les abysses subissent de violentes tempêtes sous-marines, qui agitent le fond de la mer et transportent de grandes quantités de vase et de sédiments d'une zone à une autre.

En raison de leurs dimensions et des grandes quantités d'eau qu'ils contiennent, on a longtemps considéré que les océans disposaient d'une capacité presque infinie d'absorber les déchets ; on supposait que les déchets se diluaient rapidement et se dispersaient ensuite à des niveaux où ils ne menaçaient plus l'environnement ni la santé humaine. Mais dans plusieurs régions de l'Océan, il s'est avéré que c'est le contraire qui est vrai. Les courants côtiers entraînent souvent des détritus qui se sont accumulés en sédiments le long des rivages. A d'autres endroits, les déchets ne sont balayés par la mer que pour être déposés sur d'autres zones côtières ; ce problème est particulièrement grave dans des mers comme la Baltique et la Méditerranée, qui sont presque entièrement entourées de terres. En outre, quand des polluants sont absorbés par des organismes marins, ils s'accumulent dans la chaîne alimentaire et y atteignent souvent des concentrations toxiques *(voir p. 33)*. En conséquence, de vastes étendues d'eaux côtières sont maintenant, à cause de la pollution, presque dépourvues de toute vie : la flore et la faune tout entières s'en trouvent menacées et l'industrie de la pêche y est réduite à néant. Plusieurs mers ont d'ores et déjà, à cet égard, atteint un stade critique.

La Baltique est l'une des mers les plus polluées du monde. Les déchets provenant d'usines, de fermes et de maisons privées ont transformé 100 000 kilomètres carrés de cette mer en un désert écologique, dépourvu de toute vie au-dessous d'une profondeur de 80 mètres. Le désastre est particulièrement grave dans les passes étroites qui séparent le Danemark de la Suède et dans la baie de Gdansk, où le principal fleuve

« Après l'URSS, la Pologne est le pire ennemi de la mer Baltique. S'y déversent annuellement, par l'intermédiaire de la Vistule, 90 000 tonnes d'azote, plus de 5 000 tonnes de phosphore, 80 tonnes de mercure ainsi que des quantités non mesurées de cadmium, zinc, plomb, cuivre, phénol et d'hydrocarbures chlorurés. Le poisson se fait si rare dans la mer Baltique que la flotte de pêche polonaise n'est en mesure de pêcher que 20 % de ses quotas ; les dernières anguilles, attrapées il y a trois ans, semblaient à demi-marinées. »
Peter Martin.

La disparition de la mer d'Aral

La santé des grandes mers intérieures du monde est parfois plus dégradée encore que celle des océans. En Union soviétique, le détournement excessif d'eaux fluviales en vue de l'irrigation est en train de provoquer la disparition de la mer d'Aral, qui était naguère le quatrième lac du monde par ses dimensions. La surface de la mer d'Aral a diminué de 40 % entre 1960 et 1989. De riches lieux de pêche ont été remplacés par des déserts incrustés de sel où de grands chalutiers rouillent au sommet des dunes. Le sel en provenance du lit desséché de l'Aral a été transporté par le vent jusqu'à l'Arctique. En 1990, l'URSS a signé un accord avec le Programme des Nations Unies pour l'environnement, en vue dégager une action internationale pour sauver la mer d'Aral. Mais, compte tenu de la crise que traverse l'économie soviétique, il est peu probable que les énormes montants qu'il faudrait investir pour mettre un terme à la dévastation soient disponibles.

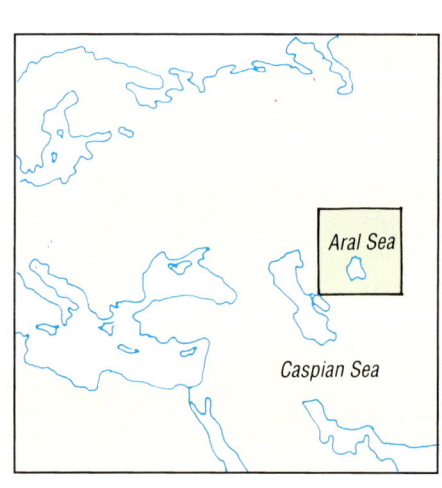

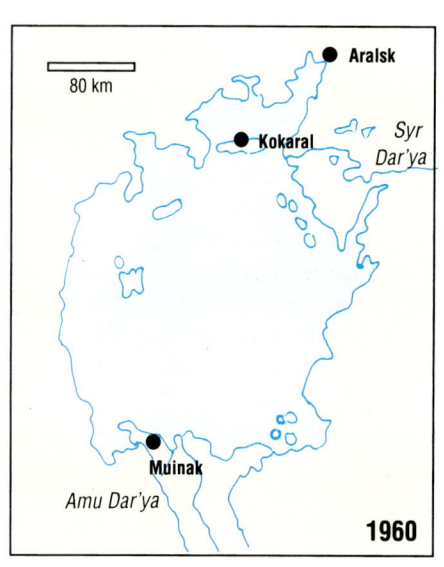

1960

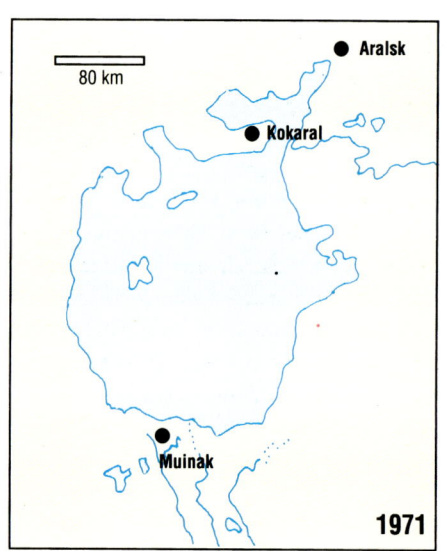

1971

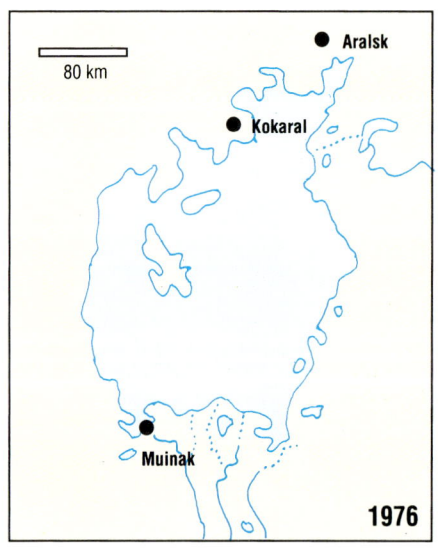

1976

1987

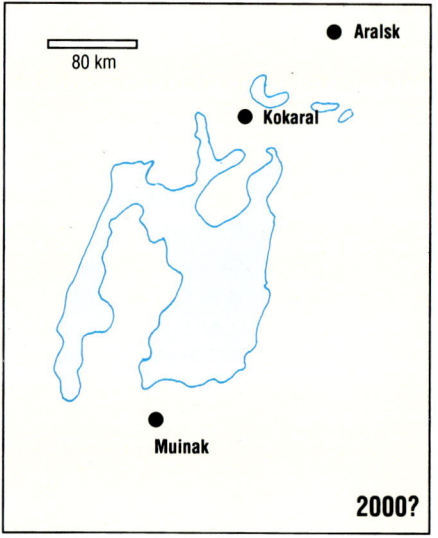

2000?

de Pologne, la Vistule, déverse des milliers de tonnes de phénol, de pétrole, de plomb, de zinc et d'autres polluants. On a pu accuser les hautes concentrations de DDT de rendre excessivement minces les coquilles des œufs de certains oiseaux de mer, tels que les petits pingouins, les guillemots et les pygargues à queue blanche, tandis que les biphényles polychlorurés ont provoqué une chute dramatique de la population des phoques gris. Les floraisons excessives d'algues sont courantes dans beaucoup de zones côtières : elles sont favorisées par les millions de tonnes d'azote et les 48 000 tonnes de phosphates qu'on déverse annuellement dans la mer. Des milliers de poissons ont péri, empoisonnés par les algues.

La Méditerranée, qui est, comme la Baltique, une mer virtuellement close, est presque aussi malade. En raison des taux élevés d'évaporation de cette mer et de la lenteur de déplacement de ses eaux (il leur faut un siècle pour se renouveler au rythme de leur écoulement par le détroit de Gibraltar), les polluants ont tendance à s'y accumuler sans se dégrader.

Mais ce ne sont pas seulement les mers fermées qui sont menacées. La mer du Nord présente aussi des signes de délabrement biologique; ce sont les côtes des Pays-Bas, de l'Allemagne occidentale et du Danemark qui sont les plus affectées. Là, de forts courants côtiers ont immobilisé près du rivage les tonnes de polluants qu'avaient rejetées dans la mer les principaux fleuves d'Europe septentrionale – l'Elbe, le Rhin, la Meuse et l'Escaut – ce qui a conduit ces substances à s'accumuler à des concentrations très dangereuses dans la mer des Wadden et la baie d'Helgoland. A ce funeste fardeau s'ajoutent des polluants amenés de Grande-Bretagne, à travers la mer du Nord, par les vents venus de l'ouest.

Plus de mille espèces d'oiseaux, de poissons, de phoques et d'invertébrés vivent de la faune et de la flore de la mer des Wadden; 40 % des poissons de la mer du Nord y pondent leurs œufs. Les laisses de vase de cette mer représentent aussi une étape capitale pour les oiseaux migrateurs. Dans le golfe d'Helgoland, les difformités qu'on peut observer chez les poissons sont en nombre anormalement élevé; en est responsable la pollution par les pesticides et les déchets de l'industrie des colorants. 40 % des limandes présentent des plaies, des tumeurs et des lésions de la peau. On tient les fortes concentrations de biphényles polychlorurés pour responsables d'anomalies de la reproduction chez les phoques de la mer des Wadden; on les associe aussi à une épidémie qui a détruit des colonies entières de phoques dans la mer du Nord à la fin des années 80 *(voir p. 33)*. Les marsouins et les épaulards, naguère communs dans la mer des Wadden, sont devenus extrêmement rares, et des pêcheries autrefois florissantes ont fait faillite.

Même certaines zones côtières qui, jusqu'à présent ne semblaient pas affectées par l'industrialisation, n'ont pas échappé aux effets de la pollution. 98 % des biphényles polychlorurés qu'on trouve dans l'eau de mer sont amenés par l'atmosphère; ils restent en suspension dans l'air par suite de l'évaporation, puis sont souvent transportés par le vent sur des milliers de kilomètres. Même le Grand Nord de l'Arctique et d'autres régions lointaines sont aujourd'hui contaminées. On a trouvé des biphényles polychlorurés dans les tissus de dauphins, de baleines, de marsouins et d'autres cétacés qui vivent au large dans l'Océan; or ces produits peuvent détruire le système immunitaire et susciter des anomalies de la reproduction chez les mammifères. Chez certains de ces animaux, les concentrations de biphényles polychlorurés étaient très largement supérieures à celles qu'on trouve dans les déchets industriels toxiques.

L'inquiétude croissante de l'opinion publique concernant la pollution maritime a provoqué l'organisation d'une série de conventions ayant pour objet l'assainissement des mers. En 1987, les Etats riverains de la mer du Nord adoptèrent à cet effet un certain nombre de mesures, dont la cessation des déversements de déchets écologiquement nuisibles pour 1989 et l'arrêt de l'incération en mer des ordures pour l'horizon 1994. Ils décidèrent de plus que d'ici la fin du siècle, la consommation d'engrais tels que les nitrates et les phosphates, ainsi que celle des substances toxiques, persistantes ou susceptible de se concentrer dans la chaîne alimentaire, devra avoir diminué de moitié.

LES REPERCUSSIONS DE LA PECHE MODERNE

Depuis environ une décennie, la capture annuelle de poisson a dépassé ce que la FAO considère comme un maximum acceptable à long terme.

En 1986, la «moisson» des océans du monde entier représentait, pêches commerciales et pêches locales confondues, autour de 108 millions de tonnes métriques : ce chiffre dépassait de 8 millions de tonnes le maximum acceptable, et il s'accroît d'à peu près un million de tonnes par an. Il ne s'écoulera plus longtemps avant que les produits de la pêche ne commencent à diminuer.

Cela s'est déjà produit, du reste, pour beaucoup d'espèces de la faune marine, notamment les grandes baleines *(voir p. 222-223)*. Il y a de nombreux exemples de pêcheries commerciales qui ont fait faillite au cours des dernières décennies, après s'être livrées à une exploitation excessive, avoir perturbé les écosystèmes marins et réduit à la misère quantité de pêcheurs, leurs familles et les communautés dans lesquelles ils vivent.

180 NOTRE PLANETE QUI MEURT

On pense, par exemple, que la raie commune a complètement disparu dans la mer d'Irlande à la suite de pêches inconsidérées durant les années 70. Dans l'Atlantique Nord, on a tant pêché le hareng qu'il est au bord de l'extinction, cependant que les réserves de l'Atlantique en morues, en églefins et en capelans, ont gravement diminué. Dans l'Atlantique Sud, les prises de pilchards ont bien décliné et dans le Pacifique, même avant la dévastation causée par l'usage immodéré de filets à la traîne, les anchois, les saumons, les flétans, les limules et la perche du Pacifique s'étaient beaucoup raréfiés par suite d'un abus de pêche.

Ces pratiques n'affectent pas uniquement les poissons. Par exemple, durant les années 80, les réserves de capelans – un type de sardine qui sert à nourrir les animaux et à fabriquer des graisses commerciales – se sont trouvées tellement réduites, du fait des excès des pêcheurs norvégiens, qu'en 1988 la pêche de ce poisson a été interdite jusqu'à une date indéfinie. Mais le mal était déjà fait. La morue qui, normalement, se nourrit de capelans, en est réduite à manger ses propres rejetons. Frustrés de morue et de capelan, des centaines de phoques affamés ont envahi les côtes de la Norvège en quête de nourriture, appauvrissant encore les réserves de poisson et détruisant les élevages de saumon des fjords. En février 1987, en Norvège, 60 000 phoques ont été pris et noyés par accident dans des filets de pêche. Désormais, tandis que les jeunes abandonnent la pêche et partent pour chercher un emploi en ville, les communautés riveraines des fjords se défont.

◄ Pêcheurs à Belle-Ile-en-Mer. Dans le monde entier, à mesure que les flottes de pêche des nations industrialisées pillent les zones poissonneuses, les petits pêcheurs locaux, sur leurs barques analogues à celle-ci, sont en train de perdre leur unique moyen de subsistance.

«Aujourd'hui, la pêche océanique, c'est l'anarchie océanique.»
Jacques Cousteau.

LES MERS ET OCEANS

De l'autre côté de l'Atlantique, il en va de même : la diminution des ressources poissonnières, surtout en morue, menace de disparition nombre de communautés de pêcheurs de la côte orientale du Canada. L'économie de Terre-Neuve dépend en grande partie des flottes de chalutier, qu'on est en train de liquider, et des usines de traitement de poisson, qui sont en train de fermer leurs portes en mettant des milliers de travailleurs sur le pavé.

LES REPERCUSSIONS DE LA MODERNISATION

Derrière ces prises surabondantes de poisson dans le monde développé – et, de plus en plus, également dans le monde en voie de développement – se profile une cause majeure : l'amélioration des techniques de pêche. En Grande-Bretagne, par exemple, subventions et prêts du gouvernement et de la Communauté européenne ont encouragé les pêcheurs à construire des bateaux de plus en plus grands et à utiliser des filets aux mailles de plus en plus fines, qui capturent même les très jeunes poissons. Ces mêmes subventions leur permettent aussi d'acquérir des sonars de plus en plus sophistiqués pour repérer les bancs de poissons, lesquels se réduisent sans cesse. Après avoir investi dans ces équipements coûteux, il faut que les pêcheurs effectuent d'énormes prises pour payer les intérêts de leurs emprunts. Les voilà pris dans un cercle vicieux : il leur faut s'emparer en quantités croissantes de ressources en train de diminuer pour éviter la faillite.

▲ La pêche en excès des bancs d'anchois n'est qu'une des menaces qui pèsent sur les pêcheurs de l'Equateur. Ici, les réserves de poisson dépendent de courants d'eau froide qui ramènent à la surface des aliments pour les poissons. Au minimum tous les trois ans, au maximum tous les huit ans, un courant chaud, surnommé El Niño, arrive au moment de Noël. Alors, les bancs de poissons disparaissent, des milliers d'oiseaux de mer meurent de faim et les bateaux de pêche restent en rade. El Niño commence par un léger changement de la pression atmosphérique et de la température de la mer, à des milliers de kilomètres de là, en Australie. Si une petite modification naturelle peut avoir un tel effet sur un lieu de pêche aussi lointain, quel résultat aura, pour les ressources mondiales en poisson, le futur réchauffement de la planète ?

◀ Un macareux apporte des équilles à ses petits. En 1989, presque tous les 48 000 oisillons de cette espèce sont morts de faim sur une île de l'archipel des Shetlands. Des hécatombes analogues ont eu lieu ailleurs en Ecosse et en Norvège : les victimes en étaient des sternes, des mouettes tridactyles et d'autres oiseaux de mer. Ce désastre était causé en partie par la pêche excessive des équilles, qu'on utilise principalement pour nourrir les visons d'élevage. C'était la sixième année consécutive que ces oiseaux ne pouvaient parvenir à nourrir leurs petits. L'utilisation de petits poissons, comme les équilles, les capelans et les anchois, aux fins de nourrir des animaux, a souvent des résultats catastrophiques pour le reste de la faune.

182 NOTRE PLANETE QUI MEURT

▲ Un chalutier pratiquant la pêche nocturne. La pêche est devenue une industrie intensive qui se pratique vingt-quatre heures sur vingt-quatre, afin d'effectuer des prises massives et d'amortir un appareillage toujours plus coûteux.

▶ Une conserverie de thon : on voit ici à quelle échelle considérable se pratique aujourd'hui l'industrie de la pêche. L'Océan ne peut alimenter indéfiniment une production aussi massive et certains signes montrent déjà que les réserves de poissons sont en train de s'épuiser.

Bien que conscients des répercussions de ces excès de pêche sur leur subsistance à long terme, les pêcheurs ne disposent guère d'autre possibilité que de continuer à pêcher de façon forcenée pour survivre à brève échéance. Et bien que les gouvernements se rendent compte de la nécessité de mesures conservatoires, ils répugnent en général à imposer des quotas trop stricts à des communautés qui traversent des périodes difficiles.

Dans la mer du Nord, la Communauté européenne a progressivement réduit les quotas de pêche fixés pour les flottilles des divers pays, mais les propositions de la CEE ont régulièrement été atténuées par les gouvernements, qu'inquiétait la perspective d'un chômage menaçant dans l'industrie de la pêche. Il n'y a donc rien d'étonnant si les réserves d'églefins, de morues, de harengs, de merlans et d'autres espèces commerciales continuent à diminuer rapidement dans la mer du Nord. Les centaines de milliers d'habitants d'Europe

du Nord qui dépendent de la pêche ont devant eux un avenir peu prometteur.

Dans le Tiers-Monde également, c'est à la modernisation des méthodes de pêche qu'il faut attribuer les responsabilités du désastre qui se prépare pour les pêcheurs du fait de la diminution des réserves de poissons. Depuis l'introduction, au début des années 60, d'une flottille de chalutiers modernes, les communautés de pêcheurs de la Malaysia, pourtant située au centre d'un des terrains de pêche les plus riches d'Asie du Sud-Est, ont vue leur situation se détériorer constamment. Certes, la quantité totale de poissons capturés est demeurée à peu près la même durant les années 70 et 80, mais la proportion de menus poissons, inutilisables pour la consommation humaine, n'a cessé d'augmenter. En 1980, 80 % environ du poisson capturé sur la côte occidentale de la Malaysia consistaient la plupart du temps en blanchaille, c'est-à-dire en jeunes poissons d'espèces commercialement valables mais trop petits pour en faire autre chose que de l'engrais ou de la nourriture pour animaux.

Plus de cent millions d'hommes, dans le monde, vivent de la mer. La grande majorité en sont des pêcheurs traditionnels, «artisanaux», du Tiers-Monde, qui prennent le large sur de petits canoës ou des bateaux locaux comme le dhaw; ils capturent le poisson au moyen de lignes, de harpons ou de filets faits à la main. Dans le monde développé, pour les communautés de pêcheurs, l'épuisement des réserves aboutit au chômage; mais dans le Tiers-Monde, il peut déboucher sur la famine et la mort.

Le long des 5 600 kilomètres des côtes de l'Inde, le poisson est la principale ressource en protéines de dizaines de millions de gens pauvres. Mais il est en train de devenir de plus en plus cher, depuis que des bateaux de pêche perfectionnés, appartenant à des gros entrepreneurs et à des multinationales, accaparent les poissons et les coquillages pour les vendre dans les

« Du temps de mon père, il y avait des centaines et des centaines de bateaux à Newlyn, mais très différents de ceux d'aujourd'hui. La pêche était aussi différente… Aujourd'hui, cela dépasse les bornes. Ils ont dépensé des millions pour construire le nouveau quai; regardez tous ces gros bateaux amarrés, ils ont coûté des fortunes, et pourtant, il n'y a plus de poisson. D'abord ils ont pêché en trop grandes quantités la sardine, puis le hareng. Les navires allemands, des chalutiers aussi grands que les islandais, sont venus jusqu'à Plymouth et ont détruit le hareng, puis le maquereau. Tout le monde disait au Gouvernement qu'on ne pouvait pas continuer à prendre le maquereau comme ça, avec les gros chalutiers, les navires-usines et tout le reste, mais ils continuaient à dire que selon les scientifiques, il y en avait encore beaucoup… Après la sardine, ils pensaient que cela n'avait pas d'importance, comme il restait le hareng. Et quand le hareng avait complètement disparu, il restait encore le maquereau. Je suppose qu'ils pensent qu'après le maquereau il y aura encore quelque chose d'autre, mais je ne vois vraiment pas ce que cela pourrait être. On vit du jour au lendemain, ou peut-être jusqu'à la fin de la semaine, sans penser à l'avenir. »

Joe Tonkin, pêcheur des Cornouailles.

◀ Une tortue de mer prise par la grande ligne d'un bateau de pêche. Comme les baleines et les dauphins, ces reptiles ont besoin de remonter à la surface pour respirer. Prises au piège sous l'eau soit par une longue ligne, soit dans un filet de pêche, les tortues de mer se noient et périssent.

184

«Même le sonar très sophistiqué du dauphin ne peut pas toujours le prévenir du danger. C'est pourquoi les dauphins se font prendre dans le filet. Comme les baleines, les phoques et les tortues de mer. Les oiseaux de mer, attirés par le poisson pris au piège, plongent dans le filet et se noient. Certaines victimes parviennent à s'échapper, pour agoniser ensuite pendant des semaines, voire des mois. Mais la plupart restent prises au piège et meurent. Les filets sont relevés le matin et on peut alors faire le décompte des prises…»
Rapport de Greenpeace sur la pêche à la traîne pratiquée par les Japonais dans le Pacifique.

▶ Des pêcheurs indonésiens en train de lancer un de leurs filets. Mais la pêche risque d'être maigre : les grands chalutiers épuisent rapidement leurs réserves traditionnelles de poisson.

▼ Un thon pris dans un de ces grands filets qu'on a surnommés «murs de la mort» en raison de leurs effets désastreux sur la faune océanique. A la suite de pressions internationales considérables, le Japon a accepté une résolution des Nations unies prohibant l'usage de ces filets dans le Pacifique méridional. Cette résolution s'étendra à d'autres parties du monde en 1992.

villes et sur le marché international. La pêche des crevettes s'est avérée exceptionnellement nocive, car elle se fait au moyen d'immenses filets, très lourds, remorqués et traînés sur le fond de la mer : ces filets attrapent aussi les œufs d'autres poissons.

En Indonésie, les artisans pêcheurs en colère ont détruit les filets et les bateaux à moteur des gros entrepreneurs et ils ont attaqué les équipages de chalutiers qui s'approchaient trop près des terrains de pêche traditionnels. Les 64 000 pêcheurs des villages thaïlandais ne réussissent à attraper que 30 % du poisson des eaux territoriales du pays : le reste va aux chalutiers qui ne représentent que 15 % du total de la flottille de pêche thaïlandaise.

PECHERIES ET ALIMENTATION

Les répercussions des excès de pêche et de la pollution sur l'approvisionnement alimentaire mondial risquent d'être graves. Le poisson est la source de près d'un quart des protéines que consomme l'humanité, bien que deux tiers seulement des pêches commerciales du monde soient mangés par des êtres humains, le reste servant à nourrir des cochons et des poulets qu'on élève par des méthodes intensives. Dans beaucoup de pays et d'îles où le revenu par habitant est très bas, le poisson est la source principale de protéines animales.

Beaucoup de spécialistes des problèmes alimentaires et de ceux du développement espèrent que l'aquaculture compensera les déficiences des pêches océaniques; mais, par une ironie de l'histoire, l'aquaculture a souvent contribué à la destruction de terrains de pêche naturels. En Equateur, par exemple, la culture artificielle des crevettes a amené la destruction de vastes étendues de la mangrove dont dépend l'existence des poissons. L'aquaculture provoque aussi de la pollution. La vérité, c'est qu'on ne peut plus considérer les mers comme une source illimitée de nourriture, pas davantage qu'elles ne peuvent constituer une poubelle sans fond. L'océan est le berceau de la vie sur notre planète, c'est un milieu dans lequel les êtres vivants se sont développés et diversifiés pendant quatre milliards d'années. Mais à moins qu'on ne mette rapidement un terme à la pollution et à l'exploitation abusive des mers, ce berceau de l'humanité, avec ses richesses incommensurables, risque fort de devenir un tombeau.

Les RECIFS *de* CORAIL

Chaque année, pendant la mousson, de violentes tempêtes et une mer déchaînée s'acharnent contre les côtes du Sri Lanka. Là où les récifs de corail qui protègent l'île sont intacts, la mer cause peu de dégâts. Mais aux endroits où les récifs ont disparu, sapés par les entrepreneurs qui exploitent le calcaire du corail, la mer attaque le rivage et, avec toute sa furie élémentaire, elle déracine les plantations de cocotiers, déchiquète des secteurs entiers de plages, inonde routes et lignes de chemin de fer et détruit les maisons. En 1986, les dégâts ont été si étendus qu'un des ministres du gouvernement a déclaré que, si l'on ne prenait pas immédiatement des mesures d'urgence, «il ne resterait plus de côte à protéger».

Ce sont les Hollandais qui, les premiers, ont commencé à détruire les récifs de corail, dont ils utilisaient le calcaire pour construire leurs forteresses et leurs maisons, et même pour paver leur villes. Les Sri Lankais, eux, continuaient sagement à bâtir en pisé. Mais avec l'indépendance, le pays fut saisi d'une frénésie de modernisation qui provoqua dans la construction un boom sans précédent. Des plans de lotissement se succédèrent, avec pour objectif de loger plus d'un million de personnes dans des immeubles en béton, de style européen; et ce fut le corail qui fournit le calcaire nécessaire. En 1987, on utilisait de cette manière dix mille tonnes de corail par an, et le sort de grandes zones des récifs du Sri Lanka était scellé. Sur l'ensemble de la planète, les récifs de corail recouvrent une superficie d'environ 600 000 kilomètres carrés; ils se développent dans des eaux chaudes, peu profondes, et la plus grande partie se situe sous les tropiques. On trouve parfois des coraux dans des eaux plus froides, mais ils ne constituent pas de récifs et croissent très lentement.

◄ Un corail rouge, dit «éventail de mer», se ramifiant dans les eaux qui entourent un récif. Les récifs sont composés de diverses espèces de coraux, dont certaines supportent les assauts des vagues, mais d'autres, plus délicates, comme cet «éventail de mer», ne peuvent subsister que loin des turbulences de l'océan ou dans les eaux calmes d'un lagon.

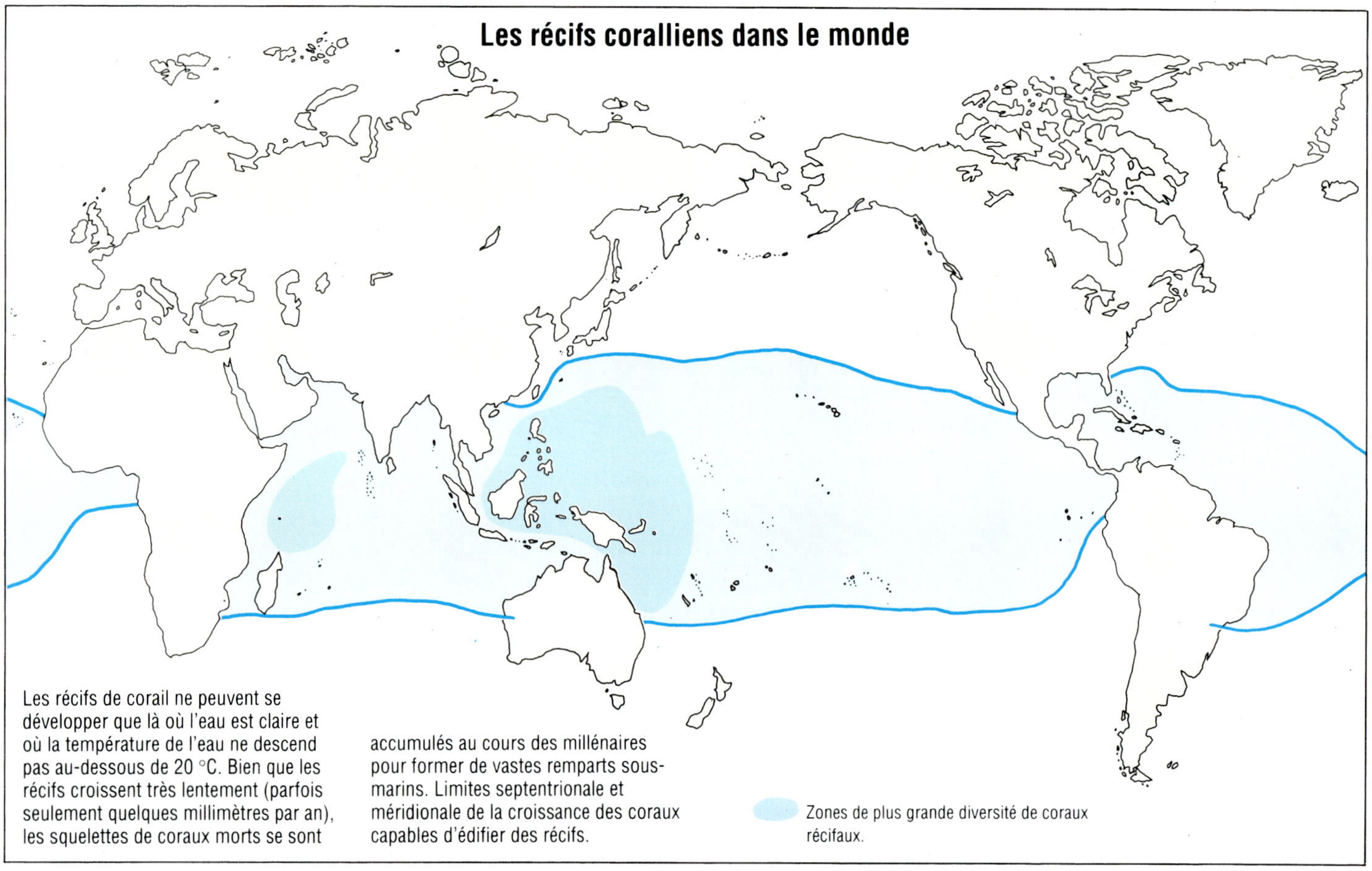

188 NOTRE PLANETE QUI MEURT

Les récifs coralliens dans le monde

Les récifs de corail ne peuvent se développer que là où l'eau est claire et où la température de l'eau ne descend pas au-dessous de 20 °C. Bien que les récifs croissent très lentement (parfois seulement quelques millimètres par an), les squelettes de coraux morts se sont accumulés au cours des millénaires pour former de vastes remparts sous-marins. Limites septentrionale et méridionale de la croissance des coraux capables d'édifier des récifs.

Zones de plus grande diversité de coraux récifaux.

LES RECIFS DE CORAIL

«Plus profond, on trouve de minuscules arbres bleus à fleurs blanches. Il s'agit du véritable corail, le semi-précieux Corallium rubrum, qui forme de fragiles fantaisies de calcaire. Durant des siècles, on a commercialisé le corail, en le draguant dans la Méditerranée avec des «croix à corail», une sorte de drague de bois qui brisait les coraux et ne remontait que quelques branches. Les coraux épais du fond, qui ont pu mettre plusieurs siècles pour pousser, n'existent plus.»
Jacques Cousteau.

▼◄ Un banc de poissons à la surface d'un récif au crépuscule. La vie d'un récif peut se manifester de façon spectaculaire pendant le jour, mais c'est seulement la nuit que se révèle toute sa richesse. L'obscurité permet à d'innombrables espèces de poissons et d'autres animaux de quitter les crevasses du récif pour s'alimenter. Certains consomment le corail lui-même, d'autres absorbent le plancton ou des plantes sous-marines, ou encore mangent d'autres poissons.

Il existe trois types principaux de récifs coralliens, qui sont déterminés dans une grande mesure par la géologie du terrain. A la fin de la dernière ère glaciaire, au fur et à mesure que l'atmosphère se réchauffait, le niveau de la mer commença à s'élever. Certains coraux adoptèrent le même rythme que la mer et constituèrent ce qu'on appelle des récifs frangeants, qui sont très proches du rivage. D'autres, les récifs-barrières, furent séparés de la terre ferme par de profonds détroits, formés par l'abaissement du fond de la mer. Une troisième catégorie, les atolls, se sont formés sur le bord d'un volcan englouti, dont le cratère a constitué le lagon. Le plus grand banc de coraux du monde est la Grande Barrière, au large de la côte orientale de l'Australie.

L'EDIFICATION D'UN RECIF

Le processus par lequel se crée un récif fournit un exemple remarquable de «mutualisme», c'est-à-dire du développement de relations entre organismes vivants qui sont réciproquement bénéfiques l'un pour l'autre. Le bloc de corail fondamental du récif est un petit organisme qu'on nomme «polype corallien». A l'intérieur des cellules du polype vivent d'innombrables petites algues, qu'on appelle les zooxanthelles et qui se nourrissent de sels minéraux contenus dans les déchets du polype. Contrairement aux polypes, les zooxanthelles sont des photosynthétiseurs et peuvent produire des sucres en se servant de l'énergie solaire. Elles convertissent les substances azotées et phosphorées et le gaz carbonique qu'excrète le polype en oxygène et en riches matières organiques, lesquelles, en contrepartie, nourrissent et entretiennent les polypes. D'autres algues se développent aussi à l'extérieur des polypes, à la surface du récif, comme de l'herbe pousserait sur un terrain, ce qui procure aux poissons et aux autres animaux marins une abondante nourriture.

Il en résulte une méthode de recyclage minéral extrêmement efficace, qui permet aux coraux de survivre dans des eaux pauvres en substances nutritives. Grâce à l'activité des algues, les coraux jouissent d'une productivité très élevée : on a pu dire à juste titre qu'ils sont les équivalents marins des forêts pluviales tropicales. Comme celles-ci, ils font partie des écosystèmes les plus diversifiés du monde, un récif typique contenant jusqu'à trois mille espèces.

Pour se protéger des prédateurs, les polypes édifient des squelettes externes, contenant du calcium, dans lesquels ils vivent et se nourrissent. Quand le corail meurt, le récif, lui, se développe, les squelettes vides étant solidifiés par l'action de bactéries et d'algues. Certaines de ces algues possèdent aussi une coquille protectrice, ce qui contribue à l'efficacité du processus. Véritables labyrinthes de crevasses, de fentes et de creux, les récifs coralliens procurent des abris aux poissons et deviennent ainsi des sortes d'alevinières qui comptent parmi les plus riches du monde.

En élaborant leurs squelettes calcaires, les polypes débarrassent l'atmosphère du gaz carbonique; ils jouent ainsi un rôle majeur dans l'abaissement de la température de la surface de la Terre *(voir p. 20)*. Selon des hommes de science comme James Lovelock, il se pourrait qu'ils contribuent à régler l'équilibre salin des océans. Etant donné que les mers reçoivent chaque année des quantités de sels minéraux en provenance des continents, on a toujours considéré comme un mystère le fait que la salinité de la mer demeure si constante. Les récifs de corail apportent peut-être une partie de l'explication de ce mystère. En s'édifiant, pendant des millénaires, ils forment des lagons et des mers fermées, créant ainsi d'efficaces bassins d'évaporation naturelle. Exposés au soleil, ces bassins se dessèchent, laissant derrière eux d'énormes dépôts de sel. De façon significative, tous les gisements de sel importants du monde sont contenus dans des barrières calcaires, ce qui suggère que ce processus s'est poursuivi pendant des millénaires.

LA DESTRUCTION DES RECIFS DE CORAIL

Les récifs sont particulièrement vulnérables à toute perturbation susceptible de remuer les sédiments. Une des raisons en est que les zooxanthelles ne peuvent fonctionner dans des eaux troubles; une autre, que les sédiments étouffent le corail. Il en résulte que les récifs

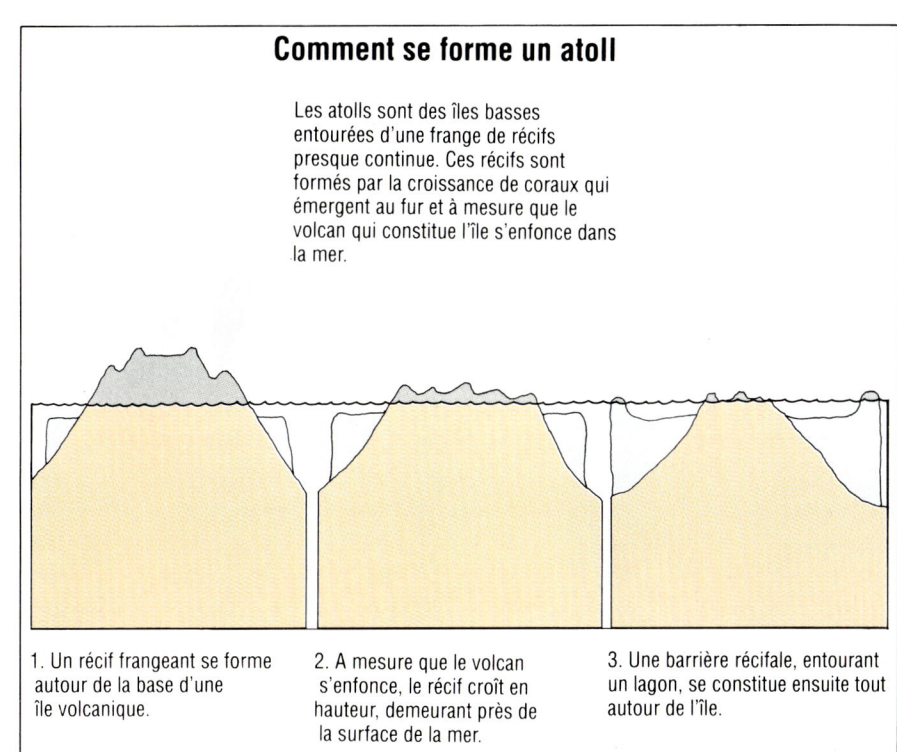

Comment se forme un atoll

Les atolls sont des îles basses entourées d'une frange de récifs presque continue. Ces récifs sont formés par la croissance de coraux qui émergent au fur et à mesure que le volcan qui constitue l'île s'enfonce dans la mer.

1. Un récif frangeant se forme autour de la base d'une île volcanique.
2. A mesure que le volcan s'enfonce, le récif croît en hauteur, demeurant près de la surface de la mer.
3. Une barrière récifale, entourant un lagon, se constitue ensuite tout autour de l'île.

190 NOTRE PLANETE QUI MEURT

▼ Un pêcheur martiniquais vend des coquillages et des coraux aux touristes : ce seront certes de charmants souvenirs de vacances sous les tropiques, mais pour les recueillir il a fallu causer aux récifs de graves dommages. Pour préserver les récifs coralliens et leur faune, certains pays ont mis en place des parcs marins où la récolte des coquillages et la pêche au harpon sont interdites. On peut observer le contraste frappant entre les récifs qui se trouvent dans ces parcs et les autres.

▶ Des coraux extraits d'un récif en Indonésie. Au moyen de pinces ou d'explosifs, les pêcheurs de corail peuvent détruire en quelques heures les résultats de siècles de croissance. Dans des régions comme l'Indonésie, les récifs protègent les côtes de l'érosion par la mer. En sapant ce «mur de corail», on expose les rives aux assauts de l'océan.

de corail du monde entier sont de plus en plus menacés, et menacés par l'homme. Selon une étude récente, dans 93 des 109 pays du monde qui disposent de zones coralliféres importantes, les récifs ont subi des dommages plus ou moins graves.

De beaucoup de récifs, on a extrait le calcaire des polypes; d'autres ont été purement et simplement taillés en pièces. Des pêcheurs en ont fait sauter certains au moyen de dynamite, prenant au filet les poissons morts ou étourdis au moment où ils remontaient à la surface. La pratique de cette «pêche à la dynamite» a détruit quelques-uns des plus beaux récifs du Kenya, de Tanzanie et de l'île Maurice.

L'exploitation commerciale du corail pour la bijouterie – aux Etats-Unis, les importations de coraux ont été multipliées par sept entre 1960 et 1988 – a également prélevé son tribut, de même que les touristes qui ont pillé les récifs coralliens pour se procurer des souvenirs de vacances.

Mais les activités humaines les plus destructrices sont sans doute les nombreux essais nucléaires auxquels procède continuellement la France dans l'atoll polynésien de Mururoa. Environ une centaine d'engins atomiques y ont déjà été testés et l'atoll s'enfonce progressivement dans la mer. Les militaires français envisagent de déplacer leurs activités vers une autre île du Pacifique, Fangataufa.

◀ L'étoile de mer se nourrit de polypes coralliens. Certains biologistes soupçonnent que les activités humaines contribuent à la prolifération de cet animal destructeur qui cause la perte de vastes zones de coraux.

▼ L'érosion d'une plage de l'île indonésienne de Bali. Après la destruction de récifs protecteurs, des tempêtes ont emporté le sol des rives et renversé des palmiers qui croissaient près du bord.

Le déboisement, surtout celui des collines proches des côtes et celui des mangroves, a eu un effet dévastateur sur les coraux; par suite de l'érosion des sols et de la végétation, nombre de récifs se sont trouvés littéralement étouffés.

Les coraux sont également vulnérables à l'écoulement des égouts et au déversement de substances chimiques, tant les engrais que les pesticides. Par suite de la décharge dans la mer d'engrais et d'eaux usées riches en substances nutritives, la végétation d'algues s'est trouvée abîmée, et la pollution chimique a carrément empoisonné certains récifs. On soupçonne aussi, bien que cela n'ait pas pu encore être prouvé, que les activités humaines ont joué un rôle dans la prolifération d'étoiles de mer du genre *Acanthaster planci*, principal prédateur des polypes coralliens. Actuellement, ces étoiles de mer ne se trouvent que dans la mer Rouge et dans les océans Indien et Pacifique, où elles ont ravagé beaucoup de récifs, mais on craint qu'elles ne pénètrent bientôt dans la mer des Antilles par le canal de Panama.

Il est certain que les changements de climat affectent les coraux. Si les océans tropicaux se réchauffent, les zooxanthelles disparaîtront, car elles ne peuvent supporter une eau ayant plus de 30 °C. Leur mort entraîne la décoloration du récif. En 1987, et à nouveau en 1989, dans l'ensemble des Antilles, les

récifs de corail se sont décolorés en masse. Les coraux décolorés ne se développent pas adéquatement et ne se régénèrent que lorsqu'ils sont recolonisés par les algues. S'il se produisait un réchauffement important du globe, les récifs coralliens tropicaux du monde entier seraient condamnés à disparaître.

Mais d'autre part, en cas d'élévation de la température, les récifs de corail pourraient aussi se développer sur une plus grande échelle s'ils se déplaçaient vers des régions subtropicales. Par ailleurs, ils pourraient également être «noyés» si le niveau de la mer s'élève plus rapidement qu'il ne leur est possible de croître. Ceux des coraux qui se développent le plus vite, tel le corail rouge «à tentacules», sont les plus susceptibles d'être endommagés par les tempêtes, or celles-ci sont appelées à devenir à la fois plus fortes et plus fréquentes au fur et à mesure que les océans se réchaufferont.

POUR ARRETER LA DESTRUCTION

Si l'on s'en servait sagement, les récifs de corail pourraient procurer à l'humanité d'énormes profits, comme ils l'ont fait pendant des siècles. On estime à 9 millions de tonnes par an le rendement potentiel en poisson et en fruits de mer des récifs existants. Heureusement, certains gouvernements commencent à reconnaître leur importance : 65 pays ont, désormais, déclaré zones protégées environ trois cents sites de récifs coralliens, et on a recommandé de classer de la même façon six cents zones supplémentaires. Ce qui est encore plus encourageant, c'est que des organismes comme le Fonds mondial pour la nature ont reconnu la sagacité de certaines pratiques traditionnelles du traitement des récifs. Désormais dans plusieurs parcs, ces organisations cherchent activement à remettre directement la gestion des récifs entre les mains des communautés locales.

Mais il ne suffira pas de désigner les récifs de corail par le terme de «parc nationaux». Il faut aussi s'attaquer aux causes profondes de la destruction. Et il s'avérera que c'est là la tâche la plus ardue.

◀ L'île de Moorea, en Polynésie française, présente des rivages fortement sculptés, protégés par une barrière de corail. Cette vue aérienne montre bien l'effet protecteur du récif. Celui-ci reçoit de plein fouet les brisants du Pacifique, mais derrière lui les eaux peu profondes du lagon sont calmes. Pendant des millions d'années, d'autres îles comme celles-là se sont peu à peu érodées et sont devenues des atolls *(voir p. 193)*.

Les ILES

L'île de Socotra se trouve à l'entrée du golfe d'Aden, à l'endroit où la mer d'Oman se fond dans l'océan Indien. Appartenant au Yemen du Sud, Socotra possède quelques-unes des plantes les plus exotiques du monde. On y trouve des euphorbes aux imposantes tiges sans feuilles, poussant chacune d'une racine individuelle, pour former une masse de colonnes vertes, semblables à des cierges géants. On y voit aussi des plantes succulentes pareilles à des arbres, dont les fleurs rouges et humides ressemblent à des figues ouvertes. Le plus étrange de tous est le carambolier cylindrique, aussi appelé «arbre à concombre» bien que son tronc ne présente nullement la forme relâchée de celui des cucurbitacées : il est robuste, bien droit, charnu et renflé; il porte à son sommet des touffes de feuilles et de fleurs.

Comme 85 autres espèces de plantes de l'île de Socotra, cet arbre y est «endémique», c'est-à-dire que son territoire est strictement défini et qu'on ne le trouve nulle part ailleurs, et comme celui des autres plantes «endémiques» de Socotra, son avenir est incertain. Au cours des deux derniers millénaires, depuis l'arrivée de l'homme, Socotra a été presque entièrement dépouillée de sa végétation par des générations de chèvres, de moutons et de chameaux. Jadis habitée par des lézards géants, des crocodiles et divers types de serpents, l'île n'héberge plus que quelques-uns de ses animaux d'origine. Ce qui était autrefois une terre bien irriguée, avec des cours d'eau et des pâturages verts, est devenu un roc sec et nu. C'est seulement sur les pentes les plus abruptes, qui recueillent un peu de pluie et offrent un refuge aux chèvres toujours affamées, que peuvent subsister quelques-une des plantes primitives de Socotra.

◀ Les tortues géantes n'ont survécu qu'aux îles Galapagos, dans le Pacifique, et à Aldabra, dans l'océan Indien. Trois autres populations de tortues géantes, à l'île Maurice, à Rodriguez et aux Seychelles, se sont éteintes avant 1900, massacrées par des pêcheurs de baleines en quête de nourriture. Comme l'a noté Charles Darwin, chacune des îles Galapagos héberge une espèce distincte de tortue : on peut les identifier grâce au dessin compliqué de leur carapace.

NOTRE PLANETE QUI MEURT

▲ La Guadeloupe est l'une des rares îles des Antilles dont la végétation d'origine subsiste.

▲▶ Des Sifakas de Madagascar : c'est l'une des 26 espèces survivantes de lémuriens, qui connaîtront bientôt le même sort que 12 autres espèces du même ordre, déjà disparues.

▲ Le magnifique takahé de Nouvelle-Zélande : cet oiseau incapable de voler est menacé par les cerfs qu'on a implantés dans les îles.

L'histoire de cette île est loin d'être exceptionnelle. Dispersées sur toutes les mers et les océans du monde entier, il y en a quantité d'autres où l'homme a fait des dégâts dont on ne parle jamais, détruisant la flore et la faune originales de ces territoires. Une bonne partie de ces destructions a commencé il y a des siècles, au moment où ont débarqué les pionniers, colonisateurs ou simples marins. Des 94 espèces d'oiseaux qu'on sait avoir disparu par extinction depuis 1600, 85 étaient des espèces insulaires. Parmi eux le «dodo» de l'île Maurice, massacré par les marins affamés, le grand pingouin de l'Atlantique Nord, qu'on a décimé pour son huile, et les dinornis de Nouvelle-Zélande («moas») que les chasseurs maoris ont tués jusqu'au dernier. D'autre espèces ont souffert de sévices infligés par les animaux que les colonisateurs, surtout européens, ont amenés avec eux : rats, chats, chèvres, porcs et ânes.

Les chèvres et autres animaux qui paissent détruisent la végétation originale, dont dépendent les oiseaux. En tout juste vingt ans, les lapins ont réduit à néant trois espèces «endémiques» d'oiseaux de l'île de Laysan, dans l'archipel des Hawaii. De même les wallabies ont provoqué la quasi-disparition de l'oie de Hawaii qui ne subsiste que parce que l'on a réussi à la faire se reproduire en captivité. Quant au notornis ou «takahé» de Nouvelle-Zélande, l'introduction de cerfs dans ces îles a fortement contribué à son déclin.

Les plantes «étrangères», c'est-à-dire qui ne sont pas natives d'un territoire donné, peuvent avoir des effets aussi dévastateurs, comme le prouve le foisonnement des ajoncs dans certaines parties de la Nouvelle-Zélande *(voir p. 96)*. Les touristes qui se rendent en nombre croissant aux Galapagos y amènent sans le vouloir des graines de plantes étrangères, attachées aux semelles de leurs chaussures, et ces plantes robustes se répandent ensuite bien au-delà des chemins empruntés par les visiteurs, nuisant par leur concurrence à la flore originale des îles.

LES EFFETS DE L'ISOLEMENT

Les espèces insulaires doivent leur vulnérabilité à des millénaires d'isolement et au fait que certaines plantes et certains animaux éprouvent davantage de facilité que d'autres à atteindre les îles. Parmi les animaux, les oiseaux, les chauves-souris et les insectes détiennent l'avantage évident de voler, tandis que les reptiles à sang froid peuvent survivre après un long trajet par la mer : ils subsistent, sans avoir besoin de s'alimenter, sur des pièces de bois qui flottent et se laissent porter par les flots. De tels voyages sont beaucoup plus difficiles pour les mammifères terrestres, qui n'ont colonisé que quelques îles d'accès aisé; aussi la plupart des territoires insulaires sont-ils quasiment exempts de mammifères prédateurs.

Les animaux qui ont évolué sur des îles n'ont pas besoin des dispositifs de défense qui leur seraient nécessaires ailleurs. Les oiseaux insulaires, par exemple, perdent souvent leur aptitude au vol, finissent par nidifier au sol et, de ce fait, s'apprivoisent remarquablement bien; ainsi le «dodo» de l'île Maurice est devenu un symbole de stupidité parce qu'il n'a pas peur de l'homme. Cette crainte était superflue dans un monde insulaire inhabité, et quand Charles Darwin a exploré les Galapagos, les oiseaux se perchaient à portée de son bras pour mieux le regarder.

L'isolement a également engendré de l'excentricité et des caractéristiques uniques chez beaucoup d'êtres vivants insulaires, et plus l'île est éloignée, plus ses habitants sont individualisés.

A Hawaii, qui a émergé de la mer il y a cinq millions d'années sous la forme d'un amas de lave nu, de nouvelles espèces d'oiseaux sont peut-être arrivées moins d'une fois tous les 250 000 ans. Trouvant des niches écologiques inoccupées, certaines de ces espèces se sont multipliées et diversifiées, produisant quantité de nouvelles espèces qui ont rempli les niches vacantes. Cette expansion, que les évolutionnistes appellent «rayonnement adaptatif», donne naissance à des groupes frappants d'espèces très proches les unes des autres, mais avec des régimes très différents, comme le sucrier de Hawaii ou le pinson des Galapagos.

Les îles, laboratoires vivants

Les îles évoquent des «laboratoires vivants» parce qu'elles démontrent, sur un territoire limité, la nature des forces qui règnent sur nombre d'espèces végétales et animales. Aux Antilles, en effectuant des recherches sur les reptiles et les amphibiens, on a pu démontrer que, pour un territoire insulaire dix fois plus grand, le nombre des espèces ne fait, en gros, que doubler. Si l'on applique ce résultat au passé, on en déduit que de très petites îles – et, de façon similaire, des «îles» continentales comme les réserves naturelles – ne peuvent entretenir que relativement peu d'espèces.

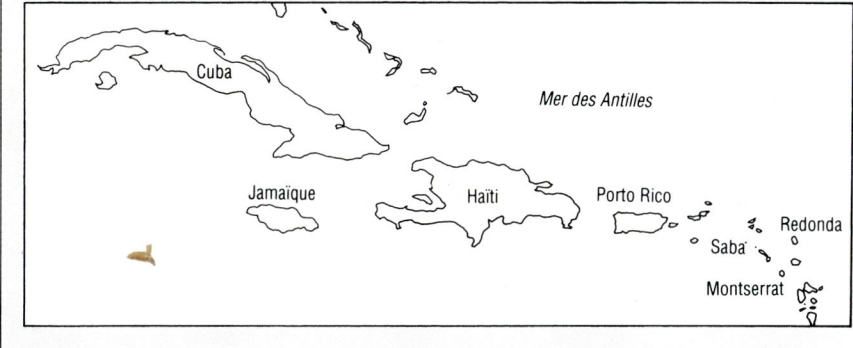

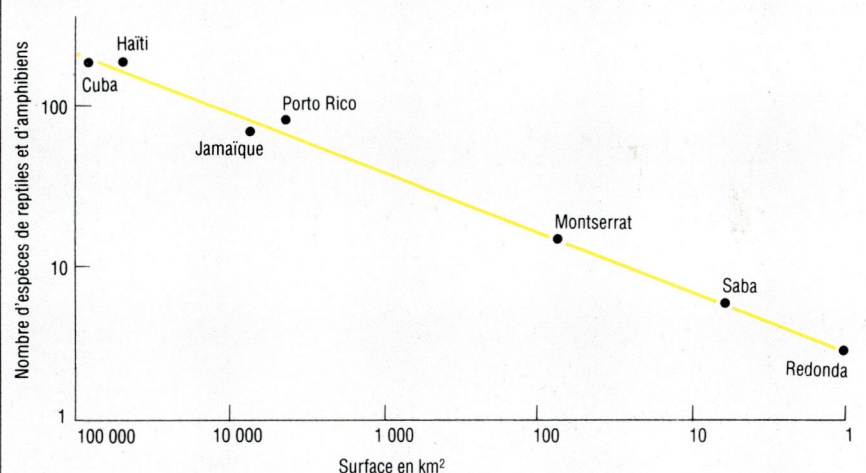

Adapté de 'Threats to Biodiversity', par Edward O. Wilson.
Copyright ©1989 by Scientific American, Inc. All rights reserved

LES MENACES QUI PRESENT SUR LA FAUNE ET LA FLORE DES ILES

En dépit du message très explicite du passé, on continue à introduire des plantes et des animaux dans des parties du monde dont il ne sont pas originaires. Les chats sauvages qui se sont évadés dans des régions reculées d'Australie font beaucoup de mal aux marsupiaux natifs du pays, et le vison, introduit en Grande-Bretagne par les éleveurs négociants en fourrures, menace les rares représentants survivants de la loutre locale. En Nouvelle-Zélande, le seul espoir de sauver certaines espèces, comme le perroquet nommé kakapo, réside dans leur transplantation dans de

«Tel est ainsi l'aspect de Rona, à peine un atome dans l'océan du Nord ; mais une telle île est bien plus que cela biologiquement parlant. C'est plutôt une métropole pour la très grande diversité d'animaux qui l'occupent toute l'année, ainsi qu'une halte très importante pour beaucoup d'autres.»
Frank Fraser Darling, Island Years.

petites îles où il n'y a ni rats, ni hermine, ni belettes.

Détruire un habitat sur une île, c'est beaucoup plus nocif que de détériorer un milieu continental, car le milieu insulaire est déjà restreint, et toute réduction supplémentaire risque d'en amener la population à un niveau qui en rend la survie impossible. Le déboisement de Hawaii a déjà anéanti beaucoup des oiseaux «endémiques» de ces île, et la situation des makis, des tenrecs et d'autres espèces uniques à Madagascar exige une action urgente. Il arrive souvent que les îles aient une importance militaire stratégique, et cela aussi est un facteur de risque pour leur faune et leur flore.

Autre grave menace pour les îles : elles sont «loin des yeux, loin du cœur». Certes, on ne considère plus comme admissible d'y exiler des forçats et des dictateurs indésirables, mais c'est à une méthode tout à fait comparable que recourent les Etats-Unis quands ils tentent de faire de l'île Johnson, dans le Pacifique, une poubelle pour les déchets chimiques en temps de guerre. Par ailleurs, les essais nucléaires continuels auxquels procède la France et qui mettent en péril la santé des insulaires du Pacifique, non seulement en ce moment, mais pour les siècles à venir, représente, quant à l'environnement, une forme d'impérialisme de la pire menace.

Pour quelques îles, la menace la plus grave émane d'événements lointains et apparemment sans rapport entre eux : l'utilisation extravagante de combustibles fossiles par les autres nations développées et la destruction massive des forêts pluviales tropicales. Une hausse même minime du niveau des mers, induit par le réchauffement du globe *(voir p. 44-57)*, engloutirait les îles plates et basses comme l'archipel des Maldives, celui des Tuvalu et celui des Tonga.

▶ Des vestiges d'un essai nucléaire dans l'île Christmas.

▶▶ La Nouvelle-Calédonie compte, parmi ses arbres, l'étrange araucaria, espèce fort ancienne de conifères qui s'est développée sous des formes diverses «endémiques» sur cette île et quelques autres du voisinage. En beaucoup de points, des opérations minières ont dépouillé le pays de ces arbres uniques.

▼ L'environnement, apparemment virginal, de la Polynésie française est en réalité toujours empoisonné par les essais nucléaires.

LES ILES 199

Les MONTAGNES

Pour la tribu Ok des hauts plateaux de la Nouvelle-Guinée centrale, le mont Fubilan était une montagne sacrée, qui se dressait au sommet du pays des morts. A la fin des années 60, on convainquit la tribu d'affermer sa montagne à une compagnie minière. A l'intense stupéfaction des Oks, cette compagnie se mit à creuser systématiquement le sommet du mont Fubilan. Au cours des deux prochaines décennies, ce sommet de 2 000 mètres d'altitude aura cessé d'exister. Pour exploiter les réserves de cuivre et d'or du mont Fubilan, la compagnie minière a l'intention de supprimer complètement la montagne sacrée. Quand la mine sera épuisée, tout ce qui en restera, ce sera un trou dans le sol, un trou de 1 200 mètres de profondeur.

L'HISTOIRE NATURELLE DES MONTAGNES

Avec sa toison de végétation tropicale luxuriante, le mont Fubilan est un exemple particulièrement riche d'un écosystème montagnard. Les zones montagneuses recouvrent à peu près un tiers de la surface du globe. En raison de leur altitude, elles jouissent d'un climat différent de celui des terres environnantes et elles possèdent leur propre faune et leur propre flore, distincte des variétés de plantes et d'animaux qu'on trouve alentour. Faire l'ascension d'une montagne, c'est comme faire un voyage au pôle : la température se rafraîchit sans cesse et les types de plantes et d'animaux changent à mesure que l'on monte. Quand on s'élève de 200 mètres, la température baisse en général de plus de 2 °C.

Les zones élevées, surtout si elles se trouvent sur le trajet de vents chauds et humides en provenance de l'Océan, sont gratifiées de grandes quantités de pluie et, à des altitudes plus élevées encore, elles reçoivent beaucoup de neige. Comme l'air qui passe par-dessus la crête d'une montagne a déjà perdu la plus grande partie de son humidité, les régions situées sous le vent tendent à être beaucoup plus sèches.

◀ Le mont Etale dans les Alpes françaises. Bien qu'elles paraissent toujours d'une netteté virginale, la circulation routière a fait des Alpes la chaîne la plus polluée du monde.

Les montagnes comportent plusieurs zones de végétation tout à fait distinctes. La flore et la faune qu'on y trouve et l'altitude des limites entre ces zones varient considérablement d'une chaîne de montagnes à l'autre dans les différentes parties du monde, mais la façon dont se succèdent les zones est en gros similaire. Le mont Colombus et le mont Bolivar, dans la chaîne colombienne nommée Sierra Nevada, en fournissent un exemple frappant. Se dressant exactement à 42 kilomètres de la côte, ces sommets de 5 775 mètres sont les plus élevés qu'on puisse trouver n'importe où dans le monde aussi proches de la mer. Et nulle part ailleurs sans doute les principales zones écologiques ne sont-elles toutes aussi clairement définies. Sur le rivage, au pied des montagnes, les tortues pondent leurs œufs et les caïmans nagent dans les eaux tranquilles des marais de la mangrove. La plaine côtière, avec ses broussailles épineuses et ses cactus, jouit d'un climat chaud et humide. Au-dessus de 200 mètres, la forêt tropicale humide commence. Elle est riche en espèces variées de plantes et d'animaux : palmiers, caoutchoucs, cèdres, caroubiers, lianes massives qui pendent comme des cordes tordues, et une incroyable diversité de serpents, d'oiseaux et de papillons. Ici l'on peut voir le jaguar chasser furtivement le tapir et, occasionnellement, l'ocelot. Ensuite, la jungle humide cède la place à la forêt à pluies froides et à nuages, où poussent le céroxylon (palmier à cire), le laurier, l'aune et le myrte. Au-dessus de 3 000 mètres, on trouve des arbres nains et des herbes dorées dans la toundra et la bruyère balayées par les pluies. Plus haut encore, arbres nains et buissons ne peuvent même plus se développer, et le paysage est une alpe nue, que surmontent enfin les étendues glacées des deux sommets. A très haute altitude, quand les températures estivales ne s'élèvent jamais assez pour faire fondre toute la neige, celle-ci peut s'agglomérer en glace et former des

▲ Un glacier dans le massif du Mont-Blanc. Le réchauffement de la planète entrainera sans doute la fonte de ces glaciers, ce qui aura sur le climat des répercussions imprévisibles.

◀ Le puma d'Amérique du Nord est dit aussi «cougouar» ou «lion des montagnes». Les chaînes de montagnes offrent souvent refuge à de gros mammifères qui, en raison de l'intrusion des humains, ne peuvent plus vivre ailleurs. Mais impitoyablement pourchassé, le puma est devenu très rare même dans les montagnes.

LES MONTAGNES 203

▲ La transhumance, c'est-à-dire la migration des troupeaux qui paissent en plaine l'hiver et en altitude l'été, est un mode de vie qui, dans les régions montagneuses, est pratiqué depuis des millénaires.

◀ Un troupeau de mouflons femelles, avec leurs petits, dans le Wyoming. Moutons et chèvres sont extrêmement bien adaptés à la vie en altitude, car ils ont le pied sûr et sont très robustes. Malheureusement, le mouflon des Rocheuses (ou bighorn) a été chassé en excès et est en voie de disparition.

glaciers. Comme le climat de la Terre est, en ce moment, en train de se réchauffer, la plupart des glaciers rétrécissent. C'est par l'eau qui fond et s'écoule des glaciers que sont constituées les sources du Rhône, du Gange et de nombreux autres grands fleuves à travers le monde.

LA POPULATION DES MONTAGNES

Environ cinq cents millions d'êtres humains, soit 10% de la population mondiale, vivent dans des régions montagneuses. Ce chiffre comporte un fort pourcentage de peuplades tribales, comme les tribus des collines de la Thaïlande, du Laos, de Birmanie et de la Chine du Sud-Ouest, et les nombreuses tribus indiennes des Andes : les cultures de ces peuplades sont de plus en plus menacées. Seuls sont inhabités les montagnes et les plateaux les plus inhospitaliers.

Au cours de plusieurs millénaires, des peuples ont vécu loin de la plaine, dans les régions montagneuses. Dans les Alpes, la coutume de la transhumance date probablement de l'époque préceltique. Selon ce système, au printemps, on emmène les troupeaux loin des prairies de la plaine où ils paissent en hiver, jusqu'aux prés alpins, où ils se nourrissent de l'herbe nouvelle pendant la brève saison d'été. Sur les pentes du mont Kilimandjaro, en Tanzanie, le système traditionnel d'irrigation de la tribu Chagga a stupéfié par son efficacité et sa complexité les premiers voyageurs européens. Il consiste en un réseau de sillons, qui captent l'eau des torrents descendant de la montagne et la transportent, sur de longues distances, jusqu'aux champs situés au-dessous.

Le plus grave problème qu'aient à résoudre les cultivateurs vivant dans les montagnes, c'est celui que

▲ Pentes montagneuses aux Philippines, avec des terrasses pour la culture du riz, façonnées voici plus de 2 000 ans et soigneusement entretenues par des générations de cultivateurs.

▶ Des marchands tibétains passent le col Tesi Lapcha, au Népal, avec leurs yacks. La plupart des chaînes de montagnes du globe ont été colonisées voici des milliers d'années et sont toujours habitées par les mêmes peuplades robustes et téméraires, dont le mode de vie est le seul praticable dans de telles conditions. Pour les Tibétains, le yack est la clé de leur survie : il leur fournit un moyen de transport de la viande, de la laine, du lait, du beurre et de la bouse comme combustible.

pose l'érosion des sols. Quand on abat des arbres pour rendre cultivables des pentes très inclinées, de fortes pluies emportent de grandes masses de terre et provoquent des éboulements. Plus bas, cette terre emportée par la pluie envase les réservoirs et les cours d'eau. En l'absence d'arbres pour absorber la pluie et la distribuer lentement pendant toute l'année, les précipitations, abondantes dans les montagnes, provoquent de graves inondations dans les vallées situées en-dessous.

La méthode la plus courante et la plus efficace pour prévenir la perte de terre fertile, c'est de remodeler les pentes et d'y établir une série de petites terrasses. Dans la cordillère des Philippines, les indigènes ont mis en place, au cours de plus de deux millénaires, un système incroyablement complexe et efficace de rizières en terrasses irriguées.

Ces indigènes, dénommés collectivement «Igorots», c'est-à-dire «peuples des montagnes», ont taillé leurs terrasses dans des pentes rocheuses : ils ont à certains endroits ainsi construit un escalier de 1 000 mètres de hauteur, allant du lit de la rivière jusqu'aux sommets de la cordillère. Dans les hautes Andes du Pérou, on peut encore voir les traces des champs en terrasses et des systèmes d'irrigation incas qui, jusqu'à l'arrivée des conquistadors, ont fait vivre un vaste empire montagnard.

Bien que capable de forts rendements sans l'apport de coûteux engrais chimiques ni d'équipements modernes, la culture traditionnelle en terrasses est menacée dans le monde entier. Les terrasses, surtout irriguées, nécessitent un gros travail d'entretien. Traditionnellement, ce travail était assumé gratuitement par les paysans et constituait une part essentielle de la vie de la communauté. Les croyances et les fêtes des cultivateurs étaient en association étroite avec le cycle annuel de plantation, de récolte et de réparations des terrasses.

Du fait de l'émigration des jeunes vers les villes, de l'appropriation privée de terrains appartenant à la communauté et de l'introduction du travail rétribué, les liens communautaires ont été sapés et, en même temps, les systèmes de culture qui avaient protégé les montagnes pendant des millénaires se sont trouvés détériorés. Dans le monde entier, on incite à présent les cultivateurs des montagnes à démolir leurs terrasses car elles ne sont pas adaptées aux tracteurs et aux autres machines agricoles, qui ne peuvent fonctionner sur les champs étroits qu'occupent les terrasses.

Le problème s'est trouvé aggravé par le fait que l'on a écarté les paysans des vallées fertiles, pour y installer des plantations à haut rapport commercial. Au Salvador, ces plantations occupent maintenant la moitié de la superficie cultivable totale du pays, et presque toutes les meilleures terres. Le seul terrain dont puissent disposer les paysans déplacés se situe sur

▲ Du blé pousse dans le fond d'une vallée péruvienne aux flancs escarpés. Dans les régions montagneuses comme celle-ci, c'est par un dur labeur qu'on peut faire pousser des plantes alimentaires, et une culture continue est nécessaire pour protéger le sol de l'érosion. Les modifications contemporaines de l'économie rurale vouent des terres «marginales», comme celle-ci, à l'abandon : les paysans émigrent vers les villes.

206 NOTRE PLANETE QUI MEURT

les pentes abruptes des montagnes. L'érosion y est si grave que beaucoup de ces paysans doivent changer d'emplacement chaque année. Les versants de la montagne sont striés de longues bandes de terre couleur rouille, qui est inexorablement entraînée dans les eaux du Pacifique, où elle forme un sillon rouge au milieu de l'azur de la mer.

Dans certaines régions montagneuses, l'érosion est si grave qu'elle aboutit à la désertification qui est la phase finale de la dégradation d'un terrain.

LA DESTRUCTION DES ALPES

L'image populaire qu'on se fait des montagnes européennes, c'est celle de sommets rocheux, purs, vierges, couronnés de neige et sans âge, surmontant des pentes verdoyantes couvertes de conifères et de prairies, bien éloignées de la pollution et de la surpopulation des villes situées au-dessous d'elles. Mais la réalité n'est pas aussi romantique. Les pluies acides, provoquées par les dégagements de gaz carbonique dus au trafic routier et aux industries lointaines, sont en train d'exercer des effets horribles sur les forêts de haute altitude en Europe et en Amérique du Nord.

Les Alpes, principale chaîne montagneuse et système hydrologique le plus important d'Europe, sont les montagnes les plus gravement polluées du monde. Elles s'étendent sur sept pays – l'Autriche, la France, l'Allemagne occidentale, l'Italie, le Liechtenstein, la Suisse et la Yougoslavie – et quatre des plus grands fleuves d'Europe, le Rhin, le Rhône, le Danube et le Pô y prennent leur source. Bien que la Suisse et l'Autriche, Etats qui englobent la plus grande partie de la région alpine, aient édicté quelques-unes des

▲ Déboisement au Népal. Une fois les arbres abattus, les pentes abruptes ne disposent plus d'aucune défense contre l'érosion du sol, qui est grave dans certaines parties de l'Himalaya. Le tourisme et la surpopulation aggravent le problème ; le remplacement des forêts d'origine par des arbres nouveaux qui a eu lieu à l'époque coloniale crée aussi des difficultés dans certaines régions. En effet, ce reboisement a détruit la végétation au sol ; or celle-ci fournissait naguère du combustible aux populations, qui n'ont à présent plus d'autre possibilité que d'abattre les arbres.

◀ La rare végétation de l'Himalaya est de plus en plus menacée : on en prélève toujours davantage comme bois de construction, bois de feu et aussi pour l'alimentation. Ici, c'est du fourrage pour les animaux qui est récolté.

▶ La station de Val-d'Isère. Le développement des sports d'hiver, avec tout ce qu'il implique – routes, remontées mécaniques, hôtels – a entraîné la dégradation de mainte région montagneuse.

réglementations les plus strictes du monde au sujet de l'environnement, le développement industriel et touristique sans relâche des zones montagneuses et la pollution que ces deux pays subissent en provenance de leurs voisins ont réduit à néant tous les gains qui auraient pu découler de ces réglementations.

Empruntant les principaux itinéraires commerciaux qui relient le Nord au Sud de l'Europe, le trafic routier qui franchit les Alpes est plus dense que celui qui traverse n'importe qu'elle autre chaîne de montagnes du monde. Tous les week-ends, les véhicules qui passent par le Saint-Gothard dégagent dans l'atmosphère 30 tonnes d'oxydes d'azote, 25 tonnes d'oxydes de carbone et 75 kilos de plomb, ce qui constitue pour les arbres une atteinte mortelle. Plus de 50 % des arbres des Alpes sont malades, et 15 % d'entre eux sont soit morts soit mourants. En l'absence d'arbres pour retenir les fortes chutes de neige qui ont lieu dans cette région, la fréquence et la gravité des avalanches s'accroît dangereusement.

L'industrie du ski, qui fonde ses ventes sur la beauté des Alpes, a également dévasté plusieurs zones montagneuses. Les 50 millions annuels de personnes qui y skient chaque hiver ont besoin de routes, de parkings, de remonte-pentes, de téléfériques et de funiculaires pour parvenir aux pentes neigeuses, et, pour se loger, d'appartements, de bars, de restaurants et d'installations telles que les égouts et l'eau courante. Rien qu'en Suisse, 250 000 chalets et hôtels recouvrent l'équivalent de 16 000 terrains de football. A La Plagne, dans les Alpes françaises, pour créer la piste de bobsleigh des Jeux olympiques d'hiver de 1992, on a creusé un ravin qui a obligé à abattre une énorme quantité d'arbres et à passer le bulldozer, et on est en train de construire une usine de réfrigération pour fabriquer la glace des pistes, des plateformes pour les spectateurs et des chemins d'accès en béton. On est également en train d'édifier en Tarentaise une autoroute à quatre voies, en vue de l'accroissement massif de la circulation qu'amèneront les Jeux olympiques d'hiver. En dépit de leurs protestations, les défenseurs de l'environnement n'arrêteront pas les Jeux olympiques.

Le paysage alpin traditionnel, fait de prairies, de torrents et de forêts de pins ou de sapins d'une pureté virginale, ainsi que les communautés paysannes et les coutumes de culture et d'élevage qui le maintenaient en vie, ce paysage-là est en train de mourir. De même, nombre d'espèces végétales et animales, telles que le chamois, sont gravement menacées. Plus de la moitié des espèces que le Conseil de l'Europe a recensées dans sa liste des plantes et animaux en voie d'extinction ou gravement menacés ont leur habitat dans des régions montagneuses. Selon la fondation Bellerive, un organisme de protection de la nature dirigé par le prince Sadruddin Aga Khan, l'abandon ou la négligence des pâtures alpestres est l'un des principaux facteurs qui contribuent à l'accroissement constant des avalanches et autres désastres naturels dans la région. Lors d'une conférence organisée en 1989 par cette fondation, des hommes de science ont émis la prédiction suivante : d'ici une quinzaine d'années, si les tendances actuelles se poursuivent, on ne trouvera plus dans les Alpes que très peu d'arbres et très peu de neige, mais on assistera à une érosion massive du sol, et les montagnes seront en passe de devenir un désert rocheux.

▼ Ce site dans les Cairngorms écossais a été choisi pour implanter une nouvelle station de ski, mais la beauté de cette montagne virginale («Lurcher's Gulley», le ravin du filou) et son importance pour la faune sauvage sont autant de raisons pour contester ce choix.

Les DESERTS

Le Néguev, dans le Sud d'Israël, est un authentique désert. Il l'était depuis l'aube de l'histoire connue : Abraham l'a traversé lorsqu'il s'est rendu en Egypte, en partant de sa demeure à Hébron et en passant par Beersheba, la ville des sept puits. Avec, en moyenne, 100 millimètres de pluie par an et un soleil de plomb au cœur de l'été, il semblerait que rien ne puisse y subsister en permanence. Pourtant le Néguev, comme beaucoup de déserts, abonde en animaux et en plantes, qui ont tous déployés des stratégies extraordinaires pour exploiter et conserver le peu d'humidité qui s'y trouve.

Quand la pluie tombe du ciel, l'eau dégringole à flots le long des terrains en pente, se rassemble en nappe dans les lits desséchés des rivières – les oueds – et forme des torrents tourbillonnants qui érodent le sol et en emportent de grosses mottes qu'ils charrient avec eux. En quelques heures, l'eau a disparu, à part quelques flaques qui subsistent dans les lits des oueds. Mais, presque miraculeusement, de petites plantes fragiles poussent bientôt dans les fentes, telles l'*Asteriscus pygmeus*, membre minuscule de la famille des pâquerettes, dont le cycle de vie est de tout juste deux semaines. Ces plantes ont développé des mécanismes ingénieux pour s'adapter aux chutes de pluies incertaines, ne laissant mûrir que quelques fruits à la fois, et même ceux-ci ne germeront pas avant que les pluies n'aient été suffisamment fortes.

◀ L'hélianthe des sables peint de vives teintes jaunes le désert de l'Utah, après l'une des rares averses qui l'arrosent parfois. Sous leur surface desséchée, les déserts recèlent de nombreuses graines qui n'attendent qu'une humidité éphémère pour fleurir. En peu d'heures, après la pluie, les semences germent, les œufs des insectes éclosent et les crapauds sortent de leurs refuges souterrains. Dans une frénésie de croissance et de reproduction, ils vivent leur existence entière en peu de semaines ou de jours, avant que l'humidité ne s'évapore.

▼ Le désert de Sonora en Arizona : le «chapardage» des majestueux cactus qui y poussent et que des hommes sans scrupules vendent aux jardiniers-paysagistes menace gravement la survie de ces plantes.

◄ Des sillons tracés dans le sable par des coléoptères. La plupart des insectes du désert échappent à la grosse chaleur du jour en creusant des abris souterrains.

▼ Des hémiones dans le grand Rann du désert de Kutch, dans le Nord-Ouest de l'Inde. Dans le désert, les gros mammifères constituent des cibles sans défense et beaucoup d'entre eux sont victimes de la chasse.

Ce n'est toutefois pas en vain que ces plantes éphémères «épanchent leur douceur dans l'air du désert», comme le dit l'Elégie du poète anglais Thomas Gray. Car leurs grandes fleurs parfumées attirent les rares insectes qui se sont adaptés aux conditions ambiantes. Les plantes vivaces, elles, trouvent le moyen de survivre durant de longues périodes torrides. Arbres et arbustes, tels l'acacia, le tamaris, et le prosopis des Etats méridionaux de l'Amérique du Nord, développent des racines pivotantes qui peuvent atteindre la nappe phréatique à une profondeur de 50 mètres. Les géophytes, littéralement «plantes de terre», passent la majorité de leur vie à l'état souterrain, sous la forme de bulbes, ne produisant de pousses extérieures qu'après de fortes pluies. D'autres plantes ont des feuilles succulentes qui contiennent de l'eau et des tiges pourvues de cuticules épaisses et cireuses.

Beaucoup de plantes vivaces du désert, dont des arbres comme les acacias et les cactus, sont couvertes d'épines pour tenir à distance les animaux susceptible de les brouter. Il existe plus de deux mille espèces de cactus et leurs formes noueuses, caractéristiques, sont bien adaptées aux conditions climatiques arides et ensoleillées. Le majestueux saguaro, ou cierge du Mexique, par exemple, avec ses tiges charnues qui se dressent, présente au sommet une surface minimum au soleil de midi, mais, sur les côtés, une surface maximum quand le soleil se lève ou se couche. Toutes les plantes absorbent de l'eau par leurs racines. Une partie de cette eau se combine avec du gaz carbonique pour fabriquer des sucres, par photosynthèse; une autre partie s'évapore par les petits pores de la plante, les stomates, qui sont répartis sur les feuilles et les tiges. Comme d'autres plantes charnues, ou «succulentes», les cactus ont développé un moyen spécial de ramener au minimum cette perte d'eau. Leurs stomates ne s'ouvrent qu'une fois l'obscurité venue, contrairement à ceux de la plupart des plantes, qui sont ouvertes pendant le jour.

Dans le froid de la nuit du désert, très peu d'eau s'évapore par les stomates d'un cactus. Ainsi, le cactus peut absorber le gaz carbonique dont il a besoin pour la photosynthèse; il l'emmagasine jusqu'au lever du jour, moment où il peut l'utiliser.

Beaucoup de plantes vivaces succulentes, comme les cactus, produisent aussi, à la suite des chutes de pluie, de grandes fleurs spectaculaires. Ce sont habituellement les insectes qui pollinisent ces plantes-là.

L'ADAPTATION AUX EXTREMES

Beaucoup d'animaux survivent dans le désert en se retirant sous des pierres ou en s'ensevelissant dans le sable pendant le jour; ils n'en sortent que la nuit. Quelques-uns des plus petits animaux du désert, comme les araignées et les insectes, peuvent assouvir leurs besoins quotidiens d'eau grâce à la rosée. Certains petits mammifères, comme le fennec et le chat des sables, ont également besoin de très peu d'eau. Des mammifères plus grands sont aussi experts dans l'art de survivre pendant de longues périodes de sécheresse. Les gazelles peuvent perdre en eau jusqu'à 30 % de leur poids corporel avant d'avoir besoin de boire, alors que des animaux non adaptés mourraient après une perte de poids de seulement 12 à 13 %. En broutant pendant la nuit, les gazelles «boivent» la rosée absorbée dans les feuilles du *Disperma*, lesquelles ne comportent que 3 % d'eau durant le jour mais en ont 40 % la nuit.

D'autres formes d'adaptation évitent aux animaux les effets d'une chaleur excessive. Les énormes oreilles des fennecs leurs servent – comme celles des éléphants – non seulement à bien capter les sons mais aussi à se

LES DESERTS 213

rafraîchir. Les animaux qui ne peuvent éviter d'être exposés au soleil ont souvent des robes de couleur claire qui réfléchissent les rayonnements.

Même l'homme a découvert le moyen de survivre dans le désert, principalement en recourant au chameau, qui peut transporter sa tente et ses affaires au travers des sables et qui lui procure en outre de la viande, du lait et du cuir. Le chameau n'emmagasine pas l'eau dans sa bosse, comme le veut un mythe populaire, mais il la conserve au moyen d'un échangeur de chaleur situé dans son nez. Après que le chameau a inhalé l'air relativement plus frais du désert, l'eau contenue dans l'air chaud, chargé de vapeur, qu'il exhale de ses poumons se condense et se recycle dans le corps de l'animal. En outre, ses reins, comme ceux des rongeurs du désert – la bettongie (rat-kangourou), la souris marsupiale et le hamster doré – comportent des «multiplicateurs à contre-courant», qui extraient l'eau de l'urine et la relâchent ensuite à haute concentration. Le chameau emmagasine de l'énergie dans le tissu graisseux de sa bosse, laquelle l'isole des rayons du soleil.

LES DESERTS ET LE CLIMAT DU GLOBE

Les déserts sont sans doute les lieux les plus chauds de la surface terrestre durant le jour, mais, de nuit, ils deviennent extrêmement froids. Du fait de la clarté du

◀ Les dunes de sable du désert du Namib, dans le Sud-Ouest africain, sont d'une beauté stupéfiante.

▼ Quand la pluie tombe sur le désert, elle ne fait qu'en effleurer la surface et laisse une mince couche de boue.

▼▼ Le désert des Pinacles, dans le parc australien de Nambung. Les «pinacles» indiquent les sites anciens d'arbres et de buissons. La craie a formé un dépôt très dur autour des racines de ces plantes.

ciel nocturne et de la teinte claire du sable et des roches calcaires, les déserts irradient une telle quantité de chaleur qu'il est possible d'y voir, à son réveil, le sol couvert de gelée blanche. En réalité, les déserts sont des sortes «d'éviers» pour la chaleur : ils en perdent davantage, au cours de l'année que le soleil n'en rayonne sur eux. La différence est compensée par la chaleur que transporte l'air humide des tropiques.

Ainsi, les déserts jouent un rôle important dans la circulation de l'atmosphère depuis l'équateur jusqu'aux latitudes plus élevées.

Au fur et à mesure que l'air humide s'élève, toute la vapeur qu'il contient se condense et tombe sous forme de pluie. Par exemple, quand l'air marin atteint une chaîne de montagnes, il perd toute son eau en s'élevant. Une fois qu'il se trouve au-dessus des montagnes, cet air commence à descendre et se réchauffe de 10 °C pour mille mètres de perte d'altitude. Il tend alors à absorber l'eau, donc à dessécher le terrain au-dessous de lui et à créer ce qu'on appelle une «région sous le vent» sur cette face de la montagne. C'est ainsi que l'air descendant au-dessus du Sahara, du Sinaï, du Néguev, du Sud-Ouest de l'Amérique du Nord, du désert de Gobi en Chine et de l'Australie, donne naissance aux grands déserts du monde.

Les animaux du désert doivent s'adapter au froid comme à la chaleur. Les invertébrés, ainsi que les vertébrés à sang froid comme les lézards ou les serpents, se déplacent de façon à bénéficier au maximum de la chaleur du soleil de l'aube jusqu'au couchant.

▼ Les tentes des bédouins nomades paraissent petites dans l'immensité du désert d'Arabie saoudite. Traditionnellement, ces pastoralistes survivent grâce aux maigres ressources du désert et de leurs troupeaux, dont le moindre poil est mis à profit. Mais ici, la présence d'une voiture indique que cet antique mode de vie est en train de changer...

UN HABITAT FRAGILE

A la fin du XIXe siècle, l'Anglais E.H. Palmer tenta de suivre l'ancien itinéraire caravanier qui allait des mines du roi Salomon, près d'Eilat sur la mer Rouge, jusqu'à Beersheba : c'est ainsi qu'on découvrit une vieille ville inhabitée dont des recherches ultérieures révélèrent qu'il s'agissait d'Avdat, cité des Nabatéens, cette même tribu qui, à l'époque biblique, a aussi creusé la ville de Pétra dans les roches de grès rouge du désert de Jordanie.

En observant le paysage du belvédère élevé que constitue l'antique Avdat, Palmer remarqua le dessin formé par les monticules et les pierres alignées sur les collines alentour. Au cours des années 60 du siècle actuel, un botaniste israélien, Michael Evenari, a découvert la signification de ces pierres. En procédant à des expériences, il a pu démontrer qu'elles jouent le rôle de canaux d'écoulement pour guider le flot des pluies rares et imprévisible jusqu'aux «champs» situés plus bas. Grâce à cela, l'écoulement peut être multiplié par dix dans ces zones spéciales et leur fournir l'équivalent de 60 centimètres de pluie par an. Ainsi, les archéologues ont pu résoudre l'énigme de l'agriculture des Nabatéens : ceux-ci avaient pu faire pousser du blé, de l'orge, des légumineuses, des amandes et même des raisins dans un des déserts les plus secs du monde. Evenari a créé une ferme du désert, fondée sur les mêmes principes d'écoulement des eaux qui ceux auxquels avaient recouru les Nabatéens.

▶ Un semi-désert dans la péninsule arabique. Quand viennent les orages saisonniers, des buissons et même des arbres peuvent survivre. Mais les racines sont trop peu nombreuses pour fixer fermement le sol, et vent et pluie érodent aisément la petite couche d'humus. Un tel milieu est extrêmement vulnérable et les chèvres y broutent en excès le peu de végétation qui y pousse.

▶ Le désert d'Atacama, au Chili. Les plantes s'adaptent de façons très diverses à l'aridité du climat. Les cactus emmagasinent l'eau dans leurs tiges enflées, et leurs épines acérées tiennent à distance les animaux qui voudraient profiter de leur précieuse humidité. Les petits buissons épineux ont des racines profondes qui leur permettent d'aspirer l'eau du sous-sol; leurs feuilles, petites et coriaces, ne peuvent guère tenter les prédateurs.

▶▶ Un aloès dans le désert du Namib. Comme celui d'Atacama, c'est un désert côtier, où ne tombe presque jamais de pluie, mais que les brumes venues de la mer imprègnent d'un peu d'humidité.

« ... Un soir, dans le Nord du Tchad, nous fûmes frappés par un orage dévastateur... En quelques minutes, tout le paysage, violemment illuminé par les éclairs ininterrompus, fut inondé... Nous avions l'impression de flotter à la surface d'une vaste étendue d'eau traversée par des courants formés par le vent. Quand la pluie cessa brutalement, après être tombée pendant six heures, nous dûmes hurler pour nous faire entendre au-dessus d'un fantastique concert de coassement de crapauds et de stridulations d'insectes. »
Professeur John Cloudesley Thompson.

LES DESERTS 217

Au sein d'une telle sécheresse, il y a parfois de l'eau en abondance. Au-dessous de beaucoup de déserts gisent de vastes réserves d'eau appartenant à la nappe phréatique *(voir p. 142-149)*, dont une bonne partie s'est constituée il y a plusieurs millénaires, alors que les conditions climatiques étaient différentes.

Avec l'aide d'agences d'assistance technique, des pays comme la Tunisie espèrent exploiter ces réserves d'eau pour faire fructifier le désert. Mais il revient extrêmement cher de pomper cette eau, aussi cher, en fait, que de financer une usine de désalinisation de l'eau de mer. Néanmoins, en 1988, la Tunisie parvenait à extraire du sous-sol 500 millions de mètres cubes d'eau par an, de quoi irriguer 18 000 hectares.

En général, les déserts du monde entier, qui sont des écosystèmes extrêmement fragiles, sont menacés. On a tendance à les considérer comme des zones sauvages, hostiles et inutiles, à l'exception de ceux qui, comme l'Arabie, recèlent de riches gisements de pétrole. Or ces déserts-là sont exposés à des dangers : les écoulements inopinés et les explosions risquent d'en contaminer l'environnement et les émanations sulfureuses des derricks, consécutives à l'émission des gaz de combustion du pétrole, provoquent des précipitations acides.

En revanche, on considère que l'absence d'eau dans le désert est un grand avantage quand il s'agit d'y décharger des déchets industriels, car, aussi longtemps que le climat se maintiendra tel qu'il est actuellement, ces déchets ne courent aucun risque de corrosion. La Chine, par exemple, a offert d'accueillir les déchets des réacteurs nucléaires d'Allemagne occidentale et, moyennant paiement, de les décharger dans le désert de Gobi. Certains pays d'Afrique occidentale ont également proposé d'accueillir des déchets chimiques dangereux en provenance d'Europe et de les décharger dans des régions désertiques. Ces pratiques ne contreviennent pas seulement à l'esprit des conventions sur le transport des déchets dangereux au-delà des frontières mais elles entraînent les pays du Tiers-Monde un peu plus loin sur une voie déplorable, celle qui les voue à devenir la grande poubelle des nations riches et industrialisées.

Certains déserts, comme le Néguev, sont devenus aujourd'hui le terrain de jeu de la société d'abondance, dont les membres trouvent ce sol vierge idéal pour y effectuer des randonnées en véhicules 4 x 4. Cette pratique détruit les plantes fragiles dont dépend l'écosystème du désert; elle y laisse des trace de pneus qui resteront immuables des années durant. En l'absence de bactéries, en l'absence de pluies corrosives, les détritus de la société moderne forment de gigantesques tas immondes à la surface du désert et témoignent de façon sinistre qu'aucune zone vierge n'est sacrée pour l'homme.

L'ANTARCTIQUE

L'Antarctique a la réputation d'être le dernier désert tout à fait intact de la Terre. Mais la main de l'homme est déjà en train d'y abîmer le paysage. Léningradskaïa n'est que l'une des cinquante et quelques stations de recherche scientifique qui ont été établies sur le plus isolé de tous les continents. Equipée par les Soviétiques, qui la font fonctionner, cette base est perchée au sommet d'une falaise de 300 mètres de hauteur. Disséminées sur la banquise située au-dessous de la station, des centaines de taches noires pourraient être confondues avec des phoques par un observateur superficiel. Mais si on les inspecte de plus près, on s'aperçoit qu'il s'agit de bidons d'essence. Au cours des ans, des milliers d'autres bidons analogues ont déjà été emportés par la mer en même temps que les blocs de glace.

La même histoire se déroule ailleurs. Le fond de la mer, près de l'immense base américaine de McMurdo, proche de Winterquarters Bay, a été transformé en un cimetière de milliers de tonnes de déchets métalliques, de boîtes de bière et de véhicules inutilisés. La baie est désormais morte biologiquement, empoisonnée par les produits chimiques et les égouts de la base.

A la base française de Point Géologie, en Terre Adélie, la destruction est encore plus désolante, ne fût-ce que parce qu'elle est plus délibérée. Les Français y sont venus pour étudier les 75 000 pingouins et oiseaux de mer qui vivent dans l'archipel. Ils sont maintenant en train de faire sauter systématiquement cinq îles – et, avec elles, les lieux de nidification des oiseaux – pour construire une piste d'atterrissage.

◀ En dépit de son intérieur inhospitalier, l'Antarctique est entouré de mers qui pullulent de vie. On voit ici des phoques de Weddell, adultes et petits, tandis qu'une volée de pétrels des neiges cherchent leur nourriture au large.

▶ Une piste d'atterrissage en construction sur la base française de Dumont-d'Urville, non loin de Point Géologie. Théâtre de bagarres entre les ouvriers de l'aéroport et les protestataires de Greenpeace, la base Dumont-d'Urville pose un dilemme : faut-il construire des installations propres à faciliter les travaux des hommes de science qui étudient le continent blanc, ou bien respecter la virginité de l'Antarctique ?

▼ Des bidons de pétrole vides éparpillés sur une pente gelée de la base argentine de Vicecomodoro Marambio : fâcheux exemple, qui a incité d'autres bases à expédier leurs déchets dans leurs pays d'origine.

▼ La vallée de Wright, en Terre Victoria, près de la banquise de Ross. Comme celui des autres vallées sèches de cette région, le sol consiste en roche nue et déchiquetée. Peu d'humidité ici – le peu de neige qui y tombe s'évapore en été – mais on y trouve quand même des formes de vie extrêmement simples.

Le continent antarctique était jadis une partie d'une masse territoriale qu'on désigne sous le nom de Gondwanaland. Il y a cinq cents millions d'années, ce super-continent, qui comprenait les continents actuels d'Australasie, d'Amérique du Sud et d'Afrique, ainsi que l'Inde et l'Antarctique lui-même, jouissait d'un climat tempéré et était recouvert d'une végétation luxuriante. Il en existe des preuves fossiles, de même qu'on a pu établir qu'y vivait un pingouin géant de 1,60 mètres de haut. Au fur et à mesure que le continent a commencé à se diviser, la partie que l'on appelle aujourd'hui Antarctique a dérivé vers le sud. Son climat s'est modifié et, il y a environ 25 millions d'années, un revêtement de glace a commencé à s'y accumuler : de nos jours, il mesure en moyenne plus de deux kilomètres d'épaisseur et recouvre 98 % de la surface du continent.

Autrefois très abondants, les plantes et les animaux du Gondwanaland ont disparu. Et de ce fait, avec des températures moyennes de – 71 °C en hiver et des vents qui soufflent parfois à plus de 300 kilomètres à l'heure, l'Antarctique est devenu de nos jours, un milieu singulièrement inhospitalier. Sur la terre ferme, les seules créatures qui puissent survivre sans recourir à la mer sont de petits arthropodes, telles des podures et des mites, dont la plupart sont microscopiques et dont le plus grand, le moucheron sans ailes *(Belgica antarctica)*, mesure 1,3 centimètre de longueur. La végétation est rare; elle consiste surtout en lichens et en mousses, et elle est extraordinairement vulnérable à la plus minime perturbation physique. La trace d'un pied humain sur un lit de mousse peut rester clairement imprimée pendant plusieurs années. Virtuellement insensibles à la sécheresse et au froid, les lichens se développent à un rythme extrêmement lent, colonisant avec leurs croûtes jaunes soufre et orangées les rochers et certains sites d'un sol dépourvu de substances nutritives.

Mais l'absence d'animaux terrestres dans l'Antarctique est amplement compensée par l'abondance de sa vie marine. La teneur élevée en oxygène des eaux froides, associée à de longues périodes d'ensoleillement durant les mois d'été, constituent les éléments idéaux d'un riche bouillon biologique. L'été venu, la neige et la glace qui fondent déposent jusqu'à 500 millions de tonnes de sédiments, riches en substances nutritives, sur le fond de la mer, ce qui assure aux organismes marins une abondante nourriture. Les sédentaires qui s'alimentent sur place, comme les spongiaires et les actinies, privés de nourriture durant la plus grande partie de l'année, s'épanouissent alors. Les cellules du phytoplancton, qui ressemblent à des plantes, se multiplient sous la lumière du soleil, puis deviennent la proie du krill, ces petites créatures ayant l'apparence de crevettes, qui constituent le fondement même de la vie dans les eaux de l'Antarctique.

Directement ou indirectement, le krill fait vivre les calmars, les poissons, les pingouins, les oiseaux, les phoques et les baleines qui abondent dans les eaux grouillantes de l'Antarctique. En fait, le krill est primordial pour l'écosystème marin. On a décelé des essaims de krill réellement gigantesques dans les eaux de l'Antarctique; souvent la mer devient rouge en raison de leur nombre. Cette abondance permet même aux baleines de s'en nourrir directement; elles prennent d'énormes lampées d'eau de mer dans leurs bouches caverneuses, puis elles évacuent l'eau en collant leur langue à leur mâchoire supérieure, le krill restant prisonnier des longues structures plates, ces espèces de passoires, qu'on appelle les fanons de la baleine.

Mais aujourd'hui, baleines aussi bien que le krill sont menacés par un prédateur relativement récent dans les eaux de l'Antarctique : l'homme.

«Je contemplai longtemps le ciel, et conclus qu'une telle beauté était réservée aux régions éloignées et dangereuses, et que la nature avait de bonnes raisons d'exiger des sacrifices tout particuliers de la part de ceux qui sont déterminés à en être les témoins.»
Amiral Richard E. Byrd, premier homme à voler au-dessus du pôle Sud, en 1926.

▲ Une jungle en miniature, tels apparaissent les lichens et les mousses de l'Antarctique au cœur de l'été. Le centre de l'Antarctique est trop froid pour que l'on y trouve la moindre vie, mais sur la péninsule de Palmer et les îles environnantes, réchauffées par la mer, les roches proches du rivage sont souvent dégagés de glace et de neige, ce qui permet à des plantes simples de survivre pendant les mois d'été. Ces plantes constituent la base d'une chaîne alimentaire primaire qui comprend des podures et des acariens.

222 NOTRE PLANETE QUI MEURT

LES GRANDES BALEINES

Les baleines occupent le sommet de la chaîne alimentaire de l'Antarctique. Les premiers voyageurs qui abordèrent ce continent rapportent qu'un véritable tapis de baleines s'étendait tout le long de l'horizon. Chassées sans miséricorde sur tous les océans du monde, beaucoup d'espèces de cétacés sont maintenant presque éteintes. Dans les années 30, on capturait 40 000 baleines par an dans les eaux de l'Antarctique. Voyant leur nombre décroître, des organismes tentèrent d'en assurer la protection, mais l'effort était insuffisant et intervenait trop tard. L'interdiction de commercialiser les produits baleiniers, décrétée en 1985 par la Commission internationale ad hoc, est toujours enfreinte par les Japonais, dernière nation à chasser la baleine dans les eaux de l'Antarctique.

L'interdiction autorise la capture de baleines «à des fins scientifiques» et exige que toute nation désirant se prévaloir de cette exception en adresse notification à la Commission. C'est le pays notificateur qui fixe lui-même la quantité et il lui faut justifier son programme d'un point de vue scientifique. A la colère et à la consternation de beaucoup des autres membres de la Commission, le Japon a proposé en 1987, lors de la réunion annuelle de cet organisme, de fixer sa prise annuelle à 825 petits rorquals et 50 cachalots pendant douze ans, le tout «à des fins scientifiques». Par une combinaison d'action juridique et d'argumentation scientifique, les défenseurs de l'environnement ont toutefois réussi à obliger le Japon à réviser sa proposition et, depuis lors, il a réduit sa prise annuelle à 300 petits rorquals, plus ou moins 10 %.

Quelle que soit la procédure scientifique qu'on peut mener sur ces baleines, elle est de toute évidence pure-

▶ Un baleinier japonais hissant sa prise. Le monde entier a protesté contre les «pêches scientifiques» du Japon, qui ne sont guère qu'un alibi pour poursuivre une chasse très profitable commercialement.

▼ Des pingouins et leurs petits sur une des îles de la Georgie du Sud, à l'est du cap Horn. Les pingouins se reproduisent en colonies de milliers d'individus, revenant année après année au même endroit. Presque incapables de se défendre sur la terre ferme, les pingouins ont été naguère décimés pour leur chair, leur peau et leur huile.

ment formelle. En une heure, après que sa carcasse a été hissée dans la cale du bateau, la baleine est dépecée et sa viande est congelée, prête à être servie aux dîneurs des restaurants chics du Japon. Et, bien que les Japonais continuent à affirmer que les rorquals abondent dans les eaux de l'Antarctique, en 1988, ils n'ont même pas été en mesure de capturer les 330 cétacés dont ils avaient eux-mêmes fixé le quota.

Les baleines ne sont pas la seule espèce antarctique qui ait souffert de la main de l'homme. Les réserves de plusieurs espèces de poissons sont réduites, aujourd'hui, à 10 % de ce qu'elles étaient en 1969, en raison de pêches excessives, et la morue de l'Antarctique a pratiquement atteint le stade de l'extinction. En réalité, en dépit de la Convention sur la conservation des ressources marines vivantes de l'Antarctique (CCAMLR) signée en 1982, le filon découvert par les pêcheurs dans les années 60 est toujours exploité sans régulation efficace. Cette convention promet beaucoup mais a peu de moyens de protection.

Riche en vitamines et en protéines, contenant du calcium, du cuivre et du fer, le krill a été promu au rang de solution aux carences alimentaires du monde. Mais le krill se décompose rapidement après avoir été capturé et ils suscite très vite une accumulation de fluor qui, en quelques heures, peut atteindre un niveau dangereux pour les êtres humains. En outre, comme celui de la plupart des créatures de l'Antarctique, le cycle de reproduction du krill est lent. Ce qui signifie que la pêche ne peut que trop facilement en réduire la population; or toute diminution importante des réserves de ce crustacé peut être catastrophique pour la faune de l'Antarctique.

Malgré l'intérêt que l'on manifeste au krill pour la consommation alimentaire humaine demeure grand. Actuellement, la pêche de krill culmine à 500 000 tonnes environ, en partie en raison de difficultés techniques. Mais à moins qu'on ne fixe des limites supérieures aux quantités pêchées et que ces quota soient strictement observés, les prises de krill pourraient s'accroître spectaculairement, peut-être jusqu'à 600 %. On a mis au point de nouvelles méthodes de congélation et de traitement et une nouvelle catégorie de « super-chaluts » a fait son apparition dans les eaux de l'Antarctique. Ce nouveaux bateaux usines sont capables de pêches polyvalentes et ils peuvent traiter et mettre en conserve le krill au rythme de plus de 135 kilos à l'heure.

Pour le moment, le krill est principalement utilisé comme nourriture pour les animaux, mais le Japon, le Chili, l'Union soviétique et la Norvège ont déjà trouvé de petits marchés pour la consommation humaine. En raison de la conviction erronée que le krill représente une vaste et durable réserve de protéines inexploitées on peut nourrir de grandes craintes d'une véritable catastrophe pour la faune marine de l'Antarctique. Nous ignorons quelles prises de krill correspondent à un rendement durable de ce crustacé; nous ignorons aussi quelles répercussions de tels rendements auraient sur les autres populations animales de l'Antarctique.

Sur terre, la plus grande menace qui pèse sur l'Antarctique provient de pressions visant à exploiter l'immense richesse minérale du continent. Une grande diversité de métaux, du cuivre à l'uranium, s'y trouvent en quantités exploitables, et la chaîne de montagnes transantarctique recèle le plus grand gisement de charbon connu au monde. Le massif de Dufek, dans les monts Pensacola, pourrait s'avérer être l'une des zones du monde les plus riches en minéraux, avec, selon une forte probabilité, de vastes gisements de platine.

Si les ressources de l'Antarctique s'ouvraient à l'exploitation commerciale, les répercussions sur l'environnement seraient incalculables. La présence d'êtres humains dans un milieu aussi vulnérable conduit inévitablement à d'importantes perturbations. Les déchets rejetés par les stations de recherche scientifique ont causé assez de dégâts : que pourrait-on attendre des bases et des stations terrestres, sans même parler des installations de campagne et des ensembles de derricks, nécessaires pour exploiter des richesses minérales ?

Mais ce sont les gisements de pétrole et de gaz offshore de l'Antarctique qui ont le plus attiré l'attention. En 1973, le navire de recherche américain *Glomar Challenger* a creusé quatre trous de forage dans le plateau continental de la mer de Ross : trois de ces forages ont révélé des gisements de pétrole. Bien qu'il soit par la suite revenu sur ses calculs, le Service

224 NOTRE PLANETE QUI MEURT

▶ Des touristes contemplent de près un iceberg dans la mer de Weddell. Le phénomène touristique est relativement récent dans l'Antarctique : des croisières régulières n'ont lieu que depuis le début des années 60. On ne sait encore quel en sera l'impact sur le milieu ; les balades autour des icebergs, sont inoffensives mais la décharge de déchets et le dérangement de la faune locale risquent d'être plus nocifs.

« Peut-on dire de celui qui aurait découvert quelques rares utilisations de l'os de baleine et de l'huile de baleine qu'il ait découvert le véritable usage de la baleine ? Peut-on dire de celui qui massacre l'éléphant pour son ivoire qu'il ait «vu l'éléphant» ? Car il s'agit d'utilisations parfaitement insignifiantes et secondaires. Comme si une race plus forte était déterminée à nous tuer pour faire de nos os des boutons et des flageolets… »
Henry David Thoreau.

« Une baleine, une baleine ! Dépêchez-vous M. Audubon, il y a une baleine à côté.» Je courus et quelle vision ! Dans les flots roulait majestueusement la merveille des océans, d'ampleur gigantesque. Son corps auburn sombre dépassait en taille celle de notre navire. Nous étions comme devant le dieu des mers… »
John James Audubon.

d'études géologiques *(Geological Survey)* des Etats-Unis a estimé alors qu'il était possible d'extraire à cet endroit plus de 3 000 milliards de mètres cubes de gaz et environ 50 milliards de barils de pétrole, soit deux fois plus de pétrole que ce qu'on peut extraire dans le secteur britannique de la mer du Nord, mais seulement juste assez pour satisfaire à la demande mondiale pendant quelques années. Les Japonais et les Brésiliens ont déjà financé des opérations sismiques dans les mers de Ross et de Weddell.

L'exploration des gisements de pétrole off-shore comporterait des risques encore plus graves pour l'environnement que celle des minéraux. Il y a déjà eu des accidents qui ont offert un avant-goût des dégâts en perspective. Pendant la saison 1988-1989, deux navires, le *Humboldt* et le *Bahia Paraiso*, sont allés par le fond, en répandant des quantités de pétrole dans des zones sensibles de la région péninsulaire; des années de travail scientifique ont été ruinées. Pendant ce temps, en Alaska, la catastrophe de l'*Exxon Valdez* *(voir p. 234)* illustrait bien le danger qu'il y a à transporter du pétrole dans des régions polaires.

Le risque d'un jaillissement est encore plus dramatique. En 1986, un énorme iceberg, qui mesure 90 kilomètres sur 20 et qu'on désigne à présent sous le nom de code de B9, s'est détaché de la plate-forme glaciaire de Ross et, depuis lors, il vagabonde dans la mer de Ross, impossible à arrêter et, à coup sûr irrespectueux, des installations qui pourraient se trouver sur son chemin. Mesurant 275 mètres de profondeur, B9 gratte régulièrement le fond de la mer, qu'il touche comme le font d'autres gros icebergs. La perspective d'un jaillissement bien dirigé de quelques millions de tonnes de pétrole dans les eaux pures de la mer de Ross devrait suffire à faire perdre le sommeil au plus dur à cuire des pétroliers. Pourtant, c'est dans la mer de Ross que certaines nations désirent effectuer des forages pour en extraire du pétrole.

Les préoccupations relatives aux risques écologiques de l'exploitation minière et de l'exploration pétrolière a conduit à une scission croissante entre les signataires du traité de l'Antarctique de 1961, la convention qui place ce continent sous administration internationale. Tant l'Australie que la France redoutent que les garanties proposées dans le traité de réglementation de l'exploitation des minéraux ne soient insuffisantes et ont refusé de le ratifier, ce qui a provoqué la colère des nations favorables à l'exploitation minière.

D'autres nations se sont jointes désormais à la France et à l'Australie pour demander s'il était sage de confier ce continent presque virginal aux multinationales; la question a été reprise par les Nations unies. Peut-être le courant est-il en train de se renverser en faveur de la conservation.

L'Antarctique n'est pas seulement un beau désert digne d'être protégé pour lui-même. Pendant cinquante ans, il a représenté un laboratoire international où des hommes de science du monde entier ont travaillé en collaboration pour découvrir les secrets du continent et se mesurer aux problèmes de pollution qui concernent le globe entier, notamment la diminution de la couche d'ozone qui fait peser désormais une grave menace sur l'écosystème marin de l'Antarctique *(voir p. 67-69)*. C'est l'Antarctique qui dicte les schémas météorologiques et on en éprouve l'influence dans le monde entier. Les courants froids, porteurs d'abondantes substances nutritives, remontent de l'Antarctique et alimentent les riches zones de pêche situées au large de l'Amérique du Sud et de l'Afrique australe. Mise à part la guerre des Malouines, l'Antarctique est demeuré jusqu'à présent une région où tout conflit a été évité. Son statut actuel est celui d'une zone pacifique, non militarisée, vouée aux études scientifiques. Toute espèce d'exploitation minière y amènerait des conflits, de la pollution et la possibilité d'une catastrophe écologique dans un milieu très vulnérable.

L'Antarctique est le seul continent du monde dépourvu de population indigène. C'est seulement au XXe siècle que l'homme a été présent en permanence, durant toute l'année dans le Grand Sud. Beaucoup de bases ont été établies, à l'origine, par des nations désireuses de faire valoir des revendications territoriales; mais à l'heure actuelle, ces revendications ont été suspendues par un traité.

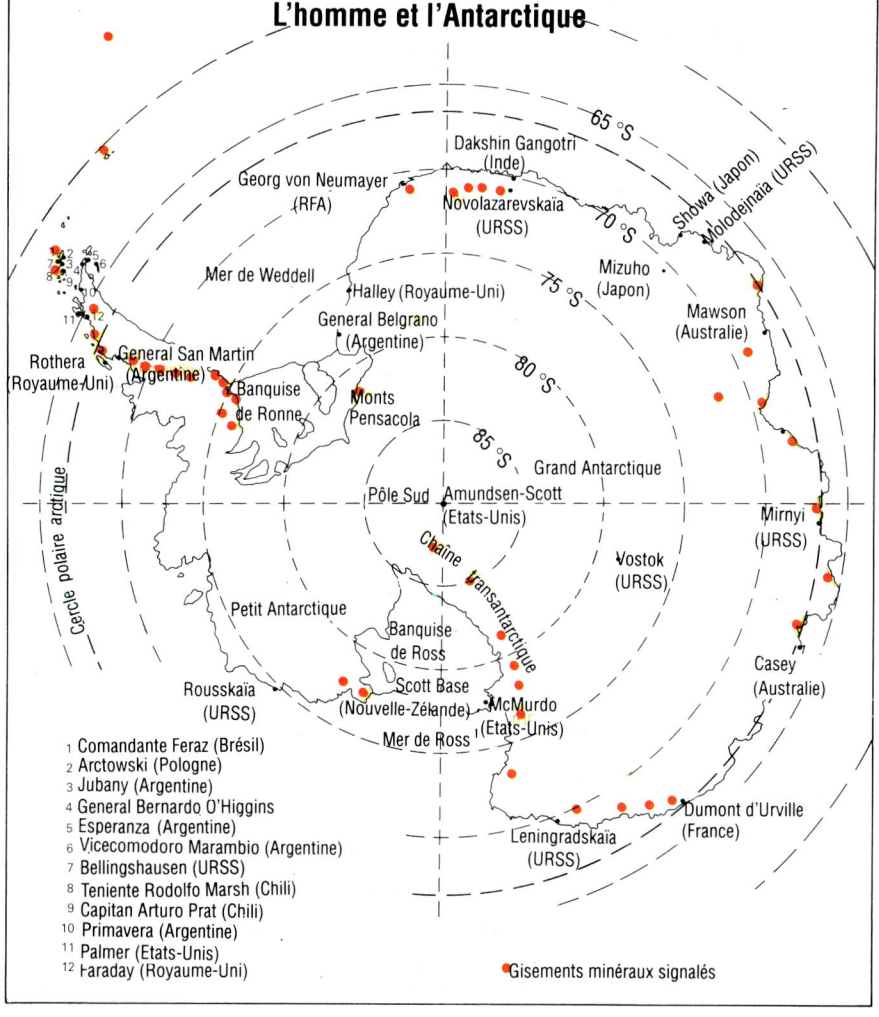

L'ARCTIQUE

L'Arctique, immense espace d'une beauté souvent époustouflante, comporte des montagnes magnifiques, des plaines, des fjords et des glaciers dont se détachent de spectaculaires icebergs. La faune y est remarquablement riche. Patrie de l'ours polaire et habitat d'élection d'animaux tels que le morse, le caribou, l'ovibos et diverses variétés de phoques, l'Arctique sert également de refuge aux derniers représentants d'espèces dont le territoire est en train de se réduire de façon alarmante. Le loup, par exemple, était autrefois une espèce commune dans tout l'hémisphère nord et, jusque dans les années 20, le morse faisait toujours halte dans les îles proches de l'Ecosse. Aujourd'hui, l'Arctique est la dernière retraite de l'un et de l'autre.

Cette région, aussi vaste que deux continents entiers, englobe le Nord de l'Union soviétique, l'Alaska, le Canada et le Groenland. C'est une région froide, mais les basses températures hivernales n'y sont pas plus rudes que celles qu'on a relevées dans certaines parties du centre de l'Amérique du Nord, comme le Minnesota et le Manitoba. La véritable différence est que, dans l'Arctique, la température ne varie guère : elle est inférieure à zéro la plus grande partie de l'année.

Dans l'extrême Nord, le soleil se couche fin octobre et ne revient pas avant le milieu de février. Le paysage est glacé, sombre, les chants d'oiseaux en sont absents; mais à midi, du côté du sud, le ciel s'éclaire du reflet chaleureux de la lumière du soleil brillant sous des latitudes plus clémentes. A la mi-avril, la même région bénéficie du fameux «soleil de minuit», qui s'élève un peu puis redescend en faisant le tour de l'horizon, mais ne se couche pas avant la mi-août. Pendant les brefs mois sans glaces de l'été, une grande partie du pays se couvre d'un gigantesque tapis de fleurs aux vives couleurs et des millions d'oiseaux arrivent pour nourrir leurs petits, profitant de la riche chaîne alimentaire de la toundra et des mers polaires.

◀ Des traîneaux tirés par des chiens, sur la banquise de Melville Bay, dans le Nord-Est du Groenland. A mesure que la technologie du XXe siècle progresse dans l'Arctique, il devient de plus en plus rare d'y voir ces véhicules traditionnels.

▲ Terrain marécageux dans la toundra du Spitzberg, et ce qui représente la pire menace pour ce milieu : un véhicule à chenilles. Il écrase la végétation de la toundra qui mettra des décennies pour se refaire.

Il est difficile de définir avec précision l'étendue de l'Arctique. Le cercle polaire arctique, à 60° 30' N, est le lieu géométrique des points où, un jour par an, le soleil ne se lève pas du tout. Une frontière dont la définition est utile est la ligne extrême de croissance des arbres, c'est-à-dire la limite septentrionale de la forêt boréale. A cet endroit, les arbres ne disposent que de 90 jours par an, ou même moins, pendant lesquels la croissance est possible. Là, les conifères sont rares et rachitiques, souvent affaissés dans la direction opposée à celle du vent dominant. Il leur faut peut-être deux ou trois siècles pour parvenir à pousser jusqu'à deux mètres de hauteur.

La plus grande partie de l'Arctique consiste en un océan gelé, entouré de continents. Sur le sol ferme, une couche permanente de terre gelée, le permafrost, de deux mètres de profondeur, s'étend sous le tapis de fleurs en été. On dépeint souvent l'Arctique comme «fragile», et il est certain qu'il faut aux plantes et aux organismes individuels un temps extraordinairement long pour se guérir de n'importe quelle lésion qu'ils ont subie. Mais leur aptitude à survivre aux principales agressions saisonnières, ainsi qu'à la succession des périodes glaciaires – durant lesquelles ces organismes se sont retirés vers le sud au fur et à mesure que la calotte glaciaire avançait – tendrait à suggérer qu'ils sont en fait d'une grande résistance. Et l'on pourrait recourir à ce même terme de «résistance» pour définir les indigènes qui vivent dans cette région. L'Arctique ne correspond probablement pas à l'idée que tout le monde se fait du paradis, mais pour l'Inuit, c'est une patrie, mais aussi un beau pays qui, jusqu'à une période relativement récente, pouvait lui fournir tout ce dont il avait besoin.

LA MENACE DU PÉTROLE

Les premiers hommes désireux d'exploiter commercialement l'Arctique s'y rendirent pour capturer des animaux et en tirer des produits utiles, et ces négociants en fourrures et en graisses animales exercèrent sur l'Arctique un impact considérable. Mais celui-ci fut insignifiant par comparaison avec celui des firmes multinationales contemporaines qui exploitent les richesses minérales si longtemps enfouies sous les glaces et le permafrost. C'est en 1960 que les géologues envoyés par des compagnies pétrolières explorèrent pour la première fois la zone qui entoure la mer de Beaufort, au nord de l'Alaska. En 1968, on découvrit 1 milliard de barils de pétrole et 736 milliards de mètres cubes de gaz naturel – soit 25 % des réserves avérées de pétrole brut des Etats-Unis et 10 % de leurs réserves de gaz – dans le sous-sol de la baie de Prudhoe, sur la côte septentrionale de l'Alaska. Avec la hausse mondiale du prix du pétrole, il devenait commercialement rentable de creuser, dans l'Arctique, des puits coûteux.

Par ses dimensions, Prudhoe est le dix-huitième gisement de pétrole du monde ; c'est de là que part l'oléoduc nommé «Transalaska Pipeline», qui traverse l'Alaska sur 1 300 kilomètres, jusqu'à Valdez, au sud. Là, le pétrole est pompé dans des réservoirs. De ceux-ci, il est transféré dans des pétroliers, qui le transportent jusqu'aux ports américains.

Beaucoup de craintes qu'exprimaient les spécialistes de l'environnement au moment où l'on a proposé de faire cet oléoduc ne se sont pas réalisées. Construit sur pilotis, il n'a pas fait fondre le permafrost, et les caribous continuent à emprunter leurs anciennes voies de migration. Mais en dépit des assurances prodiguées par les compagnies pétrolières, on peut toujours s'attendre à un accident, et quand celui-ci se produira, les répercussions sur l'environnement d'un jaillissement de pétrole chauffé artificiellement pourraient bien s'avérer désastreuses.

L'ARCTIQUE 229

«Pour autant que je sache, nous nous trouvons au cœur du plus grand écosystème de l'Arctique. Et s'ils peuvent faire des forages ici, où ne pourraient-ils pas le faire ? Si ce projet se réalise, autant aller jusqu'au bout et construire un barrage dans le Grand Canyon, que l'on justifierait avec les mêmes arguments concernant les besoins énergétiques nationaux.»
Tim Mahoney, Sierra Club, au sujet d'un projet de forages pétroliers dans la Réserve naturelle nationale de l'Arctique.

◀ L'oléoduc Transalaska serpente à travers les collines, de Prudhoe Bay, sur la côte septentrionale de l'Alaska, au port de Valdez au sud. Achevé en 1977 après la réalisation d'un des plus grands projets d'ingénierie de l'Arctique, cet oléoduc est érigé au-dessus du sol, pour diminuer le réchauffement du permafrost ; les piliers qui le flanquent comportent un dispositif de refroidissement en cas de hausse de la température. Jusqu'à présent, l'oléoduc a fonctionné sans fuites, mais pour s'assurer qu'il continuera d'en être ainsi, il faut se montrer attentif au moindre signe de corrosion.

◀ Terminal de l'oléoduc au port de Valdez : un million et demi de barils de brut y parviennent chaque jour et y sont stockés avant d'être chargés dans des pétroliers. Comme beaucoup d'installations pétrolières du Grand Nord, ce terminal a été édifié sur une rive exceptionnellement riche du point de vue biologique. Les poissons et autres animaux marins abondent dans ces eaux et, pour eux, le moindre écoulement de pétrole peut être fatal.

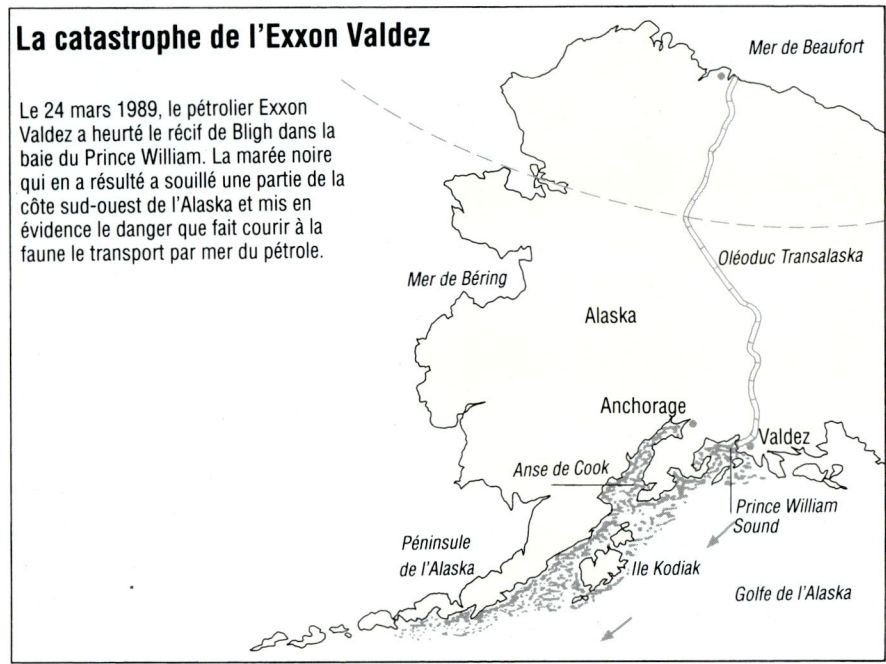

La catastrophe de l'Exxon Valdez

Le 24 mars 1989, le pétrolier Exxon Valdez a heurté le récif de Bligh dans la baie du Prince William. La marée noire qui en a résulté a souillé une partie de la côte sud-ouest de l'Alaska et mis en évidence le danger que fait courir à la faune le transport par mer du pétrole.

▲ Nettoyage après la catastrophe de l'*Exxon Valdez*. On vaporise de l'eau contenant du détergent sur les rochers revêtus de pétrole, tandis que, sur l'eau, des pannes flottantes empêchent les nappes de pétrole de s'étendre. Cette marée noire s'est révélée particulièrement dévastatrice du fait qu'elle s'est produite si près de la côte que le pétrole n'a guère eu le temps de s'évaporer ou de se disperser avant d'envahir d'innombrables petites baies et criques.

On a eu un avant-goût de la dévastation qui pourrait en résulter quand, le 24 mars 1989, le pétrolier *Exxon Valdez* s'est échoué dans le détroit du Prince William, juste au large du port de Valdez, répandant 11 millions de barils de pétrole dans les eaux de l'Océan. Les retards et les erreurs qui ont suivi cette catastrophe sont bien connus, mais en dépit de la réaction unanime du monde entier, cent mille oiseaux aquatiques et mille loutres de mer sont morts englués dans le pétrole. Il faudra plusieurs années pour remettre en état les régions côtières, et le monde entier s'est rendu compte qu'en dépit de leurs assurances, les compagnies pétrolières n'ont jamais eu la capacité de faire face à un accident de cette envergure.

LES REPERCUSSIONS DE L'EXPLOITATION MINIERE

L'exploitation minière a, dans l'Arctique, une histoire plus longue que celle du pétrole : la ruée vers l'or, en 1896, a marqué le début de la première exploitation minière à grande échelle dans le Nord. Mais les compagnies minières n'ont pas appris à vivre avec l'environnement.

En 1987, rien que pour prospecter la présence éventuelle d'or dans les territoires du Nord-Ouest canadien, elles ont dépensé 80 millions de dollars, et aujourd'hui, les activités minières ont des répercussions bien plus considérables que n'en avait jadis un simple prospecteur avec un mulet et une batée.

On a souvent justifié l'installation d'exploitations minières près d'établissements humains très reculés en faisant valoir que ces chantiers fournissaient des emplois à la population inuit, mais en réalité, peu d'indigènes y travaillent. Ils ne possèdent pas la qualification nécessaire pour faire fonctionner des installations «high-tech», et ils ne se sentent pas motivés pour demeurer pendant des jours et des jours à effectuer un tel travail alors que des troupeaux de caribous passent à proximité ou que des saumons nagent dans les cours d'eau voisins.

LES PARCS DE L'ARCTIQUE : UNE PROTECTION IMPARFAITE ?

Certains font valoir que le seul moyen de sauver l'Arctique pour les générations futures, c'est d'y installer des parcs. Le plus grand parc du monde destiné à protéger la faune sauvage a été établi sur la côte orientale du Groenland, et un autre projet ambitieux, surnommé «Glasnost et Glaciers» a été proposé pour les zones sauvages situées en Union soviétique et en Alaska de part et d'autre du détroit de Béring. Mais certains redoutent qu'on ne se serve de ces parcs pour justifier la diminution des restrictions imposées aux compagnies pétrolières et minières travaillant hors des zones protégées. Ce qui est encore pire, c'est qu'il a été démontré que, lorsque certaines zones ont été classées «parcs naturels», cela ne garantit nullement qu'elles échappent à l'exploitation minière.

En 1980, par exemple, le Congrès des Etats-Unis a agrandi le Refuge national arctique (Arctic National Wildlife Refuge = ANWR) et lui a donné la qualification de «trésor national». Les 430 000 kilomètres carrés de ce parc abritent les 170 000 caribous du «troupeau de porcs-épics». Mais au début de 1987, le secrétaire d'Etat à l'Intérieur, Donald Hodel, a recommandé au Congrès d'autoriser une exploitation pétrolière sur 6 000 kilomètres carrés de l'ANWR. Tim Mahoney, du Sierra Club, aurait émis alors ce commentaire : «Si nous faisons cela, nous pourrions tout aussi bien construire ensuite un barrage dans le Grand Canyon».

LA PECHE DANS L'ARCTIQUE

Dans les eaux de l'Ouest du Groenland, la pêche au saumon a atteint une telle envergure que les réserves des fleuves d'Islande et de Grande-Bretagne en sont menacées. Conjointement aux Pêcheries islandaises, une conserverie écossaise, l'Atlantic Salmon Trust, est en train de négocier avec les flottes de pêche du Groenland et des îles de Féroé un accord qui fixerait l'achat d'un «quota de saumon», de telle sorte que le poisson puisse attendre sa maturité en toute sécurité dans les eaux de l'Arctique, puis retourner se reproduire dans son fleuve d'origine.

La pêche, pratiquée à l'excès à une échelle massive, perturbe la faune de toutes les régions côtières de l'Arctique. L'Union soviétique, par exemple, possède une grande flotte de pêche basée à Mourmansk, port de la mer de Barents qui reste libre de glaces toute l'année. D'énormes bateaux-usines ont décimé la population d'anguilles pour en faire des aliments pour animaux et des engrais. En supprimant ainsi un chaînon de la chaîne alimentaire, les flottes de pêche mettent en danger plusieurs importantes colonies d'oiseaux aquatiques des bords de l'Arctique. Chaque année, des oisillons meurent de faim dans leurs nids parce que leurs parents n'ont pu trouver assez de nourriture pour eux.

En 1988 et 1989, on a rapporté que des phoques affamés ont déchiré des filets de pêcheurs près des côtes septentrionales de Norvège pour en dévorer le poisson. En 1988, rien qu'au large de la Norvège, 56 000 phoques ont été pris dans des filets de pêche. Les raisons en sont complexes et on ne saurait attribuer ce phénomène aux seuls excès de la pêche. Porte-parole de la coopérative norvégienne de pêche Norges Rafiskelag, John Arst a déclaré que les membres de son association sont désireux de réduire les quotas de pêche et d'obtenir des données scientifiques sur les populations de poissons, de phoques et de baleines. Son inquiétude est motivée par le fait que, si l'on ne prend pas rapidement des mesures pour stabiliser l'écologie marine, les petits villages situés le long des côtes norvégiennes perdront l'unique mode de subsistance qu'ils connaissent.

LES POLLUANTS ET LA RADIOACTIVITE

Les eaux de l'Arctique n'ont pas été aussi affectées par les excès de la pêche que ne l'ont été beaucoup de mers, ceci grâce à la couche permanente de glace. Mais les êtres vivants qui demeurent sous cette couche de glace et autour d'elle, apparemment si éloignés du monde industrialisé, sont sous la menace d'un danger

▲ Une Laponne avec un troupeau de rennes dans le Nord de la Norvège. L'existence nomade traditionnelle des Lapons, associée à celle de rennes semi-domestiqués, est en train de disparaître : peu à peu, beaucoup de Lapons préfèrent s'adonner à l'agriculture ou à la pêche.

◀ A l'approche de l'hiver, le terrain marécageux («muskeg») du Sud-Est de l'Alaska est couvert des feuilles mortes autour de buissons d'airelles.

bien plus sinistre : les polluants transportés par les vents et les courants océaniques.

Les animaux qui occupent le sommet de la chaîne alimentaire sont particulièrement en danger. Se nourrissant de phoques, les ours polaires ont subi un quadruplement de l'accumulation de biphényles polychlorurés (PCB) dans leurs tissus graisseux entre 1969 et 1984. Si cette accumulation continue, en l'an 2005 environ, les ours polaires seront porteurs d'un taux de PCB de 50 parts par million, limite légalement fixée pour qualifier un objet de «déchet toxique».

Dans le Nord de la Scandinavie, les retombées radioactives de Tchernobyl ont presque réduit à néant le mode de vie pratiqué par les Lapons depuis des siècles. Sans tenir compte des frontières nationales, les Lapons suivent au printemps les troupeaux de rennes dans leurs migrations de leurs pâtures d'hiver à leurs pâtures d'été, et ils refont le trajet en sens inverse en automne.

Pour les Lapons, les rennes représentent à la fois leur vie, leur nourriture et leur culture. Mais en 1986, une pluie contaminée par les retombées de Tchernobyl a arrosé les pâtures des rennes.

Le sol, les lichens dont se nourrissent les rennes en hiver, et même les lacs et les poissons qu'ils contiennent, ont été contaminés. Dans plusieurs zones, le niveau de radioactivité reste dangereusement élevé.

D'autres polluants menacent encore l'écosystème de l'Arctique. Dans la région de la baie James, appendice de la baie d'Hudson, la proportion de mercure est maintenant si élevée qu'on a mis en garde les Indiens Cree, afin qu'ils cessent de consommer les poissons locaux. A certains endroits, la proportion de mercure est dix fois plus élevée que celle qu'on juge admissible pour la consommation humaine.

LE PROJET DE LA BAIE JAMES

Qualifié par le Premier ministre du Québec, Robert Bourassa, de «projet du siècle», le Plan hydroélectrique de la baie James a été lancé en 1971. Ce vaste plan devrait aboutir à la mise en eau de 176 000 kilomètres carrés de forêts boréales et de toundras dans le nord du Québec : approximativement, une superficie double de celle de l'Irlande.

Pour la première phase du projet – consistant en trois énormes barrages sur la Grande Rivière – le gros de l'ouvrage est terminé. Ces barrages fournissent une énergie électrique de 10 000 mégawatts, transportée par cinq lignes de transmission, reposant sur 11 650 pylônes dans leur trajet vers le Sud du Québec et les

◄ A Churchill, sur la rive occidentale de la baie d'Hudson, au Canada, un ours polaire fouille dans un tas de détritus. Intelligents et curieux, les ours polaires sont très attirés par les débris de la civilisation du xxe siècle, et dans leur recherche de nourriture ils risquent de se blesser, tout en représentant un danger pour les habitants de la région.

L'ARCTIQUE

▲ Un chasseur inuit hisse un phoque sur la glace après l'avoir pris dans un filet. La chasse au phoque est une question délicate dans le Grand Nord. Traditionnellement, les Esquimaux chassent le phoque, mais de façon très limitée et uniquement pour leur propre subsistance. Mais ils sont devenus la cible d'une campagne menée contre d'autres chasseurs, pour lesquels les phoques, tués en masse, sont une marchandise de grand prix.

◄ Une chouette des neiges et ses petits, dans un nid de la toundra. Vivant dans un milieu dépourvu d'arbres, cet oiseau est l'un des très rares à nidifier en un lieu non couvert. En été, elle chasse de jour les lemmings et d'autres petits mammifères. Comme beaucoup d'animaux de cette région, on trouve la chouette des neiges sur toutes les terres qui bordent l'océan Arctique.

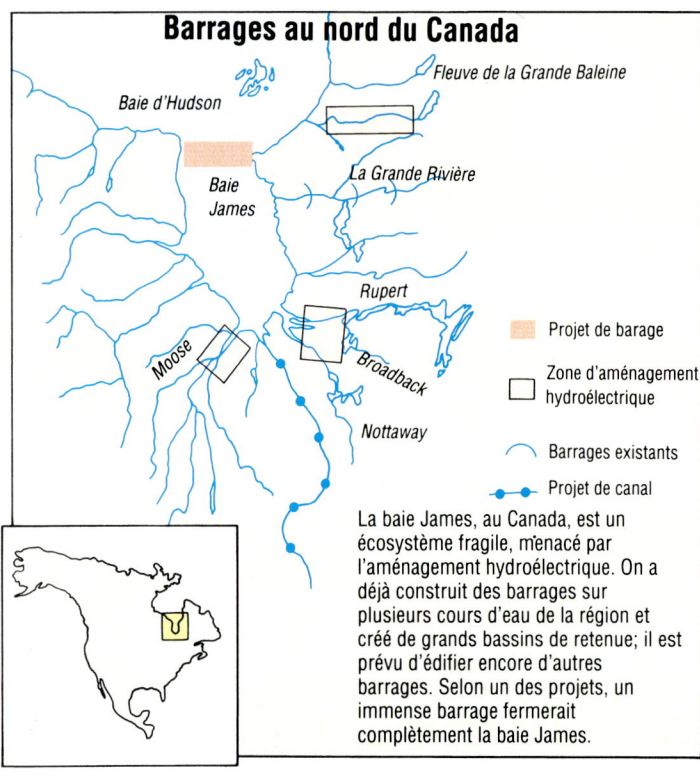

La baie James, au Canada, est un écosystème fragile, menacé par l'aménagement hydroélectrique. On a déjà construit des barrages sur plusieurs cours d'eau de la région et créé de grands bassins de retenue; il est prévu d'édifier encore d'autres barrages. Selon un des projets, un immense barrage fermerait complètement la baie James.

Etats-Unis, d'une longueur de 5 562 kilomètres. Le début de la seconde phase, qui implique d'endiguer la rivière de la Grande Baleine, est prévu pour une date prochaine, mais se heurte à une opposition considérable de la part des indigènes, les Indiens Cree, bien décidés à empêcher qu'on inonde une part supplémentaire de leurs terrains de chasse ancestraux.

La seconde phase serait suivie par la construction d'autres barrages et le détournement de cours d'eau, affectant les rivières Nottaway, Broadback et Rupert; la totalité de la zone qui serait mise en eau équivaudrait à la surface du lac Ontario. En outre, les ingénieurs se proposent d'édifier une série de barrages sur le fleuve Moose, qui alimente le sud-ouest de la baie James. Les répercussions des barrages déjà construits sur l'environnement de la Grande Rivière ont été graves. Outre le problème de la pollution par le mercure, les nouveaux bassins de retenue ont perturbé les trajets migratoires des caribous (lors d'un accident, en 1985, dix mille caribous ont été noyés par le jaillissement soudain d'une masse d'eau en provenance d'un des barrages) et ont dérangés le rythme des flux saisonniers dans la baie James, détruisant des frayères et affectant le taux de salinité dans tout le bassin de la Grande Rivière.

Les marais et les laisses de vase côtiers de la région de la baie James constituent d'importantes escales pour les oiseaux migrateurs, dont beaucoup pourraient être menacés d'extinction si ces sites sont inondés ou si leur écologie subit une perturbation supplémentaire du fait du complexe hydroélectrique. Les modifications de la salinité de la baie ont déjà produit certains effets sur les algues, les plantes des marais et d'autres organismes aquatiques dont les oiseaux migrateurs se nourrissent. C'est l'habitat d'un vaste éventail d'espèces vivant dans la baie elle-même est également menacé.

Les pressions commerciales qui s'exercent pour accélérer la seconde phase du projet sont énormes. L'énergie produite par le complexe hydroélectrique serait vendue aux Etats-Unis, en grande partie à New York. Mais, comme le font remarquer aussi bien les défenseurs de l'environnement que les Indiens Cree, il est plus que douteux que cette énergie électrique soit vraiment nécessaire.

L'EFFET DE SERRE DANS L'ARCTIQUE

Avec la concentration de «gaz de serre» qui s'accroît dans l'atmosphère, le réchauffement du globe *(voir p. 40-53)* menace l'écosystème de l'Arctique tout entier et risque de le modifier au point qu'il en sera méconnaissable. Déjà la mer de glace située au Nord du Groenland a diminué d'épaisseur, celle-ci passant de 6 à 7 mètres à 4 à 5 mètres seulement en 1987. Si l'on ne prend pas des mesures drastiques pour réduire au cours des deux prochaines décennies les émissions de gaz responsables de l'effet de serre, il est probable que beaucoup d'espèces animales de l'Arctique et les indigènes dont l'existence en dépend ne survivront pas au XXIe siècle.

▲ Une partie du complexe hydroélectrique en construction dans la région de la baie James, au Canada. Bien que ce type d'énergie ne pollue pas l'atmosphère, le coût peut en être élevé pour l'environnement, et c'est particulièrement vrai dans l'Arctique, où il faut construire des routes d'accès à des territoires naguère inabordables.

▶ La toundra à la fin de l'été. Dans le Grand Nord, la belle saison est brève et survient brusquement. Parfois peu de jours après la fonte des neiges, les plantes fleurissent déjà et donnent des graines, et les animaux qui s'en nourrissent s'activent vingt-quatre heures sur vingt-quatre. En août, le soleil commence à disparaître au sud ; la végétation prend une teinte dorée et les animaux migrateurs partent pour des latitudes plus clémentes, tandis que l'Arctique se prépare à nouveau à affronter l'hiver.

3
La Dimension
HUMAINE

La Baisse de la Qualité de la Vie *240*
L'Avenir en Perspective *252*
La Dynamique de la Destruction *264*
Solutions pour Survivre *272*

◀▶ Dans l'île de Bali, en Indonésie, ces villageois occupés aux travaux de la moisson mettent en oeuvre ce système séculaire d'exploitation de la terre qui repose sur la coopération et l'adaptation, à l'opposé de l'agriculture des pays industrialisés qui ne dépend plus des hommes mais des machines, provoquant la dégradation des sols et la dispersion des communautés rurales.

La *BAISSE* de la *QUALITE* de la *VIE*

«Pourquoi devrions-nous tolérer un régime de poisons à faible dose, un foyer dans un quartier insipide, un cercle de connaissances qui ne sont pas tout à fait nos pires ennemis, le bruit des engins mécaniques atténué par juste assez de calme pour ne pas devenir fou ? Qui souhaiterait vivre dans un monde qui ne soit presque pas mortel ?»
Paul Shepard.

«Dans le passé, à Los Angeles, les journées de brouillard étaient des exceptions. Aujourd'hui elles sont devenues quotidiennes et normales. A tel point que ce qui est devenu exceptionnel c'est une journée clair par laquelle on peut voir les montagnes de San Gabriel. Ailleurs, en Alaska, ce qui est devenu normal ce sont des étendues gigantesques de dépôts de déchets toxiques.»
Alexander Cockburn

▲ Habitations dans le ciel, tours résidentielles dans un Hong Kong surpeuplé.

L'HABITAT HUMAIN

Aux Etats-Unis, un citadin consomme par jour, en moyenne, 570 litres d'eau, 1,5 kilo de nourriture et un peu plus de 7 kilos de combustibles fossiles. Il produit environ 450 litres d'eaux usées et 1,5 kilo de détritus et dégage 600 grammes de polluants dans l'air. Les New-Yorkais produisent chaque année suffisamment d'ordures pour recouvrir toute la surface de Central Park d'une couche de 4 mètres d'épaisseur.

L'existence citadine est caractérisée par la consommation et le gaspillage. Les villes, si petites soient-elles, ont toujours été les parasites de la campagne qui les entoure, et cela en grande partie parce que la majorité de leurs habitants doivent s'en remettre aux fermiers des terres arables pour les approvisionner en nourriture. Là où les villes sont petites et les exigences de leurs habitants limitées, la dégradation qui résulte de cet état de choses ne porte pas atteinte à leur viabilité. Mais les exigences des citadins d'aujourd'hui, en particulier dans les pays industrialisés, sont de portée planétaire et, de ce fait, impliquent des répercussions planétaires. Il y a quarante ans, 600 millions d'hommes, dans le monde, vivaient dans des villes. Aujourd'hui, ce chiffre est de 2 milliards, et il augmente rapidement. Le rythme d'expansion des villes ne se ralentit pas. Au rythme actuel, en l'an 2000, les villes devront abriter plus de 75 % de la population de l'Amérique du Sud.

Compte tenu des tendances actuelles, il semble inévitable qu'au cours des trente prochaines années, plus des trois quarts des habitants de la terre s'agglutinent dans des villes. Si l'expansion démographique suit la courbe prévue, cela signifiera que la population urbaine de la planète sera de 7 milliards et demi d'hommes et de femmes. Beaucoup d'entre eux seront nés en ville, mais plusieurs millions d'autres y auront émigré, et une forte proportion de ceux-ci seront des «réfugiés de l'environnement», c'est-à-dire des gens qui auront été contraints de quitter leur terre soit parce qu'ils seront criblés de dettes, soit parce qu'ils auront été chassés pour permettre la réalisation d'un plan de développement, soit encore parce qu'ils seront devenus incapables de joindre les deux bouts dans un milieu rural de plus en plus dégradé.

Procurer un niveau de vie décent aux citadins actuels – sans parler des futures générations –, c'est là une tâche qui pose des problèmes apparemment insolubles. Le seul fait de répondre aux besoins des villes fait peser sur l'environnement et la société un fardeau insupportable. Escompter qu'on pourra y parvenir lorsque la population présente des villes aura triplé, cela revient à prendre ses désirs pour des réalités.

UNE EXISTENCE SORDIDE

Dans le Tiers-Monde, de façon croissante, l'urbanisation équivaut à une dérive pure et simple vers les bidonvilles. Des millions de gens y vivent à présent dans des conditions misérables et inhumaines, qui défient à peu près toute description : une douzaine d'êtres humains, voire davantage, dont des vieillards, des malades et des nouveaux-nés, entassés dans une hutte faite de tôle ondulée, d'emballages en plastique, de carton; des eaux usées, provenant d'un millier de ces baraques, coulant à ciel ouvert le long des fondrières qui servent de sentier, et séparent les taudis les uns des autres; des enfants nus, aux ventres enflés par la malnutrition et les crises perpétuelles de dysenterie, assis apathiques sur le sol; la puanteur, le bruit, la fumée et la vermine. Tel est aujourd'hui le lot d'une part considérable de la population mondiale, dont le chiffre ne cesse de s'accroître.

Dans le monde développé, il existe peu de lieux qu'on puisse comparer aux bidonvilles du Tiers-Monde. Mais au milieu de l'abondance qui règne dans nos villes, il subsiste des poches de misère et de pauvreté qui apparaissent comme autant d'ulcères. Aux Etats-Unis, nation la plus riche de la terre, on évalue à 3,75 millions le nombre de familles vivant en dessous du seuil de la pauvreté; ce chiffre est presque le double de celui des années 70.

LES TERRAINS VAGUES DES VILLES

L'étalement des villes a abîmé le milieu naturel et forgé pour les êtres humains un habitat affligeant. La ville a avalé les fermes, les villages et les bourgs. Dans la région anglaise appelée les Midlands, la ville de Birmingham étend ses tentacules jusqu'à Walsall, Wolverhampton et Coventry, pour former une immense dalle de béton de plus de 30 kilomètres carrés, mégapole d'usines, d'autoroutes, de cimetières de voitures, de maisons qui ressemblent à des boîtes et de terrains à l'abandon. Cependant, comme conséquence des programmes officiels de destruction des taudis, un nouveau type de pauvreté est apparu. Des tours mornes et rigides ont remplacé les maisons délabrées qui avaient au moins le mérite de la diversité : on a créé des taudis verticaux à la place de taudis horizontaux, en tenant fort peu compte de l'effet psychologique produit par la destruction de communautés existantes, et sans se préoccuper de ce que peut représenter, pour un être humain, le fait de vivre en altitude dans un espace rectangulaire de fer et de béton.

«Restaurer un équilibre adéquat entre la vie urbaine et la vie rurale représente peut-être la plus noble tâche à laquelle puisse s'attaquer l'homme moderne.»
E.P. Schumacher.

242 LA DIMENSION HUMAINE

Dans le Tiers-Monde, nombre de réalisations destinées à l'habitat sont également inadéquates. On a imposé à des communautés entières le logement à l'occidentale, considéré comme le symbole du développement, sans prendre en compte leur culture ni le climat. Sous les tropiques, les maisons traditionnelles sont construites de façon à permettre au maximum la ventilation et à réduire l'humidité, avec des matériaux qui n'absorbent que peu de chaleur. Au contraire, les maisons en briques et en béton et les constructions élevées enrobées de verre qu'on édifie de plus en plus souvent dans les pays du Tiers-Monde retiennent la chaleur. L'intérieur de ces immeubles-là devient un four dans lequel il est inconfortable de vivre; si on y installe la climatisation, la consommation d'énergie est ruineuse.

De plus en plus, c'est l'automobile et non les besoins des gens qui modèle nos villes. Depuis les années 50, le nombre de voitures, dans le monde, est passé de 50 millions en 1946 à plus de 386 millions en 1986, et la production accroît chaque année de 3 millions le nombre de véhicules. Dans beaucoup de villes d'Amérique du Nord, la voiture semble être devenue une partie indispensable de la vie. A Denver et à Los Angeles, 90 % des gens se rendent en voiture à leur travail, et même si les chiffres sont un peu plus faibles en Europe et encore plus au Japon, la voiture en est venue à régner de plus en plus sur nos vies. Même si nous n'en possédons pas nous-même, nous subissons la pollution de l'air que causent les moteurs, nous courons le risque d'être blessé dans un accident et il faut nous accommoder du bruit et des embouteillages que provoquent les automobiles. Car nos villes sont de plus en plus embouteillées au fur et à mesure que le nombre de voitures augmente, et malgré la puissance des moteurs actuels, la circulation dans Londres n'est pas plus rapide aujourd'hui que du temps des voitures à chevaux : tout au plus 13 kilomètres à l'heure!

Moroses et stériles, nos villes sont devenues moches: laides à voir et tristes à vivre. On ne saurait, certes, évaluer le besoin que nous avons de la beauté du paysage qui nous environne, mais on ne peut douter que cela joue un rôle important dans nos vies.

◀▲ Sur un pont de San Francisco, une femme avec ses biens empilés dans un caddy de supermarché s'est arrêtée pour se reposer.

◀ Ces Philippins vivant dans des taudis recherchent nourriture, vêtements ou autres objets utiles dans le dépotoir principal de Manille.

L'ALIÉNATION SOCIALE

Traditionnellement, en Occident, on considère l'histoire de l'humanité comme la progression constante et inévitable de l'amélioration sociale. Le passage de la chasse et de la cueillette à l'agriculture, puis celle du constructeur de villes à l'homme technologique a toujours été présenté comme une suite logique d'événements qui, en fin de compte, aboutiront à la prospérité universelle et au «progrès».

Mais, en quelque sorte, le rêve a tourné au cauchemar. Ce n'est pas simplement parce que nous sommes en train de détruire notre milieu à force de rechercher des normes de vie de plus en plus élevées; le mal est plus profond. Au sein d'une richesse matérielle croissante, nous nous rendons compte, avec une évidence de plus en plus aveuglante, de la misère humaine. Sur l'écran de notre téléviseur, nous pouvons observer les retombées sociales du progrès : psychopathes, héroïnomanes, adolescents alcooliques, et tant d'autres êtres incapables de supporter les agressions de la vie moderne.

L'EXISTENCE DANS LE MONDE MATERIEL

Dans le monde actuel, on jauge la réussite selon des critères comme ceux-ci : combien nous gagnons, où nous habitons, et la vitesse de notre voiture, à quel endroit nous passons nos vacances. Comme il nous faut lutter contre l'inflation et le coût sans cesse croissant de l'existence quotidienne, notre vie est gouvernée par l'argent et par les moyens de l'acquérir.

Le sentiment d'aliénation qu'éprouvent les citadins des villes modernes, privés de tout sens d'appartenir à une communauté, est partagé par beaucoup de ceux qui vivent à la campagne. Il y a deux générations, une ferme moyenne de 80 hectares employait une demi-douzaine de travailleurs et un cultivateur pouvait espérer mener son train de ferme sans avoir besoin d'emprunter aux banques. A la génération suivante, le fermier qui cultivait le même terrain avait réduit de moitié sa main d'œuvre et augmenté le nombre d'animaux qu'il élevait; il était fort heureux s'il s'en tirait sans prêt bancaire. De nos jours, avec le seul travailleur pour l'aider, le fermier est contraint de s'endetter lourdement pour acquérir tout l'équipement nécessaire. Et, pour tirer de son bien le bénéfice indispensable au paiement des intérêts, il lui faudra probablement doubler encore le chiffre de ses têtes de bétail.

Une telle production implique des frais énormes de nourriture pour les animaux et de vétérinaire et fait de l'exploitation agricole un processus industriel et non plus un mode de vie. Fondamentalement, c'est encore une pratique anti-communautaire : chaque ferme devient une unité isolée, privée de lien avec le voisinage. De plus, ce système alimente l'exode des paysans vers les villes : ceux qui n'ont plus de rôle aux champs doivent se chercher un emploi au bureau ou dans l'industrie. Quant au fermier, il reste seul pour se battre contre des dettes croissantes et la nécessité d'augmenter ses liquidités. Au bout d'une journée, combien a-t-il gagné? Il lui faut une voiture familiale, une maison plus moderne, quel en est le prix? Le prix en est la perte du sentiment de communauté qui caractérisait l'agriculture traditionnelle et la disparition de la solidarité entre les gens de la campagne.

UNE CENTRALISATION CROISSANTE

La société industrielle moderne se développe sur la fragmentation de la communauté. Elle a besoin d'ouvriers, de directeurs, d'administrateurs et de vendeurs, et elle les prend où elle peut les trouver. Elle ne s'intéresse nullement à la fidélité traditionnelle d'homme à homme, ni aux communautés de longue durée. Tout au contraire, au moment où le chômage a commencé à sévir, durant les années 80, on a conseillé aux chômeurs de faire leurs bagages et de déménager là où ils pourraient trouver du travail, sans tenir compte du fait qu'il leur faudrait chercher un nouveau logement et perturber les études de leurs enfants, ou abandonner leurs familles derrière eux.

Au fur et à mesure que les familles et les communautés se défont, l'Etat reprend les rôles que jouait traditionnellement la communauté : il prend soin des personnes âgées, des enfants quand leurs parents sont inaptes à le faire, et des malades. La communauté devient superflue et, au lieu de personnes qui s'aident les unes les autres quand elles ont des problèmes, on trouve pour s'en occuper des bureaucrates éloignés, centralisés, obligés de faire face à mille exigences différentes, alors qu'ils ne disposent que de ressources financières restreintes et d'un temps limité. Nous ne sommes plus que des visages au milieu d'une foule.

Le gendarme sur la chaussée est remplacé par la voiture de police; l'hospice local est désaffecté et s'amalgame à l'énorme hôpital régional; l'école du bled ferme ses portes et les enfants sont transférés dans un groupe scolaire plus grand, souvent fort éloigné de leur domicile. Notre vie est dominée par des institutions de plus en plus dépersonnalisées.

Dans notre travail également, nous nous trouvons à la merci de forces économiques qui tiennent peu compte des nécessités sociales. La décision d'ouvrir ou de fermer une usine n'est pas prise par ceux dont

«Le problème réside dans le fait que l'exploitant qui pratique à grande échelle une agriculture industrialisée et mécanisée a été contraint, par la taille de son exploitation et le niveau élevé de capitalisation, à se spécialiser. Si une moissonneuse-batteuse coûte cent vingt mille francs, un agriculteur ne pourra se permettre en plus d'élever des poules. Mais le plus important sera toujours de réduire la masse salariale ; la seule question que se pose constamment l'agriculteur industriel est : «Comment faire pour me passer d'un autre employé ?»»
John Seymour.

«... Les plus vastes habitats humains, loin de s'humaniser ou de s'anoblir par l'effet des activités de l'homme, se normalise jusqu'à l'ennui et se dégrade jusqu'à la laideur. Tout cela parce que l'homme en tant que producteur ne peut pas se payer «le luxe de ne pas agir économiquement» et ainsi donc ne peut produire les seuls luxes réellement nécessaires, comme la santé, la beauté et la pérennité, ce que l'homme en tant que consommateur recherche par-dessus tout. Cela coûterait trop cher ; et plus nous devenons riches, moins nous avons de moyens.»
E.F. Schumacher.

LA DIMENSION HUMAINE

▶ Dans l'île de Nouvelle-Bretagne, en Nouvelle-Guinée, ces femmes se rendant au marché dépensent une partie de leur précieux argent en boissons non alcoolisées. La publicité très puissante, particulièrement dans les pays en voie de développement, contribue souvent à affaiblir les valeurs traditionnelles ainsi qu'à créer une demande pour des produits inutiles. Les boissons non alcoolisées sont à cet égard très pernicieuses, car elles peuvent être responsables de malnutrition si elles sont données aux nourrissons à la place du lait.

«Notre regard toujours en quête est programmé pour rechercher un habitat gratifiant, de vastes paysages ouverts et fertiles, riches d'animaux, accompagnés de bois ou de rochers protecteurs, avec des rivières, des mares ou des étendues d'eau rafraîchissante. Or ce que nous proposent les concepteurs urbains, c'est exactement le contraire, à l'opposé de nos besoins les plus profonds, un environnement dur, stérile, manquant d'espaces verts, sinon dessinés en figures mathématiques rébarbatives, et qui nous surplombe de manière menaçante, du haut de structures trop élevées, trop géométriques, trop uniformes et trop froides pour donner la moindre satisfaction humaine.»
Max Nicholson.

l'existence dépend du travail. Nous ne connaissons peut-être même pas le nom de la société-mère qui, en dernier recours, prend la décision.

Et, ce qui est peut-être la pire des aliénations, c'est qu'il nous faut nous en remettre à des experts pour savoir si notre alimentation est saine et si l'air que nous respirons est pur. Nos instincts deviennent de plus en plus inutiles.

LA RUPTURE DE LA COMMUNAUTE

Dans la plupart des pays industrialisés, les changements sociaux et économiques qui ont abouti à une centralisation croissante font partie de l'histoire. Mais dans le Tiers-Monde, ce processus est en train de se dérouler. Au nom du développement, les gouvernements du Tiers-Monde ont entrepris la transformation systématique de leurs sociétés. Cette transformation n'a pas seulement abouti à des modifications dramatiques des pratiques agricoles *(voir p. 109)* mais a également induit de graves changements des systèmes de fermage du terrain, des organisations politiques locales et du tissu même des communautés locales.

L'argent, au lieu des liens traditionnels, devient la clé des relations sociales. On ne considère plus l'existence comme un modèle de relations réciproques entre soi, sa famille, la communauté et le milieu. Une fois disparu le sentiment de l'ordre, d'une structure établie depuis des temps immémoriaux, l'individu part à la dérive. Et comme ces traditions et ces coutumes s'étaient souvent développées pour éviter le gaspillage de ressources naturelles précieuses, cette rupture peut se trouver à l'origine d'une dégradation encore accrue du milieu naturel.

Les gens se trouvent aussi coupés du passé, qu'on dénigre en le qualifiant de primitif et d'arriéré. En Indonésie, le gouvernement s'est lancé dans un programme destiné à promouvoir le «développement» total de la population. On a contraint à se joindre au flot de la société des groupes tribaux de la Papouasie occidentale, que le gouvernement a décrits comme «vivant encore à l'âge de pierre». On a coupé de force les cheveux des hommes pour les rendre conformes aux normes nationales. On a dénoncé comme irréligieuses leurs croyances animistes, et leurs pratiques médicales traditionnelles ont été interdites.

UN SENTIMENT D'ISOLEMENT

Pendant la révolution industrielle, l'idée s'est formée que la nature était là pour être manipulée pour le bénéfice de l'humanité. Il est apparu que le mode de vie traditionnel tel qu'il se présentait alors en Europe, avec sa hiérarchie rigide de nobles, de gens d'églises et d'hommes du commun, était un piège pour perpétuer la pauvreté et un obstacle au progrès. De nouvelles idées se sont imposées quant au rôle dans la société de l'individu, considéré désormais comme un homme d'action, libre et apte à se déplacer physiquement et socialement. Ces idées sont encore inhérentes à tous les programmes de développement. Ainsi, on considère que l'industrialisation offre une vaste gamme de choix et de possibilités, en donnant accès au marché, avec son étalage fascinant de biens de consommation.

Mais, par une ironie de l'histoire, la société industrielle, qui promettait le triomphe de l'individualisme et la liberté de choisir son emploi et son habitat, a engendré une culture de masse fragmentée, qu'on a dépouillée dans une très large mesure de la diversité culturelle traditionnelle. Loin de produire la satisfaction dans le travail et le consentement, elle a généralement abouti à l'ennui. Les gens vivent désormais pour les week-ends et les vacances; ils compartimentent leur existence au lieu d'éprouver le sentiment que leur vie fait partie d'un processus continu dans lequel le travail est aussi satisfaisant que le jeu.

Rien d'étonnant, dès lors, que le taux de divorce soit élevé et que les enfants souffrent de problèmes psychologiques que, dans les sociétés industrialisées, le taux de suicide soit monté en flèche, que le crime, la délinquance et les meurtres soient si répandus.

AIR, EAU ET NOURRITURE

Le vendredi 5 décembre 1952, les Londoniens se réveillèrent, par un matin froid et calme, que nappait l'un des pires brouillards que la ville eût jamais connu. Avec plus d'un million de foyers et d'usines fonctionnant au charbon, la fumée des cheminées s'était combinée avec l'humidité pour former un mélange épais et nocif, un «smog» typique qui restait stagnant dans l'air. Le samedi qui suivit, la visibilité dans les rues du centre de Londres n'était plus que de cinq mètres et les transports en commun s'immobilisèrent. Les répercussions de ce «smog tueur» qui dura trois jours furent épouvantables. On a estimé à 4 000 le nombre de personnes décédées par suite d'affections cardiaques et pulmonaires et à plusieurs milliers celui des malades gravement atteints.

A la suite de ce désastre, le gouvernement fit adopter une nouvelle législation destinée à «nettoyer» les villes britanniques. On interdit l'émission de fumée noire et on mit en place progressivement des zones sous contrôle dans lesquelles ne pouvaient être brûlés que des combustibles sans fumée. On construisit aussi des cheminées très hautes, pour permettre aux émissions de fumée des centrales et des usines fonctionnant au charbon de s'éloigner des régions urbaines.

Ces mesures ont, certes, beaucoup amélioré la qualité de l'air, mais, comme la plupart des tentatives visant à stopper la pollution, elles n'ont pas résolu le problème fondamental; elles l'ont seulement déplacé.

Disposer d'un air et d'une eau propres devrait faire partie des droits fondamentaux de l'homme, dans le monde tout entier, mais ce sont devenus des biens de plus en plus rares et coûteux. Dans les bidonvilles de beaucoup de villes du Tiers-Monde, un cinquième du revenu d'une famille, voire davantage, est parfois consacré à l'achat d'eau qu'amènent dans des bidons ou dans une charrette traînée par un âne de petits vendeurs ambulants. Pour ces misérables, coincés dans une ville sans plan et privés de tout accès à une source d'eau potable, cette eau qu'ils achètent symbolise bien leur impuissance et leur manque de maîtrise de leur milieu.

En Occident, on achète également l'eau, mais en bouteilles, et c'est là, à l'inverse, un symbole de richesse, ou en tout cas un moyen d'échapper partiellement à la pollution pour ceux qui ont souci de leur santé. Puisée à des sources qui proviennent d'un profond sous-sol, l'eau minérale est tout à la fois une marque de richesse et un symbole puissant des dommages que la création de cette richesse a causés à l'environnement.

La mise de cette eau en bouteilles de plastique ou de verre, puis son transport sur des milliers de kilomètres pour la vendre dans des supermarchés, cela même engendre de la pollution. Ce n'est pas davantage une solution au problème de la pollution de l'eau que la législation britannique sur la propreté de l'air n'était une réponse au problème de la pollution de l'air. Au lieu de s'attaquer à la cause, on se contente de déplacer le problème, d'en retarder la solution pour un certain temps, ou de le rendre supportable pour une minorité aisée.

La question de savoir dans quelle mesure la pollution affecte d'ores et déjà notre santé est fort controversée. Parfois, les répercussions de la pollution sur notre santé sont évidentes et indéniables, comme dans le cas de la catastrophe de Bhopal. Mais dans la plus grande partie du monde, il est peu probable que l'homme moyen ait l'impression que sa santé est affectée par la pollution, et les gouvernements sont toujours attentifs à nier une telle possibilité.

Une menace bien définie qui pèse sur la santé et s'est aggravée de façon régulière en raison de la pollution de l'air, de l'eau et de la nourriture est le cancer. Les résidus de pesticides dans les aliments en sont l'un des facteurs. En 1987, le Conseil national de la recherche des Etats-Unis a mis en garde le public en déclarant que 90 % des fongicides utilisés aux Etats-Unis pouvaient s'avérer cancérigènes, ainsi que 30 % des insecticides et 60 % des herbicides. Mais l'accroissement annuel des cas d'asthme peut sans doute être également associé à la pollution croissante

▼ Un smog photochimique recouvre Sydney, en Australie. Même dans ce continent à faible densité de population, l'homme exerce une action puissante sur l'environnement.

« Il m'est souvent arrivé de vomir à cause des odeurs chimiques qui proviennent de Leigh. On connaît également les migraines instantanées, ainsi que les maux de gorge et les yeux irrités. Quand le vent d'est souffle, on en a pour au moins deux semaines. Les camions-citernes de produits chimiques sentent tellement mauvais qu'il est impossible de les décrire. J'étais dans Mill Road quand un camion m'a dépassé, et je n'ai pu m'empêcher de vomir avant de rentrer chez moi. »
Ken Wilkes, militant contre une décharge locale.

« Oui, les enfants sont souvent malades et quelquefois, ils ne peuvent presque pas respirer. Nous voudrions vivre ailleurs, mais nous n'en avons pas les moyens. »
Un résident du district de Cubatão, une région industrialisée du Brésil où neuf nourrissons sur dix doivent recevoir une dose quotidienne d'oxygène supplémentaire.

de l'air, et en particulier aux gaz d'échappement des voitures.

Il se peut que d'autres symptômes de dégradation de la santé n'aient même pas été vus par des médecins ni enregistrés dans des statistiques officielles : maux de tête, diarrhées légères ou autres troubles digestifs, fatigue, toux, coryza et éruptions cutanées sont de petits ennuis de la vie quotidienne dont certains médecins soupçonnent une augmentation de la fréquence et il se pourrait bien que quelques-uns de ces symptômes soient dus à une exposition croissante aux polluants.

LE ROI CHARBON

Dans les villes du monde entier, les principaux polluants de l'air proviennent des combustibles fossiles qu'on fait brûler. En Europe de l'Est et dans une grande partie du Tiers-Monde, où l'on utilise le charbon pour le chauffage et pour l'industrie, la cause du mal se trouve là. Dans les villes occidentales, comme Londres, l'utilisation du charbon est réglementée, mais les véhicules à moteur produisent des millions de tonnes de polluants : ils brûlent, eux aussi, des combustibles fossiles, mais sous forme de carburant à base de pétrole.

En brûlant du charbon, on dégage de grandes quantités d'anhydride sulfureux et quantité de particules (la fumée contient de la suie et d'autres petites particules solides et liquides). Ces éléments, soit à eux seuls, soit en combinaison avec d'autres polluants, accroissent le nombre de gens qui souffrent d'affections respiratoires, telles que toux, asthme, bronchite et emphysème.

Dans l'air, ces particules peuvent non seulement susciter des difficultés respiratoires, mais aussi faire pénétrer profondément dans les poumons des métaux lourds toxiques et d'autres matières nocives. Aux Etats-Unis, cet état de choses peut être responsable d'une cinquantaine de milliers de décès par an. En Europe de l'Est et en Union soviétique, le problème est beaucoup plus grave, car beaucoup du charbon qu'on utilise dans ces pays est du « charbon brun », à haute teneur de soufre, et, de plus, la technologie à laquelle on recourt pour s'en servir est désuète et notoirement inefficace.

L'anhydride sulfureux est aussi l'un des gaz responsable des pluies acides. En édifiant de hautes cheminées pour éviter de polluer les zones urbaines, l'industrie est seulement parvenue à disperser les produits qui provoquent les pluies acides sur les zones rurales et sur les pays voisins. Les pluies acides affectent la santé de l'homme, car elles permettent aux métaux qui trouvent dans le sol – tels que le plomb, le cadmium et le mercure, qui restent attachés aux particules du sol – d'être entraînés dans l'eau qui sert à

notre alimentation. L'aluminium, qui peut être un facteur étiologique de la maladie d'Alzheimer (démence sénile précoce), est libéré par la pluie acide de sa localisation, généralement inoffensive, à l'intérieur du sous-sol.

LES POISONS DE LA CIRCULATION

Un autre gaz qui induit la formation de pluies acides et qui menace directement la santé humaine, c'est le dioxyde d'azote, qui est dégagé aussi bien par la fumée de charbon que par les moteurs d'automobiles. Ce gaz irrite les poumons et peut provoquer des bronchites et des pneumonies. Il peut aussi rendre les gens plus vulnérables aux infections virales, comme la grippe.

Les oxydes d'azote contribuent aussi à la formation d'ozone dans l'air qui nous entoure, ce qui constitue un grand danger pour notre santé ainsi que pour celle des arbres et des cultures. A basse altitude, l'ozone se forme par action de la lumière solaire sur les hydrocarbures (dégagés par les effluents industriels et les émissions de gaz des véhicules à moteur), en combinaison avec les oxydes d'azote qui se trouvent dans l'air. L'ozone est le principal constituant des « smogs » photochimiques, ces épais brouillards toxiques dont la présence est bien connue dans des villes comme Los Angeles et Mexico, où il y a tout à la fois une circulation automobile intense et de longues périodes de temps ensoleillé sans un souffle de vent. Bien que, dans la stratosphère, l'ozone protège la vie, au niveau du sol, il gêne la respiration, suscite de la toux et des étouffements. Il aggrave l'asthme et autres malaises pectoraux et diminue la résistance de l'individu aux rhumes et à la pneumonie. Les Etats-Unis, pays où l'automobile est une reine incontestée, souffrent tout particulièrement de la pollution par l'ozone : plus de la moitié des Américains vivent dans des districts où les normes fédérales fixées pour l'ozone sont dépassées.

D'autres dangereux polluants empoisonnent l'air des villes : l'oxyde de carbone, le plomb, et des hydrocarbures toxiques tels que le benzène, le toluène et le xylène. Certains de ces composés chimiques peuvent induire des cancers, compliquer le processus de la reproduction et provoquer des malformations congénitales. Les véhicules à moteur sont responsables de 85 % de la pollution par l'oxyde de carbone; à forte concentration, celui-ci prive le corps d'oxygène, altère la perception et la pensée, ralentit les réflexes et suscite de la somnolence. Selon l'OMS, la moitié environ des citadins d'Europe et d'Amérique du Nord sont exposés à des concentrations inacceptables d'oxyde de carbone.

Le plomb contenu dans l'air affecte le système nerveux et diminue l'aptitude des enfants à apprendre. Fort heureusement, sa concentration est en train de diminuer dans plusieurs parties du monde développé, en raison de la suppression du plomb dans l'essence, à laquelle on l'ajoutait autrefois pour rendre la marche du moteur plus souple. Aux Etats-Unis, la concentration moyenne de plomb dans le sang des individus a diminué de plus d'un tiers entre 1976 et 1980. Beaucoup de pays européens encouragent aussi leurs automobilistes à utiliser de l'essence sans plomb. Mais dans le Tiers-Monde, hélas! la concentration de plomb dans l'air et dans le sang augmente rapidement.

Pour compenser un certain manque de nervosité des voitures roulant à l'essence sans plomb, les raffineurs de pétrole ont modifié la composition des carburants : il en est résulté un accroissement de la concentration des hydrocarbures toxiques dégagés par les gaz d'échappement. Ainsi, l'utilisation croissante d'essence sans plomb est à l'origine d'émissions plus denses de cancérigènes puissants tels que le benzène et le toluène.

UNE SOUPE CHIMIQUE

Autre cause de préoccupation : la quantité d'hydrocarbures et d'autres substances chimiques toxiques qu'émettent les entreprises industrielles. Selon un rapport datant de 1989, aux Etats-Unis, un million de tonnes de substances chimiques toxiques sont dégagées dans l'air chaque année par les usines, mais ce chiffre devrait être multiplié par trois si l'on y ajoute les gaz d'échappement des voitures, les décharges en plein air, les produits de nettoyage à sec et autres déchets chimiques qu'on déverse dans l'eau ou qu'on enfouit dans le sol et qui aboutissent finalement dans l'air par évaporation.

Les données qu'on a obtenues récemment à propos des pays d'Europe de l'Est indiquent que la situation y est pire encore. Chaque année, les fumées des usines de Silésie, cœur industriel de la Pologne, recouvrent les villes de la région d'une couche polluante d'un kilo par mètre carré. Le gouvernement polonais envisage d'interdire de faire pousser des légumes dans cette région, car la concentration de cadmium et de plomb dans le sol est l'une des plus fortes du monde. Chez les enfants, les difformités et les infirmités sont en nombre alarmant.

LE «NETTOYAGE» DE L'AIR

En 1970, le Congrès des Etats-Unis a promulgué un décret qui fut annoncé à cor et à cris : le «Clean Air Act», qui prétendait restaurer la qualité de l'air des villes américaines. Mais deux décennies plus tard, il est apparu que 487 districts avaient ignoré ce décret, et, sous la pression des patrons des industries polluantes, le Congrès essaie d'établir une version révisée de son «acte».

La législation relative à la qualité de l'air a manqué son but, car elle s'est contentée d'expédier la pollution ailleurs ou, alors, elle s'est montrée trop limitée dans ses ambitions en ne visant que certains polluants spécifiques. Des lois de ce genre ont souvent aggravé les effets d'autres polluants. On peut en citer comme exemple l'introduction de réacteurs catalytiques en Amérique du Nord, au Japon, en Corée du Sud et dans quelques pays d'Europe. Ces appareils sont fixés au pot d'échappement d'un véhicule et réduisent les émissions d'hydrocarbures, d'oxydes d'azote et d'oxyde de carbone. Mais l'accroissement massif du nombre de voitures dans le monde a complètement réduit à néant les effets bénéfiques de ces dispositifs.

Reconnaissant que les réacteurs catalytiques ne suffisaient pas à résoudre le problème de la pollution de l'air, les Etats-Unis envisagent maintenant d'obliger les fabricants d'automobiles à créer des modèles fonctionnant au moyen d'autres carburants, tels que le méthanol ou l'éthanol. Cela pourrait aider à supprimer la formation d'ozone dans l'air, mais risquerait aussi d'accroître les émissions de gaz cancérigènes et de gaz carbonique, ce dernier étant le principal responsable de l'effet de serre *(voir p. 17)*.

Il est devenu évident que, pour tenter sérieusement de lutter contre la pollution atmosphérique, il faut s'attaquer à la racine du mal, à savoir la recherche d'une croissance industrielle constante et, parallèlement, l'utilisation de plus en plus intense des routes.

> «Les taux de cancer, de maladies de la peau, d'insuffisances respiratoires, d'hypertension artérielle et de naissances prématurées sont ici bien supérieurs à la moyenne. Si quelqu'un arrive ici avec une bronchite, nous avons de réelles difficultés pour établir le diagnostic, car son symptôme est associé avec d'autres maladies. Une seule chose est certaine : quand ces gens-là prennent leur retraite, à cinquante ans, ils sont complètement détruits.»
> *Dr. Ion Lucas, centre industriel de Copsa Mica, Roumanie.*

▼ Embouteillages à Bangkok, où un voile noir de pollution provoquée par la circulation automobile recouvre souvent les rues de la ville. La pollution automobile est un problème que se partagent dorénavant les pays industrialisés et ceux du Tiers-Monde.

248 LA DIMENSION HUMAINE

DE L'EAU BONNE A BOIRE ?

L'eau potable saine et propre est probablement le bien le plus précieux qu'on recherche sur la planète. Par bonheur, l'eau douce existe en quantités prodigieuses sur la terre, et elle est constamment renouvelée par le cycle sans fin des chutes de pluie et de l'évaporation, cycle qui fonctionne grâce à l'énergie solaire. C'est seulement un tiers, environ, des 9 000 trillions de litres d'eau douce disponible dans les cours d'eau, les lacs et la nappe phréatique qu'on utilise couramment, la plupart du temps pour l'irrigation et l'industrie.

Mais ce total ne fait pas apparaître les différences considérables qui existent entre les quantités d'eau dont disposent et qu'utilisent des régions diverses. Il se trouve, par exemple, d'énormes quantités d'eau en Sibérie et en Amazonie, où vivent très peu de gens, tandis que certaines zones, comme le Sud-Ouest des Etats-Unis, disposent de très peu d'eau douce et ont une vaste population, en pleine croissance, qui exige de grandes quantités d'eau *(voir p. 132)*.

Dans certaines parties du Tiers-Monde, le problème n'est pas posé par la quantité totale disponible, mais par la saleté de l'eau et la difficulté d'y accéder. Un citadin sur cinq, au moins, et trois quarts des villageois du Tiers-Monde sont dépourvus de tout approvisionnement raisonnable et sain en eau potable.

Dans la plus grande partie du monde développé, l'eau est amenée par des conduites et il existe des installations pour évacuer convenablement les eaux usées; cependant, dans l'eau potable d'Europe et d'Amérique du Nord, la concentration de substances chimiques nocives devient dangereuse.

LES MALADIES D'ORIGINE HYDRIQUE

Dans le monde développé, après plus d'un siècle de législations sanitaires, combinées avec une amélioration des techniques de traitement de l'eau, l'incidence des maladies d'origine hydrique a subi une réduction spectaculaire. Il n'en reste pas moins qu'à Londres, plus de 120 ans après la dernière grande épidémie de choléra, le système de vidange des eaux, élaboré sous le règne de Victoria pour résoudre les problèmes d'évacuation des Britanniques, est surchargé et délabré et le nombre d'incidents polluants provoqués par des installations défectueuses de vidange des eaux usées est en forte hausse.

A plusieurs reprises depuis 1985, la Grande-Bretagne a connu les poussées quasi-épidémiques d'une maladie transmise par le *cryptosporidium*, un microorganisme parasite. Celui-ci, qui provoque de graves diarrhées et des vomissements, et qui peut être mortel pour les très jeunes enfants, semble surtout répandu dans la boue des fermes. Avec les méthodes chimiques actuelles de traitement de l'eau, on ne peut

▲ Des femmes Dogon cherchant de l'eau au puits, au Mali. L'eau pure, jadis abondante, se raréfie partout dans le monde.

entièrement éliminer le risque de voir le *cryptosporidium* contaminer les réserves d'eau potable. Ces méthodes chimiques ont remplacé le filtrage dans le sable, qui se pratiquait naguère et était beaucoup plus efficace pour éliminer les parasites.

Dans le Tiers-Monde, en particulier dans les régions urbaines, la décharge des ordures dans les voies d'eau est la règle et non l'exception. Les bactéries, les virus et les parasites, qui foisonnent dans ces égouts improvisés et non traités, en font les milieux les plus dangereusement pollués du monde. La typhoïde, le choléra, la dysenterie amibienne, la poliomyélite et l'hépatite, toutes ces maladies sont transmises par les excréments humains. Près de deux milliards d'habitants du Tiers-Monde sont exposés à ces maladies infectieuses du simple fait de boire de l'eau contaminée, et 25 000 personnes, en moyenne, en meurent chaque jour. Les très jeunes enfants, les vieillards et les malades sont les plus exposés : dans les pays en voie de développement, quatre décès infantiles sur cinq sont dus à des maladies d'origine hydrique.

En 1980, avec un manque de réalisme très caractéristique, l'Assemblée générale des Nations unies a proclamé le début de la «Décennie internationale de l'approvisionnement en eau potable et de l'hygiène» ; elle se fixait pour but «de l'eau propre et une hygiène suffisante pour tous en 1990». Il est inutile d'ajouter que ces plans grandioses ont abouti à trois fois rien.

Même si l'on avait dépensé davantage d'argent, on peut se demander quel bien cela aurait fait aux pauvres de ce monde. Une bonne partie de l'aide étrangère destinée à des plans hydrauliques est dépensée en acquisition d'équipements coûteux et inadéquats, produits par le pays qui a fourni les fonds. En 1970, un système de vidange et d'égouts, d'un coût de 3,5 millions de dollars, a été construit à Accra, au Ghana. Conçu par des conseillers étrangers au pays et financé par une aide étrangère, ce système était trop coûteux pour être utilisable... et, en 1977, 171 maisons, en tout et pour tout, avaient pu être raccordées au réseau.

LA CONTAMINATION CHIMIQUE DE L'EAU POTABLE

Dans les pays industrialisés, la principale menace qui pèse sur la qualité de l'eau provient incontestablement de la pollution chimique. Vidanges industrielles, écoulements de terrains traités au moyen de produits chimiques agricoles, suintements de décharges publiques et fuites accidentelles d'usines : tous ces éléments se sont combinés pour rendre beaucoup de sources d'eau potable de moins en moins fiables.

Pour leur eau potable, vingt millions d'Européens dépendent du Rhin, fleuve gravement contaminé par les décharges de produit chimique. Malgré un traitement de l'eau effectué au moyen des méthodes les plus modernes, on trouve de plus en plus de substances chimiques dans l'eau potable en provenance du Rhin. Le directeur des stations hydrauliques néerlandaises chargées des eaux a admis qu'on peut retrouver dans l'eau potable des traces d'à peu près toutes les substances présentes dans l'eau non traitée.

Dans l'Est des Etats-Unis, beaucoup de cours d'eau sont si pollués par les produits chimiques industriels qu'ils ne peuvent plus servir de sources d'eau potable. Celle d'autres rivières, moins polluées, doit être traitée à grands frais, mais on n'en a pas moins détecté près de 130 substances chimiques dangereuses dans l'eau potable des Etats-Unis, et 14 seulement de ces produits contaminateurs sont contrôlés régulièrement.

Les méthodes de traitement de l'eau ne sont pas seulement capables d'éliminer les substances chimiques dangereuses : elles sont elles-mêmes nocives pour la santé. La chloration de l'eau détruit la plupart des germes pathogènes, mais le chlore peut entrer en réaction avec divers polluants organiques pour constituer des hydrocarbones chlorurés, dont plusieurs sont soupçonnés d'induire des cancers. Aux Etats-Unis, on a détecté des taux de cancer en forte croissance parmi des gens dont l'eau potable était polluée par des substances chimiques et chlorurée. Beaucoup d'installations allemandes de traitement de l'eau recourent à présent à l'ozone et non plus au chlore comme désinfectant. Quant à la nappe phréatique, qui alimente en eau potable plusieurs centaines de millions de personnes dans le monde, dont la moitié de la population des Etats-Unis, elle est également en voie de pollution par des substances chimiques d'origine industrielle et agricole.

DU POISON DANS NOS ASSIETTES

Régulièrement, les gros titres des journaux évoquent les craintes que suscite la contamination de la nourriture par les produits chimiques utilisés en agriculture. Tout aussi régulièrement, ces craintes sont apaisées par des démentis officiels ou officieux, et le public se sent rassuré ; il suppose que son alimentation est, une fois de plus, redevenue «saine». Mais à vrai dire, les tests de sécurité effectués sur les pesticides et autres substances chimiques agricoles sont un leurre; personne ne connaît l'effet réel de la plupart de ces produits sur la santé humaine. Dans tout le monde industrialisé, et également dans plusieurs régions du Tiers-Monde où l'usage de pesticides est courant, il en reste des résidus dans tous les aliments, et souvent le degré de concentration en est inadmissible.

Au début des années 80, des médecins de l'hôpital central Emek, en Israël, ont vu arriver un grand nombre de malades présentant une série de symptômes analogues : douleurs d'estomac, diarrhée, faiblesse générale et «nervosité». Après une enquête détaillée, les médecins ont constaté que le régime de tous ces patients comportait une forte proportion de fruits et de légumes. Et des analyses de sang révèlent la présence de traces d'insecticides répondant au nom générique d'«anticholinestérases». Ceux-ci inhibent l'aptitude du corps à décomposer le messager chimique, l'acétylcholine, qui transmet les impulsions d'une cellule nerveuse à l'autre.

On connaissait déjà les effets accidentels de fortes doses de ces insecticides sur des travailleurs agricoles, mais c'était la première fois qu'on pouvait en étudier les répercussions lors de la consommation de très petites doses sur une longue période. Les médecins prescrivirent aux patients de s'abstenir pendant un

«Depuis longtemps on disait à Rovigo que l'eau de l'Adige, le second fleuve d'Italie, était polluée. Elle sentait très mauvais, comme des rats ou des souris en décomposition, et certains pensaient que cela provenait des déchets de l'usine en amont. Mais les pouvoirs publics affirmèrent que l'eau de l'Adige était potable, et toute la ville dut se résigner à la puanteur. Jusqu'à ce qu'un chimiste engagé par une association écologique produise la preuve scientifique de ce que l'on soupçonnait depuis longtemps. Il avait mis en évidence, dans un simple échantillon d'eau, des taux de pollution mortels.»
Dalbert Hallenstein.

«Comme l'eau qui, en tombant goutte à goutte, peut à la longue user la pierre la plus dure, cette mise en contact perpétuelle, de la naissance à la mort, avec des produits chimiques dangereux peut s'avérer à la longue catastrophique... Dans l'état actuel des choses, nous sommes à peine mieux lotis que des invités à un dîner chez les Borgia.»
Rachel Carson.

«... Les progrès des techniques analytiques ont en fait dissipé le mythe que ces nouveaux pesticides anti-cholinestérase se dégraderaient rapidement en résidus inoffensifs. Au contraire, on en découvre beaucoup qui se transforment en produits inattendus, certains bien plus toxiques que le produit d'origine. On a voulu ignorer tout un pan de ces recherches.»
Mark Purdey.

▲ Epandage de pesticide par avion. Cette méthode de pulvérisation s'avère particulièrement dangereuse, car le produit chimique peut être transporté par le vent jusqu'aux maisons voisines.

certain temps de manger des fruits et des légumes, et les symptômes disparurent. Il est à noter qu'aucun des malades en question n'avait jamais consommé de fruits ou de légumes sans les avoir préalablement lavés, et il n'y a aucune raison de soupçonner les fermiers israéliens d'avoir abusé de ces pesticides plus que ne le font les paysans ailleurs dans le monde.

LES TESTS ET LES LIMITES DE SECURITE

Mise à part l'étude dont il vient d'être question, on n'a procédé à presque aucune recherche fiable sur les effets de la consommation courante de nourriture ordinaire contaminée par les pesticides. Comme l'a reconnu le ministère britannique de l'Agriculture, il n'existe plus aucun aliment exempt de pesticide. Même la nourriture dite «organique» est contaminée par de faibles quantités de quelques pesticides, soit lors d'une pulvérisation dérivée de sa destination, soit en raison de la contamination du sol. Bien entendu, il s'agit là de doses beaucoup plus faibles que celles qu'on trouve dans les produits de consommation courante.

Les tests de sécurité auxquels on procède avant que les produits agrochimiques ne reçoivent l'approbation officielle nécessaire à leur utilisation sont toujours effectués sur des animaux de laboratoire, lesquels ne peuvent pas réagir de la même façon que les êtres humains. En procédant à des études sur des substances *connues* pour induire des cancers chez des êtres humains, la firme pharmaceutique Pfizer a démontré que moins de la moitié de ces composés induisaient des cancers chez des rats et des souris de laboratoire. La firme en a conclu que, pour orienter les utilisateurs quant aux effets de ces produits sur la santé humaine, on aurait tout aussi bien pu jouer à pile ou face que d'en étudier les répercussions sur des rongeurs. La toxicité proprement dire n'est pas moins variable.

Il est comique de voir qu'on considère les pesticides dont on a fait l'essai en laboratoire sur des animaux comme rigoureusement testés par rapport aux autres. Mais il est vrai que certains d'entre eux, surtout ceux qui sont apparus voici de nombreuses années, n'ont même pas subi cette sélection-là, ou bien on leur a fait subir des tests très brefs et non concluants. Aux Etats-Unis, 1 400 pesticides sont autorisés et 600 d'entre eux sont d'un usage courant. Mais selon l'Académie nationale des sciences des Etats-Unis, seuls 37 d'entre eux ont été soumis à des essais suffisants.

En Grande-Bretagne, on se sert également très amplement de pesticides non testés. Le ministère de l'Agriculture projette de mettre à l'épreuve environ 250 pesticides, d'usage courant depuis longtemps, parmi lesquels figurent des articles très suspects, comme le Maneb, le Mancozeb et le Zineb, trois des fongicides les plus employés en agriculture, qui ont été reconnus comme indéniablement cancérigènes aux Etats-Unis. En raison du manque de personnel et de fonds, le réexamen projeté prendra à peu près quarante ans et, entre temps, tous ces pesticides resteront en usage.

Au Royaume-Uni, même quand les pesticides ont fait l'objet de tests, le public n'en est pas informé, en raison de la doctrine officielle du secret : les résultats d'enquêtes sont protégés par la loi et ne peuvent être publiés. Des 400 pesticides autorisés en Grande-Bretagne, treize seulement ont fait l'objet d'études de sécurité, et d'autre part, 14 pesticides autorisés au Royaume-Uni sont interdits dans d'autres pays, ce qui fait penser que l'interprétation du mot «sécurité» est quelque peu arbitraire. Mais en raison de l'impossibilité d'accéder aux données de base relatives à un pesticide donné, il est impossible de remettre en question la décision du ministère de l'Agriculture qui en autorise l'usage. Comme l'a fait remarquer un membre du Parlement britannique, «nous en savons davantage sur ce qu'il y a dans une paire de chaussettes que dans la nourriture que nous mangeons».

Un autre aspect préoccupant des tests conventionnels relatifs aux pesticides, c'est qu'on envisage un seul pesticide à la fois. L'«effet cocktail», c'est-à-dire le fait de consommer deux pesticides en même temps que des additifs alimentaires, n'est jamais pris en compte, bien qu'un repas moyen soit «assaisonné» de douzaines de résidus différents. On sait pourtant que des «effets de cocktail» de ce type peuvent se produire: une substance chimique toxique aggrave les effets d'une autre.

Une équipe de chercheurs de Vienne a découvert une autre cause de préoccupation: les normes des tests auxquels on recourt peuvent amener à sous-évaluer gravement la quantité de pesticide présente dans des céréales ensilées. Ces chercheurs ont démontré que les insecticides vaporisés sur les céréales après la moisson s'attachent étroitement au grain et ne peuvent en être extraits par des solvants: de ce fait, ils ne peuvent être détectés lors de tests conventionnels. Ainsi, la concentration de pesticides dans le pain et les céréales sous n'importe quelle forme peut être beaucoup plus élevée qu'on ne le supposait.

On ignore à peu près tout de la contamination par les pesticides dans le Tiers-Monde, mais comme on sait qu'il en est fait un usage abondant et que les recommandations de sécurité y sont rarement prises en considération (par exemple le fait qu'il ne faut pas vaporiser d'insecticide immédiatement avant la récolte), il est plus que probable que la nourriture du Tiers-Monde est fortement contaminée. Beaucoup de pesticides interdits dans les pays développés, comme le Lindane (interdit en Allemagne, aux Pays-Bas et au Japon) et le DDT (interdit presque partout), sont exportés vers les pays du Tiers-Monde, et on en trouve des résidus dans les produits alimentaires qu'on importe de là-bas.

Mais il reste très improbable qu'on soit informé d'une intoxication alimentaire due aux pesticides survenue dans un pays du Tiers-Monde.

LE POULET AUX HORMONES

Les pesticides ne sont qu'un des groupes de produits qui peuvent contaminer la nourriture. A mesure que l'agriculture devient plus dépendante des substances synthétiques, celles-ci aboutissent sur nos assiettes, en particulier les hormones et les antibiotiques.

Pour pousser la production au maximum et diminuer les coûts, les agriculteurs recourent de plus en plus à des méthodes intensives d'élevage. Il est loin, le temps où les poulets couraient librement dans la cour de la ferme et où les veaux étaient nourris par leur mère. De nos jours, ils sont entassés dans des cages, nourris d'hormones pour augmenter leur croissance et bourrés d'antibiotiques pour écarter les maladies qui prospèrent du fait du surpeuplement des cages.

Au sein de la Communauté européenne et en Amérique du Nord, plusieurs hormones de croissance ont été interdites comme cancérigènes, mais on a la preuve que l'utilisation illicite de celles-ci est florissante. Or on a pu associer à la consommation de résidus hormonaux dans la viande le développement précoce des seins chez les jeunes filles ainsi que d'autres signes de développement sexuel prématuré. A Porto-Rico, on a constaté que des enfants de trois ans avaient déjà des poils qui se développaient sur le pubis!

Claquemurés dans des cages si petites qu'ils peuvent à peine se déplacer, nourris d'un mélange de poisson, d'os, de plumes, de sang desséché et de détritus, il n'est pas surprenant que les animaux élevés en batteries soient souvent contaminés par des bactéries comme la salmonelle. En Grande-Bretagne, l'incidence de la salmonellose a pris les proportions d'une véritable épidémie: les cas en ont été multipliés par douze entre 1982 et 1988. Aux Etats-Unis, on trouve des salmonelles dans les œufs et dans les produits à base d'œufs. Pour lutter contre cette bactérie et contre d'autres infections, les éleveurs ont bourré la nourriture des animaux d'antibiotiques. Par suite du recours sans discrimination à cette méthode, huit antibiotiques au moins sont maintenant inefficaces, car les bactéries y sont devenues résistantes.

Mais au lieu de s'attaquer aux racines du mal, beaucoup de gouvernements envisagent d'irradier les produits alimentaires pour résoudre le problème de leur infection bactérienne. L'irradiation d'aliments implique de les exposer à des rayonnements ionisants, à des doses suffisantes pour tuer les bactéries responsables de la contamination. Cette pratique est déjà autorisée aux Etats-Unis et dans la plupart des pays de la Communauté européenne. L'irradiation induit certaines modifications d'ordre chimique dans les aliments et peut faire que ceux-ci laissent des résidus, nommés «produits radiolytiques», dont on soupçonne certains d'être cancérigènes, mutagènes ou tératogènes. L'irradiation peut aussi diminuer la quantité de vitamines présente dans les aliments.

Lorsque les gouvernements supprimeront les subsides attribués aux éleveurs qui recourent à des méthodes intensives, le prix de leurs produits monteront spectaculairement (selon certaines estimations, ils augmenteront d'un quart ou davantage), et alors les produits organiques, exempts de pesticides, d'hormones et d'autres substances chimiques, deviendront concurrentiels. En effet, quand on justifie, en avançant des motifs économiques, l'addition de produits chimiques à nos aliments ou l'élevage d'animaux dans des conditions abominables, on entretient une légende. Les récoltes obtenues avec des produits chimiques, les aliments traités et le bétail élevé de façon intensive, tout cela ne revient pas bon marché. Au contraire, leur coût est inacceptable si on prend en compte le gaspillage d'énergie, la pollution, les risques alimentaires... et la cruauté envers les animaux.

▲ Elevage de poules en batterie. Ces volailles ont été introduites récemment dans l'élevage, ce qui explique leur état général relativement bon. On ne pourra en dire autant quand elles auront atteint la fin de leur vie productive.

«Pourquoi donc le bénéfice des industries chimiques et le confort des agriculteurs devraient-ils l'emporter sur la santé des enfants?»
Pamela Stephenson, Parents for Safe Food (association Parents pour une alimentation saine).

L'AVENIR en PERSPECTIVE

«La conquête de la nature par l'homme s'avère, à son apogée, celle de l'homme par la nature. Chaque victoire qu'il nous semble avoir gagnée nous a conduit, pas à pas, à cette conclusion.»
C.S. Lewis.

▲ Une usine à Leningrad, située dans un quartier résidentiel, comme beaucoup d'autres industries en Europe de l'Est et en Union soviétique. Leur proximité des zones d'habitations peut constituer de graves risques pour la santé.

«A quelle distance nous nous trouvons du seuil – une décennie, cinquante ans, un siècle – voilà qui peut prêter à discussion, mais non point que la vengeance approche.»
John Fowles.

L'EXPLOSION ENERGETIQUE

Tous les jours, le Soleil approvisionne abondamment la Terre en énergie, une énergie sans laquelle la vie serait impossible. Ultérieurement, d'ici environ deux milliards d'années, le Soleil mourra et, avec lui, la vie terrestre. Mais, en pratique, les ressources entretenues par l'énergie solaire – le sol, les arbres, les plantes et les animaux qui s'en nourrissent – peuvent être considérés comme «renouvelables».

Il n'en va pas de même des gisements de minéraux, de métaux, de minerais et de combustibles fossiles comme le pétrole, le gaz et le charbon. Déposées sous terre voici plusieurs millions d'années, ces réserves-là sont strictement limitées : elles ne peuvent augmenter, elles ne peuvent que décroître. Ce sont des ressources *non renouvelables*. Bien que des améliorations technologiques puissent prolonger leur durée temporelle, elles s'épuiseront un jour ou l'autre. Et au fur et à mesure que la société s'est industrialisée, elle est devenue de plus en plus dépendante de ressources non renouvelables, ce qui n'est nulle part plus manifeste que dans notre utilisation de l'énergie.

Faute de changements radicaux dans la politique économique actuelle, la demande globale d'énergie semble devoir encore augmenter de façon spectaculaire. Les énergéticiens prévoient actuellement que la consommation mondiale d'énergie pourrait doubler en trente ans. Mais il faut tempérer de telles prévisions en fonction de la réalité : si, par exemple, la consommation de pétrole doublait, cela signifierait qu'au cours des trente prochaines années, nous consommerions autant de pétrole qu'il en a été consommé «depuis toujours», durant toute l'histoire de l'humanité. En quelques décennies, les ressources totales en pétrole du monde auraient ainsi été exploitées.

Du point de vue de l'environnement, ce qu'implique un doublement de la consommation d'énergie est effrayant. Produire deux fois plus d'énergie que nous n'en consommons actuellement, cela signifie qu'il faudrait doubler l'infrastructure nécessaire à sa fourniture : mines de charbon, puits de pétrole, raffineries, centrales électriques, pylônes, stations-service, etc.

LA RECHERCHE DE RESSOURCES ENERGETIQUES

On peut répartir les stocks mondiaux de combustibles en deux catégories : les réserves et les ressources. Les réserves ce sont les gisements connus que les techniques actuelles permettent d'exploiter à un coût acceptable, alors que les ressources sont plus hypothétiques, car elles comportent une estimation des gisements qu'on n'a pas encore découverts, en tenant compte de techniques d'extraction qui seraient améliorées dans l'avenir.

Les réserves actuelles de pétrole brut sont d'approximativement 100 milliards de tonnes, alors que les ressources totales sont de l'ordre de 220 à 300 milliards de tonnes, ce qui, au rythme actuel de la production, permettrait d'approvisionner la planète durant 80 ans. Le charbon, avec environ 800 milliards de tonnes de réserve et 10 à 15 fois autant de ressources, pourrait durer 2 000 ans au rythme actuel de production, et le gaz naturel environ 150 ans.

Mais les Etats-Unis importent actuellement près de la moitié du brut dont ils ont besoin, et cela en dépit de nouvelles technologies mises en œuvre pour améliorer l'efficacité en matière d'énergie. 80 % du pétrole qui a été découvert aux Etats-Unis ont déjà été consommés, et ce qui reste ne suffirait à satisfaire les besoins intérieurs du pays que pendant neuf ans au rythme actuel de la consommation. Et l'expérience des Etats-Unis n'est pas unique. Depuis 1973, malgré une exploration intensive de la planète entière, les réserves avérées n'ont augmenté que de 5 %.

L'OPTION NUCLEAIRE

La perspective de l'épuisement inévitable du pétrole et la crainte d'embargos futurs ont amené maints planificateurs à envisager l'énergie nucléaire comme solution à ces problèmes. Un pays a adopté cette option avec grand enthousiasme : la France. A l'heure actuelle, plus de 70 % de l'électricité française sont fournis par l'énergie des centrales atomiques, et ce pourcentage augmentera probablement, car le gouvernement a passé commande de plusieurs nouvelles centrales pour les six prochaines années.

Le programme nucléaire français était fondé sur l'hypothèse d'une diminution de l'utilisation des combustibles fossiles : d'une part on remplacerait les centrales électriques fonctionnant au pétrole par des centrales atomiques, d'autre part des consommateurs de plus en plus nombreux se convertiraient à l'usage de l'électricité. Mais au fur et à mesure que le coût réel de l'électrification de l'économie s'est fait sentir, les consommateurs se sont rendu compte qu'ils avaient avantage à recourir aux combustibles fossiles tels que le gaz naturel.

De ce fait, par un retournement ironique de la situation, alors qu'entre 1975 et 1984 d'autres pays d'Europe occidentale ont réussi à réduire leur consommation de combustibles fossiles, pétrole y compris, de 14 %, la France n'a pu parvenir qu'à une

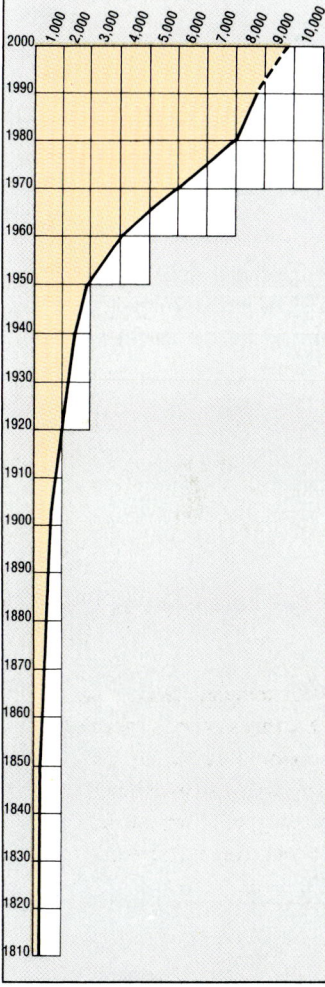

Le boom énergétique

La consommation énergétique mondiale excède de loin les ressources renouvelables, et croît à un rythme supérieur à celui de la croissance de la population. Celle de charbon a doublé pendant le XXème siècle, et les économistes prévoient que durant les trente prochaines années nous brûlerons une quantité de pétrole supérieure à celle qui a été consommée depuis qui notre planète existe.

«Le citoyen d'un pays industrialisé consomme en six mois la quantité d'énergie que le citoyen d'un pays en voie de développement devra utiliser durant toute son existence.»
Maurice Strong.

▼ Des bidons pleins de déchets faiblement radioactifs sont entreposés dans un dépotoir américain.

réduction de 7 %, car la consommation de gaz naturel a augmenté de 83 %. Les économies réalisées grâce au remplacement de combustibles fossiles par la mise en place de centrales atomiques ont été d'environ 6 milliards de francs par an, mais le coût de construction de ces centrales atomiques s'est élevé en moyenne à 30 milliards de francs par an pendant quinze ans.

Le programme nucléaire français a eu des répercussions économiques considérables. En 1987, l'Electricité de France (EDF) avait accumulé plus de 220 milliards de francs de dettes, c'est-à-dire davantage que les recettes procurées par l'impôt sur le revenu de 1986 et une fois et demie l'investissement total de l'industrie privée durant cette année-là. La dette aurait été encore plus lourde si le gouvernement français n'avait pas subventionné la construction des centrales nucléaires. Selon les normes modernes, le rendement de l'investissement a été misérablement bas. L'énergie nucléaire est aussi une menace majeure pour l'environnement et la santé publique. Pour extraire et enrichir l'uranium qui alimente les réacteurs, il faut des quantités considérables d'énergie, et ces opérations sont extrêmement polluantes. Une fois qu'un réacteur fonctionne, il y a toujours le risque d'un accident qui rendrait d'énormes zones de terrain inhabitables et, virtuellement, inutilisables pendant des dizaines sinon des centaines d'années.

Selon les déclarations officielles, un accident grave causé par un réacteur en marche ne risque de se produire qu'une seule fois en cent mille ans. Mais le chef des services chargés d'assurer la sécurité nucléaire en France, estime, lui, que le risque d'un accident grave au cours des vingt prochaines années est de beaucoup plus de 1 %. Des fonctionnaires de la Commission de régulation nucléaire des Etats-Unis partagent cette opinion. Entre temps, des accidents mineurs et des fuites quotidiennes continuent à polluer l'environnement. Quant aux déchets à faible et haut degré de radioactivité et aux réacteurs eux-mêmes quand ils seront en fin de vie, personne n'a encore trouvé de solution satisfaisante pour en disposer.

Les défenseurs de l'énergie nucléaire ont tendance à confondre l'énergie que peut théoriquement fournir l'uranium avec celle qu'il peut pratiquement dégager. En théorie, la Terre recèle assez d'uranium pour alimenter l'humanité en énergie pendant plusieurs millénaires. Mais en pratique, les réacteurs du modèle actuellement en usage (réacteurs à neutrons thermiques) sont inefficaces et consomment l'uranium disponible à un rythme qui n'en laissera pas subsister beaucoup d'ici cent ans.

Dans plusieurs pays, au cours des années 80, les préoccupations relatives au coût de l'énergie nucléaire et aux risques qu'elle fait courir ont suscité un désen-

▶ Une femme indienne façonne une bouse de vache en motte compacte qui servira de combustible domestique. Le manque de bois contraint les villageois indiens à procéder de la sorte avec les bouses, quoique l'absence de cet engrais naturel contribuera encore plus à l'appauvrissement de leurs terres.

chantement croissant. Aux Etats-Unis, depuis 1978, on n'a plus commandé de nouvelles centrales et on en a supprimé 108 depuis 1974. Mais par suite de la mise en évidence de l'effet de serre et de la pollution atmosphérique due aux combustibles fossiles, l'industrie nucléaire a repris du poil de la bête : en effet, contrairement au charbon et au pétrole, la fission nucléaire ne dégage pas de gaz carbonique.

Mais cette assertion-là n'est qu'à demi vraie. Les centrales nucléaires, avec leurs structures massives destinées à contenir des matériaux radioactifs, exigent un lourd investissement en énergie; et l'énergie nécessaire pour cette construction doit bien être fournie par des combustibles fossiles.

LES EFFETS DE NOTRE DEPENDANCE A L'EGARD DE L'ENERGIE

Les ressources d'énergie renouvelable – énergie éolienne, énergie marémotrice et énergie solaire, combinées avec une amélioration de l'efficacité énergétique – sont certainement assez développées pour assurer que personne ne gèlera dans l'obscurité. En Grande-Bretagne, par exemple, on pourrait réduire de 70 % la demande d'électricité en introduisant dans l'industrie et chez les ménages des dispositifs tirant le meilleur parti de l'énergie, qu'il s'agisse d'éclairage, de moteurs ou d'autres usages.

Mais en dépit de la réduction évidente des coûts que représenterait une telle amélioration de l'efficacité, à quelques exceptions près, comme le Danemark et la Suède, les gouvernements n'ont guère manifesté d'enthousiasme à l'égard d'une politique conservatoire de l'énergie.

Entre 1972 et 1980, plus de 90 % des subventions d'aide au Tiers-Monde pour des programmes énergétiques sont allés à des projets de production à grande échelle d'électricité, moins de 1 % étant consacré à l'amélioration de l'efficacité énergétique. Les craintes relatives à l'effet de serre modifieront peut-être les attitudes à ce propos.

Mais ce n'est pas seulement dans l'industrie et chez les ménages qu'il faut modifier la façon d'utiliser l'énergie.

Dans la fabrication de pesticides et d'engrais, le pétrole joue un rôle essentiel : donc, à mesure qu'ils adoptent des méthodes d'agriculture moderne intensive, les cultivateurs dépendent davantage du pétrole. Aux Etats-Unis, par exemple, la quantité de pétrole utilisée pour produire une tonne de blé a augmenté de deux fois et demie entre 1950 et 1985. Les fermiers du monde entier consomment soixante fois plus de pétrole et cent fois plus d'électricité qu'ils n'en consommaient durant les années 20. Une bonne partie de cette augmentation provient de l'expansion massive de l'usage des tracteurs, mais le passage des engrais organiques aux engrais artificiels a également joué un rôle crucial dans l'accroissement de la dépendance des cultivateurs à l'égard du pétrole.

Ce qui est beaucoup plus grave encore, c'est que ce recours massif à l'énergie a contribué à dissimuler les dommages écologiques croissants que l'agriculture a causés aux terres arables, et en particulier aux sols. Le jour où le pétrole sera épuisé, les fermiers auront souvent affaire à un terrain trop dégradé pour être cultivé. Et c'est ici qu'on arrive au cœur du problème. Ce n'est pas seulement la *façon* dont est produite l'énergie qui importe ; c'est aussi ce qu'on en fait.

Les dégâts écologiques que cause la société de consommation moderne font peser un fardeau intolérable sur les cycles naturels dont nous dépendons pour notre santé et notre bien-être. Nous sommes peut-être capables de faire durer un peu plus longtemps l'apport de ressources non renouvelables – pétrole ou fer – et nous sommes peut-être à même de trouver à ces ressources, qui sont en train de s'épuiser, des produits de remplacement – l'énergie nucléaire – par exemple.

Mais si le seul résultat en est de prolonger et même d'aggraver notre agression contre l'environnement, nous n'y aurons rien gagné. Le délabrement de notre milieu représente, pour notre mode de vie, une menace bien plus immédiate, importante et grave que celle que fait peser la diminution des ressources.

« A la limite, plutôt que de construire une nouvelle centrale électrique, il faudra qu'un service public californien distribue des ampoules électriques à faible consommation énergétique. »
Dr Bob Everett, Open University Energy and Environment Research Unit (Laboratoire de recherche sur l'énergie et l'environnement de l'Université libre).

Coût énergétique de l'agriculture

Dans les pays industrialisés, des millions de tonnes de combustible fossile non-renouvelable sont consommées chaque année par l'agriculture. Une partie sert aux machines qui labourent, sèment et moissonnent, et une fraction supplémentaire d'énergie «cachée» est utilisée dans le production des engrais ainsi que des produits chimiques agricoles. Ce schéma indique la consommation par personne d'énergie par l'agriculture, dans un certain nombre de pays occidentaux.

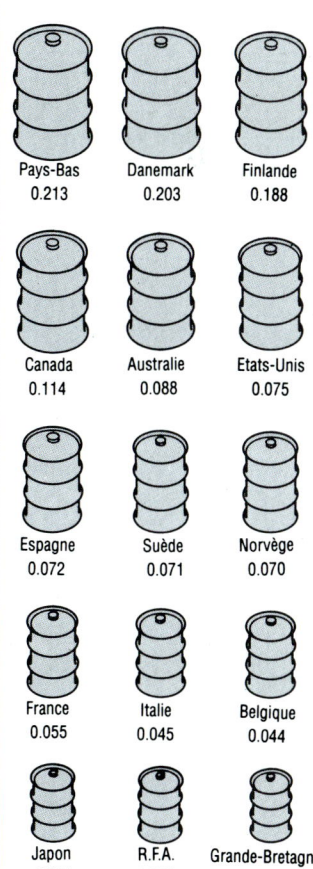

Pays-Bas 0.213 — Danemark 0.203 — Finlande 0.188
Canada 0.114 — Australie 0.088 — Etats-Unis 0.075
Espagne 0.072 — Suède 0.071 — Norvège 0.070
France 0.055 — Italie 0.045 — Belgique 0.044
Japon 0.041 — R.F.A. 0.040 — Grande-Bretagne 0.023

L'ENVIRONNEMENT INDUSTRIALISE

Les politiciens les plus éminents du monde prévoient, au cours des prochaines décennies, une expansion mondiale sans précédent de l'industrie et du consumérisme de style occidental. La libéralisation des économies de l'Union soviétique et des pays d'Europe orientale, les performances économiques impressionnantes des «tigres asiatiques» comme Taiwan et la Corée du Sud – souvent présentés comme modèles aux autres pays en voie de développement – et l'union économique imminente de la Communauté européenne, tous ces événements offrent la perspective d'un accroissement massif des marchés et d'une montée en flèche du rendement de l'économie mondiale.

Si cet accroissement de l'activité économique se produisait, il ne pourrait être que de courte durée, car la dévastation du milieu qu'il causerait suffirait certainement à entraîner le monde dans une catastrophe écologique irréversible. La cause principale en serait presque certainement le réchauffement de la planète.

La situation du climat d'aujourd'hui résulte des activités humaines du passé récent, et nos activités actuelles affecteront le climat de l'avenir. Nous sommes déjà en train de subir un réchauffement global de 1 °C ou davantage, en raison du délai entre l'émission des gaz produisant l'effet de serre et leur action sur le climat. Si nous voulons, au cours de l'existence de la génération actuelle d'êtres humains, ralentir le rythme du réchauffement et empêcher un changement désastreux du climat mondial, il faut, de l'avis des hommes de science, interdire complètement l'usage des fréons (chlorofluorocarbures frigorigènes) et réduire de 50 à 80 % les émissions de gaz carbonique. Comme les émissions de ces «gaz de serre» sont très faibles dans les pays non industrialisés et qu'on ne peut donc compter les y réduire beaucoup, ce sont les pays industrialisés qui devront assumer la plus grande part des changements, en modifiant leur mode de vie.

Or le programme international n'envisage ni de près ni de loin une réduction de l'émission de ces gaz. Certes, les dirigeants du monde entier sont prêts à reconnaître, du bout des lèvres, l'importance de la menace que fait peser sur nous l'effet de serre, mais les mesures qu'on a proposées jusqu'à présent sont totalement insuffisantes. Lors d'une conférence intergouvernementale, réunissant 72 nations, qui s'est tenue aux Pays-Bas en 1989, les Etats-Unis, le Japon, l'Union soviétique et la Grande-Bretagne ont opposé leur véto à une proposition demandant aux pays industriels de diminuer de 20 % leurs émissions de gaz carbonique d'ici à 2005. Ces quatre grands pollueurs, qui émettent à eux quatre 50 % du gaz carbonique du monde, refusaient de donner leur accord à autre chose qu'à un vague engagement de stabiliser «aussitôt que possible» les émissions de gaz.

A l'échelle de la planète, les émissions de gaz carbonique sont vouées à doubler d'ici à 2010, en grande partie en raison de l'expansion de l'industrie dans le Tiers-Monde. Si l'Inde réalise ses objectifs économiques, les émissions de gaz carbonique dans ce pays augmenteront de 150 % d'ici à 2010, en raison d'une utilisation accrue de charbon et de pétrole. Mais même alors, l'émission de gaz par personne représentera encore moins d'un dixième de celle d'un habitant du monde industrialisé!

Selon un rapport commandé en 1989 par le gouvernement néerlandais, compte tenu de notre structure économique actuelle, seule une dictature pourrait mettre en œuvre le type de plan à long terme nécessaire pour réaliser les réductions indispensables d'émissions de gaz carbonique.

LA DIMINUTION DE LA COUCHE D'OZONE

Comme si le réchauffement de la planète n'était pas une perspective suffisamment terrifiante en elle-même, les prochaines décennies verront probablement se produire une érosion rapide de la couche stratosphérique d'ozone, en raison du dégagement continuel de fréons et d'autres gaz qui leur sont associés dans l'atmosphère. Par suite, les écosystèmes et les sociétés humaines subiront une agression croissante de rayonnement solaire ultraviolet B, extrêmement nocif, que la couche d'ozone retient.

Que fait-on pour résoudre ce problème? Le protocole de Montréal, accord international sur les substances qui réduisent la couche d'ozone, qui est entré en vigueur au début de 1989, constitue un tout petit premier pas en direction du ralentissement de la destruction de la couche d'ozone. Au début de 1990, 42 pays avaient ratifié ce protocole, qui appelle à réduire de 50 % l'utilisation de certains CFC (fréons) d'ici à 1999. Plusieurs pays sont prêts à aller plus loin que le protocole. Les plus gros producteurs de CFC – les Etats-Unis, la Communauté européenne et le Japon – se sont engagés à renoncer totalement à utiliser ces substances (mais non à renoncer à en produire pour l'exportation) d'ici à la fin du siècle, mais seulement si l'on peut disposer de produits de remplacement «acceptables».

Si remarquables qu'elles puissent sembler, ces mesures sont désespérément insuffisantes. On emploie

▲ Assemblage de puces électroniques à Singapour. La forte croissance de la production industrielle que connaissent de nombreux pays d'Extrême-Orient soulève bien plus de problèmes qu'elle n'en résout.

couramment des milliers de tonnes de CFC pour faire des appareils comme les réfrigérateurs et les climatiseurs, et en dernier ressort, une bonne partie de ces CFC s'écouleront par des fuites ou seront délibérément relâchés dans l'atmosphère. Une fois que les CFC sont relâchés, il leur faut jusqu'à une décennie pour atteindre la stratosphère, puis peut-être plus d'un siècle pour se décomposer. D'autre part, plusieurs substances réductrices de l'ozone, comme le trichlorométhane (un type de chloroforme) et le tétrachlorure de carbone, sont produites en quantités croissantes et échappent au contrôle du protocole de Montréal. Les produits de remplacement des fréons, que l'industrie chimique se montre très prompte à promouvoir, même s'ils sont moins nocifs, réduisent aussi la couche d'ozone. Et, de même que les CFC, ce sont des gaz responsables de l'effet de serre. Certains pays, qui pour l'instant utilisent très peu le CFC, mais qui projettent d'en augmenter leur usage à l'avenir, notamment l'Inde, la Chine et le Brésil, n'ont pas ratifié le protocole de Montréal. La Chine veut décupler sa consommation de fréons d'ici à l'an 2000 !

L'EXTINCTION CONTINUELLE DES ESPECES

Si les tendances actuelles se poursuivent, un quart des espèces de la flore et de la faune mondiales pourraient disparaître au cours des vingt à cinquante années à venir. Par suite de la pollution atmosphérique de l'environnement, le rythme auquel s'anéantit la « biodiversité », c'est-à-dire la différenciation des espèces d'êtres vivants, ne peut que s'accroître : or ce rythme est déjà élevé et s'accélère rapidement.

On ne peut que conjecturer les répercussions locales d'une perte aussi considérable de la richesse naturelle, mais les biologistes Paul et Anne Ehrlich ont recouru à une analogie extrêmement éloquente. Ils comparent les espèces individuelles – bactéries, plantes herbacées, vers, papillons de nuit, insectes, grenouilles, lézards ou petits mammifères – aux rivets qui assemblent les éléments d'un avion. Nous savons que chaque espèce a sa position dans une chaîne alimentaire et a évolué de manière à jouer son rôle écologique unique, mais les écologistes ne peuvent pas davantage prédire les conséquences de l'extinction de l'une ou l'autre de ces espèces que le passager d'un avion ne peut prévoir l'effet de la perte de l'un ou l'autre des rivets de l'appareil. Mais l'écologiste comme le passager peuvent voir que la perte continuelle d'espèces – ou de rivets – débouchera tôt ou tard sur une catastrophe.

Entre 50 et 90 % de toutes les espèces vivent dans les forêts tropicales. Or, malgré les menaces terribles qui pèsent sur elles la réaction des gouvernements et des organisations internationales face à la destruction des forêts tropicales et à la crise de la biodiversité est, comme leurs réactions face au réchauffement de la planète et à la diminution de la couche d'ozone, désespérément insuffisante. En fait, les solutions proposées, loin de résoudre le problème ou même de ralentir la dévastation, risquent de les aggraver. Le Plan d'action pour les forêts tropicales *(voir p. 89)* en est un bon exemple.

Sans se laisser décourager par les critiques adressées à ce plan, critiques émanant surtout des défenseurs de l'environnement et des sociétés du Tiers-Monde, la Banque mondiale, le Programme des Nations unies pour l'environnement et d'autres institutions préparent une « Stratégie globale pour la conservation de la biodiversité ». Il est probable que cette stratégie-là, elle aussi, aggravera le problème au lieu de le résoudre, en grande partie parce qu'elle interprète de façon erronée les causes de la crise.

Au lieu de s'assurer qu'on observe dans toutes les pratiques agricoles et industrielles des principes de conservation adéquats, comme ce fut traditionnellement le cas dans les sociétés du Tiers-Monde fondées sur les villages, la Stratégie globale pour la biodiversité propose que les espèces soient protégées dans les réserves. Mais les résultats obtenus par les parcs nationaux du monde entier dans la protection des espèces sont, pour user d'un euphémisme, à tout le moins douteux. Et comme les pressions pour l'obtention de nouveaux terrains et de nouvelles ressources se poursuivent aux environs des parcs nationaux, il est inévitable qu'ils soient, un jour, entièrement détruits.

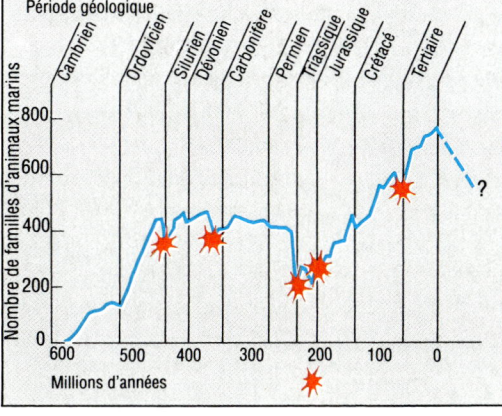

La plus grande extinction ?

L'étude des animaux fossiles marins montre qu'à cinq reprises au moins durant l'histoire de la Terre, des « extinctions massives » ont fait disparaître des familles entières des plantes et d'espèces animales. La plus importante provoqua l'anéantissement de la moitié des espèces animales vivant dans les océans, et il fallut attendre des millions d'années avant que leur nombre se reconstitue. Aujourd'hui, les espèces disparaissent plus vite que jamais auparavant, et si l'humanité poursuit le chemin sur lequelle elle s'est engagée, il faut s'attendre à une extinction massive d'espèces, aux conséquences dévastatrices.

« Quel pourrait être notre meilleur environnement ? La première réponse qui vienne à l'esprit serait : certainement celui dans lequel nous avons évolué ces quelques derniers milliers d'années. Si on le transforme, il se peut que dans quelques cas cela aille mieux. Mais veut-on vraiment prendre ce risque ? Car il y a de plus fortes probabilités pour que cela soit pire. »
Dr Robert Watson, chercheur à la NASA.

« Les pluies acides ont été notre terrain d'entraînement, une école pour nous les scientifiques, les décideurs, les ingénieurs, les économistes et les juristes… Mais la nature est venue s'interposer et ne nous laisse pas le temps d'exploiter nos qualités. Nous sommes confrontés à un programme d'étude qui inclut simultanément des connaissances relevant des écoles primaires, du lycée et de l'Université. »
Dr Hans Martin, sur le défi posé par le changement climatique.

Adapté de "Threats to Biodiversity", par Edward O. Wilson.
Copyright ©1989 by *Scientific American*, Inc.

Une TERRE SURCHARGEE

▲ Enfants de la vallée Muthare, près de Nairobi au Kenya. Dans le Tiers-Monde, une proportion importante de la population a moins de trente-cinq ans, et le problème de la surpopulation ne fera qu'empirer quand ces enfants seront en âge de procréer.

Quelque part dans le monde, deux enfants sont nés le temps d'un battement de cœur : trois bébés par seconde, 180 par minute, 259 200 par jour, 94 600 000 par an : l'équivalent annuel des populations additionnées de la Scandinavie, de la Belgique et de la Grande-Bretagne. Passée de 2 milliards d'êtres humains en 1930 à plus de 5 milliards aujourd'hui, la population mondiale est vouée à doubler encore au cours des 40 prochaines années. A ce moment, la population du Kenya aura augmenté de 13 millions d'habitants, celle du Brésil de 160 millions et celle des Etats-Unis de 53 millions. La population du Nigéria, à elle seule, sera égale à celle de toute l'Afrique actuellement.

Même si le taux des naissances diminuait de façon spectaculaire, la population du globe continuerait à augmenter pendant encore quelque temps. Etant donné la jeunesse relative de la majorité de la population des pays du Tiers-Monde – en Afrique, 45 % des habitants ont moins de 15 ans – il s'y est établi un rythme de croissance qu'il ne sera pas facile de ralentir, un nombre toujours plus grand de jeunes femmes parvenant au cours des prochaines années à l'âge de procréer. 90 % de la croissance démographique prévue auront lieu dans le Tiers-Monde, et l'Afrique dépassera le milliard d'habitants en 2010.

Beaucoup des pays où l'on s'attend à voir la plus grande augmentation de la population sont déjà incapables de se nourrir et sont enfermés dans le cycle infernal de la dégradation de l'environnement et de la misère écrasante. On pourrait certainement nourrir bien plus de gens, dans ces pays, si le terrain consacré actuellement à des cultures pour l'exportation était affecté à la culture de denrées consommables par les indigènes, mais même ainsi, la capacité qu'a le sol de nourrir la population est déjà dépassée dans nombre de régions. En fait, quelques pays sont au bord du désastre. En Egypte, par exemple, la population augmente d'un million d'êtres humains tous les dix mois. Une bonne partie des meilleures terres arables est déjà gravement dégradée et on a tiré les ressources en eau jusqu'à leurs plus extrêmes limites. A la fin du siècle, il y aura à peine assez d'eau pour que chaque Egyptien en use plus d'un demi-seau par jour.

POPULATION ET REVENU

La croissance démographique étant la plus rapide dans les pays où le revenu par habitant est le plus bas, on a décrété qu'une industrialisation rapide était la cheville ouvrière de toute stratégie destinée à atténuer l'accroissement de la population. L'hypothèse est la suivante : en passant d'une société rurale à une civilisation industrielle urbaine, les habitants des pays en cause auront des revenus plus élevés et une sécurité financière plus grande, et, en conséquence, les taux de naissance diminueront.

Pour soutenir leur thèse, les experts en démographie donnent l'exemple de l'Europe. En fait, l'industrialisation y a provoqué d'abord une augmentation massive de la population, laquelle, après des décennies de croissance, est en train de se stabiliser et même, dans le cas de l'Allemagne occidentale, de diminuer. En recourant à cet exemple, on escompte que la croissance de la population du Tiers-Monde (actuellement de 2,4 % par an) subira une «transition démographique» analogue à celle des pays industrialisés, les taux de naissance déclinant au fur et à mesure que le niveau de vie augmentera. En se fondant sur ce raisonnement, beaucoup de démographes prédisent avec confiance que la population mondiale plafonnera à dix milliards d'habitants.

Mais bien que beaucoup de pays du Tiers-Monde aient enregistré des diminutions constantes de leur fécondité, le lien entre ce déclin et l'augmentation du revenu par habitant – sans même parler de l'industrialisation – est souvent ténu. Le Mexique, par exemple, a réalisé une diminution de 37 % de sa fécondité depuis les années 60, et l'Inde a connu également un déclin de 32 % de sa fécondité, mais en ce qui concerne le revenu, la grande masse des habitants de ces pays vit toujours dans la plus abjecte pauvreté, et cela en dépit d'une croissance industrielle impressionnante.

Selon les normes occidentales, par exemple, les Bochimans !Kung du Kalahari vivaient traditionnellement dans une pauvreté absolue. Jusqu'à récemment, ils disposaient d'un revenu minime ou nul, de peu de biens matériels, ils n'avaient ni logement permanent, ni eau courante, ni économies. Mais jusqu'au moment où les valeurs occidentales ont commencé à s'implanter chez eux, leur niveau démographique est demeuré stable. La mortalité infantile jouait sans doute un rôle dans cette stabilité, mais ce qui était le plus important, c'était un ensemble de pratiques et de coutumes qui maintenaient de grands intervalles entre les naissances. Ainsi l'allaitement au sein diminue la fécondité des femmes; or les !Kung, comme beaucoup d'autres groupes tribaux en Afrique et ailleurs, ont coutume d'allaiter leurs enfants pendant trois ans ou même davantage. Et comme il y a tabou sur les relations sexuelles durant toute la période de l'allaitement, la probabilité qu'une femme qui donne le sein soit enceinte est minime. A cela s'ajoute le fait que les

!Kung connaissent de nombreux procédés de contraception naturels.

Mais, fait peut-être le plus important, les liens étroits qui existent entre parents dans les sociétés traditionnelles comme celle des !Kung donnent aux parents un sentiment extraordinaire de sécurité. Tantes, oncles, grands-parents et cousins composent une famille étendue, qui ne partage pas seulement les corvées quotidiennes, mais apporte son soutien en cas de besoin, et en particulier dans la vieillesse.

Les changements dont est responsable la politique de développement de l'époque moderne ont fait presque complètement disparaître cette forme de sécurité sociale et économique. L'imposition de nouveaux systèmes de propriété terrienne, en particulier l'introduction de la propriété privée, ont conduit à déposséder de leurs terres quantités de paysans. Cette situation a accru les risques de famine, et au moment où la famille au sens étendu (oncles, tantes, etc.) s'est dispersée, les enfants sont devenus non seulement une main-d'œuvre indispensable mais aussi l'unique garantie de sécurité pour la vieillesse.

Beaucoup de démographes constatent, à présent, que les facteurs sociaux jouent un rôle bien plus important que le revenu pour déterminer l'expansion ou la baisse de la population. Et, de fait, ce n'est pas dans les pays où le rythme de croissance démographique était le plus élevé que les programmes de planification familiale ont connu le plus de succès, mais dans ceux où l'on a, de propos délibéré, amélioré les soins de santé, l'éducation et le statut de la femme. Dans l'Etat indien du Kerala, par exemple, on trouve le plus fort taux de chômage de tout le pays; la croissance économique est faible, la pauvreté étendue et la densité de la population extrêmement élevée. Cependant, le taux de fécondité est en train de baisser. Le taux de mortalité infantile est d'un tiers de celui du reste de l'Inde et le taux de natalité n'est qu'à peine plus élevé que celui des Etats-Unis. Derrière ces statistiques qu'y a-t-il ? Un programme radical de redistribution des terres, le libre accès à l'éducation, des subsides pour l'alimentation, des programmes alimentaires spéciaux pour les mères qui allaitent et pour les enfants des écoles. Les services de santé sont largement répartis dans tout l'Etat au lieu d'être concentrés dans la capitale. En fait, le gouvernement de l'Etat, grâce à un programme soigneusement conçu d'assistance, a assuré aux familles la sécurité sociale et économique.

Cependant, en dépit de leur succès, ce sont ces programmes-là qu'on ampute les premiers quand les pays du Tiers-Monde se trouvent incapables de servir les intérêts de plus en plus lourds de leur dette. Les mesures d'austérité imposées par le Fonds monétaire international ont obligé les pays d'Afrique à réduire leur budgets de santé et d'éducation. En même temps, pour tenter de relancer la croissance économique, on a orienté progressivement les programmes de développement vers la production de biens exportables. Il en a résulté une perte considérable de terrains pour les cultures locales, ce qui a aggravé les problèmes des paysans sans terre et créé précisément les conditions – mêmes qui favorisent le plus la croissance de la population.

LE NORD SURPEUPLÉ

Même dans les pays où la «transition démographique» est achevée – et, de façon significative, ces pays-là ne comprennent pas les Etats-Unis d'Amérique, pays le plus riche du monde, dont on escompte que la population augmentera encore de 50 millions d'habitants avant qu'il ne parvienne à un degré de croissance zéro – il serait faux de conclure qu'on est parvenu à un niveau de population *sain*. Les Pays-Bas ont une population de 398 habitants au kilomètre carré. Cette forte densité n'est possible que parce que les Pays-Bas, comme beaucoup d'autres pays septentrionaux, sont en mesure d'importer une bonne partie de leur nourriture et de leurs ressources : 4 millions de tonnes de céréales, 130 000 tonnes de pétrole et 480 000 tonnes de légumineuses par an. Sans ces importations, les Néerlandais ne seraient pas à même de s'alimenter.

On pourrait donc dire que les Pays-Bas sont *plus* surpeuplés que beaucoup de pays du Tiers-Monde. La plupart des nations riches du monde industrialisé sont dans une situation similaire. Plus d'un million de kilomètres carrés de terres arables du Tiers-Monde sont exploités pour nourrir les pays riches. Le Royaume-Uni «cultive» deux hectares de terre hors d'Europe pour chaque hectare labouré en Grande-Bretagne. Les Etats Unis, eux aussi, exploitent ainsi de vastes étendues de «terrains fantômes».

Et l'on en arrive à la faille majeure du raisonnement de ceux qui prétendent résoudre la crise démographique par le «développement». L'abondance qui se trouve apparemment à l'origine de la «transition démographique» des pays du Nord n'a été obtenue qu'au prix d'une dégradation terrible de l'environnement, non seulement dans le monde industrialisé mais aussi dans le Sud. Si tous les citoyens du monde devaient vivre selon les mêmes normes que ceux du Nord, l'environnement subirait une contrainte intolérable. En tentant de «résoudre» l'explosion démographique par l'augmentation du revenu par habitant, donc par la consommation, on ne pourra que multiplier les effets nocifs que les êtres humains exercent sur leur milieu. Cette solution-là aboutit à l'inverse du résultat recherché. Le sort de milliards d'êtres humains sera alors entre les mains des quatre cavaliers de l'Apocalypse, le plus éminent étant en l'occurrence la Famine.

《Le spectacle de la forêt tropicale envahie par les colons privés de terres a fait croire à beaucoup que le déboisement est dû principalement à la simple pression démographique. Or la liquidation la plus rapide de la forêt tropicale a aujourd'hui lieu au Brésil, un pays deux fois plus grand que l'Europe, aux immenses ressources naturelles, et avec une population qui n'atteint que le quart de celle de l'Europe. Ainsi, attribuer le déboisement tropical à la seule pression démographique reviendrait à affirmer que les rougeurs provoquent la rougeole... La politique de transfert de centaines de milliers d'habitants du Nordeste vers l'Amazone ne fut pas conçue pour améliorer la situation des miséreux, mais afin d'éviter une redistribution des ressources par voie de remembrement...》
Jack Westoby, ancien directeur des Forêts à la FAO.

《Tandis que la surpopulation des pays pauvres tend à les maintenir dans la misère, la surpopulation dans les pays riches tend à saper les capacités vivrières de la planète en son entier.》
Paul R. Ehrlich, professeur d'étude des populations, université de Stanford.

NOURRIR le MONDE

▲ Une mère et son enfant malade, déplacés par la sécheresse qui sévit dans le Nord du Tchad.

En 1974, juste un an après que l'Ethiopie avait été ravagée par l'une des pires famines de l'histoire, la FAO a réuni à Rome une grande conférence internationale. Son programme était ambitieux : élaborer une stratégie propre à résoudre une fois pour toutes la crise alimentaire mondiale. A cette conférence participaient des experts en agriculture, des représentants des plus grandes agences de développement et des chefs de gouvernements, ainsi que le secrétaire d'Etat des Etats-Unis, qui était alors Henry Kissinger. Malgré l'incidence croissante de la famine dans le monde, l'humeur générale était optimiste. A condition que les nouvelles variétés de cultures à haut rendement développées pendant la Révolution verte *(voir p. 113)* soient rapidement introduites dans les pays en voie de développement, il n'y avait aucune raison que la famine ne rejoigne pas les plaies du passé comme la peste ou le choléra et ne paraisse pas aussi lointaine aux futures générations du Tiers-Monde qu'elle ne le paraît aujourd'hui à celles de l'Occident. Donnant le ton à la conférence, Henry Kissinger n'hésita pas à jurer que «d'ici une décennie, aucun homme, aucune femme, aucun enfant n'ira se coucher le ventre vide».

Quinze ans plus tard, l'Ethiopie est toujours torturée par la famine, qui est devenue un phénomène annuel de l'existence de ce pays. Les réfugiés qui affluent au Soudan y trouvent une situation qui n'est guère meilleure. En fait, l'Afrique tout entière chancelle au bord de la famine, une famine à l'échelle d'un continent : deux tiers des Etats africains souffrent de pénuries alimentaires chroniques et le gros de leur population est victime de malnutrition. Mais si les projecteurs internationaux ont braqué leurs spots sur l'Afrique, plusieurs pays de l'Asie du Sud-Est et de l'Amérique latine se débattent dans des difficultés analogues. En 1987, rien qu'en Inde et au Pakistan, plus d'enfants sont morts de malnutrition que dans les 46 Etats d'Afrique mis ensemble.

La crise alimentaire mondiale n'a jamais été plus préoccupante qu'aujourd'hui. En 1988, les réserves mondiales de céréales ont dramatiquement diminué. A leur maximum, elles représentaient de quoi nourrir le monde pendant 101 jours; en 1988, elles n'auraient pu durer que la moitié de cette période. Et la reconstitution de ces stocks, en admettant qu'elle soit possible, prendra du temps.

Entre 1950 et 1985, la production mondiale de céréales a augmenté deux fois et demie, au rythme constant de 3 % par an. Comme la croissance démographique était de moins de 2 % par an, la production de céréales faisait mieux que suivre le rythme de l'accroissement de la population. Mais depuis le milieu des années 80, l'accroissement de la production est devenu négligeable; et même, en 1987, et encore en 1988, elle a diminué. La moisson de 1989 n'a été que de 1 % plus élevée que celle de 1988, alors que la population du monde augmentait de 1,7 %. De ce fait, le rendement calculé par tête d'habitant a diminué de 7 %, et, dans certaines régions, la diminution a été encore plus forte. En Afrique, par exemple, le rendement céréalier par personne a diminué de 20 % depuis la fin des années 60.

Confrontée à la menace imminente d'une famine massive, la FAO appelle les Etats à accroître les terres plantées de céréales de 650 millions d'hectares à 730 millions d'hectares, expansion équivalente au total des zones cultivées de toute l'Europe occidentale. Mais presque toutes les terres arables qui conviennent à une culture permanente et durable sont déjà cultivées ou ont été désaffectées par l'urbanisation. Aux Etats-Unis, environ 20 millions d'hectares, mis en réserve dans le cadre de programmes gouvernementaux tendant à maintenir le niveau des prix, pourraient être affectés à la production, mais même si l'on s'y décidait, les terres cultivées du monde n'en seraient accrues que de 2 %.

Pour affecter davantage de terres à la production agricole, il faudrait donc labourer des sols qui ne s'y prêtent pas de façon permanente : marécages et forêts en particulier. Dans le meilleur des cas, une telle pratique n'amènerait qu'un soulagement à court terme. Une partie de la production accrue de céréales depuis les années 50 a certes été obtenue en cultivant des terrains marginaux, mais il a fallu à présent en abandonner de grandes zones.

En Union soviétique, en application d'un programme lancé au cours des années 50 et intitulé «Terres vierges», on a abattu de vastes étendues de forêts du Kazakhstan qu'on a converties en terres agricoles. Ces terres se sont avérées tout à fait inadéquates, car elles s'érodaient très rapidement; les rendements ne cessaient de diminuer et le terrain fut abandonné. Mais la leçon n'avait pas servi. Dans le début des années 70, l'Union soviétique fit labourer de nouvelles terres non arables, avec des résultats analogues. Depuis 1977, le pays a perdu annuellement plus d'un million d'hectares de terrain théoriquement «productif». De ce fait, la zone céréalière de l'URSS a finalement diminué d'environ 13 %.

LES LIMITES DE L'INTENSIFICATION

Depuis les années 60 et le début de la «Révolution verte», l'intensification de l'agriculture a été la tarte à la crème de toutes sortes de programmes internationaux successifs. La FAO n'a cessé de reprocher aux cultivateurs leur incapacité à produire suffisamment pour suivre le rythme de croissance de la population, les accusant de n'avoir su appliquer ni assez largement ni assez vigoureusement les principes de la Révolution verte. Pour y remédier, la FAO propose de doubler la quantité d'engrais et le nombre de tracteurs utilisés par les cultivateurs, de doubler le recours à des variétés améliorées de semences, d'augmenter d'environ 50 % l'emploi de pesticides et d'étendre de 20 % les zones de terrain sous irrigation continue. L'Afrique, en particulier, a été choisie comme cible par la FAO pour y procéder à une expansion massive des techniques de la Révolution verte.

Ces techniques ont incontestablement permis la production de rendements accrus de riz et de blé, mais seulement aux dépens de la fertilité à long terme du terrain. Tôt ou tard, les rendements commencent à baisser, quelle que soit la quantité d'engrais utilisés.

L'intensification suscite aussi d'autres problèmes. Les pertes imputables à des parasites risquent d'augmenter, tant à cause de la plus grande sensibilité aux parasites des variétés à fort rendement qu'en raison de la nécessité de les cultiver en monoculture. Si l'on utilise davantage de tracteurs, le tassement du sol sera plus grand; si l'on met davantage de terrains sous irrigation continue, il s'en perdra davantage par salinisation ou par imbibition d'eau. D'autre part, les rendements seront probablement affectés par des pénuries d'eau. Les futures récoltes seront également affectées par la pollution. L'augmentation de la concentration d'ozone au niveau du sol a déjà amené une diminution des rendements dans plusieurs régions du monde.

Le réchauffement de la planète pourrait avoir des répercussions également dramatiques sur l'agriculture et amoindrir la productivité dans plusieurs régions. Les principales zones céréalières des Etats-Unis et de l'URSS semblent vouées à devenir plus sèches et plus chaudes. Certaines régions deviendront si arides que l'agriculture fondée sur la pluie n'y sera plus possible : un tiers des terres arables dépendant de la pluie, dans la partie occidentale des Etats-Unis, pourrait être perdu pour la production.

Les experts agricoles envisagent maintenant de façon croissante le recours à la biotechnologie pour augmenter les ressources alimentaires mondiales. En recourant à l'ingénierie génétique, par exemple, ils espèrent altérer la constitution génétique de plantes comme le riz et le blé, de façon à leur permettre de fixer directement l'azote de l'atmosphère, comme le font les haricots et d'autres légumineuses. Mais même si cela s'avérait possible (et les hommes de science estiment qu'il faudra au moins vingt ans pour parvenir à produire commercialement des plantes viables), ce qu'on y gagnerait surtout, c'est de réduire le besoin d'engrais. Il est peu probable que le rendement augmenterait, car les plantes ne peuvent convertir qu'une quantité d'énergie solaire donnée dans la biomasse. A

«Nous savons hélas que les bienfaits de la nature sont limités, et que nous sommes arrivés près de cette limite... La plupart des régions capables de soutenir un haut niveau de productivité agricole sont déjà exploitées – et celles qui ne le sont pas encore (comme le bassin de l'Amazonie) sont certainement impropres aux cultures. De si nombreux projets de développement, en apparence très bénéfiques, comme les forages d'eau en territoire Masaï ainsi que les grands projets d'irrigation au Penjab et en Californie, ont eu des conséquences aussi épouvantables qu'inattendues.»
Professeur Bernard Campbell.

«Si le prochain défenseur de l'agro-industrie vous affirme que «nous, les agriculteurs scientifiques, sommes les seuls à pouvoir nourrir les populations modernes», ne le croyez pas. Car lui et ses semblables, si on ne les en empêche pas, finiront par faire mourir de faim toutes ces populations. Leurs sols s'épuisent, leur taux de production à l'hectare est sur la courbe descendante, et ils sont en faillite d'idées concernant la véritable agriculture.»
John Seymour.

« Dans les années 90 et au XXIe siècle, le plus important défi pour la suffisance alimentaire sera l'accès économique ou écologique à la nourriture, dû d'un côté à l'inadéquation du pouvoir d'achat et de l'autre à la dégradation de l'environnement. L'agriculture planétaire se trouve à la croisée des chemins, et c'est un défi qu'il nous faut relever. »

M.S. Swaminathan, président de l'Union internationale pour la défense de l'environnement et des ressources naturelles.

▶ Des sacs de blé dans un entrepôt du Mali, attendant d'être distribués aux populations les plus durement touchées par la sécheresse. De façon générale, les flux alimentaires en provenance des pays en voie de développement vers les pays industrialisés sont plus importants que les retours sous forme d'aide alimentaire.

moins qu'on ne parvienne à accroître artificiellement le taux de la photosynthèse, il y a une limite bien déterminée au rendement d'une plante. En fait, il est possible que, dans beaucoup de régions agricoles, on ait déjà atteint les limites de la photosynthèse.

Même si l'on parvenait à surmonter les difficultés que rencontre l'accroissement de la production alimentaire – et la probabilité en est extrêmement mince – la crise alimentaire mondiale serait loin d'être résolue. Comme ne cesse de nous l'enseigner l'histoire, la faim résulte autant de systèmes économiques et sociaux injustes que de mauvaises récoltes ou de baisses de rendement. Les livres d'histoire sont pleins de récits qui nous montrent des nobles en train de banqueter pendant que leurs paysans meurent de faim. Aujourd'hui, la place des grands seigneurs féodaux est occupée, fût-ce involontairement, par les consommateurs des pays industrialisés. Et les paysans affamés existent toujours, mais nous ne les voyons pas, car ils se trouvent dans le Tiers-Monde, et la distance nous protège, en nous empêchant de constater les effets dévastateurs que notre mode de vie a sur le leur.

Le Tiers-Monde exporte plus de nourriture vers les pays industrialisés qu'il n'en importe et qu'il n'en reçoit en aide alimentaire. En 1973, trente-six des nations les plus affectées par la faim et la malnutrition exportaient néanmoins des produits alimentaires vers les Etats-Unis, et cela continue. De plus, la nourriture exportée par le Tiers-Monde comporte une plus forte valeur en protéines que celle qu'il importe. Il en va de même à l'intérieur du Tiers-Monde. L'Inde se proclame fièrement autarcique en blé, mais des milliers de gens y meurent chaque jour parce qu'ils n'ont pas de quoi s'acheter à manger. Cependant, dans les villes, les riches ne manquent de rien.

La politique de développement agricole actuelle fait peu de choses pour remédier aux causes primaires de la faim, et elle aggrave même souvent les choses. Dans les villages, les dirigeants ont poussé les agriculteurs à s'endetter et réduit ainsi certains cultivateurs autarciques à la pénurie. De même, à l'échelle du pays, ils ont accru la dette du Tiers-Monde envers l'Occident, ce qui a augmenté la pression exercée sur les pays en voie de développement pour qu'ils exportent leurs récoltes, afin de gagner les devises fortes nécessaires pour payer les intérêts de leur dette. Et cela réduit encore la quantité de nourriture dont peuvent disposer les indigènes.

Aux Philippines, la moitié des terres agricoles de premier choix sert à la culture de produits exportables, comme les ananas et le sucre. Même lorsqu'on a mis en place des schémas de développement agricole spécifiquement destinés à profiter aux petits cultivateurs, les pressions qu'engendre la nécessité du paiement de la dette les ont souvent conduits à consacrer finalement le terrain à des cultures exportables. A l'origine, le fameux plan africain d'aménagement de la vallée du Sénégal devait procurer aux petits fermiers des milliers d'hectares de terres irriguées. Mais malgré toutes les promesses, la population locale en a peu bénéficié : les eaux d'irrigation du premier barrage qui avait été construit en application de ce projet sont allées presque exclusivement aux grandes fermes mécanisées qui produisent des denrées pour l'exportation.

La LUTTE pour les RESSOURCES

Le monde pollué, malsain, surpeuplé et hautement technologique dont nous sommes en train de nous doter, ce monde-là ne peut éviter d'entretenir des tensions et, en dernier recours, des conflits. Bien qu'il existe déjà assez d'armes pour faire sauter la planète, on ne cesse d'en fabriquer d'autres, de plus en plus mortelles, qu'elles soient conventionnelles, chimiques, biologiques ou nucléaires. Et tandis que s'enfle la puissance destructrice de notre arsenal, la diminution des ressources, l'augmentation de la population et le changement du climat accroissent le risque qu'il en soit fait usage. Entre les superpuissances, l'affrontement a cédé le pas à une acceptation mutuelle. Mais peu de signes indiquent que les puissances nucléaires soient prêtes à renoncer complètement à leurs instruments de destruction massive, et des pays en nombre croissant, comme Israël, l'Afrique du Sud, l'Inde, le Pakistan et l'Irak, sont entrés dans le «club nucléaire» ou sont sur le point de le faire. D'autres, encore plus nombreux, sont en possession d'armes chimiques, lesquelles, en raison de leur coût relativement bas, ont pu être surnommées les «bombes atomiques du pauvre». Les gouvernements des pays industrialisés considèrent que l'expansion des armes atomiques et chimiques et l'instabilité du Tiers-Monde constituent des raisons suffisantes pour conserver leur capacité nucléaire et des armées puissantes, cependant que, dans les mêmes pays, les industries de l'armement voient dans le Tiers-Monde un marché en expansion pour leurs marchandises mortelles.

Si le rapprochement entre l'Est et l'Ouest se poursuit, il est probable que les missiles occidentaux effectueront un virage à 90 degrés et, au lieu d'être pointés vers l'est, seront pointés vers le sud.

A mesure que nous nous rapprocherons de la fin du XXe siècle, deux causes de tension entre les Etats industrialisés et les autres ne cesseront de croître: l'approvisionnement en ressources et l'émission de polluants. En l'an 2000, les Etats-Unis et le Royaume-Uni ne seront plus que des producteurs de pétrole mineurs et, comme on l'a vu, les Etats du golfe Persique maîtriseront effectivement l'alimentation du monde en pétrole. Comme les pays industrialisés sont disposés à recourir à la force pour maintenir à tout prix la circulation du pétrole dans le golfe Persique, et compte tenu de l'intensification rapide de l'armement au Moyen-Orient, il est probable que cette région deviendra le lieu de menaces de plus en plus fortes pour la paix mondiale.

Autre cause probable de tension: la volonté de conserver le contrôle du sol et des ressources en eau du Tiers-Monde. Si, comme on le prévoit, le réchauffement du globe et l'expansion démographique aboutissent à des pénuries alimentaires planétaires, les pays industrialisés continueront à profiter de leur plus grande richesse pour acquérir le poisson et les récoltes du Tiers-Monde, même s'il faut pour cela affamer les pays qui produisent ces aliments. Il en résultera parmi ceux-ci des troubles et une instabilité politique qui pourraient déboucher sur un recours à la force par les pays développés, lesquels voudront s'assurer ainsi que les accords internationaux seront respectés.

Les conflits régionaux relatifs aux ressources, surtout dans le Tiers-Monde, seront sans doute aggravés par la dégradation de l'environnement. Il y aura contestation à propos des terres et de l'eau, et cela pourra déclencher de graves différends. Par exemple, la Turquie est en train de construire un vaste ensemble de barrages sur l'Euphrate, ce qui réduira considérablement la masse d'eau traversant la Syrie et l'Irak, situés en aval, et ces Etats ne sauraient accueillir ce changement qu'avec hostilité. En accroissant l'érosion du sol et l'accumulation de vase dans les cours d'eau, ainsi qu'en suscitant des modifications de climat, le déboisement pourrait également créer des tensions entre pays voisins.

Par suite de la dégradation des terres arables, du recours accru aux ressources en eau et des inondations provoquées par l'élévation du niveau de la mer, des dizaines de millions de gens pourraient être contraints de fuir leur patrie au cours des prochaines décennies.

Si nous continuons à exploiter de façon aussi effrénée notre environnement, la question ne sera plus de savoir si la société moderne survivra au cours du prochain siècle mais si elle disparaîtra dans une explosion ou dans un gémissement. Dans le premier cas, il s'agira très vraisemblablement d'un échange de bombes atomiques lors d'un conflit régional, auquel succédera un «hiver nucléaire», c'est-à-dire une longue période de froid et d'obscurité que suscitera la poussière projetée dans l'atmosphère. Si la société industrielle s'éteint dans un gémissement, celui-ci aura pour cause une combinaison de dégradation du milieu, de pénurie alimentaire et de maladie.

Bien que le Tiers-Monde risque au début de souffrir davantage des dégâts causés à son milieu naturel, en fin de compte, il est mieux équipé pour survivre. Lorsque les rayons de leurs supermarché seront vides, les habitants de New York, de Londres et de Paris mourront de faim. Mais ceux qui auront appris à vivre des produits du sol, si pauvres soient-ils, ceux-là hériteront de la Terre.

La DYNAMIQUE de la DESTRUCTION

«La plus grande partie de l'Afrique sub saharienne, de vastes étendues d'Amérique du Sud et de Chine centrale sont plongées dans une profonde obscurité ; tandis que l'Amérique du Nord, l'Europe occidentale et le Japon, où le quart de la population mondiale consomme les trois quarts des 10 milliards de kilowatts d'électricité de la planète, brillent comme si nous nous acharnions à faire la publicité de notre extrême prodigalité.»
Malcolm Smith, au sujet de photographies nocturnes de la Terre, prises de l'espace.

«Nous vivons dans un monde prisonnier d'un pacte suicidaire, et dont le mode de pensée, bien arrêté, concernant l'énergie et la sécurité, est conçu involontairement pour nous garder sur la voie du désastre… Les solutions qui nous permettraient de rompre ce pacte suicidaire sont évidentes, mais trop nombreux sont ceux qui les qualifient encore d'utopiques. Il nous reste à prier pour que cette utopie soit tenue pour impérative avant qu'il ne soit trop tard.»
Dr Jeremy Leggett, directeur scientifique, Greenpeace.

▲ Times Square la nuit : tout le carrefour est envahi par la publicité.

Durant l'été 1972, les Nations unies organisèrent la toute première Conférence internationale sur l'environnement. Des milliers de jeunes gens affluèrent à Stockholm, où des ministres, des hommes de science et des hommes d'action s'étaient réunis pour discuter de la préoccupation croissante du public au sujet de l'état de l'environnement planétaire. L'intérêt que portaient les médias à la conférence de Stockholm était intense et celle-ci fut suivie d'une activité politique foisonnante. L'ONU mit en place une nouvelle institution internationale, le Programme des Nations unies pour l'environnement (PNUE) et les gouvernements de divers pays décrétèrent une avalanche de nouvelles dispositions législatives pour s'attaquer au problème de la dégradation du milieu. En une décennie, le PNUE avait lancé des programmes d'action visant à nettoyer les mers et à combattre la désertification.

Mais rhétorique et législation ont produit peu de résultats concrets. L'action contre la désertification s'est enlisée dans l'indifférence politique : les gouvernements, tant ceux du Tiers-Monde que ceux des pays industrialisés, ont refusé d'y consacrer davantage qu'une fraction des fonds nécessaires. La plus grande partie des projets qu'englobait ce programme impliquait plutôt une surveillance de l'extension de la désertification que des mesures pour la combattre. De même, le résultat des plans de nettoyage de la Méditerranée a été mince : en dépit de plusieurs conférences internationales et de déclarations sans fin, la Méditerranée n'est pas plus propre qu'avant et, même, beaucoup de spécialistes disent qu'elle est à la limite de la ruine écologique.

Le sort des législations nationales sur l'environnement est également déprimant. En Grande-Bretagne, le gouvernement travailliste a promulgué, en 1974, l'Acte de contrôle de la pollution. Les ministres avaient promis que cet Acte ramènerait en une décennie des poissons dans les cours d'eau et les estuaires les plus pollués. A l'origine, le gouvernement avait promis de rendre l'Acte effectif en 1976. Mais en 1975, on annonça que la mise en œuvre serait retardée en raison de restrictions budgétaires. En 1978, un nouveau calendrier fut établi et la date limite repoussée à fin 1979. Le gouvernement ayant changé en mai 1979, il s'ensuivit de nouveaux délais. Pendant les six années suivantes, les articles les plus importants de l'Acte furent, purement et simplement, ensevelis sous la poussière.

L'ensemble des industries britanniques les plus polluantes s'empressèrent de tirer parti de ces retards accumulés. Au moment où l'Acte devint enfin effectif, on lui avait arraché les dents. Les firmes qui savaient qu'il leur serait difficile d'honorer les termes de leur autorisation de décharge avaient négocié avec le service des eux pour obtenir l'atténuation du règlement. On ferma les yeux sur les usines qui se seraient trouvées en infraction vis-à-vis de la nouvelle législation. La Confédération des industries britanniques l'a d'ailleurs admis candidement : «Au fond, le service des eaux biaise avec le règlement. C'est une conduite très sensée.»

Dans les grandes institutions internationales de développement également, les promesses n'ont souvent débouché sur rien de concret. En 1970, bien avant la conférence de Stockholm, la Banque mondiale a annoncé qu'elle prendrait des mesures pour s'assurer que ses projets n'auraient pas de graves conséquences écologiques. Mais quatorze ans plus tard, un rapport interne reconnaissait que : «... dans le travail de routine, les questions relatives à l'environnement ne sont pas prises en considération... La banque n'a pas la possibilité de mener à bien des travaux sectoriels sur les problèmes d'environnement.» Effectivement, jusqu'en 1987, la banque, qui emploie plus de 6 000 personnes, n'avait que six fonctionnaires dans son «unité environnementale», dont trois seulement travaillaient à temps plein. Cette équipe était chargée de passer en revue plus de 300 projets par an et d'en surveiller des centaines d'autres en voie d'exécution.

La Banque mondiale a été l'une des premières institutions de développement à créer un département consacré à l'environnement, décision qui, à l'époque, fut saluée par les défenseurs de l'environnement comme un grand progrès. Mais comme l'a signalé Catherine Watson, qui a travaillé dans ce service, celui-ci n'a jamais eu qu'un rôle symbolique et ne pouvait avoir le moindre effet véritable sur la politique de la Banque. «Nous étions considérés comme un fléau. Quand nos propositions menaçaient l'avenir d'un projet ou impliquaient des modifications importantes pour la pratique de la Banque, on les écartait comme non réalistes et impraticables. Certaines réformes étaient possibles, mais seulement dans la mesure où elles laissaient la structure fondamentale de la Banque inchangée.»

En quittant la Banque mondiale, Catherine Watson avait perdu toute illusion. Au milieu des années 80, par suite de critiques publiques répétées, le département de l'environnement a vu son effectif élevé à 70 personnes; une grande partie du nouveau personnel provenait du département des relations publiques. Depuis lors, les projets de la Banque doivent être accompagnés d'une évaluation de leur impact sur l'environnement, mais il s'agit souvent d'à peine davantage qu'une formalité. Dans beaucoup de cas, l'évaluation en question n'est pas réalisée avant que le projet n'ait été approuvé, et à ce stade il est généralement trop tard pour l'arrêter ou le modifier. En ce qui concerne la destruction du milieu, les projets que

▲ Au marché hebdomadaire de Tananarive, à Madagascar, se vendent des milliers de pièces détachées provenant d'automobiles démantelées. Ce type de recyclage sauvage réfute l'idée que la pauvreté serait néfaste pour l'environnement : dans un pays occidental plus riche, la plupart de ces pièces détachées se retrouveraient à la ferraille.

finance actuellement la Banque mondiale diffèrent peu de ceux du passé. Elle met toujours l'accent sur les grands barrages, les cultures extensives, les complexes industriels, les opérations forestières commerciales et ainsi de suite. Tous ces projets produisent des bénéfices mais ne profitent guère aux pauvres.

Si l'on jette un coup d'œil en arrière, on constate que les questions dont on a débattu à Stockholm voici dix-huit ans sont désespérément familières : pollution, amincissement de la couche d'ozone, pluies acides, effets de serre, diminution des ressources, destruction des habitats, pollution de l'Océan, disparition de la biodiversité. Près de deux décennies plus tard, à une conférence mondiale sur l'environnement, les problèmes étaient les mêmes et les réponses identiques. Mais alors que, durant les années 70, l'amincissement de la couche d'ozone était une hypothèse, aujourd'hui le «trou» qui s'y est formé est une certitude.

La question qu'on se pose, c'est : pourquoi? Pourquoi, compte tenu de nos connaissances, avons-nous été incapables de transformer en réalité la rhétorique de l'action sur l'environnement? Quelles sont les forces qui nous entraînent vers la destruction?

PAUVRETE ET POPULATION

«La pauvreté est la pire forme de la pollution», a dit, à la conférence de Stockholm, Indira Gandhi qui était alors Premier ministre de l'Inde. Cette idée se trouve au cœur de la réflexion traditionnelle sur la crise de l'environnement; c'est elle qui modèle les politiques et détermine les solutions officielles. En 1987, la Commission mondiale des Nations unies sur l'environnement et le développement (WCED), présidée par le Premier ministre de Norvège, Gro Harlem Brundtland, a rendu publics les résultats d'une étude de quatre ans sur l'environnement et le développement, sous le titre : «Notre avenir commun». Comme Mme Gandhi, les membres de la commission Brundtland ont désigné la pauvreté comme le principal responsable, et aussi comme la principale conséquence, des problèmes d'environnement mondiaux.

Insistant sur le fait que la survie même de la planète était en jeu si les tendances actuelles se poursuivaient, le rapport Brundtland affirme que les racines de la crise résident «dans l'absence de développement et... les conséquences non intentionnelles de certaines formes de croissance économique». Notre bien-être futur, dit le rapport, ne peut être assuré qu'en réalisant un développement régulier pour répondre aux besoins actuels sans compromettre la possibilité, pour les générations futures, de satisfaire leurs propres besoins. Pour y parvenir, «il faudrait une nouvelle ère de croissance économique, fondée sur une politique qui maintienne et accroisse les ressources fondamentales de l'environnement». Effectivement, la commission Brundtland affirmait qu'on pouvait «s'attendre à un accroissement de cinq à dix fois du produit industriel mondial au moment où la population mondiale se stabiliserait, au cours du siècle prochain». Cet accroissement du produit, assurait-on, aiderait aussi à résoudre le problème posé par l'autre facteur principal de la dégradation du milieu : la croissance démographique. «Le développement économique, par ses répercussions indirectes sur les facteurs sociaux et culturels, fait baisser le taux de fécondité.»

Cette argumentation semble humanitaire et plausible. Dans sa préoccupation au sujet des pauvres de la planète, elle met fermement l'accent sur leur droit au «développement». Quiconque a visité un pays du Tiers-Monde constate rapidement la réalité du cercle vicieux «pauvreté et dégradation du milieu» auquel fait allusion la commission Brundtland. Si vous arrivez à Bombay par la voie des airs, vous pouvez voir l'abominable saleté des baraques en carton ou en tôle ondulée des bidonvilles qui s'étendent jusqu'aux clôtures de l'aéroport. Sans eau courante ni sanitaires, les gens qui y vivent n'ont pas d'autre ressource que de se servir des cours d'eau et des terrains voisins comme toilettes publiques.

Quand les gens sont dans la misère, il est évident qu'ils se mettent en quête de combustible et de nourriture pour leur famille avant de songer à la conservation à long terme de la forêt ou de la savane dans laquelle ils vivent. Mais affirmer que la pauvreté est «le plus grand pollueur» et que seul le développement peut supprimer la pauvreté, cela implique que les peuples du Tiers-Monde ont toujours vécu dans la misère – ce qui n'était pas le cas avant que ne s'y instaure le «développement» – et également qu'au cours des millénaires ils n'ont cessé de détruire leur milieu. Ce qui est à la fois insultant et faux.

DES MONDES A PART

La destruction des forêts pluviales n'a commencé à grande échelle que pendant la période coloniale, époque où les puissances européennes ont abattu les forêts de leurs possessions tropicales afin de se procurer du bois pour leurs flottes et leurs lignes de chemin de fer et où elles y ont fait pousser des plantes comme le pavot, le thé et le sucre. On estime qu'avant l'arrivée des Espagnols et des Portugais, la population de l'Amazonie était d'environ dix millions d'habitants, donc plus importante que maintenant, et les forêts y étaient intactes. De même, les premiers explorateurs européens en Afrique occidentale ne mentionnent ni désertification, ni sécheresse, mais relèvent la présence de riches cultures, avec de belles villes entourées de terres arables fertiles. Les réalisations littéraires, artistiques et architecturales des cultures bouddhiste et hindoue n'étaient pas le produit de sociétés mis-

LA DYNAMIQUE DE LA DESTRUCTION

érables. De même, les terrasses taillées dans les pentes rocheuses des Philippines, terrasses sur lesquelles les indigènes ont récolté, des siècles durant, de riches moissons de riz, n'étaient pas le produit du travail de paysans dans le dénuement.

Réciproquement, dans le monde industrialisé, l'élévation des normes de vie n'a pas empêché la destruction de l'environnement, même si la majeure partie de la population y est d'une richesse que ne pourrait imaginer un paysan indien dans ses rêves les plus fous. Les Etats-Unis et le Canada débitent le bois de leurs antiques forêts presque aussi vite que le Brésil abat les siennes. En Europe, la mer du Nord est gravement polluée, bien que l'entourent quelques-unes des nations les plus riches du monde.

La pollution acide qui tue d'immenses zones forestières en Europe ne provient pas du fait que les ouvriers des centrales et les automobilistes d'Angleterre ou d'Allemagne sont pauvres.

Accuser la pauvreté dans le Tiers-Monde comme cause de nos problèmes d'environnement est une simplification grossière. La vérité c'est que la richesse matérielle dont jouit la majorité des habitants du monde industrialisé n'est possible qu'en raison de l'appauvrissement à la fois de la plus grande partie du Tiers-Monde et de l'environnement du monde entier. En considérant la pauvreté comme la cause de la destruction du milieu naturel, la commission Brundtland, comme le plus grand nombre des économistes et des politiciens, a envisagé le symptôme et non la cause du problème.

En Inde, la grande masse des habitants des bidonvilles sont des «réfugiés du développement», que la croissance économique dans la campagne a réduits à l'indigence. Depuis l'indépendance de l'Inde, l'édification de barrages a, à elle seule, expulsé de leurs terres six millions de paysans. En Afrique, les dangers qui pèsent sur la végétation sont dus en grande partie à l'introduction de cultures immédiatement rentables et de méthodes agricoles modernes. Au Sénégal, la promotion de la charrue de type «occidental», qui retourne la terre, a alarmé les fermiers africains qui savaient qu'elle ne convenait pas au fragile sol local et à un climat rude et imprévisible. Mais les «experts» européens étaient convaincus d'être mieux informés, et vingt ans plus tard, les Africains paient le prix de l'opération : leurs meilleures terres arables ont été détruites par l'érosion due au vent et à la pluie. Les paysans d'Amérique centrale cultivent des sols précaires situés sur les flancs des collines, non parce qu'ils ne se rendent pas compte de la destruction qu'ils infligent à leur milieu, mais parce qu'ils n'ont plus aucune autre terre à exploiter. Dans la plus grande partie de l'Amérique centrale, les meilleurs terrains appartiennent à une petite élite qui, au lieu d'y faire pousser des produits de première nécessité pour ses compatriotes misérables, y cultive des ananas et des bananes pour les exporter vers les Etats-Unis.

En outre, en analysant la croissance démographique comme cause de la destruction du milieu, on soulève quantité de questions importantes. A son crédit, il faut dire que le rapport Brundtland reconnaît la connexion essentielle qui existe entre population et consommation. «Un habitant supplémentaire dans un pays industriel consomme beaucoup plus et exerce une bien plus grande contrainte sur les ressources naturelles qu'un habitant du Tiers-Monde.»

Non, ce n'est pas l'explosion démographique qui a donné naissance à ces problèmes. En fait, c'est le remède même que le rapport Brundtland propose pour pallier l'accroissement de la population – à savoir la croissance économique – qui est en cause. Le rapport Brundtland affirme que la croissance économique fait baisser le taux de fécondité, mais comme on l'a vu, il y a beaucoup de preuves du contraire *(voir p. 258-259)*. Si l'on admet que le Tiers-Monde doit atteindre le degré de richesse matérielle du monde développé avant que sa croissance démographique ne se ralentisse et n'atteigne le rythme de celle du monde industrialisé, il s'ensuit que la croissance démographique ne se stabilisera jamais. Même la Banque mondiale, organisme dont le propos principal est

«Si une économie à fort taux de croissance est nécessaire pour gagner la lutte contre la pollution, alors que cette dernière apparaît comme la conséquence directe d'un fort taux de croissance, existe-t-il réellement un espoir de sortir de cet extraordinaire cercle vicieux ?»
E.F. Schumacher.

▼ Vieux meubles et autres rebuts s'entassent sous Manhattan Bridge, à New York. Les biens de consommation de fabrication médiocre et à courte durée de vie contribuent au gaspillage caractéristique de nos sociétés industrialisées.

« Les pays sous-développés revendiquent l'aide occidentale qui leur permettrait d'atteindre un plus haut niveau de «développement»... De nos jours, «développement» est le plus souvent un euphémisme signifiant exploitation de l'environnement. La construction du barrage d'Assouan sur le Nil, en Haute-Egypte, est probablement l'exemple le plus récent et le plus stupéfiant d'un soi-disant merveilleux projet de développement qui s'avère accompagné d'effets secondaires dévastateurs (dont seulement quelques-uns avaient été prévus par les écologistes). »
Professeur Bernard Campbell.

« Le Tiers-Monde est jonché de ce qui reste des grossières bévues écologiques souvent commises par des ingénieurs, des économistes et autres experts qui auraient dû se montrer plus prévoyants... Des sommes considérables furent dépensées en investissements imprudents qui ont conduit à la famine tant d'hommes, de femmes et d'enfants innocents. »
Max Nicholson.

d'aider le Tiers-Monde à se développer, admet aujourd'hui que la plupart des pays d'Afrique, d'Asie et d'Amérique latine n'atteindront jamais le niveau de rendement économique de l'Amérique du Nord, de l'Europe et du Japon.

L'IDEAL DU DEVELOPPEMENT

Comme les mots «liberté» ou «démocratie», le terme de «développement» exprime un idéal élevé, mais il a été utilisé si souvent pour justifier des objectifs et des stratégies différents qu'il a presque perdu toute signification. A l'époque coloniale, les puissances occidentales ne cherchaient nullement à «développer» leurs colonies qui étaient essentiellement des réserves de ressources naturelles.

Mais pendant la Seconde Guerre mondiale, les germes d'un nouvel ordre mondial ont été semés. Lors de la conférence internationale qu'ont tenue, en 1944 les puissances alliées, elles ont créé la Banque mondiale et le Fonds monétaire international. Ces organismes avaient pour but de «développer» l'économie mondiale, en empêchant le retour d'une grande crise économique comparable à celle des années 30, et aussi d'assurer, dans la période d'après-guerre, l'expansion du capital américain dans une économie planétaire de plus en plus intégrée, fondée sur le libre-échange et la libre entreprise.

Les experts de la Banque mondiale et des institutions de développement créées en même temps considéraient les peuples ruraux du Tiers-Monde comme non éduqués parce qu'ils n'avaient pas d'écoles; ils considéraient que ces gens habitaient des taudis parce que leurs maisons étaient faites de boue et de chaume; que leurs dirigeants étaient des primitifs parce qu'ils ne portaient pas étaient de cravates et ne siégeaient pas dans des bureaux. Les chefs de la plupart des mouvements indépendantistes ont fait leur cette analyse et ont admis ainsi que leur culture indigène était inférieure à celle du monde industrialisé.

Mais depuis les années 60, il est apparu à l'évidence que seul un petit nombre des concurrents de la grande course se retrouverait à l'arrivée. La plupart d'entre eux boitillent sur les bas-côtés, avec leurs économies lourdement obérées de dettes impossibles à rembourser et leur milieu naturel affreusement dégradé. L'industrie du développement a diagnostiqué ses faiblesses. Elle a commencé par réorienter son aide vers les paysans appauvris, car elle estimait qu'elle avait apporté une assistance excessive aux industries urbaines aux dépens de la campagne. Puis elle a considéré que le développement rural avait appauvri les femmes, on a donc orienté les stratégies du développement en direction des femmes. Enfin, on s'est rendu compte du fait que le développement dévastait l'environnement, et les agences spécialisées ont prêté de

l'argent pour tenter d'améliorer le milieu naturel. Mais, à chaque fois, on a mis en cause la manière dont le développement était orienté et non pas le processus du développement lui-même.

L'EXISTENCE MARGINALE

Malgré les idéaux élevés de ceux qui sont le plus engagés dans les programmes de développement, le processus actuel du développement économique retire inévitablement aux collectivités locales la maîtrise des ressources et le pouvoir de décision et les met entre les mains du gouvernement et des sociétés commerciales.

Dans les zones rurales du Tiers-Monde, la perte de leurs droits sur la terre est particulièrement néfaste pour les cultivateurs. Beaucoup de systèmes fonciers de ces régions ne reconnaissent pas la propriété privée du terrain mais reposent sur le droit d'usage à vie du cultivateur. En imposant la propriété privée, les autorités de l'Etat ont dépossédé des millions de paysans. Ce processus a été encore encouragé par la spéculation foncière, l'endettement et la confiscation des terres de ceux qui ne pouvaient produire de certificat de propriété.

L'économie moderne définit les gens comme «pauvres» s'ils ne participent pas au processus économique transactionnel de type occidental. Ils sont pauvres s'ils se suffisent à eux-mêmes au lieu d'acheter des produits qui ont subi un traitement, avant d'être commercialisés et distribués. Ils sont pauvres s'ils portent des habits faits à la main avec des fibres naturelles au lieu de vêtements fabriqués en usine avec des tissus synthétiques. Ils sont pauvres s'ils se réunissent pour garantir la survie de la communauté entière au lieu de pousser au maximum leur production individuelle.

En essayant de mettre ces gens-là «plus à l'aise», le développement détruit l'économie rurale qui a assuré l'existence de la paysannerie pendant des siècles et, parfois, des millénaires. Et, comme la dégradation de l'environnement, cette destruction n'est pas un sous-produit du développement, mais une caractéristique intégrale du processus. Le cultivateur qui troque son blé contre un vêtement fait par un tailleur local n'ajoute rien au «développement» mesuré selon le chiffre du produit national brut. Une telle transaction ne peut être soumise à l'impôt et elle n'aide pas à acquérir des devises étrangères pour payer la dette et acheter les instruments de la technologie occidentale.

L'ECONOMIE DE MARCHE

Dans tout le Tiers-Monde, l'économie de marché a exercé des répercussions profondes sur l'existence paysanne. Par exemple, la coopération pour le défrichement des champs ou pour la moisson devient souvent de moins en moins nécessaire, puisqu'on peut confier ces tâches à des travailleurs rémunérés. Et faute de coopération, les activités communautaires deviennent superflues. La collectivité perd sa cohésion et son aptitude à résister à des empiètements ultérieurs par les forces du marché et par la bureaucratie. Pendant ce temps, «aux arrière-pays invisibles du sous-développement économique, aux lieux où réside la majorité silencieuse, n'est laissé qu'un accès sans cesse réduit à une base de ressources sans cesse réduite».

Dans le monde industriel, la grande majorité des gens a perdu depuis longtemps son autonomie matérielle, mais le même processus est toujours en action. De petites sociétés sont rachetées par des multinationales. Si les bénéfices de celles-ci commencent à diminuer, elles restreignent leurs activités, mettant sur le pavé des milliers de chômeurs et détruisant des communautés sur lesquelles elles exercent un pouvoir économique total mais qui ne présentent pour elles aucun intérêt à longue échéance. Des petits négoces endettés sont rachetés par des chaînes de grands magasins. Des terres isolées sont rachetées par des sociétés anonymes étrangères qui les «développeront». En démocratie, la seule influence qu'aient les individus sur les décisions politiques qui pèsent sur leur avenir et sur celui de la communauté dans laquelle ils vivent, c'est un droit de vote qu'ils exercent peut-être tous les quatre ou cinq ans. On est loin de la participation quotidienne aux décisions qui est une caractéristique de la collectivité villageoise traditionnelle. Dans le monde industrialisé également, la croissance économique ne profite qu'à un nombre de plus en plus restreint de gens. Aux Etats-Unis, le pays le plus développé économiquement du monde, on estime qu'au bas mot 100 000 enfants sont sans abri et 500 000 mal nourris. Les sociologues tant américains qu'européens s'inquiètent de plus en plus de l'apparition d'une «sous-classe» d'illettrés, jeunes gens auxquels il est impossible de trouver un emploi, totalement rejetés du flux principal de la société, totalement engagés dans une culture alimentée par la drogue et le crime.

NOTRE AVENIR COMMUN ?

Le développement implique une passation de pouvoirs entre les institutions fondées sur la communauté et des organisations spécialisées, comme les ministères, les entreprises commerciales et les institutions internationales. Leurs décisions affectent tous les aspects de la vie quotidienne. Mais est-ce que leurs intérêts coïncident, en gros, avec ceux du public ou avec l'exigence de maintenir un environnement sain? Le président d'une firme multinationale vit peut-être sur la même planète que le pêcheur du Sri-Lanka, mais on pourra parler tant et plus de leur «avenir commun» sans parvenir à dissimuler leurs différences et leurs divergences d'intérêts.

▲ Manifestation d'aborigènes australiens revendiquant leurs droits fonciers. A l'instar de nombreuses minorités, ils ont été progressivement dépossédés de leurs terres à mesure que les grandes compagnies cherchaient à exploiter les ressources naturelles.

Etant créées pour fabriquer ou vendre des marchandises spécifiques, ou pour mettre à la disposition d'une clientèle une compétence spécifique, ou encore pour s'acquitter de services spécifiques, les organisations spécialisées ont pour principal souci de promouvoir leurs propres intérêts, de maintenir leur existence et d'accroître leur pouvoir et leur influence. Leurs employés et même leurs directeurs oublient souvent la signification plus ample de leur travail quotidien. Cela explique qu'un employé de la Banque mondiale, face à des protestataires dénonçant les répercussions de la politique de la Banque sur les forêts pluviales des tropiques, ait réagi par cette apostrophe offensée : «Pourquoi vous en prenez-vous à la banque? Nous ne sommes pas des marchands de bois. Nous sommes des banquiers. Nous n'avons rien à voir avec l'environnement. Nous accordons simplement des prêts.»

Les grandes institutions voient les choses avec des œillères, et cette vision a sa propre dynamique. Elles ne prennent pas de décisions parce que celles-ci sont souhaitables pour des raisons sociales ou écologiques mais parce que ces décisions servent des intérêts particuliers. Quand une entreprise a mis au point un nouveau produit, par exemple, sa préoccupation prioritaire est de le commercialiser. Dans ces conditions, le public l'intéresse principalement en raison de son pouvoir d'achat; l'environnement ne lui importe que parce qu'il fournit des matières premières et offre des sites favorables pour entreposer les déchets. Ceux qui cherchent à contester le besoin du produit en question ou à émettre des doutes sur sa sécurité sont considérés comme des adversaires, des empêcheurs de tourner en rond ou des alarmistes. Et même, de temps en temps, on découvre que des organisations spécialisées ont trafiqué la recherche, distordu les analyses du rapport coût-bénéfice et dissimulé des informations pour vendre des produits réputés dangereux ou poursuivre des activités néfastes pour l'environnement.

La puissance de beaucoup d'organisations spécialisées, des institutions militaires aux firmes multinationales, est si grande qu'elles ont été à même de mettre la main sur les agences qui étaient censées les réglementer. Aux Etats-Unis, on a âprement critiqué le fait que l'industrie du bétail contrôle dans une large mesure la fameuse Food and Drug Administration. Une commission du Congrès a déclaré récemment : «La FDA a constamment méconnu ses responsabilités... elle a, de façon répétée, fait passer les intérêts des vétérinaires et des industriels du bétail avant son obligation légale de protéger les consommateurs... mettant ainsi en danger la santé et la sécurité des consommateurs de viande, de lait et de volailles.»

Les institutions internationales sont, elles aussi, contrôlées par de puissantes organisations spécialisées. Durant les années 60, l'industrie agrochimique a constitué un groupe de pression baptisé Groupement international des associations nationales de pesticides (GIFAP). Le GIFAP a bien vite convaincu la FAO de former un bureau conjoint, appelé Programme coopératif pour l'industrie (ICP), dans lequel les représentants du GIFAP pourraient travailler la main dans la main avec les techniciens de la FAO.

Au début des années 70, on avait organisé, dans diverses parties du Tiers-Monde, des séminaires conjoints FAO-ICP pour promouvoir des façons nouvelles et meilleures de distribuer les pesticides agricoles. En même temps, la FAO et l'OMS demandaient au GIFAP de jouer un rôle actif dans les consultations organisées par les agences des Nations unies et dans d'autres réunions internationales.

Les grands groupes de pression industriels ont dominé ouvertement plusieurs des diverses sous-commissions responsables de la formulation de la politique des Nations unies pour l'agriculture.

Par la suite, la centaine de firmes agrochimiques qui composent l'ICP en sont quasiment arrivées à jouir, à la FAO, d'un statut semi-officiel. Dans un projet destiné à lutter contre la malaria au Bangladesh, le représentant des Nations unies était en même temps un conseiller d'une grande firme européenne productrice et fournisseuse d'un insecticide, le malathion.

▲ L'usine Union Carbide à Bhopal, en Inde, un an après la catastrophe qui a coûté tant de vies humaines et laissé handicapés ou aveugles tant de blessés. Les survivants ainsi que les familles des victimes durent plus tard réclamer des dommages et intérêts à un employeur dont le siège social se trouve à l'autre bout du monde.

LA CROISSANCE VERTE ?

Etant donnée la puissance d'organisations comme les firmes multinationales, imaginer que le processus du développement puisse être «verdi» de façon significative, c'est ignorer les réalités politiques et économiques. Les forestiers qui demandent qu'on procède à des abattages raisonnables de bois dans les forêts pluviales, par exemple, sont incontestablement en mesure de mettre en œuvre des systèmes rentables dans leurs plantations d'essai, mais ils ne tiennent pas compte du fait que non seulement l'industrie du bois est totalement corrompue, mais qu'en outre, elle n'aurait aucune raison d'adopter ces systèmes, même en théorie. Au Sarawak, un des Etats de la Fédération de Malaysia, les membres du gouvernement cèdent les concessions forestières aux membres de leurs familles. Les politiciens sachant qu'ils ne resteront peut-être au pouvoir que quelques années, il est raisonnable de leur part d'exploiter au maximum les forêts pendant qu'ils sont sûrs d'en avoir la concession.

On peut critiquer de la même manière certaines propositions qui tendent à se servir des forces du marché pour éliminer les produits qui endommagent l'environnement. Il ne pourrait être qu'excellent d'inclure le coût «écologique» des produits dans leur prix de vente; mais la nature des intérêts en jeu rend presque inconcevable que les coûts véritables se reflètent dans les prix... Prenons comme exemple le coût «écologique» d'une voiture. L'automobile est construite au moyen de ressources limitées. Le fer, l'aluminium, le cuivre, le plomb, le platine et le zinc doivent être extraits et traités, ce qui oblige à recourir à de grandes quantités d'énergie et à susciter des dégradations autour des mines. Il faut aussi des matières plastiques, du caoutchouc et du verre, ce qui exige encore davantage de combustibles fossiles. Il faut transporter tous ces matériaux à l'usine. Celle-ci mobilise de l'énergie et occupe aussi une grande surface de terrain; elle a aussi besoin de matériaux de construction. Il faut construire des routes, avec des agrégats, du gravier et du goudron, ce qui implique à nouveau des extractions minières, des transports... et de l'énergie. Les routes occupent des parts de terres arables et provoquent la destruction de milieux où prospéraient flore et faune sauvages. Il faut produire de l'essence pour que la voiture roule : cela nécessite de rechercher le pétrole, puis de creuser pour l'extraire, de le raffiner et de le transporter; il en résulte encore des dégâts pour l'environnement, ne fût-ce qu'en raison des écoulements de pétrole pendant le transport, mais aussi à cause de la construction de routes et d'oléoducs dans des zones sauvages, et de l'émission de vapeurs nocives des raffineries. Après quoi, il va falloir édifier un réseau de stations d'essence.

LA DYNAMIQUE DE LA DESTRUCTION

Quand une voiture circule, l'essence dégage un cocktail de polluants. En adaptant un réacteur catalytique au pot d'échappement de la voiture, on peut réduire les émissions de gaz nocifs, mais la fabrication des réacteurs catalytiques est à base de platine, et là encore, il faut procéder à l'extraction de ce minerai. Quand les pneus des voitures sont usés, on les entasse en amples pyramides, qui peuvent prendre feu, émettre des vapeurs toxiques et polluer la nappe phréatique. Et l'huile de carter, une fois devenue inutilisable, est vidangée dans les égouts, de sorte qu'elle finit par rejoindre les cours d'eau et la mer. S'il fallait tenir compte de tous ces coûts, et surtout des dommages causés au climat par les émissions de gaz carbonique, on ne construirait probablement jamais d'automobiles. Mais c'est là une éventualité que ni les fabricants de voitures, ni les constructeurs de routes, ni les institutions gouvernementales, ni à vrai dire le grand public, dont l'existence est de plus en plus dépendante des transports privés, ne sont prêts à envisager.

LE VRAI PROGRAMME

En dépit de la rhétorique des politiciens et des dirigeants de la communauté commerciale, le vrai programme que ceux-ci veulent mettre en œuvre au cours de la prochaine décennie ressort clairement des négociations qui ont lieu en ce moment dans le cadre du GATT, l'Accord général sur les tarifs douaniers et le commerce. Cet organisme établit les règles d'environ 90 % du commerce mondial dans une centaine de pays. L'Accord, qui a été conclu à l'origine en 1947, est périodiquement amendé au terme de négociations complexes qui peuvent prendre plusieurs années. La série actuelle de négociations, surnommée «Uruguay Round», est menée à huis-clos par les gouvernements, les associations commerciales et les firmes multinationales, sans que les organisations qui défendent l'environnement en soient informées et, virtuellement, sans tenir aucun compte des répercussions que peuvent avoir ces accords sur le milieu naturel. Pourtant, le GATT peut jouer un rôle plus important, à cet égard, que presque aucun autre traité ou accord international.

L'objectif principal des négociateurs américains, japonais et représentants de la Communauté européenne, qui dominent l'«Uruguay Round» est de supprimer toutes les obligations et tous les quotas qui restreignent le «libre-échange». On va inclure désormais dans le rayon d'action du GATT les produits agricoles et textiles, qui jusqu'à présent en étaient exclus. Du fait du GATT, les gouvernements du Tiers-Monde ne vont plus être en mesure de restreindre d'aucune manière les importations de produits agricoles bon marché pour protéger leurs propres communautés de cultivateurs. Il est déjà considéré comme illégal pour un gouvernement, du point de vue du GATT, d'empêcher l'exportation de produits alimentaires, excepté en cas de famine, et les Etats-Unis ont même proposé que cette exception-là soit abolie. Il sera également illégal, pour un gouvernement, de soustraire à la production agricole un terrain vulnérable qui s'érode, et de prendre des mesures pour préserver des ressources peu abondantes si le GATT juge qu'il s'agit là d'un frein au commerce. Déjà, en se fondant sur l'accord du libre-échange entre le Canada et les Etats-Unis, le Canada a été obligé de renoncer aux mesures qu'il avait prises pour protéger le saumon du Pacifique, espèce menacée, et on est en train de l'empêcher de restreindre ses fournitures hydrauliques aux Etats-Unis, même en période de pénurie d'eau.

Les normes de sécurité de l'environnement et de la nourriture seront «harmonisées», c'est-à-dire, en fait, réduites à leur plus petit commun dénominateur. Si les propositions du GATT sont imposées au monde, celui-ci sera transformé en une vaste «zone de libre-échange». Les individus, les communautés et même les nations entières ne seront plus à même de décider de quelle façon ils utiliseront leurs ressources et protégeront leur environnement. Ce pouvoir-là sera transmis aux firmes multinationales et aux gouvernements occidentaux qui représentent leurs intérêts.

Dans un système économique qui, comme l'a dit un commentateur, «accorde plus de valeur aux chats des Etats-Unis qu'aux gens d'Afrique occidentale, parce que les premiers peuvent payer leur nourriture tandis que les seconds ne le peuvent pas», des organisations géantes dominent désormais nos existences. Ce sont ces forces qui nous entraînent vers une catastrophe écologique. Le défi qui nous est posé, c'est de les ramener sous le contrôle de la société.

«Après 300 ans de croissance virile, et un boom économique durable pendant lequel le doute était inconcevable, notre société du profit et de l'expansion connut soudainement des temps problématiques, où le chaos et l'incertitude nous donnèrent une occasion sans précédent de prendre des dispositions plus raisonnables. Que nous saisissions ou non cette chance dépendra uniquement du nombre plus ou moins important de ceux d'entre nous qui se consacreront à l'indispensable travail de formation. Si nous ne sommes pas plus nombreux à considérer cette question comme notre principale priorité à long terme, il y a fort peu de chances que nous parvenions à définir un ordre mondial équitable, pacifique et écologique.»
Ted Trainer.

▼ Un nouvel hypermarché et ses caddies rangés à l'extérieur. Les produits alimentaires que l'on trouve dans un tel magasin proviennent de tous les continents, à l'exception de l'Antarctique, certains étant exportés de pays n'ayant pas l'autosuffisance alimentaire.

SOLUTIONS pour SURVIVRE

«Partout on demande : «Qu'est-ce que je peux vraiment faire ?» La réponse est aussi simple que troublante : nous pouvons, chacun de nous, commencer par mettre un peu d'ordre chez nous. On trouvera tous les conseils utiles à ce travail dans le fonds commun de la sagesse traditionnelle de l'humanité.»
E.F. Schumacher.

«Notre mouvement est né des besoins des saigneurs de latex. Nous avons fait beaucoup d'erreurs, mais elles nous ont servi de leçon. Vous savez, les gens ont besoin de s'occuper d'eux, ils ont besoin de se battre et d'être créatifs. C'est comme cela que nous avons construit ce mouvement.»
Chico Mendes.

▲ Notre mode de vie en cette dernière décennie du XXe siècle a des répercussions qui se prolongent loin dans le futur. Ce sont les enfants d'aujourd'hui, et leurs enfants par la suite, qui souffriront si nous ne pouvons pas prendre des mesures immédiates pour stopper la destruction de l'environnement.

Il est midi, ici à Nagami, un village perché dans les contreforts de l'Himalaya, où un groupe de villageois assis en tailleur sous le soleil brûlant écoute Sudesha, une femme approchant de la quarantaine qui leur explique comment elle fut jetée en prison pour s'être opposée aux négociants de bois qui venaient abattre des arbres près de son village. Cette histoire, elle la raconte en chantant, comme elle chante qu'elle ne craint pas de retourner en prison si cela peut éviter d'autres tentatives de déboisement. Sudesha est célèbre au Chipko, un mouvement villageois qui tire son nom du verbe hindi signifiant «étreindre», les villageois étreignant littéralement les arbres pour empêcher leur abattage. Elle prend ici la parole à la fin d'un meeting qui aura duré deux jours, organisé par les villageois pour examiner les meilleurs moyens susceptibles d'empêcher la destruction de leurs forêts. Déjà de nombreux villages se sont équipés en pépinières où poussent arbres fruitiers et autres essences choisies par les villageois eux-mêmes pour replanter des centaines d'hectares de coteaux dénudés. Dans un village en particulier, un certain Saklani a replanté à lui seul plus de 20 000 arbres, tous d'espèces indigènes, créant ainsi une petite oasis de bon sens écologique dans une région mise à sac par l'industrie du bois : les rivières ont recommencé à couler, les oiseaux et les animaux sont revenus en grand nombre et les collines ne subissent plus l'érosion.

A la lisière sud de l'Amazonie brésilienne, où la savane du Mato Grosso rencontre la forêt pluviale tropicale, les indiens Xavante font progressivement revivre leurs territoires ancestraux, dévastés par des années d'abattage du bois et d'élevage perpétrés en toute illégalité par les grands propriétaires terriens que les pouvoirs publics refusaient d'expulser de leur réserve. Mais en 1982 les indiens prirent leur destin en main. Ils chassèrent les bûcherons et les éleveurs, brûlèrent les scieries puis plantèrent des arbres afin que la nature reprenne ses droits et que le sol dégradé se régénère. L'écosystème de la savane est particulièrement riche d'une grande diversité de plantes alimentaires et de fruits que les Xavante ont commencé à cultiver et à vendre sur les marchés. Ils ont également mis sur pied, dans le petit village de Pimental Barbosa, leur propre centre de recherche, destiné au traitement des produits forestiers ainsi qu'au développement de nouvelles techniques d'aide au renouvellement de la forêt. Ils consacrent aussi leurs efforts à la restauration de la faune sauvage qui fut gravement décimée par la chasse illégale que pratiquaient les colons. Quand la population d'animaux sauvages aura été reconstituée, les Xavante espèrent pouvoir abandonner l'élevage et obtenir par la chasse leur ration de protéines, ainsi qu'ils le faisaient dans le passé. Comme le précise Syboopah, un chaman de grande autorité : «Nous devons faire revivre la forêt et ses animaux, et nous devons aider les autres peuples de la forêt à régénérer la leur.»

En Afrique orientale, les villages côtiers de Tanzanie se sont ligués pour protéger leurs pêches contre les navires de pêche industrielle, armés pour la plupart par des entrepreneurs citadins attirés par un profit aussi rapide qu'aisément réalisable. Ces pêcheurs utilisent la dynamite, ce qui leur garantit d'excellentes prises mais détruit les récifs de corail où vivent et se reproduisent les poissons.

Aux Etats-Unis, on constate l'émergence d'un puissant mouvement associatif, qui lutte pour la réduction des décharges de produits toxiques et pour définir des normes plus sûres de traitement des ordures. Ce mouvement, qui ne réunissait en 1980 que quelques centaines de groupes, en compte aujourd'hui presque 5 000, un réseau qui s'étend de la côte Est à la côte Ouest et que l'on retrouve dans chaque Etat de la fédération. Il est né des suites de la catastrophe de Love Canal, près des chutes du Niagara, dans le Nord de l'Etat de New York, où 900 familles furent évacuées à la suite d'infiltrations dans un lotissement bâti sur une décharge de produits toxiques. L'évacuation n'intervint qu'après une longue campagne d'information menée par les résidents : peu d'entre eux s'étaient déjà occupés de politique, et de nombreuses familles étaient employées précisément par les entreprises qui se débarrassaient ainsi de leurs déchets polluants. Ne recevant que des réponses dilatoires de la part de l'administration, les résidents organisèrent des manifestations et en vinrent même à prôner la désobéissance civique pour faire pression sur leurs élus et les contraindre à l'action. Ce n'est qu'à ce moment-là qu'ils furent enfin évacués. Lois Marie Gibbs, une ménagère du lotissement, s'était trouvée propulsée à la tête des campagnes de protestation. Galvanisée par un déluge d'appels téléphoniques d'autres groupes de résidents à proximité de décharges de produits toxiques, Mme Gibbs en vint à fonder le *Citizen Clearing House for Hazardous Waste* (Bureau central des particuliers contre les décharges dangereuses). L'objectif du CCHW était l'arrêt définitif des décharges de produits toxiques aux Etats-Unis d'ici la fin des années 80 – ce qui à l'époque semblait relever de l'utopie. Néanmoins la détermination du CCHW fut contre toute attente couronnée de succès : l'interdiction des décharges de liquides toxiques entra en vigueur au milieu des années 80, complétée en 1990 par l'arrêt des décharges de déchets solides dangereux non traités.

Selon Lois Gibbs, le succès rapide du mouvement constitue bien la preuve «qu'il existe dans notre société une aspiration à la fois au changement et à de nouveaux moyens d'accéder à ce changement». Ses vic-

«Ils affirment que les arbres restent improductifs tant qu'ils n'ont pas été abattus ; que la terre doit être mise en exploitation. Mais qu'est-ce que mise en exploitation et développement ? Pour la plupart d'entre nous, cela signifie abondance et richesse. Il faut produire toujours plus au bénéfice du luxe et du bien-être. Mais en définitive, cela se ressent sur les ressources, car tout provient de la nature. Il faut donc décider si mise en exploitation et développement doivent signifier abondance et richesse, ou si cela peut signifier paix, prospérité et bonheur. Je crois que la paix et le bonheur ont disparu...»
Sunderlal Bahuguna, mouvement Chipko.

« ... Si les solutions dont les pêcheurs eux-mêmes se sont faits les avocats sont mises en œuvre, cela pourra sauver la pêcherie. On ne peut que féliciter tous ceux qui ont promis d'arrêter, même s'ils ne gagnent qu'un croûton de pain. Nous sommes trois gardes-pêche, moi inclus, à veiller à ce que la réglementation que l'on s'est auto-imposée dans cette pêcherie soit bien respectée, et que les huîtres aient la bonne taille... Grâce à Dieu, nous sommes arrivés ici à régler à temps le problème de la surexploitation de la pêche. »
Capitaine John White, garde-pêche de Truro.

toires ne doivent rien «aux techniques bien rodées des groupes de pression parlementaires, aux découvertes ingénieuses ou aux coups de baguettes magiques», mais à la confiance dans le sens commun des gens et à leur bonne volonté pour agir quand ils ont pris conscience des problèmes». Elle estime, de même, qu'au fil des années d'importantes leçons auront été apprises : que le droit n'est pas équivalent à la justice; que le véritable changement ne survient que lorsque les gens concernés s'impliquent personnellement dans les problèmes et commencent à définir les bases d'une politique de masse; et, ce qui est certainement le plus important, que le pouvoir réel n'a que deux fondements : le peuple ou l'argent. Les mouvements écologiques et les citoyens responsables ne peuvent se mesurer aux puissants intérêts financiers de l'industrie chimique ou des agences gouvernementales, contre lesquels du reste ils s'opposent régulièrement. Mais ils peuvent compter sur une force qui une fois sollicitée ne devra jamais être sous-estimée : la population.

UNE CHANCE A SAISIR

En langue chinoise, le mot qui traduit «crise» ne signifie pas seulement «danger», mais également «chance, occasion». Il en est ainsi de la crise écologique que nous affrontons. Les dangers en sont assez bien définis: si l'on ne fait rien contre le réchauffement général, ce seul risque pourrait rendre la planète inhabitable aux formes supérieures de vie. Ajouter à cela les menaces de destruction de l'écosystème, la disparition des espèces, la pollution, l'érosion ainsi que la marginalisation croissante des pauvres et des plus démunis, et l'on découvre le tableau d'une société en profond désaccord, non seulement avec son environnement, mais aussi avec elle-même.

Une telle société ne peut survivre indéfiniment. Il y a vingt ans, un article de la revue «The Ecologist», et intitulé «Projet de survie», commençait par ces mots d'avertissement : «Le principal défaut de la civilisation industrielle, et de son génie de l'expansion, c'est qu'elle ne peut pas se prolonger dans l'avenir. Quelqu'un qui naît aujourd'hui sera inévitablement témoin avant sa mort de la fin de ce système, à moins qu'il ne soit soutenu un peu plus longtemps par une minorité retranchée dans ses certitudes, au prix de grandes souffrances imposées au reste de l'humanité. Mais nous pouvons être assurés de sa fin, tôt ou tard et qu'il en sera ainsi de deux manières possibles : soit contre notre volonté, par une succession de famines, d'épidémies, de bouleversements sociaux et de guerres; ou bien parce que nous le voudrons, car nous souhaiterons créer une société qui n'impose pas de privations ni de souffrances à nos enfants, grâce à une succession de changements réfléchis, mesurés et empreints d'humanité.»

C'est précisément là que nous découvrons la chance que nous offre la crise actuelle. Notre mode de vie n'a rien d'immuable, des alternatives s'offrent encore à nous, pourvu que nous voulions en prendre l'initiative. Notre consommation d'énergie atteint des sommets de prodigalité, cependant il existe de très nombreuses techniques permettant d'utiliser cette énergie avec un meilleur rendement, ce qui réduira par là même les rejets d'oxyde de carbone. L'amélioration des transports publics pourrait nous libérer de notre dépendance envers la voiture particulière, avec pour effet de réduire la quantité de gaz à effet de serre, encourageant également l'émergence d'une société dont les individus seraient moins tentés de se déplacer sans but précis. Nos cités ne sont pas forcément vouées à être ces conglomérats anonymes tels qu'ils existent aujourd'hui, et les banlieues de simples dortoirs, car en développant les emplois de proximité et en donnant plus de pouvoir aux quartiers eux-mêmes, nos villes pourraient se transformer en une éclatante mosaïque de communautés. Nous ne sommes pas obligés de fabriquer des biens de consommation jetables qui ne durent qu'un strict minimum, ce qui dilapide les ressources naturelles et crée d'autres problèmes de décharge des déchets ; nous pourrions, si nous y étions disposés, fabriquer des produits de qualité, construire pour la durée, en encourageant l'artisanat, la créativité ainsi que la fierté du travail bien fait. Il existe de même des techniques qui nous permettraient de réduire drastiquement les déchets que nous produisons.

En ce qui concerne l'agriculture, nous connaissons des méthodes de culture sans engrais chimique, qui ont fait leurs preuves et qui sont aussi productives à long terme que les méthodes de culture intensive contemporaines, en produisant par-dessus le marché des aliments plus sains. Nous ne sommes pas obligés d'accepter le système de fermage inégalitaire que l'on retrouve trop souvent dans le Tiers-Monde et qui est indirectement responsable de tant de ravages écologiques. Il se peut que ces réformes foncières soient très difficiles à mettre en œuvre, mais elles ne relèvent pas de l'utopie. De la même manière, notre système politique n'est pas immuable. Nous ne sommes pas obligés d'accepter indéfiniment un mode de gouvernement où les décisions sont prises par des bureaucrates éloignés des réalités du terrain, système sous la coupe d'organisations aux intérêts exclusifs. Nous pourrions décentraliser le pouvoir, et donner aux communautés locales la maîtrise définitive des décisions, celles qui affectent leur avenir et leurs propres ressources naturelles. Ce faisant, nous rendrions possible la mise en pratique du principe directeur de toute société attentive à l'écologie : «Penser globalement, agir localement.»

UN PROGRAMME D'ACTION

Si nous nous contentons d'une approche des problèmes au coup par coup, sans stratégie de changement globale, et surtout sans nous attaquer aux forces sous-jacentes qui nous ont conduits au bord du désastre, il est certain que notre réaction aura des conséquences minimes. Il est urgent d'agir sur cinq fronts: réduire notre impact sur l'environnement; régénérer et restaurer les écosystèmes endommagés; supprimer progressivement toute activité fondamentalement agressive contre l'environnement et introduire progressivement de nouvelles méthodes de production respectueuses de celui-ci; passer d'une économie du gaspillage fondée sur la maximalisation de la consommation des biens vers une société de conservation qui minimise les déchets et réduise la consommation des matières premières ; et enfin accroître la sécurité de ceux qui ont été marginalisés par nos activités.

Ces changements ne pourront pas intervenir du jour au lendemain. Mais notre tâche sera grandement facilitée par l'intrication des problèmes auxquels nous sommes confrontés, car nous constaterons souvent que la résolution de l'un d'entre eux impliquera celle de nombreux autres.

De la même manière, on observera un effet «multiplicateur de solution» dans les mesures à prendre pour combattre le réchauffement général. Pour mettre un frein aux rejets de dioxyde de carbone, il nous faudrait diminuer radicalement notre consommation d'énergie, et tout d'abord en améliorant les rendements énergétiques. Ce faisant, cela réduirait aussi les rejets de dioxyde de soufre, principal responsable des pluies acides, et ce à un coût bien moindre qu'en installant des filtres de contrôle de pollution. En combattant les pluies acides nous supprimerions une menace majeure contre la forêt et un obstacle au reboisement. Et grâce au reboisement, il nous serait possible de réduire le niveau de dioxyde de carbone. Chaque solution renforce la suivante, créant ainsi une dynamique du changement dans laquelle chaque étape rend celle qui lui succède plus facile à accomplir.

LES TECHNOLOGIES DU CHANGEMENT

Si l'on se servait des techniques existantes pour réduire notre impact sur l'environnement, on pourrait déjà avoir de bons résultats. De telles «solutions d'ingénierie» constituent des outils de changement immédiatement disponibles.

L'amélioration du rendement énergétique, par exemple, est d'une portée gigantesque. Un tiers environ de la consommation énergétique des pays industrialisés est le fait des ménages, et une grande part de cette énergie est gaspillée. En Angleterre, les trois quarts environ de l'énergie consommée par les ménages sert à l'eau chaude et au chauffage des habitations, un tiers étant gaspillé par manque d'isolation. Si les maisons anglaises étaient isolées selon les normes danoises, cela réduirait les rejets de dioxyde de carbone de plus d'un demi-million de tonnes par an. Calorifuger convenablement les chauffe-eau permet de réduire de 75 % les pertes de chaleur, le surcoût étant amorti en quelques semaines. La moitié des habitations anglaises sont construites avec des murs creux; la simple isolation de ces murs pourrait faire baisser de moitié le gaspillage de chaleur. Si les habitations étaient mieux conçues, la consommation énergétique des ménages pourrait diminuer encore plus spectaculairement. Certaines résidences suédoises sont déjà construites avec des systèmes de chauffage particuliers qui ne consomment que le tiers de la quantité d'énergie consommée en moyenne dans un foyer américain, et avec des systèmes d'isolation renforcée on peut atteindre une réduction de 90 % de la consommation énergétique. L'emploi des pompes à chaleur peut, à lui seul, réduire de 50 % la quantité d'énergie consacrée au chauffage de l'eau : si tous les foyers américains en étaient équipés, cela équivaudrait à rendre inutiles 15 grandes centrales thermiques, et réduirait de 112 millions de tonnes les rejets de dioxyde de carbone.

Des systèmes d'éclairage plus efficaces permettraient de se passer de nombreuses centrales électriques, au moins 120 pour les seuls Etats-Unis. On trouve déjà sur le marché des ampoules ayant une consommation d'électricité inférieure de 80 % à celle des ampoules traditionnelles, et qui durent cinq fois plus longtemps. Le simple fait de remplacer une ampoule traditionnelle par une ampoule à grand rendement énergétique permet de réduire les rejets de dioxyde de carbone de 1 tonne pour 100 000. La consommation d'énergie des congélateurs et des réfrigérateurs peut également être considérablement réduite. De nouveaux modèles danois ne consomment qu'un cinquième à un septième de l'énergie utilisée par les réfrigérateurs traditionnels et, selon des ingénieurs américains et danois, leur rendement pourrait encore être amélioré dans l'avenir et diminuer ainsi de 95 % leur consommation énergétique.

Sans même acheter de nouveaux équipements électro-ménagers, les particuliers sont en mesure d'influer sur les rendements énergétiques de leur domicile. Dégivrer régulièrement son réfrigérateur et bourrer de papier journal les espaces inutilisés du congélateur permet de réduire la consommation d'électricité, et par conséquent la production de dioxyde de carbone. De même, en éteignant les lampes dans les pièces inutilisées ou en baissant le chauffage : la réduction de 1 °C du thermostat du chauffage central équivaut à une économie d'énergie de près de 10 %.

«Durant ces dix derniers mois, le site du futur barrage de la Serre-de-la-Fare était devenu un quartier général de campagne, le foyer spirituel d'un petit groupe local appelé Loire vivante. Quelques dizaines d'habitants des communes de la région ont décidé qu'ils protégeraient leur vallée contre le gigantesque projet de barrage qui la menaçait. Et ils se consacrent passionnément à leur lutte… La force et la sincérité du mouvement Loire vivante provient de la relation toute particulière qui s'est établie entre ces gens et le petit coin de terre qu'ils habitent.»
Brian Leith.

> « Ce que j'espère, c'est qu'entre les violentes tempêtes à venir, les sécheresses et les phénomènes atmosphériques inédits qui nous attendent, nous aurons le temps de réfléchir et la volonté d'agir. Car comme le dit si bien le Dr Johnson, rien ne stimule plus l'esprit que la perspective d'être pendu haut et court. »
> *Professeur James Lovelock.*

> « … L'alternative au progrès, ce n'est pas la stagnation, mais le renouvellement »
> *Richard Mabey.*

Eviter le gaspillage d'énergie permet aux ménages d'économiser de l'argent, mais également aux entreprises mêmes qui fournissent cette énergie. La construction de nouvelles centrales électriques coûte cher, et de nombreuses compagnies d'électricité reconnaissent désormais, particulièrement aux Etats-Unis, qu'il est plus économique d'améliorer le rendement énergétique de leurs clients que d'investir dans la construction de nouvelles centrales. Selon la «Pacific Gas and Electric», l'une des principales compagnies d'électricité de Californie, la production d'un kilowattheure par une nouvelle centrale coûte sept fois plus cher que d'économiser un kilowatt-heure. Cette compagnie fait actuellement de grands efforts pour encourager ses clients à prendre des mesures d'économie d'énergie, leur proposant des prêts à bas taux d'intérêt, des rabais et des subventions pour les aider à investir dans les équipements d'économie d'énergie. La compagnie estime que ces mesures ont permis d'économiser de 5 à 7 milliards de dollars en lui évitant de construire de nouvelles centrales.

Il est également possible de faire d'énormes économies d'énergie dans le domaine des transports qui, à l'heure actuelle, représente le tiers de la consommation d'énergie des pays industrialisés. En Grande-Bretagne, l'ensemble du parc automobile rejette 100 millions de tonnes de dioxyde de carbone dans l'atmosphère, chiffre qu'il faudra augmenter de 40 % d'ici à la fin du siècle si la tendance actuelle se prolonge. Des réductions seront rendues possibles par l'amélioration du rendement énergétique des automobiles – aujourd'hui, une voiture neuve parcourt en moyenne de 9 à 12 kilomètres par litre d'essence. Toyota développe déjà un prototype pouvant parcourir trois fois cette distance pour la même quantité de carburant. Cependant, on réduira plus efficacement les quantités d'énergie consommées en améliorant les transports publics, ce qui par là même améliorerait la qualité de vie dans les grandes villes. Etant donné que les trois quarts des trajets en Grande-Bretagne ne dépassent pas en moyenne 8 kilomètres, le passage du transport privé au transport public ne s'avérerait pas onéreux, pourvu que soit amélioré le transport public.

Le dernier tiers de l'énergie consommée dans les pays occidentaux l'est par l'industrie – dans les pays en développement, ce chiffre atteint 60 ou 70 %. Aux Etats-Unis, le rendement énergétique de l'industrie chimique, le consommateur le plus important, a été amélioré de 34 % depuis 1973. Mais la marge de progrès à faire, dans ce type d'industrie reste considérable, et en particulier dans le recyclage des matières premières. Le recyclage du papier consomme un tiers d'énergie en moins que produire ce papier à partir de l'arbre, et celui du fer et de l'acier procure une économie d'énergie allant jusqu'à 60-70 %.

L'amélioration du rendement des sources d'énergie permettrait également d'en économiser une grande part. 60 % de l'énergie produite par les centrales thermiques (qu'elles soient nucléaires ou à combustible fossile) se perdent dans l'atmosphère par l'entremise des tours de refroidissement. La mise en place de systèmes de «cogénération», ou «chaleur et énergie intégrées» (CEI), permet de récupérer la chaleur perdue et de chauffer eau et habitations des communes voisines. On peut ainsi accroître les rendements énergétiques de plus de 75 %. Si les systèmes CEI fonctionnent au charbon, ils seront plus efficaces encore s'ils sont équipés de berceaux de combustion à gaz. Et en utilisant du calcaire dans ces berceaux de combustion, on peut filtrer 90 % du soufre, et réduire ainsi les pluies acides. Ces systèmes CEI, déjà mis en œuvre en Europe, présentent l'avantage supplémentaire d'être de faible encombrement et simples d'emploi.

Les perspectives d'utilisation des systèmes CEI sont excellentes. On estime qu'aux Etats-Unis, à situation économique égale, le marché des systèmes de «cogénération» pourrait atteindre 100 000 mégawatts d'ici à la fin du siècle, satisfaisant quelque 15 % des besoins énergétiques américains.

SOURCES D'ENERGIE RENOUVELABLES

Nous possédons aujourd'hui de nombreuses technologies qui nous permettent de satisfaire une grande proportion de nos besoins énergétiques par des sources d'énergie renouvelables et non polluantes. De plus, la mise en œuvre de ces technologies serait facilitée par l'amélioration des rendements. Si une petite turbine hydroélectrique ou un simple moulin à vent ne peuvent satisfaire les besoins d'une commune grande consommatrice d'énergie, ils pourront parfaitement convenir à une commune à bon rendement énergétique.

En ce qui concerne les pays situés en bord de mer, l'énergie des vagues offre la plus grande source potentielle d'énergie renouvelable. Les études menées en Angleterre par le Consortium d'énergie des vagues permettent d'estimer que les ressources des côtes irlandaises durant les mois d'été équivalent à trois fois la capacité de production électrique de ce pays, et jusqu'à six fois pendant les mois d'hiver. Sur la façade Atlantique de l'Ecosse et des Cornouailles, le potentiel d'énergie des vagues serait suffisant pour assurer 40 % des pointes de consommation électrique d'Angleterre et du Pays de Galles pendant l'été, et 60 % en hiver. Et si l'on construisait des moulins à vent associés aux centrales à énergie des vagues, une technologie vraisemblable, la production énergétique off-shore pourrait satisfaire un plus grand pourcentage encore des besoins en électricité.

Les pays ne bénéficiant d'aucun débouché sur la mer disposeraient de bien d'autres sources d'énergie renouvelable, l'eau, le soleil, le vent, et de toutes les technologies associées. Les petites centrales hydroélectriques ont également un très grand avenir. La Chine a déjà installé quelque 90 000 turbines en zone rurale, alors qu'aux Etats-Unis on a mis en place environ 3 000 mégawatts de capacité de production depuis 1985. Dans beaucoup d'autres pays, de nombreux petits barrages de retenue abandonnés sont progressivement réhabilités. L'énergie marémotrice, au contraire, qui implique de grands travaux et des installations écologiquement très perturbatrices, n'est pas véritablement intéressante.

En Israël, l'énergie solaire permet de chauffer 700 000 habitations et satisfait 65 % des besoins en eau chaude des ménages. Au Japon, on utilise déjà 4 millions d'installations à l'énergie solaire. Aux Etats-Unis, les ventes de tels systèmes progressaient de 44 % par an entre 1980 et 1985, mais on assista à l'effondrement du marché quand les prix du pétrole et du gaz baissèrent et que l'administration Reagan mit fin aux subventions pour les énergies renouvelables. Cependant, l'amélioration des photopiles, d'abord employées pour subvenir à la consommation énergétique des vaisseaux spatiaux, pourrait généraliser l'emploi de l'énergie solaire, avec l'amélioration de ses rendements et la baisse des prix. Elle a un rôle de premier plan à jouer dans le Tiers-Monde. Quoique l'investissement de départ soit important, les installations solaires ne requièrent que peu ou pas du tout de maintenance, car elles ne possèdent aucun élément mécanique mobile, et peuvent fonctionner sans surveillance durant dix à vingt ans, ne demandant aucune compétence technique particulière.

Les centrales éoliennes, utilisant des moulins à vent géants, ont connu un vif succès en Californie, ce qui explique que les prix de l'électricité éolienne sont devenus parfaitement concurrentiels. En 1987, les turbines éoliennes ont produit plus de 5 % de l'énergie fournie par la «Pacific Gas and Power», l'une des plus grandes compagnies de production d'électricité des Etats-Unis. Celle-ci fait pourtant remarquer que moins de la moitié des sites prévus pour les centrales éoliennes sur ses emprises foncières ont été déjà équipés. En ce qui concerne les Etats-Unis dans leur ensemble, les potentiels d'utilisation de l'énergie éolienne sont énormes : selon l'Institut de surveillance du globe, installé à Washington, l'énergie éolienne pourrait fournir plusieurs milliards de kilowattheures d'électricité par an – c'est-à-dire suffisamment pour couvrir le quart des besoins énergétiques prévus d'ici à la fin du siècle. Cette source d'énergie représente également pour l'Europe une des principales alternatives aux sources traditionnelles. Le Danemark possède déjà des installations d'énergie éolienne d'une capacité globale de 100 mégawatts, suffisants pour alimenter une ville de 30 000 habitants. D'ici à 1995, le gouvernement prévoit que 10 % de la production d'électricité du pays seront pris en charge par l'énergie éolienne. On estime en Grande-Bretagne que celle-ci pourrait satisfaire un cinquantième des besoins, réduisant ainsi les rejets de dioxyde de carbone de 50 millions de tonnes. Quant au Tiers-Monde, l'énergie éolienne y jouit d'une considération plus grande, et en particulier dans les régions arides où les ressources en eau sont faibles. L'Inde s'est lancée dans une vaste

▲ Turbines à vent dans une «centrale éolienne», l'une des énergies renouvelables les plus prometteuses. L'enthousiasme passé pour l'énergie nucléaire en tant que solution de remplacement aux centrales thermiques a conduit les gouvernements à négliger les sources d'énergie renouvelables.

278   LA DIMENSION HUMAINE

▲ Balles de vieux papiers destinées au recyclage. Chacun, au bureau comme à la maison, peut facilement recycler le papier. Il est également important d'acheter du papier recyclé, quoique les prix soient encore artificiellement élevés en raison de la faible demande en produits recyclés. Le papier vierge non recyclé, qui coûte en termes réels plus cher à la production, est moins onéreux sur le marché en raison de sa fabrication en vrac. Cependant, pour la même quantité de papier produite, les opérations de recyclage ne consomment en comparaison qu'à peine la moitié de l'énergie nécessaire au traitement de la pâte à papier et un dixième de la quantité d'eau. Elles réduisent également la demande de bois, que seule une production intensive, préjudiciable à la faune, peut satisfaire.

«Soit nous changeons maintenant, par choix délibéré, soit nous changerons plus tard par nécessité et nous en subirons les conséquences.»
David McTaggart, Greenpeace International.

campagne d'électrification éolienne et possède dorénavant une capacité de production équivalente à celle de la Californie.

Les sources d'énergie de substitution se caractérisent, à l'exception de l'énergie des vagues et de l'énergie marémotrice, par des installations matérielles que l'on peut adapter exactement à la situation géographique et aux besoins. Ce sont des sources d'énergie décentralisées qui fonctionnent au mieux de leurs possibilités en restant de petite taille : les chiffres de rendement des «méga-éoliennes» sont plutôt décevants. Ces énergies décentralisées ne nécessitent pas d'investissements trop importants, tant pour leur construction que pour leur fonctionnement, et sont alimentées par des énergies difficiles à monopoliser. Comme le font remarquer Daniel Deudney et Christopher Flavin : «Il ne peut exister d'Arabie Saoudite des énergies renouvelables. Le chauffage des habitations d'Amérique du Nord proviendra des toits, et non plus du Moyen-Orient.

RÉDUIRE LA POLLUTION

Le moyen le plus efficace de maîtriser la pollution est en premier lieu d'éviter de produire une telle pollution. En ce domaine, les changements potentiels sont gigantesques. Bien sûr, nous disposons déjà des technologies pour traiter, recycler, réutiliser ou éliminer 70% des déchets que nous produisons à l'heure actuelle. Nous avons cependant à peine commencé à exploiter toute la gamme des possibilités de réduction des déchets industriels et domestiques, et ainsi de diminuer les taux de pollution. Un institut de recherche new-yorkais, l'INFORM, a établi une liste de plus de quarante moyens dont dispose l'industrie

pour réduire ses déchets; onze d'entre eux permettent d'éliminer certains polluants à plus de 80 %. A quelques exceptions près, la plupart des industries ont relevé le défi.

Des changements relativement simples dans les méthodes de production permettraient de réduire considérablement la pollution induite, et dans certains cas d'éliminer en même temps les processus de pollution eux-mêmes. On connait déjà des exemples édifiants. Aux Etats-Unis, la société 3M, depuis longtemps pionnier dans le domaine de la maîtrise de la pollution, a lancé en 1975 une campagne intitulée «La prévention de la pollution paie». En 1984, la société 3M avait réduit de 10 000 tonnes de polluants liquides, de 90 000 tonnes de polluants atmosphériques et de 15 000 tonnes de boues toxiques les déchets produits dans ses processus de fabrication. Avec un gain financier stupéfiant, permettant à cette société d'économiser 192 millions de dollars en moins de dix ans. En Suède, l'une des principales entreprises métallurgiques du pays a découvert que si l'on substituait aux lubrifiants fabriqués à partir du pétrole des lubrifiants d'origine végétale, cela éliminait non seulement les besoins en solvants hautement toxiques, mais également le problème du stockage des huiles de machines contaminées. De nombreuses compagnies de l'industrie électronique ont commencé à remplacer les CFC utilisés pour le nettoyage des circuits intégrés par des solvants dilués dans l'eau, extraits des zestes d'agrumes.

Maints déchets produits peuvent être récupérés, recyclés et réutilisés. Dans l'industrie de la galvanoplastie, on se sert avec grand succès de l'électrolyse pour récupérer dans les déchets l'or, l'argent, l'étain, le cuivre et d'autres métaux. De la même manière, les trichloréthylènes, très largement employés comme solvants, peuvent être récupérés à partir des déchets de lubrifiants. Et même quand les industries ne peuvent réutiliser leurs propres déchets, elles peuvent les recycler à l'usage d'autres industries et en tirer de substantiels bénéfices : les déchets de solvants issus de l'industrie électronique présentent encore bien souvent un niveau de pureté bien supérieur à celui exigé dans l'industrie lourde. En Hollande, un réseau d'échange des déchets fonctionne avec succès depuis le début des années 70 et possède une liste de plus de 150 produits échangeables.

Du côté des ménages, les potentiels de recyclage des déchets domestiques s'avèrent eux aussi énormes. En Grande-Bretagne, un foyer moyen de quatre personnes consomme une quantité annuelle de papier équivalente à six arbres, tandis qu'aux Etats-Unis une ville de la taille de San Francisco jette plus d'aluminium que n'en produit une petite mine de bauxite. En ce qui concerne la Communauté européenne, on pourrait réutiliser ou recycler au moins 80 % des 2 milliards de tonnes d'ordures ménagères produites chaque année et économiser ainsi à la fois matières premières et argent. Les matériaux recyclables gaspillés tous les ans en Grande-Bretagne ont une valeur estimée de 750 millions de dollars.

Plusieurs pays ont mis sur pied des programmes de recyclage des ordures ménagères, comme le Danemark où les emballages jetables ont été mis à l'index, et où sont recyclés 90 % de la production de carton et 99 % du verre, une bouteille étant réutilisée en moyenne trente fois. Le Japon, en dépit de son gaspillage de bois tropicaux, recycle néanmoins deux fois plus de papier que les Etats-Unis, dont 90 % des journaux.

Si l'impact sur l'environnement d'un produit donné était pris en considération au moment de sa conception, les possibilités de lutter contre la pollution s'en trouveraient accrues d'autant. On peut choisir les matières premières et les procédés de fabrication afin de réduire au minimum le risque de pollution et de déchet durant tout le cycle de vie du produit. Mercedes-Benz a rendu public un projet d'automobile entièrement recyclable, ses divers composants étant soit réutilisés pour la fabrication de nouvelles voitures, soit dans d'autres industries. Mercedes-Benz récupère déjà les pare-chocs en plastique endommagés lors d'accidents et qui, s'ils ne sont pas réparables, seront transformés en autres éléments de fabrication. Selon ce constructeur, il serait possible de réutiliser la quasi-totalité de l'acier de ses automobiles ; les liquides de frein sont des solvants potentiels et l'huile moteur pourrait, elle aussi, être recyclée. Le platine et le rhodium utilisés dans les convertisseurs catalytiques sont également récupérables.

LA SOLUTION DE L'AGRICULTURE BIOLOGIQUE

En ce qui concerne l'agriculture, la marche à suivre est des plus évidentes ; il existe de nombreuses techniques d'agriculture, décrites sous le terme générique «d'agriculture biologique», qui se caractérisent à la fois par leur productivité et leur prise en compte de la question écologique, car ce sont des types de cultures qui, plutôt que de s'opposer à la nature, collaborent avec elle. Les insectes nuisibles et les mauvaises herbes ne sont pas traitées par la guerre chimique, mais en réduisant la vulnérabilité des cultures elles-mêmes par le moyen de techniques telles que la polyculture *(voir p. 104-105)*, grâce à laquelle la vaste gamme des plantes cultivées maximise la diversité biologique et minimise le biotope des insectes nuisibles. La conservation de la fertilité des sols repose essentiellement sur une agriculture consciencieuse, ses déchets étant recyclés en fumier, en paillis ainsi qu'en compost. L'assolement est une autre technique qui permet aux sols de se reposer et de reconstituer leurs quantités minima d'azote et de sels minéraux.

Les principes sous-jacents à l'agriculture biologique sont aussi vieux que l'agriculture elle-même, et les agriculteurs les ont adaptés à travers le monde aux diverses conditions régionales. Que l'agriculture biologique tienne compte des impératifs écologiques, voilà qui ne peut être mis en doute, de même que sa productivité, attestée par de récentes études. Celle conduite par l'Académie américaine des sciences en 1989 a montré que non seulement les fermes biologiques américaines avaient une production comparable à celles des exploitations utilisant les engrais chimiques, mais encore à des coûts bien inférieurs. En conclusion, l'étude indiquait que l'agriculture biologique offrait une alternative viable aux Etats-Unis, conclusion corroborée par celles d'études équivalentes menées en France et en Angleterre.

Les exploitations biologiques de loin les plus productives sont les plus petites, la plus petite de toutes étant le jardin. A l'exception des meilleures terres, les exploitations conventionnelles produisent rarement plus de 6 tonnes à l'hectare, et de telles quantités nécessitent l'emploi massif d'engrais chimiques. Un jardin potager biologique peut, quant à lui, produire 16 tonnes à l'hectare et ce sans utiliser le moindre engrais chimique. On a calculé qu'une famille de quatre personnes ayant une alimentation exclusivement végétarienne pouvait tirer tous ses besoins en protéines ainsi qu'un tiers de ses besoins énergétiques de seulement 0,1 hectare. En URSS, 68 % des produits alimentaires du pays sont cultivés dans les jardins potagers des particuliers, qui ensemble n'occupent que 2 % du territoire soviétique. En Angleterre, durant la Seconde Guerre mondiale, après le lancement par le gouvernement de la campagne «Bêcher pour la victoire», 10 % des produits alimentaires étaient cultivés dans les jardins privés.

La substitution de la monoculture par la polyculture permet non seulement de réduire les besoins en pesticides, mais donne également un coup de fouet à la productivité, surtout en cas de polyculture associée. Cela ne signifie pas l'exploitation au hasard de différentes cultures, mais celle d'une combinaison spécifique de cultures favorisant entre elles leur productivité réciproque. Ainsi, dans une polyculture associée bien planifiée, les plantes précoces feront baisser la température du sol et créeront ainsi un micro-climat approprié à d'autres plantes. De la même manière, les plantes à racines profondes agiront comme des «pompes nutritives», faisant remonter du sous-sol les sels minéraux qui seront alors disponibles pour des plantes à racines moins profondes. Les sels minéraux relâchés par la décomposition des plantes annuelles sont absorbés par les plantes vivaces.

«Pendant ce temps-là, les habitants de la vallée de Narmada vaquaient à leurs occupations quotidiennes, en pensant que le bon sens l'emporterait et qu'ils ne seraient pas témoins de la destruction des quelques rares dernières forêts dont dépend leur survie. Un tel peuple pacifique détient au cœur de sa culture plusieurs réponses à la crise écologique que connaît actuellement le monde. Car c'est bien de «leur» attitude envers la Terre que nous devons nous imprégner, plutôt que de leur imposer notre désir de mort.»
Bittu Sahgal, rédacteur à la revue indienne «Sanctuary Magazine», au sujet des projets de barrage de Narmada.

« Chacun de nous est responsable du problème actuel de la dette, car l'égoïsme politique de la consommation énergétique prônée par nos gouvernements, les politiques commerciales et les autres, affectent… l'environnement. Les populations les plus instruites et les plus riches de la planète sont les plus grands gaspilleurs de ressources naturelles et les plus grands pollueurs de l'atmosphère. C'est précisément en cela que nos gouvernements nous soutiennent. »
Lloyd Timberlake et Laura Thomas.

L'accroissement des récoltes qui en résulte peut atteindre des niveaux spectaculaires. Au Nigéria, on peut quadrupler les récoltes de maïs et de sorgho simplement en cultivant ces deux plantes ensemble, plutôt que séparément. Au Mexique, la culture du maïs associé au haricot et à la courge permet d'obtenir une récolte de 70 % supérieure en quantité à celle du maïs cultivé seul. De façon générale, la polyculture associée accroît de 50 % la production des exploitations agricoles, ce qui s'explique pour partie par le fait que la polyculture est un moyen efficace de lutte contre les insectes nuisibles.

Dans les pays occidentaux, le passage d'une agriculture intensive aux techniques de l'agriculture biologique ne pourra certainement se faire que très lentement, non seulement parce qu'il faudra laisser aux sols le temps de se sevrer de leur dépendance envers les produits chimiques, mais aussi parce que les techniques de l'agriculture biologique seront fondamentalement nouvelles pour de nombreux fermiers. Dans le Tiers-Monde, au contraire, il existe d'innombrables types d'agricultures traditionnelles, dont beaucoup remontent à des millénaires et qui restent toujours efficaces.

Le passage à l'agriculture biologique aurait un «effet multiplicateur» de très grande portée. La réduction de l'utilisation des engrais artificiels permettrait non seulement de restreindre les rejets de protoxyde d'azote, un gaz au puissant effet de serre, mais aussi de diminuer la pollution des rivières, des lacs et des nappes phréatiques par les nitrates, ce qui améliorerait la qualité de l'eau potable. De même, la réduction de la consommation énergétique par l'agriculture aiderait ultérieurement à combattre l'effet de serre. L'utilisation du fumier et du compost, de pair avec les techniques d'assolement et de polycultures associées, améliorerait la qualité des sols et aiderait les terres agricoles dégradées à se reconstituer. Un emploi plus restreint des pesticides ferait diminuer les niveaux de pollution de l'exploitation agricole, mais aussi les risques pour la santé des employés de l'industrie chimique, car les pesticides comptent parmi les produits chimiques les plus dangereux. La qualité des produits alimentaires en serait ainsi améliorée, les produits biologiques étant bien plus riches en vitamines et en oligo-éléments et ne présentant aucune contamination par les pesticides et les nitrates. Les techniques de l'agriculture biologique, en faisant baisser les coûts de production et en offrant aux exploitants agricoles la possibilité de sortir du cercle vicieux «pesticide et engrais», allégeraient le poids de leurs dettes. Enfin, l'agriculture biologique qui favorise les exploitations de petite taille à cultures intensives serait une aide précieuse tant pour la renaissance des communes paysannes que pour l'arrêt de l'exode rural, qui pèse d'un tel poids sur les cités, plus particulièrement dans le Tiers-Monde.

UNE SOCIETE ECONOME

Améliorer les rendements énergétiques, adopter progressivement les sources d'énergie renouvelable, réduire les déchets et pratiquer une agriculture attentive à l'écologie ne représentent que quatre moyens à notre disposition par lesquels nous pouvons limiter notre impact sur l'environnement, et ce sans grandes modifications de notre mode de vie. Il existe toutefois de nombreuses créations des sociétés industrialisées – centrales nucléaires, décharges de déchets toxiques, CFC et fermes en batterie – qui ne seront jamais compatibles avec l'écologie. Nous n'avons d'autre choix que de faire campagne pour leur interdiction ou leur suppression progressive. Et, même là où des technologies écologiquement sûres peuvent être introduites, elles ne seront pas adoptées à grande échelle sans la pression de l'opinion publique, que ce soit grâce aux lois du marché ou au législateur. Si se débarrasser des déchets dans la nature doit rester une possibilité légale et peu onéreuse, il est à craindre que bien peu d'industries s'engagent dans la voie difficile du traitement de ces déchets.

De façon plus générale, les bénéfices dégagés par l'adoption de mesures et de technologies écologiques seront en définitive dépassés si nous restons engagés dans une économie expansionniste. Si nous parvenons à réduire de moitié la pollution induite par les automobiles et si en même temps nous doublons la quantité de voitures produites, nous nous retrouverons à la case départ. Et quelle que soit notre volonté de recycler les matières premières non renouvelables, il existe une limite physique au nombre de recyclages que l'on peut faire subir aux produits, car une certaine quantité de matière première est définitivement perdue lors du traitement. Si nous parvenons de façon générale à réduire la pollution de 80 %, nous retrouverons au bout de 25 ans les taux de pollution d'origine si nous conservons un taux de croissance économique annuel de 7 %. Il est donc crucial que nous fassions pression dans le sens d'une transformation plus profonde de la société, pour nous détourner d'une économie expansionniste au profit d'une économie qui maximise la préservation des ressources naturelles ; en d'autres termes, passer d'une économie des flux à une économie des stocks.

Dans cette optique, la fiscalité aurait un rôle fondamental à jouer. On pourrait imaginer une taxe d'amortissement dont l'assiette serait la durée estimée d'un produit, avec un taux de 100 % concernant les produits conçus pour ne durer au plus qu'un an, et de 0 % pour ceux qui dureraient au moins cent ans. L'objectif serait de pénaliser tout produit ayant une durée de vie très brève, comme par exemple les articles jetables, ce qui réduirait d'autant la consommation des ressources ainsi que la pollution. Les plastiques, caractérisés par leur longévité, ne devraient par exemple être utilisés que dans des produits qui tiennent compte de cette qualité, et non pas entrer dans la fabrication de biens à usage unique. Une telle taxe encouragerait par ailleurs l'artisanat et toute industrie de main-d'œuvre où la qualité prime la quantité.

On pourrait également concevoir une taxe sur l'effet de serre, mise en œuvre sur le même principe dégressif que la taxe d'amortissement, mais qui viserait spécifiquement à limiter le dégagement de tout gaz à effet de serre. Une telle taxe pénaliserait toutes les activités grandes consommatrices d'énergie, souvent les plus polluantes, et découragerait ultérieurement la fabrication de produits à courte durée de vie. Elle sanctionnerait également les transports inutiles, ce qui favoriserait ainsi la réduction de la taille des marchés et encouragerait grandement l'indépendance économique régionale. Son assiette étant plus générale qu'un simple impôt sur la consommation d'énergie, elle toucherait également les biens induisant le déboisement, comme les sous-produits de bois tropicaux, ou la production de méthane.

De tels impôts seraient progressivement mis en œuvre, d'abord sur une assiette très limitée, en sachant explicitement qu'ils s'alourdiraient d'année en année, jusqu'à ce que les activités nuisibles à l'environnement ne dépassent plus un certain seuil.

Le redéploiement des subventions contribuerait également à encourager la formation d'une société économe. Aujourd'hui, l'agriculture traditionnelle est fortement subventionnée, au détriment de l'agriculture biologique, avec pour résultat le prix plus élevé des produits biologiques.

De même, dans de nombreux pays, les transports publics souffrent des subventions accordées aux transporteurs privés. En Grande-Bretagne, les abattements fiscaux dont bénéficient les voitures de fonction s'élèvent à cinq fois le montant des subventions versées à British Rail. L'industrie nucléaire a également profité de subventions massives, non seulement sous la forme d'allocations gouvernementales directes, mais aussi indirectement par le truchement de programmes de recherche et de développement parrainés par les pouvoirs publics, sans oublier toutes sortes d'avantages financiers. On estime à 5 milliards de francs le montant annuel des subventions versées par le gouvernement français à l'apogée de la planification nucléaire, ce qui a eu pour effet de condamner tout autre projet énergétique de remplacement et de donner à l'électricité d'origine nucléaire un avantage aussi injuste que trompeur sur d'autres alternatives de loin plus souhaitables.

UN POUVOIR DECENTRALISATEUR

La transition vers une société faisant droit à l'écologie ne saurait être complète si un plus grand pouvoir n'était accordé aux communautés locales, tant en termes politiques qu'économiques. Loin d'être un caprice anarchiste, il s'agit d'une donnée fondamentale de toute société écologique. Car si la dynamique sous-jacente à la crise écologique actuelle implique le transfert du pouvoir de décision ainsi que des ressources des communautés locales vers des organismes spécifiques, la solution réside précisément dans l'inversion de ce processus. Dans le Tiers-Monde, peu de questions touchant à l'environnement pourront être réglées si l'on n'aborde pas ce problème.

Propriété foncière et, par conséquent, réforme agraire constituent le nœud du problème. Si les droits des occupants sur leurs terres ne sont pas garantis, on assistera à leur inévitable dépossession et à leur marginalisation. Tant que la moitié de la population brésilienne n'aura aucun droit foncier et que les meilleures terres resteront cultivées exclusivement pour l'exportation, il n'y a aucun espoir d'endiguer le flot de colons vers l'Amazonie. De même, tant que les habitants de la forêt se verront nier tout droit foncier et resteront politiquement marginalisés, il y a peu d'espoir qu'ils puissent résister aux projets de développement autoritairement imposés qui ruinent leurs conditions d'existence. Chico Mendes le leader des saigneurs de latex, dont le meurtre a attiré l'attention internationale sur la destruction de la forêt pluviale tropicale, luttait pour que ceux-ci gardent la maîtrise des ressources nécessaires à la conservation de leur mode d'existence. Mendes en avait parfaitement défini les objectifs : «Nous réclamons une politique de développement qui soit favorable aux populations de la forêt, et non pas aux grands propriétaires fonciers ni aux multinationales. Nous, les saigneurs de latex, exigeons d'être enfin reconnus comme les véritables défenseurs de la forêt.»

Se proclamer «les véritables défenseurs de la forêt» n'était pas pour Chico Mendes un simple effet de style, car seuls ceux qui possèdent un intérêt direct à la région qu'ils habitent sont les premiers à s'en préoccuper. Cet intérêt ne saurait être apprécié uniquement en fonction des schémas économiques traditionnels. Dans l'optique des indigènes de la forêt, la valeur de celle-ci ne doit pas être analysée selon les comptes de pertes et profits des négociants en bois, ou en fonction des bénéfices éventuels qui résulteraient de l'exploitation de ses potentiels pharmaceutiques. Elle s'estime à l'existence de ses fleuves, de sa faune, de ses terres fertiles, à la prévention des inondations et à la stabilité de son climat, bref, à l'écosystème de la forêt. On peut en dire autant de l'opinion que partagent les éleveurs

« Les composants du monde naturel se comptent par myriades, mais ils constituent ensemble un unique système vivant. Nous ne pouvons échapper à notre interdépendance avec la nature ; nous sommes pris dans une étroite relation avec la Terre, la mer, l'air, les saisons, les animaux et tous les fruits de la planète. Ce qui affecte l'un affecte tous les autres ; nous ne constituons qu'un élément dans un ensemble plus vaste, le corps de la planète. Et nous devons en respecter, en protéger et en aimer les diverses manifestations si nous désirons survivre. »
Professeur Bernard Campbell.

« Ne doutez jamais qu'un petit groupe de citoyens réfléchis et déterminés puisse changer le monde. En fait, c'est de cette seule façon qu'on a jamais pu le faire changer. »
Margaret Mead.

envers leurs pâturages, les pêcheurs envers leurs lieux de pêche et les agriculteurs envers leurs terres.

Tant que les terres resteront à la merci d'un agent gouvernemental ou d'un grand propriétaire foncier, le peuple se sentira inévitablement dépossédé, et ce sentiment sera accompagné d'insécurité ainsi que d'une forte tendance à vouloir conquérir des aires impropres aux cultures. Associée à une politique alimentaire adéquate, grâce à laquelle les cultures consacrées aujourd'hui à l'exportation seront remplacées par des cultures vivrières, la réforme agraire représenterait un grand pas vers l'affaiblissement de notre impact sur l'environnement. Ce serait également l'une des solutions au problème de la faim dans le monde – selon la FAO une réforme agraire radicale entreprise au Pakistan augmenterait de 10 % les ressources alimentaires de ce pays et de 25 % celles de la Colombie – et accroîtrait ainsi la sécurité de ceux que le processus de développement a marginalisés. Par suite, ceci aurait des conséquences bien plus importantes que n'importe quelle mesure pour limiter l'explosion démographique, car cette insécurité est la raison fondamentale de la crise.

Toutefois une réforme agraire entreprise sans changement politique plus général sera condamnée au désastre, comme cela fut presque toujours le cas dans le passé. Cela signifie en particulier qu'il est nécessaire de créer les conditions grâce auxquelles les petites exploitations agricoles pourront survivre en tant qu'unité de production viable, tant en termes économiques que sociaux. Car en produisant pour des marchés éloignés sur lesquels ils n'ont aucun contrôle ou en restant dépendants des traitements chimiques qui les maintiennent dans le cercle infernal de l'endettement, nombreux sont les petits fermiers qui n'ont à la longue d'autre choix que de vendre leur exploitation. On assiste alors à la concentration progressive des avoirs fonciers ainsi qu'à un nouveau processus de marginalisation. Si, de même, les exploitants agricoles ne peuvent compter sur la coopération de leur communauté locale ou de leur famille, maintes petites fermes cessent d'être viables. Les agriculteurs pratiquant l'irrigation, par exemple, sont complètement dépendants de ceux qui entretiennent les réservoirs et les canaux d'irrigation, à tel point que l'on assiste systématiquement à l'arrêt des pratiques d'irrigation après la désintégration d'une communauté rurale.

Renforcer ces communautés implique d'une part de leur accorder un pouvoir de contrôle sur les ressources ou d'investir leurs administrations locales d'un pouvoir de décision, ainsi que de créer les conditions mêmes dans lesquelles ces communautés pourront agir en tant que communautés : être responsable du bien-être de leurs administrés et de l'éducation de leur progéniture. Et en règle générale, aucune action ne devrait être entreprise au niveau de l'Etat ou de la région chaque fois que sa mise en œuvre pourrait être assurée par la communauté rurale.

C'est dans la confrontation des points de vue de la communauté que la prise de décision sera potentiellement la plus démocratique et la plus équitable. Les directives générales édictées par les instances supérieures pour réduire les rejets de dioxyde de carbone ont de fortes chances d'avoir beaucoup moins de poids que les solutions envisagées à plus bas niveau pour traiter la même question. De fait, ces dernières, arrêtées par les communautés locales, seront certainement radicalement différentes de celles décidées par le gouvernement ou l'industrie. L'expérience a montré que les populations concernées refusaient les programmes de reboisement qui les contraindraient à quitter leurs terres ou bien qui consisteraient en plantations de pins ou d'eucalyptus en rangées monotones destinés à être abattus tous les dix ans. Elles veulent des arbres qui correspondent à leurs besoins, des arbres plantés pour durer. C'est au niveau local que l'opinion publique aura une influence décisive comme instance de contrôle des dechargements mis en œuvre.

AGIR

La crise écologique ne sera pas résolue du jour au lendemain par un coup de baguette magique. Nous devons saisir la chance qui s'offre à nous d'avancer vers une société moins destructrice, où chacun aurait un plus grand pouvoir de décision sur ses conditions d'existence, et où la richesse d'un seul ne se bâtirait plus sur l'appauvrissement de beaucoup d'autres.

Il se pourrait bien que nous nous montrions peu disposés à modifier notre style de vie dans l'intérêt des générations futures. En ce cas, les perspectives restent bien sombres. Mais certains indices tendent à nous démontrer le contraire. De nombreuses associations locales, dispersées dans le monde entier et plus particulièrement dans les pays en développement, réclament la fin des pratiques destructrices des sociétés modernes. C'est à travers de tels groupes, et en assumant dans l'action notre responsabilité individuelle, que le changement se produira, non pas un changement imposé par quelque instance supérieure mais engendré aux niveaux inférieurs, par les gens ordinaires. Car ce n'est pas grâce à des décrets autoritaires que la bataille de la planète sera gagnée, mais par la participation active des masses populaires dans la définition d'une stratégie du changement.

Si décourageante que soit la tâche qui nous attend, ce sont les actions individuelles – par les groupes de pression, la transformation des styles de vie, l'action politique, le boycott, etc. – qui feront la différence. Mais uniquement si nous sommes décidés à agir. Et à agir maintenant, avant qu'il ne soit trop tard.

INDEX

A
abeille, 29, *74*
Aborigènes, 118, 119, *269*
accords commerciaux, 271
ADN, radioactivité et, 34
Afrique du Sud, élevage, 127
agriculteur, déboisement et, 76-9
agriculture, 97-115
   biologique, 114-15, 279-80
   communauté locale, 282
   consommation d'énergie, *255*
   déboisement et, 75-80
   diversité, 104-5
   écosystème pionnier, 98-101
   effets de l', 101-2
   élément nutritif, 102
   élevage en batterie, 251, *251*
   engrais, 21, 31, *107*
   érosion des sols, *111*
   exploitation des terres, *100-1*
   fertilité, 106-7, 110-11
   intensification, 261
   itinérante, jachère forestière, 21-22
   irrigation, 111-12, 15
   marécages, 156-7
   moderne, 243
   modernisation, 107
   montagne, 203-5
   organique, 114-15, 279-80
   pastoralisme, 122-4
   plaines, 117-27
   plantations croisées, 104-5
   pollution, *138*, 139
   pollution chimique, 112-14
   pollution des marécages, 159
   ressources alimentaires, 260-3
   revendication des marécages, 158
   révolution verte, 109, 261
   salinisation des sols, 97, 111-12, 132, 157
agrochimie, 112-14
   alimentation et, 249-51
   pollution de l'eau, 145
Ahlen, Ingmar, 94
aigrette, *153*
ajoncs, 92, 197
Alar, 249
Aldabra, 195, 197
Alaska, pétrole, 228, *230*
algue, pollution de l'eau, 31, *167*, 171
alimentation:
   analyse, 250-1
   contamination, 249-51
   crise alimentaire mondiale, 260-3
   irradiation, 251
   provenant de la forêt, 74, *74*
   voir également agriculture
Allemagne, République Fédérale d':
   déboisement, 58
   pollution des cours d'eau, 139-40, 141
Alpes, 203
   destruction, 206-7
aluminium, 275
   dans le sol, 21
   approvisionnement en eau, 246
Amazone:
   agriculture, 104
   barrage, 84, 129
   destruction de la forêt, 75, 76, *76*, 77, *79*
   effet de serre et, 75
   érosion des sols, 75
   exploitation minière, 82
   fragmentation, 36-9
   fruit sauvage, *86*
   Indiens Yacuna, 12
   médicament naturel tiré de, 70
   pêche, *128*
   protection des forêts, 87
   récolte de produits mineurs, 86, *86*, 87
   varzeas, 152
Andes, agriculture, 205, *205*
anguille, 231
animaux:
   côtes et estuaires, 166-7
   désert, 209, 211-14
   extinction, 39, 257
   habitat fragmenté, 36-9, *37*
   île, 196-8
   montagne, 202, *202*
   réchauffement global et, 49-50
   relations réciproques avec la flore, 28-9
   voir également faune
Antarctique, 219-25, *225*
   chasse à la baleine et pêche, 222-3
   couche d'ozone, 41-3
   exploitation minière, 223-5
approvisionnement en eau, 143-9, 245, 246, 248-9
   barrage, 130-2
   marécages et, 158-9
   pollution, 145
   société pastorale, 124
   sécheresse, 148, 206
Aral, mer d', 97, 99, *178*
arbre, voir forêt; bois de construction
Arctique, 227-34
   contamination radioactive, 231-2
   effet de serre, 234
   exploitation pétrolière, 228-30
   faune, 234
   pollution, 231-2
   parc arctique, 230
   Refuge national arctique (Arctic National Wildlife Refuge: ANWR), 230
   sur-exploitation des pêches, 320
Arst, John, 231
Assouan, barrage d', 135, 157, 171
Atacama, désert d', *216*
atmosphère:
   combustion du charbon, 246
   couche d'ozone, 41-5, 256
   équilibre des gaz, 16-21
   gaz d'échappement automobile, 246-7
   planétaire, *17*
   pollution, 114, 245
   pollution industrielle, 256
atoll, 189
Australie:
   Aborigènes, 119, *119*, *269*
   Antarctique, 225
   brousse, 118, *119*
   déboisement, 58, 90
   faune, 197
   figuier de Barbarie, introduction du, 30, *30*
   forêt, *60*, 61, 67
   invasion écologique, 30, *31*
   marécages, *153*
automobile, 242, 246-7, 270-1
   recyclage, 279
Autriche, pollution des cours d'eau, *15*
Avdat, 214
azote, pollution par l', 21

B
Babylone, 13
Bacon, Francis, 12
bactérie, 29, 110, 152, 163
Badlands, Dakota du Nord
Bahuguna, Sunderlal
Bâle, 140
baleine, *175*, 221, 222-3
Bali, érosion, *191*
Baltique, pollution de la mer, 171, *177*
Bangkok, *247*
Bangladesh:
   inondation, *136*, 263
   mangrove, 163
Banque Mondiale, 84, 124, 129, 133, 158, 159, 257, 265, 268, 269
barrage, 84, 130-6
   Arctique, 232-4
   effet dommageable des, 134-6
   maîtrise des inondations, 136-9
Bascuit, baie de, 191
BASF, 140
bassin de retenue, *voir barrage*
becquerel, définition, 33
Bédouin, 214
Belgique, pollution des cours d'eau, 139, 140
Belle-Ile, *180*
bétail, 124, *125*, *126*
   alimentation du, 127
   élevage du, 80, 117-27
   hormone, 251
Bhopal, *270*
bioaccumulation, 33
biphényles polychlorurés (PCB), 32, 33, 113, 170, 177, 179, 232
bison, 117, *118*
Blanc, mont, *202*
Blauloch Spring, *144*
bois de chauffage, 76
bois de construction, commerce du 80-2
boisson non alcoolisée, *244*
Bolivar, mont, 202
Bombay, 266
boréale, composition de la forêt, 59
Boro River, 158
Botswana:
   inondation saisonnière, 157
   marécages, 160
   population pastorale, 124, *126*
bourdon, *29*
Brésil:
   barrage, 84, 129, 132
   colonisation des régions frontalières, 79
   élevage, 80, *80*
   exploitation minière, 82
   exploitation pétrolière dans l'Antarctique, 225
   propriété foncière, 281
   reconstruction, 273
   seringueiros - saigneurs de latex, 86, *86*
   voir également Amazone
Brokopondo, barrage de, 136
brousse semi-aride, 117, 118, *118*
Brundtland, Gro Harlem, 266, *267*
bureaucratie, 243-4, 269-70, 90

C
Cachemire, *100*
cactus, *210*, 211, *216*
cadmium, 32
   dans le sol, 21
calcaire, dépôt de, 20-1
Californie, approvisionnement en eau, 133
Camargue, 154, *154*
Cameroun, déboisement, 85
Canada:
   barrage, 234
   déboisement et industrie du bois, 88, 93
   pluies acides, 21, 93
   industrie de la pêche, 181
   forêt mixte, *63*
cancérigène, substance, 32, 113, 143, 250, 251
caribou, 220, 234
Carmanah, vallée de, 88, *88*
Carter, Jimmy, 12
Caspienne, mer, 135
castor, *135*
cerf, dégât provoqué par le, 30, 31
Chagga, 203
chaîne alimentaire, 28-9, *28*
   marine, 174-6
chalutier, *182*
chamois, 207
champignon, 29, *39*, 68, 110, 152
charbon, 246, 253
charbon de bois, production de 82, *83*
chasseur-cueilleur, 112
chat, *29*, 197
Chesapeake, baie de, 170, *171*
chèvre, 196
Chili:
   prises de krill, 225
   semi-désert, *119*
chinampas, 156
Chine:
   agriculture, 102, 111, 112
   barrage, 136
   pollution industrielle, 32
Chipko, 203
chlorofluorocarbones (CFC), 32, 41-5, *43*, 48, 255-6
chouette blanche, *233*
Churchill, Canada, *232*
centralisme, 243-4
céréale, 260-1
Ciba-Geigy, 140
Cienaga Grande, 160
cigogne, *104*
circulation automobile, pollution due à la, 246-7
Citizens Clearing House for Hazardous Wastes - CCHW (Bureau central des particuliers contre les décharges dangereuses), 273
climat:
   récif de corail et, 193
   forêt et, 74-5
   industrie et, 256-7
   montagne, 201
   voir également réchauffement global; effet de serre
climax, végétation de, 58-9, 99
coccolithophoride, algue, 20, 21
Colmar, 147
Colombie:
   forêt, 87
   mangrove, 160
   montagne, 202
Colombie-Britannique, déboisement, 88, *88*
Colorado River, *132*, 133
Commission mondiale pour l'environnement et le développement (*World Commission on Environment and Development: WCED*), 266
combustible fossile, 253-55
compagnes, culture d'espèces, 104
conifère, 59, 62-3
   plantation de, 94-5, *95*
consommation, 241, 267
contrôle biologique, 30

Convention des Nations-Unies sur le commerce international des espèces menacées, (CITES), 36, 120
cordillère, 205
Corée du Sud, industrie de la pêche, 173
Côte d'Ivoire, érosion des sols, 73
côtes, 165-71
   érosion, 171, 187
   nature des, 165-6
   pollution, 168-71, 179
   tourisme, 171
coton, récolte de, 97, 99, 101
couguar, *202*
cours d'eau, 129-41
   barrage, 130-2
   inondation, 136
   pollution, *15*, 82, *138*, 139-41, *140*, 249
craie, dépôt de, 20-1, *20*
crapaud, *31*
Cree, Indiens, 234
croissance économique, 266, 268-9
   bactérie, 18
cyprès chauve, *152*

D
Danemark, gaspillage, 279
dattier, *149*
dauphin, *173*
DDT, 27, 177, 251
déboisement, 51, 273
   climat et, 74-5
   érosion, 70-3
   forêt pluviale tropicale, 76-87
   île, 198
   montagne, *206*
   pertes dues au, 70-5
   récif de corail et, 191
   voir également forêt
décharge, site de, 146-47
déchet, 241
   approvisionnement en eau et, 145-7
   recyclage, 275, 278
   réduction, 278-9
   Tiers-Monde, 147
   toxique, 31-2, 247, 273
déchet chimique et pollution, 14, 30-3, 247
   agriculture, 112-14
   bio-accumulation, 33
   cours d'eau, *15*, 130
   décharge, 198
   destruction, 273
   marécages, 159
   produit chimique toxique, 31-2, 247
   approvisionnement en eau, 145-7, *147*, 249
décomposeur, 39, *39*, 68, 110
désert, 118, 209-17
désertification, 127, 265
dévastation, au cours de l'histoire, 13-14
développement, idéal de, 268
dibromure d'éthylène (EDB), 113
dieldrine, *138*
Dinkas, 157, 163
diornis, 196
dioxine, 114
dodo, 196
Dogon, *105*, 248
droits fonciers, 281-2
dronte, 196
Duffek, massif, 223
Dumont d'Urville, *220*
dune, 167, *168*
Dust Bowl, 122

E

East Anglia, 31
eau:
  cours d'eau, 129-41
  côtes et estuaires, 165-71
  effet des plantations de conifères sur l', 95
  érosion, 70-3
  intrusion de l'eau de mer, 166
  inondation, 73, 102, 136-9, 156-7, 158
  marécages, 151-63
économie:
  monétaire, 268-9
  rurale, 268
Ecosse:
  conifères, plantation de, 95
  pluies acides, 21
écosystème, équilibre de la nature, 27-39
  pionnier, 98-101
effet de serre, 45-51
  agriculture, 261
  Arctique, 234
  bétail et, 127
  déboisement et, 75
  gaz carbonique, 17-21
  industrie et, 256
  réaction en chaîne, 50-1
  réduction, 275
  ressources énergétiques et, 255
  savane et, 121
  taxe sur, 280
  tourbe, extraction de, 159
  voir également réchauffement global
Egypte:
  agriculture, 112
  croissance de la population, 250
  érosion des sols, 171
Ehrlich, Anne et Paul, 257
électricité, ressources en,
  amélioration des rendements, 275-6
  barrage, 130, 132-3
  déboisement et, 84
  génération, 232-4
  provenant de sources d'énergie renouvelable, 276
éléphant, 120-1, *120*
élevage en batterie, 251, *251*
El Nino, courant, *101*
El Salvador, agriculture, 205
énergie:
  solaire, 255, 277
  des vagues, 255, 276
  du vent, 255, 277-8, *277-8*
engrais, 21, 31, *107*, 109, 110, *138*, 139, 261
  consommation mondiale
  dans les eaux côtières, 171
  pollution des marécages, 159
  réduction des, 279-80
environnement, équilibre de la nature et, 27-39
Equateur:
  mangrove, 163
  pêche, *181*, 185
équilibre de la nature, 27-39
érosion, *26*, 79, 81-2, *82*, 102, *111*, 121-2
  côtière, 171, 187
  cours d'eau, 136
  déboisement et, 70-3
  montagnes, 205-6
  récif de corail et, 191
Escaut, 141
espèce en voie d'extinction, 39, 70, 120-1, 257
estuaire, 165-71
  nature de l', 165

pollution, 168-71
Etale, mont, *201*
étang, 151
Etats-Unis:
  agriculture, 114-15, 261
  barrage, 130-2, *133*
  cours d'eau, pollution des, 141
  déboisement et industrie du bois, 58, 88, 90, 94
  déchet dangereux, 32
  déchet toxique, 273
  désertification, 127
  eau, approvisionnement en, 132, 143, 145, 146, 148, 249
  érosion des sols, 122
  estuaires, pollution des, 170
  forêt, *64-5*, 67, *67*
  irrigation, *112*, 112, 133
  marécages, 156, 159
  organique, agriculture, 279
  ozone, pollution par, 94, 246
  pétrole, approvisionnement en, 253
  pluies acides, 93
  plomb, empoisonnement au, 247
  population, niveaux de, 259
  rendement énergétique, 276
  sources d'énergie renouvelable, 277
  suffisance alimentaire, 250
Ethiopie:
  sécheresse, 206
  famine, *46*
étoile de mer, 191, *191*
eucalyptus, 95, 148
  reboisement avec, 85
Euregio Rhin-Meuse, 139-40
eutrophisation, 31
Everglades, Floride, *155*, 156, 158
exploitation agricole, *voir* agriculture
exploitation minière, *voir* mine
extension urbaine, 241-2
extinction, 39, 70, 257
  de la faune de la savane, 102-1
Exxon Valdez, 230, *230*

F

famine, 260-3
Fangataufa, 190
FAO (Organisation des Nations-Unies pour l'alimentation et l'agriculture), 76, 84, 109, 112, 124, 260, 261, 270
Farraka, barrage de, 163
faune:
  Alpes, 207,
  Antarctique, 221
  aquifère, 145
  Arctique, 227, 234
  barrage et, 134-5
  côtes et estuaires, 166-8
  cours d'eau, 130
  désert, 209-14
  extinction, 39, 70, 120-1, 257
  forêt, 93
  île, 195-8
  marécages et, 152-4, 160
  montagne, 202
  perte, 36
  pollution des marécages, 159
  pollution marine, 179
  prairie tempérée, 121
  réchauffement global et, 49-50
  récif de corail, 189
  savane, 120-1
ferralitisation, 70-3
fertilité, agriculture, 106-7, 110-11
feu, forêt et, 59, 61
feuillus, 59, 62

figuier de Barbarie, 30, *30*
filet à la traîne, 173, *184*
Finlande, forêt, *58*
fiscalité, 281
fjord, 165
fond des océans, 174, 176
fondation Bellerive, 207
fondrière, 151
Fonds international pour la nature, 38, 193
Fonds monétaire international (FMI), 259, 268
forêt, 55-95
  abattage sélectif, 90
  agriculture commerciale et, 79-80
  bois de chauffage, 76
  climat et, 74-5
  commerce du bois de construction, 80-2
  destruction historique, 13-14
  diversité, 59-67
  élément nutritif, 68, *68*, 70
  exploitation minière, 82
  extension, 56-7, 90-1
  faune, 93
  île, 198
  inondation et, 136, *136*
  pollution par l'azote, 21
  pluies acides, 21, 96
  population, 74, *74*
  profit, 70-5
  protection, 86-7
  reboisement, 84-5, 273
  récolte de produits mineurs, 86, 273
  régénération, 85
  sclérophylle, 61
  sous-étage, 67
  structure, 67-8
  sylviculture, 94-5
  utilisation raisonnable, 85-6
  végétation de climax, 58-9, 99
  voûte, 67
  voir également déboisement
forêt de mousson, 61
Forêt Noire, Allemagne, *63*
forêt pluviale:
  destruction, 76-87, 266
  fragmentation, 36-9
  Indiens Yacuna, 12
  médicament naturel tiré de, 70
  recyclage des éléments nutritifs, 68
  tempérée, 67, *67*
  valeur marchande, 87
forêt pluviale tropicale,
  climat, 74-5
  composition, 59
  destruction, 76-87
  élément nutritif, 68
  faune, 257
forêt tempérée, 62-7
  destruction, 88-95
  pluies acides, 93-4
  pluviale, 67, *67*
forêt
  tropicale sèche, 61, *61*
France:
  abattage des arbres, *92*
  Antarctique, 219, *220*, 225
  arme nucléaire, 190, 198, *198*
  décharge, 146-7
  destruction des Alpes, 207
  énergie nucléaire, 253-4
  marécages, 154
  terre arable, *103*, 107
Fraser, île, *60*
Fubilan, mont, 201
Fulani, 124

G

Gaïa, théorie:
  cycle critique, 20-1
  équilibre de la nature, 27-39
  hypothèse, 16-17
  mise en pratique, 17-20
  surcharge du système, 21
Galapagos, îles, *195*, 197
Galles, pays de:
  approvisionnement en eau, 95
  terre arable, *100*
Gambie, agriculture, 109
Gange, 130, 203
gaz carbonique:
  atmosphérique, 16-21
  effet de serre, 46-50
  photosynthèse, *18*, 28, 29 121, 261
  rejet industriel, 256
  savane et, 121
gazelle, 211-13
gecko, *70*
General Agreement on Tariffs and Trade (GATT), 271
génie génétique, 12, 261
George Washington, forêt nationale, 90
Géorgie du Sud, *222*
glacier, 203
gnou, 124
Goa, pêche côtière, *169*
Grande-Bretagne:
  déchet, 278-9
  faune, 197
  hêtre, *62*
  oiseau, 166
  déboisement, 58
  ivoire, commerce de l', 120-1
  pollution chimique, 31
  pollution des cours d'eau, 141
  pollution industrielle, 265
  région boisée, 90, 91
  sécurité alimentaire, 250
  tourbe, exploitation de la, 159
Grande Baleine, rivière de la, 232
Grande Carajas, programme de, 82
Grandes Plaines, 117
Great Rann, désert de Kutch, 211
Grande Rivière, la, 232, 234
Grimsby, 165
Groenland, parc arctique, 230
Groupement International des Associations Nationales de Pesticides (GIFAP), 270
groupe de pression, 270
grue, 151
Guadeloupe, *196*
guanaco, *119*

H

habitat:
  destruction, 36
  fragmentation, 36-9, *37*
  réserve naturelle, 36-9
Haïti, 55
  déboisement, 55, *83*
  mangrove, 162
Hanunco, 85
hareng, 155
Hawaï, *10*
  agriculture, *109*
  déboisement, 198
  faune, 196, 197
Hekstra, Gjerrit, 49
herbicide, 97, 107
  pollution des cours d'eau, 130
hêtre, *62*
Himalaya
  déboisement, 76
  végétation, 206

Hoechst, 140
Hoover Dam, 133
hormone, présence dans les denrées alimentaires, 251
Humphrey, Hubert, 12
hydrocarbures chlorurés, 32

I

île:
  effet de l'isolation, *197*
  faune, 195-200
Incas, agriculture, 205
Inde:
  agriculture, 184, 189
  approvisionnement en eau, 148
  barrage, 133, 134
  bidonville, 266, 267
  énergie éolienne, ressource en, 278
  gaz carbonique, rejet de, 256
  industrie de la pêche, 183
  inondation, 73, 136
  marécage, 154
  sylviculture sociale, 95
  taux de population, 258, 259
Indiens Cree, 234
Indiens Kayapo, 85
Indiens Yacuna, 12
Indiens Yanomani, 82
Indiens Xavante, 273
Indonésie:
  agriculture, *105*, 109
  barrage, 134
  industrie de la pêche, 184
  programme de transmigration, 78-9, *78*
  mangrove, 163
  marécages, 160
  récif de corail, 190, 191
  rupture des communautés, 244
industrie:
  amélioration des rendements énergétiques, 276
  décharge des déchets, 139-41
  environnement, 256-7
  groupe de pression, 270
  population et, 258
industrielle, pollution, *32*, *83*, 247
  Arctique, 237
  côtes et estuaires, 168-71, *169*
  eau, approvisionnement en, 249
  cours d'eau, 15, 82, *138*, 139-41
  réduction, 278
inondation, 73, 102
  agriculture, 156-7
  barrage, 136-7
  saisonnière, 156-7
  marécages, 158
insecte, exploitation forestière et, 93
insecte nuisible:
  agriculture moderne, 107
  rotation des récoltes, 106
  sylviculture, 93
  voie également pesticide
insecticide, denrée alimentaire et, 249-50
  voir également pesticide
Institut national de recherches amazoniennes, 38
introduction de plantes, et équilibre de la nature, 30
Inuit, 228, 230, *233*
Irlande, extraction de la tourbe, 158, *159*
irradiation de denrées alimentaires, 251
irrigation, 97, 102, 111-12, 148, *148*, *149*, 157-8
  montagne, 203

Israël, contamination alimentaire, 249-50
Itaipu, barrage d', 132
Italie, agriculture, *107*
ivoire, commerce de l', 120-1, *120*

J

jachère forestière, 85
James, baie de, 232-4, *234*
James River, 170
Japon:
 baleine, pêche à la, 222, 223
 industrie de la pêche, 173
 krill, 223
 pétrole en Antarctique, 225
 terre arable, *100*
Java:
 agriculture, 104
 mangrove, 163
Jencoacoara, réserve écologique, *168*
Jongleï, canal de, 157-8

K

kakapo, 197
Kansas, terre arable, *99*
Kariba, barrage de, 134
Kayapo, Indiens, 85
Kedung Ombo, 134
Kenya:
 ivoire, commerce de l', 120
 approvisionnement en eau, 124, *125*
képone, 170
Kerala, 259
Kesterton, refuge national de, 159
Kilimandjaro, mont, 203
krill, 221, 223
!Kung, 118, 120, 258-9

L

Lao-Ying, barrage de, 136
Lapons, 231, *231*
latérite, 70-3
Leningrad, *252*
Leningradskaïa, 219
lièvre, *104*
limon, 136
 érosion côtière et, 171
 estuaire, 166, 168
lindane, 251
Liverpool, baie de, 170
Londres:
 circulation automobile, 242
 pollution, 245
Long Island, New York, 156
loutre géante, *135*
Love Canal, 14
Lovelock, James, 16, 20, 189

M

MacMillan Bloedel, 88
McMurdo, 219
Madagascar:
 commerce du bois de construction, *81*
 destruction de la forêt, *54*, 55, *72*, *78*, 198
 faune, *196*, 197, 198
 médicament naturel, 70
 mite à cornette, 71
maki, 197
Malacca, détroit de, 136
maladie:
 bassin de retenue et, 135
 eaux usées, 248-9
 malaria, 27

pollution industrielle, 247
malaria, 27
Malaysia, 13
 déboisement, 87
 commerce du bois de construction, 81
Maldives, 190
Mali, 125, *262*
 agriculture, 112
Manaus, 86
mangrove, 152, 160-3, *160*, 162, *162*, 176
 Projet régional de protection des , 163
manioc, exportation de, 79
maquis, 59
marais, 151-63
 bog, 151-63
 fen, 151-63
 salant, 152
marécages, 151-63
 assèchement, 150-9
 faune, 152-4
 mangrove, 160-3, *162*
 préservation, 159-60
 pollution, 159
 valeur des, 154-6
 vivre avec, 156-8
Mars, atmosphère, 16, *17*
Marsh, George Perkins, 29, 30
Massaïs, 125
martin-pêcheur, *131*
Martinique, récif de corail, *190*dronte
Mato Grosso, déboisement, 77
Maun, 159
Maurice, île,
 dronte ou «Dodo», 196
Mayas Laconda, 85
médicament naturel, 70
Méditerranée:
 pollution, *170*, 177
 tourisme, 171
Mekong, fleuve et delta du, *141*, 166
Melville, baie de, *226*
Mendes, Chico, 80, 85, 281
mer, 173-185
 Antarctique, 221
 chaîne alimentaire, 174-6
 élévation du niveau de la, 49, 198, 263
 énergie des vagues, 255, 276
 voir également poisson et pêche
 pollution, *176*, 177-9
 récif de corail, 187-93
Mercedes-Benz, 279
mercure, 32, 232
 dans le sol, 21
Mersey, 170
métaux lourds, 32
 côtes et estuaires, 168
 décharge dans les cours d'eau, *140*
 pollution, 140
 pollution des marécages, 156
méthane, 16, 127
Mexique:
 agriculture itinérante, jachère forestière, 85
 oiseau de paradis, *38*
 marécages, 156, 158
 montagne, 201
Michigan:
 approvisionnement en eau, 146
 forêt, 64-5
miel, *74*
Minamata, 14
mine:
 déboisement, 82
 montagne et, 201
 récif de corail, 187

minerai:
 Antarctique, 223, 225
 Arctique, 230
moisson, 260-1
Mongolie Intérieure, nomades de, 122
monde matériel, 243
monde naturel, équilibre de la nature, 27-39
monoculture, 93, 113, 279
Mont Anne, Tasmanie, *66*
montagne, 201-7
 agriculture, 203-5
 érosion, 205-6
 faune, 202
 histoire naturelle, 201-3
 population, 203-6
Montana, agriculture, 97
Montréal, protocole de, 256-7
Moorea, *193*
moustique, 27
mouton, *203*
Mozambique, *61*
multinationale, firme, 270, 271
Mururoa, 190
mutagène, 32
Muthare Valley, *258*
mycorhizes, 68

N

Nabatéens, 214
Nagami, 273
Namib, désert du, *216*
nappe phréatique, 143-9
 désert, 217
 pollution, 145
 voir également approvisionnement en eau
Narmada, bassin de la, 133, 134, 136
Nations, James, 76
Negros, îles, Philippines, 79
Néguev, désert du, 209, 217
Népal:
 déboisement, 206
 montagne, *204*
Nicaragua, suffisance alimentaire, 251
Niger, agriculture, *115*, 118, *118*
Nil, 135, 156-7, 171
nitrates, contamination de l'eau par les, 145
nomades, 122-4, *214*
Nord, mer du:
 marécage côtier et, 155
 pêche, 182
 pollution, 140-1, 171, 177-9
Norfolk, Broads du, 31
Norvège:
 déchet, 279
 krill, prise de, 223
 Lapons, 231, *231*
 pêche, industrie de la, 180-1, 231
 pollution des côtes
Nouvelle-Calédonie, *198*
Nouvelle-Guinée:
 agriculture itinérante (jachère forestière), 85
 pastoralisme, 122-4
 pauvreté, 258, 266-7, 268
Pays-Bas:
 agriculture, 114
 cours d'eau, pollution des, 139-40
 engrais, pollution par les, 21
 niveaux de population, 259
 oiseau, 166
Nouvelle-Zélande:
 ajoncs, introduction d', 92, 197
 déboisement, 58, 92, *94*
 faune, 196, *196*, 197
 forêt, 67
 invasion écologique, 30, *31*
nucléaire:
 arme, 35, 190, 263
 centrale, *34*, 35-6

contamination, 14, *14*, 33-6, *34*, 114, 140, 231, *231*
déchets, épandage des, 35-6, 217
énergie, 253
Nuers, 157, 163
nutritif, élément:
 agriculture, 102
 forêt, 68, *68*, 70
 forêt pluviale, 68
 marécages et, 155

O

océans, 173-85
 chaîne alimentaire, 174-6
 élévation du niveau des, *48*, 49, 198, 263
 fond des, 174, 176
 pollution, *176*, 177-9
 récif de corail, 187-93
 rivage, 165-71
 vagues, énergie des, 255, 276
 voir également poisson et pêche
Oder, 140
Ogallala, aquifère d', *144*, 145, 148
oiseau:
 côtes et estuaires, 166, 167
 destruction des forêts et, 88
 extinction, 196
 marécages et, 151, *155*, 163
 océans, 166, *166*
 de paradis, *30*
 voir également faune
Okavango, delta de l', 157, 158, 159
Okefenokee, marais d', *154*, 155
oléoduc Transalaska, 228, *229*
Orang Asli, 13
orchidée, 59, 95
organique, agriculture, 114-15, 279
Organisation internationale du bois tropical (International Tropical Timber Organization, ITTO), 82
Organisation mondiale de la santé (OMS), 26
organisme vivant, chimie et, 32
Orme, *131*
Ouganda, marécages, 154
ours polaire, *232*
oxyde de carbone, pollution par l', 246
oxygène:
 atmosphérique, 16-21
 dans l'eau polluée, 31
 photosynthèse, 28, 29
ozone, *42*, 246
 couche d', 41-5, 256
 forêt, 94

P

Pantanal, *153*
papier, recyclé, *278*
Papouasie occidentale, 79
 rupture des communautés, 244
parc national, 257
 récif de corail, 193
pastoralisme, 122-4
pauvreté, 258, 266-7, 268
Pays-Bas:
 agriculture, 114
 cours d'eau, pollution des, 139-40
 engrais, pollution par les, 21
 niveaux de population, 259
 oiseau, 166
Pérou, agriculture, 205, *205*
persistant, produit chimique, 32-3, 113
pesticide, 97, 107, 109, 112-14

cancérigène, 245
côtes et estuaires, 168
cours d'eau, pollution des, *139*
DDT, 27, 117, 251
denrée alimentaire et, 249-50
épandage, *250*
essai, 250-1
insectes nuisibles des régions boisées, 93
marécages, pollution des, 156, *159*
naturel, 70
persistance, 37-8, 113
risque pour la santé, 32-3
pétrochimique, révolution, 12
pétrole:
 Antarctique, 223-5
 Arctique, 228-30
 pollution, *177*, 230
 réserves, 253
Pfizer, 250
Philippines, 79
 agriculture, 262
 agriculture itinérante (jachère forestière), 85
 cours d'eau, pollution des, *138*
 mangrove, 163
 montagne, agriculture de, 203, 205
 récif de corail, 191
 taudis, *242*
phoque, 33, *51*, *218*, 231, *233*
photosynthèse, *18*, 28, 29, 121, 261
phytoplancton, 174-5
pingouin, 222
 géant, 196
Pinnacle Desert, *213*
pionnier, écosystème, 98-101
plage:
 pollution, 171
 tourisme et, 171
 voir également côtes
Plagne, la, *207*
plaine, 117-27
 inondable, *100*
Plan d'action pour la forêt tropicale (*Tropical Rainforestry Action Plan*, TFAP), 84-5
plantation mêlée, 104-5
plante:
 déboisement et, 70
 disparition, 36
 élément nutritif, 31
 île, 195-8
 marécages, 152-4
 montagne, 202
 relations réciproques avec les animaux, 28-9
 Socotra, 195
 voir également agriculture; forêt
plomb, empoisonnement au, 32, 246-7
pluies acides, 21, 93-4, 206, 246
plutonium, 35
pluviosité:
 déboisement et, 75
 érosion, 70-3
 pluies acides, 21, 93-4, 206, 246
Point Géologie, 219, *220*
poisson et pêche,
 Antarctique, 223
 Arctique, 230-1
 barrage et, 134-5
 filet à la traîne, 173
 mangrove, 160, 163
 marécages et, 155
 pêche côtière, 165, 168, 170
 pollution de l'eau, 31, 139
 protection, 273
 récif de corail, *189*, 189
 sur-exploitation de, 179-85
politique, changement, 282

Pologne, pollution industrielle, 177, 247
Pollagh Bog, *158*
pollution:
  agriculture, 112-14, *138*, 139
  Antarctique, 219, *220*
  Arctique, 231-2
  charbon, combustion du, 246
  côtes et estuaires, 168-71
  cours d'eau, *15*, 92, *138*, 139-41, *140*
  denrée alimentaire, 245-6, 249-51
  eau, approvisionnement en, 245, 246, 248-9
  égout
  engrais, 21, 31, 112-14, *138*, 159, 171
  industrielle, *83*
  mangrove, 163
  marécages, 156, 159
  marine, *176*, 177
  océans, 177-9
  pêche côtière, 165
  pluies acides, 21, 93-4, 206, 247
  récif de corail et, 191
  réduction, 278-9
  santé et, 245-6
  smog, *245*, 246
  voir également déchets chimiques et pollution; contamination radioactive
polype, 189, 191
pompe à chaleur, 276
Pongsak, Ajaan, 85
population, 258-9
Powell, John Wesley, 127
prairie, 117-27
  savane, 117, 120-1
  tempérée, 121-2
préservation des ressources, 280-1
Prince William, détroit de, 230
Programme des Nations-Unies pour le développement (PNUD), 84, 163
Programme des Nations-Unies pour l'environnement (PNUE), 257, 265
propriété foncière, 268,
Prudhoe, baie de, 228
publicité, *244*, *264*
puits, 143-9

R

radioactivité:
  contamination, 14, *14*, 33-6, *34*, 114, 254,
  Arctique, 231-2
  déchet, 14, *14*, 33-6, *34*, 114, 140, 231, *231*
rafflesia, *71*
Ramsar, convention de, 159-60
réchauffement global, 45-51
  causes, 46
  réaction en chaîne, 50-1
  niveau de la mer, *48*, 49
  voir également effet de serre
récif de corail, 187-93, *188*
  édification, 189
  érosion côtière et, 171, 187
  destruction, 189-93
  protection, 193
recyclage des matières premières, 275, 278
renne, 231-2, *231*
réserve naturelle, 36-9
ressource énergétique, 253-5, *253*
  agriculture, 255
  amélioration des rendements, 274, 275-6
  charbon, 253

combustible nucléaire, 253-5
conservation, 255
source d'énergie renouvelable, 253-5
pétrole, 253
voir également électricité
révolution verte, 109, 261
Rhin, 140, 249
rhinocéros noir, 36, *37*, 121
Rhône, 203
risque de marée noire en Antarctique, 223-5
rivage, 165-71
  érosion, 171
  faune, 166-8
  pollution, 168-71
riziculture, 104
Rondonia, 77
  déboisement, 77, *79*
  rotation des récoltes, 106
Ruhr, vallée de la, 139-40

S

saigneur de latex, (*seringueiros*), 86, *86*, 281
Saint-Gothard, col du, 207
salinisation, 97, 102, 111-12, 132, 157
Salmon, rivière, 93
San Francisco, *241*
Sandoz, 140
santé, pollution et, 245-6
Sarawak:
  commerce du bois de construction, 81-2
  forêt, 270
saumon, 230-1
savane, 117, 120-1
sécheresse, 148, 206
Sénégal:
  agriculture, 105, 267
  Plan de la vallée du, 262
Serengeti, 120
seringueiros, 86, *86*, 281
Seveso, 114
Shark Bay, Australie, *18*
Sibérie, forêt de, 59
singe, *162*
ski, *206*, 207
smog, 245, *245*, 246
Socotra, 195
sol:
  agriculture organique, 279
  drainage, 111-12
  érosion des, *26*, 79, 81-2, *82*, 102, 111, 121-2
  fertilité, 106-7, 110-11
  protection de la forêt, 70-3
  salinisation, 97, 102, 111-12, 132, 157
solaire:
  énergie, 255, 257
  système, *16*
Sonoran Desert, Arizona, *210*
soufre, pluies acides, 21
Spitzberg, *228*
Sri Lanka, récif de corail, 187
Stein Valley, 88
steppe, 121-2
Stockholm, conférence de (1972), 265, 266
Stratégie globale pour la conservation de la biodiversité, 257
Strathcona Park, 88
stromatolite, 18, *18*
succession, 59
Sudd, 157-8
Suède:
  pluies acides, 21
  pollution côtière, 171
  sylviculture, 94

Suisse, destruction dans les Alpes, 207
Sumatra:
  déboisement, *78*
  mangrove, 163
  marécages, 158
Sundarbans, 163
Surinam, barrage, 136
surpeuplement, 258-9
Sydney, 245

T

Taiwan, industrie de la pêche, 173
Tamise, 141
  estuaire, 168
Tananarive, *266*
Tanzanie, industrie de la pêche locale, 273
Tasmanie, forêt, *66*, 67
taudis, 241, *242*
Tchad, *260*
Tchernobyl, 14, *14*, 36, 114, 231, *231*
Tees, 170
tératogène, 32
Terre de Feu, *62*
Texas, terres en friche, *98*
Thaïlande:
  agriculture, *113*
  barrage, *135*
  destruction des forêts, 79, *79*
  reboisement, 85, 95
  savane, 121
Tiers-Monde:
  agriculture, 109, 111
  approvisionnement en eau, 148, 245, 248
  barrage, 133
  côtes et estuaires, 168, 170
  croissance économique, 266
  déboisement, 58, 74
  décharge, 147
  énergie solaire, 277
  exportation alimentaire, 262
  industrie de la pêche, 183
  marécages, 155
  organique, agriculture, 280
  pauvreté, 266-7
  pesticides, contamination par les, 251
  pollution des cours d'eau, 139, 141
  pollution industrielle, 247
  pouvoir des communauté locales, 281
  ressources énergétiques, 255
  rupture des communautés, 244
  surpeuplement, 258
  tension avec les pays industrialisés, 263
  urbanisation, 241-2
Tonga, 198
tortue, *153*, *183*
  géante, *195*, 197
  de la mer Egée, 171
Touareg, 118, *118*, 124
toucan, *71*
toundra, *228*, *234*
tourbe, 152
  extraction de la, *158*, 159
tourisme:
  Antarctique, *224*
  écologie côtière et, 171
  faune et, 197
toxique, produit chimique et déchet, 31-2
  agriculture, 112-14
  approvisionnement en eau et, 145-7
  pollution marine, 177-9
transhumance, 203, *203*

Tsembaga, 85
tuatara, 197
Tunisie, approvisionnement en eau, 217
Turkménistan, 97-8
Tuvalu, 198

U

UNESCO, 163
Union Soviétique:
  agriculture, 97-8, 112, 261
  barrage, 135
  contamination nucléaire, 14, *14*, 36, 114
  déboisement, 88-9
  industrie de la pêche, 231
  krill, prises de, 223
uranium, mines d', *34*, 35
Uzbékistan, 97-8

V

Val-d'Isère, *206*
Valdez, *229*
Vancouver, île, déboisement, 88
varzeas, 152
végétation:
  désert, 209-11
  réchauffement global et, 50
Venezuela, 75
Vénus, atmosphère, 16, *17*
Vicecomodoro Marambio, *220*
vidange:
  Antarctique, 219
  eaux côtières, 171
  maladie et, 248
  pollution de l'eau potable, 31, 139
  pollution marine, 21, 170, *176*
  récif de corail et, 191
vie marine, et gaz carbonique atmosphérique, 20-1
ville:
  terrain vague urbain, 241-2
  urbanisation, 241
  vie dans les, 241
vison, 197
Vistule, *140*, 177

W

waldsterben, 93-4
Weddell, mer de, *224*, 225
Woburn, Massachusetts, 143
Wright Valley, *220*
Wyoming:
  mouton des Rocheuses, *203*
  prairie, *117*

X

Xavante, Indiens, 273
Xochimilco, lac, 156

Y

Yacuna, Indiens,12
yak, *204*
Yanomani, Indiens, 82

Z

Zaïre, forêt, *69*
Zambèze, fleuve, 134
zooxanthelles, 189, 193

REMERCIEMENTS 287

SOURCES PHOTOGRAPHIQUES

BC Bruce Coleman
FL Frank Lane
NHPA Natural History Photographic Agency
OSF Oxford Scientific Films
PE Planet Earth Pictures
SPL Science Photo Library

6 J. A. L. Cooke/OSF **8-9** J. A. L. Cooke/OSF **10** NASA/SPL **13** Derek Hall **14** Bill O'Neill/New Scientist **15** N. A. Callow/NHPA **18h** John Reader/SPL **18b** Prof. David Hall/SPL **18-19** Mark Newman/Frank Lane **20h** Jacques Guillard/Scope **20b** Jeff Foot/BC **20-21** Karl-Heinz Jorgens/NHPA **22-23** Peter Dombrovskis/Envision **24-25** Peter Dombrovskis/Envision **29h** Jane Burton/BC **29b** Jane Burton/BC **30** Frans Lanting/BC **31h** R. van Nostrand/FL **31c** J. Cancalosi/BC **31b** Jan Taylor/BC **32-33** Alain le Garsmeur/Panos **33** Mark Edwards/Still Pictures **34** Penny Tweedie/Impact **34-35** Joe Cornish/Landscape Only **35** Y. Arthus Bertrand/Explorer **37** Hans Reinhard/BC **38** Alain Compost/BC **39** David Scharf/SPL **40** NASA/SPL **43** P. Evans/BC **44-45** F. Jalain/Explorer **45** M. Walker/NHPA **46** Tim Gibson/Envision **47** Carol Hughes/BC **49** Robert Harding Picture Library **51h** John Hartley/NHPA **51b** David Rootes/PE **52-53** François Gohier/Explorer **54-55** Frans Lanting/Minden Pictures **58-59** Eero Murtomaki/NHPA **59** Frans Lanting/Minden Pictures **60** G. E. Schimda/NHPA **61** Peter Johnson/NHPA **62** Geoff Doré/BC **62** Gunter Ziesler/BC **62-63** Daniel Fauré/Scope **63** John & Gillian Lythgoe/PE **64-65** L. West/FL **66** Peter Dombrovskis/Envision **67** Michael Fogden/OSF **69** Frans Lanting/Minden Pictures **70h** Jean-Phillippe Varin/Jacana **70b** Kathie Atkinson/OSF **71tg** Norman Owen Tomalin/BC **71hd** Frans Lanting/Minden Pictures **71b** Erwin & Peggy Bauer/BC **72-73** Frans Lanting/Minden Pictures **73** David Houston/BC **74** Frans Lanting/Minden Pictures **74-75** D. M. Moisnard/Explorer **75** G. I. Bernard/OSF **76** Mark Edwards/Still Pictures **78h** J. Hartley/Panos **78b** Frans Lanting/Minden Pictures **79h** Derek Hall **79b** F. Gohier/Explorer **80-81** Robert Harding Picture Library **81h** Frans Lanting/Minden Pictures **81b** Mark Edwards/Still Pictures **82** Derek Hall **82-83** Luiz Claudio Marigo/BC **83** Mark Edwards/Still Pictures **86h** Luiz Claudio Marigo **86c** Luiz Claudio Marigo **86b** Luiz Claudio Marigo **88** Rolf Bettner/Beautiful British Columbia **89** Gary Fiegehen/Beautiful British Columbia **92h** Eric Schings/Explorer **92b** Mark Boulton/BC **93** Eric Crichton/BC **93** Eric Schings/Explorer **94-95** Frances Furlong/BC **95h** John Lythgoe/PE **95b** Rolf Lundqvist **96-97** Nicholas Devore/BC **98-99** John Shaw/BC **99h** Fred Mayer/Magnum **99b** Image Bank **100h** Gerald Cubitt/BC **100b** John Heseltine/SPL **101** Robert Harding Picture Library **102-103** D. Barrett/PE **103h** Jean-Daniel Sudres/Scope **103b** Daniel Faure/Scope **104h** Eric Hosking **104b** Leonard Lee Rue/BC **105h** Bryan & Cherry Alexander **105b** J. Hartley/Panos **106** Daniel Fauré/Scope **106-7** Michael Newton **108** John Lewis Stage/Image Bank **109** Panos **110h** Ernest Hershberger/Envision **110b** Eric Crichton/BC **112** Ken Preston-Mafham/Premaphotos **112-113** J. Hartley/Panos **113** Derek Hall **114** M. J. Thomas/FL **115h** Kit Houghton **115b** J. Hartley/Panos **116-117** Franz Camezind/PE **118-119** Luiz Claudio Marigo **118** J. Hartley/Panos **119** Penny Tweedie/Impact **120** Jonathan Scott/PE **121** R. F. Coomber/PE **122-123** Alain le Garsmeur/Panos **125h** Jonathan Scott/PE **125b** Bryan & Cherry Alexander **126** David Reed/Panos **128-129** M. Moisnard/Explorer **130-131** John Heseltine/SPL **131h** John Shaw/NHPA **131b** Stephen Dalton/NHPA **132** Ronald Toms/OSF **133** Michael Freeman/BC **134** Domenico Ruzza/Envision **135tg** Luiz Claudio Marigo **135hd** Steve McCutcheon/FL **135b** Derek Hall **136-137** Trygve Bolstad/Panos **138** Jean-Luc Barde/Scope **139h** Stephen J. Krasemann/NHPA **139b** Jacques Brun/Explorer **142-143** Penny Tweedie/Impact **144** Dr. Eckhart Pott/BC **147h** A. J. Roberts/FL **147b** Martin Bond/SPL **148-149tc** Jacques Guillard/Scope **149h** Adrian Deere-Jones/BC **149b** Mark Boulton/BC **150** Anthony Bannister/NHPA **152** Mike Holley/Envision **153h** David Maitland/PE **153b** Luiz Claudio Marigo **154** Jacques Guillard/Scope **154-155** M. L. van Nostrand/FL **155** Fritz Polking/FL **156h** John Lythgoe/PE **156b** Derek Hall **157** D. Barrett/PE **158** David Woodfall/NHPA **161** Peter Dombrovskis/Envision **162g** Alain Compost/BC **162d** Mark Edwards/Still Pictures **164** Michael Newton **166-167** Arthur Butler/OSF **167** Frans Lanting/Minden Pictures **168** Luiz Claudio Marigo **169h** Neil Cooper/Remote Source **169b** Walter Deas/PE **170** Frans Lanting/Minden Pictures **171** Mike Price/BC **172-173** Luiz Claudio Marigo **174** Larry Madin/PE **175** Steve McCutcheon/FL **176h** Robert Hessler/PE **176b** Greenpeace/Morgan **178** Fred Mayer/Magnum **181-181** Gunter Ziesler/BC **180** Jean Daniel Sudres/Scope **181** Kenneth Day **182h** J. Duncan/PE **182b** Robert Harding Picture Library **183** Greenpeace/Morgan **184** Greenpeace/Grace **184-185** Phillippa Scott/NHPA **186** Nancy Sefton/PE **188** Bill Wood/NHPA **190** Mike Coltman/PE **190-191** Rod Salm/PE **191h** Bill Wood/BC **191b** Martin Coleman/PE **192-193** Nicholas Devore/BC **194-195** Frans Lanting/Minden Pictures **196d** Frans Lanting/Minden Pictures **196bg** John McCammon/OSF **196tg** Michel Guillard/Scope **198-199** Marcel Isy-Schwart/Image Bank **199tg** Richard W. Beales/PE **199hd** Eric Pacaud/Scope **200** C. Somner/Explorer **202h** André Fournier/Scope **202bg** Judd Cooney/OSF **202bd** David E. Rowley/Envision **203** Daniel Fauré/Scope **204h** Brian J. Coates/BC **204b** Dieter & Mary Plage/BC **205** Walter Rawlings/Robert Harding Picture Library **206h** Robert Harding Picture Library **206b** Louis Audobert/Scope **207** Jacques Serpinski/Scope **207d** David Tomlinson/NHPA **208-209** James Carmichael/NHPA **210h** Ken Preston-Mafham/Premaphotos **210b** John Shaw/BC **210-211** Arup Shah/PE **212-213** Anthony Bannister/NHPA **213h** Ken Preston-Mafham/Premaphotos **213b** G. Deichmann/PE **214** Hans Christian Heap/PE **215** Hans Christian Heap/PE **216** Ken Preston-Mafham/Premaphotos **217** W. Wisniewski/FL **218** P. V. Tearle/PE **220h** Greenpeace/Morgan **220bg** Greenpeace/Culley **220d** Kim Westerskov/OSF **221** Frans Lanting/Minden Pictures **221-222** Frans Lanting/Minden Pictures **223** Greenpeace/Morgan **224** Frans Lanting/Minden Pictures **226** Bryan & Cherry Alexander **228h** M. Ogilvie/PE **228b** Gary Crandall/Envision **229h** Bryan & Cherry Alexander **229b** Steve McCutcheon/FL **230** Greenpeace/Merjenburgh **231h** Bryan & Cherry Alexander **231b** Duncan Murrell/PE **232** Stephen Krasemann/Jacana **232-233** Bryan & Cherry Alexander **233** Brian Hawkes/NHPA **234** Bryan & Cherry Alexander **235** Mark Newman/FL **238-239** Philip Quirk/Wildlight **240** Derek Hall **242h** David E. Rowley/Envision **242b** Oliver Strewe/Wildlight **244** Oliver Strewe/Wildlight **245** Philip Quirk/Wildlight **247** Derek Hall **248** Bryan & Cherry Alexander **250** Philip Quirk/Wildlight **251** J. P. Ferrero/Jacana **252** Sandra Buchanan **254** James Manson/Colorific **255** Mark Edwards/Still Pictures **258** Susanna Pashko/Envision **260** J. Hartley/Panos **262** J. Hartley/Panos **264** Bart Barlow/Envision **266** Ken Preston-Mafham/Premaphotos **267** Grace Davies/Envision **269** Oliver Strewe/Wildlight **270** Bartholomew/Frank Spooner Pictures **271** Patrick Walmsley/Envision **272** David Reed/Panos **277** Michael J. Howell/Envision **278** James Holmes/SPL

SOURCES DES ILLUSTRATIONS

Illustrations par Oxford Illustrated. Illustrations pp.57-95 Vanessa Luff.

28 D'après *The Nature of the Environment*, Andrew Goudie, Basil Blackwell 1989 **36** Réalisé d'après les simulations informatiques de Lawrence Livermore National Laboratory, California et US Air Force **37** D'après les études de *Nature Conservation: The Role of Remnants of Native Vegetation*, Surrey Beatty & Sons Pty, Chipping Norton, Australia, 1987 **48** D'après un article de S. Jelgersma dans le *Workshop on the Impact of Sea Level Rise*, Delft Hydraulics Laboratory, Holland, 1986, et sur *Winds of Change*, John Gribbin and Mick Kelly, Hodder & Stoughton 1989 **79** D'après une carte préparé par Technischen Fachhochschule, Berlin **84** Adapté d'après *Annals of Carnegie Museum* 52, Septembre 1983: Parker et al., *Resource Exploitation in Amazonia: Ethnological Examples from Four Populations* **87** D'après une carte de *The Ecologist*, Novembre-Décembre 1989 **118** D'après *The Nature of the Environment*, Andrew Goudie, Basil Blackwell 1989 **120** D'après *BBC Wildlife*, Septembre 1989 **159** D'après *Green Magazine*, Janvier 1990 **170** D'après *Marine Pollution*, R. B. Clarke, Oxford Science Publications 1989 **179** D'après une carte de *The State of the Environment*, OECD 1985 **253** D'après *The Times Atlas*

288 REMERCIEMENTS

SOURCES DES CITATIONS

14 *Silent Spring*, Rachel Carson, Houghton Mifflin, 1962 **19** *Five Kingdoms*, Lynn Margulis, W. H. Freeman and Company, 1982; *Touch the Earth*, T. C. McCluhan, Outerbridge & Dienstfrey, 1971 **21** *The Guardian*, 19 Janvier 1990 **34** *Silent Spring*, Rachel Carson, Houghton Mifflin, 1962 **68** Lettre à Professeur J. Henslow, 1832 **72** *Index on Censorship*, Vol. 18, nos 6 & 7, Juillet/Août 1989; *Costa Rican Natural History*, Professeur Daniel H. Janzen, University of Chicago Press, 1983 **73** *The World's Landscapes: China*, Yi-Fu Tan, Longman 1970 **74** *Amazonia - Oxfam's work in the Amazon basin*, Oxfam **75** Oxfam **77** *Introduction to World Forestry*, Jack Westoby, Blackwell, 1989 **80** *Fight for the Forest, Chico Mendes in His Own Words*, Latin America Bureau, 1989 **81** *Amazonia - Oxfam's work in the Amazon basin*, Oxfam **84** *In the Rainforest*, Catherine Caufield, Heinemann, 1985 **85** *Amazonia - Oxfam's work in the Amazon basin*, Oxfam **85** Brochure Dhammanaat Foundation **85** *Fight for the Forest, Chico Mendes in His Own Words*, Latin America Bureau, 1989 **92** *Touch the Earth*, T. C. McLuhan, Outerbridge & Dienstfrey, 1971 **93** Préface de *Trees Be Company*, Angela King & Susan Clifford (eds.), The Bristol Press, 1989 **110** *Brother, Can You Spare a Dime?*, Susan Winslow, Webb & Bower, 1976 **111** *Geographical Magazine*, Mars 1990; *National Geographic*, Septembre 1984 **113** *Silent Spring*, Rachel Carson, Houghton Mifflin, 1962 **114** *National Geographic*, Fevrier 1980 **124** *Human Ecology*, Professeur Bernard Campbell, Heinemann, 1983 **126** *Far Away and Long Ago*, W. H. Hudson, Everyman, 1939 **127** *National Geographic*, Septembre 1984; *National Geographic*, Septembre 1984; *Rural Rides*, William Cobbett, 1832; *The Creation of World Poverty*, Teresa Hayter, Pluto Press, 1981 **136** *In the Rainforest*, Catherine Caufield, Heinemann, 1984; *BBC Wildlife*, Décembre 1989 **140** *The Sunday Times*, 22 Avril 1990; *Water Bulletin*, 27 Avril 1990 **141** *The Natural History of Selborne*, Gilbert White, 1788 **144** *Silent Spring*, Rachel Carson, Houghton Mifflin, 1962 **146** *New Scientist*, 23 Fevrier 1984; *The Listener*, 21 Janvier 1982 **159** *Waterlogged Wealth*, Dr Edward Maltby, Earthscan, 1986 **163** *Island Africa*, Jonathan Kingdon, Collins, 1990 **174** *The Voyage of the Beagle*, Charles Darwin, 1845 **177** *The Sunday Times*, 22 Avril 1990 **180** *World Conservation*, Charlie Pye-Smith, Macdonald, 1984 and *The Real Cost*, Richard North, Chatto & Windus, 1986 **183** *Close to the Earth, Living Social History of the British Isles*, Judith Cook, Routledge & Kegan Paul, 1984 **184** Greenpeace Campaign Report, Mai 1990 **185** *The Guardian*, 25 Avril 1989 **189** *The Silent World*, Jacques Cousteau, Hamish Hamilton, 1953 **197** *Island Years*, Frank Fraser Darling, Readers Union, G. Bell and Sons, 1952 **216** *Sahara Desert*, Professeur John Cloudesley Thompson (ed.), Pergamon Press 1984 **221** *Alone*, Admiral Richard E. Byrd, 1938, republié par Queen Anne Press/Macdonald & Co., 1987, en *The Greenpeace Book of Antarctica*, John May, Dorling Kindersley, 1988 **224** *Whale Nation*, Heathcote Williams, Jonathan Cape, 1988; *The 1826 Journal of John James Audubon*, Abbeville Press, 1987 **229** *National Geographic*, Decembre 1988 **240** *Silent Spring*, Rachel Carson, Houghton Mifflin, 1962; *New Statesman*, 21 Avril 1989 **241** *Small is Beautiful*, E. F. Schumacher, Blond & Briggs, 1973 **243** *Bring Me My Bow*, John Seymour, Turnstone Books, 1977; *Small is Beautiful*, E. F. Schumacher, Blond & Briggs, 1973 **244** *The New Environmental Age*, Max Nicholson, Cambridge University Press, 1987 **246** *The Guardian*, 6 Octobre 1989; *National Geographic*, Avril 1987 **247** *The Guardian*, 19 Janvier 1990 **249** *The Sunday Times*, 24 Septembre 1989; *Silent Spring*, Rachel Carson, Houghton Mifflin, 1962; lettre à *Farmers' Weekly*, 30 Juin 1989 **251** *The Guardian*, 17 Juillet 1989 **252** *The Abolition of Man*, C. S. Lewis, Macmillan, 1947; Préface de *Trees Be Company*, Angela King & Susan Clifford (eds.), The Bristol Press, 1989 **254** *The Guardian*, 25 Avril 1989 **255** *The Guardian*, 15 Septembre 1989 **257** *The Guardian*, 5 Juillet 1988 **259** *Introduction to World Forestry*, Jack Westoby, Blackwell, 1989; *National Geographic*, Decembre 1988 **261** *Human Ecology*, Professeur Bernard Campbell, Heinemann Educational, 1983; *Bring Me My Bow*, John Seymour, Turnstone Books, 1977 **262** *National Geographic*, Decembre 1988 **264** *The Guardian*, 25 Avril 1989; *The Guardian*, 15 Août 1989 **265** *The Guardian*, 8 Septembre 1989; *On The Duty of Civil Disobedience*, Henry David Thoreau **267** *Small is Beautiful*, E. F. Schumacher, Blond & Briggs, 1973 **268** *Human Ecology*, Professeur Bernard Campbell, Heinemann Educational, 1983 **271** *Developed to Death*, Green Print/Merlin Press, 1989, en *Winds of Change*, John Gribbin et Mick Kelly, Hodder & Stoughton, 1989 **272** *Small is Beautiful*, E. F. Schumacher, Blond & Briggs, 1973; *Fight for the Forest - Chico Mendes in His Own Words*, Latin America Bureau, 1989 **274** *Close to the Earth - Living Social History of the British Isles*, Judith Cook, Routledge & Kegan Paul, 1984 **275** *BBC Wildlife*, Fevrier 1990 **276** *The Guardian* 29 Septembre 1989 **278** Préface de *The Real Cost*, Richard North, Chatto & Windus, 1986 **279** *BBC Wildlife*, Décembre 1989 **280** *When the Bough Breaks - Our Children, Our Environment*, Lloyd Timberlake et Laura Thomas, Earthscan Publications, 1990 **282** *Human Ecology*, Professeur Bernard Campbell, Heinemann, 1983

Les auteurs souhaitent remercier tout particulièrement les personnes ou groupes de personnes dont le travail a été primordial pour le redaction de cet ouvrage:

Anil Agarawal, Miguel Altieri, Jayanta Bandyopadhyay, Sunderlal Bahuguna, Bank Information Centre, Stephen Boyden, David Brower, Brent Blackwelder, Derek Bryce-Smith, Catherine Caufield, Marcus Colchester, Joseph Collins, Joseph E. Cummins, Heramn Daly, Bharat Dogra, Anne Ehrlich, Paul Ehrlich, Paul Ekins, Samuel Epstein, Friends of the Earth, Robert Goodland, Susan George, Greenpeace, Charles A. S. Hall, Ross Hume Hall, Gjerrit Hekstra, David Hyndman, Hugh Iltis, Institute for Food and Development Policy, International Institute for Environment and Development, International Rivers Network, Sandy Irvine, N.D. Jayal, Alwyn K. Jones, Greg Katz, Mick Kelly, Martin Khor, Smitu Kothari, Rajni Kothari, Francis Moore Lappé, Larry Lohmann, Lokayan Institute, London Food Commission, James Lovelock, Amory Lovins, Hunter Lovins, José Lutzenberger, John Madeley, Edward Maltby, Robert Mann, R.D Mann, Lynn Margulis, Zhores A. Medvedev, Norman Myers, Thomas Outerbridge, John Papworth, David Pearce, Fred Pearce, Jonathon Porritt, Karl Polanyi, Darrell Posey, Probe International, William E. Rees, Bruce Rich, Jeremy Rifkin, Wolfgang Sachs, John Seymour, Vandana Shiva, Steven Shrybman, Peter Snell, Survival International, Third World Network, Lloyd Timberlake, Richard Webb, B. B. Vohra, World Bank, World Resources Institute, Worldwatch Institute, World Rainforest Movement, Donald Worster.

Les auteurs souhaitent également remercier Pete Wilkins qui a contribué au chaptire sur l'Antarctique; Brian Alexander et Cherry Alexander qui ont contribué au chapitre sur l'Arctique; Linda Gamlin qui a contribué au chapitre sur les Iles et Judith Perera pour les cartes et la documentation sur la mer d'Aral. Enfin nous remercions particulièrement David Campbell qui a été à l'origine de cet ouvrage; les editeurs David Burnie et Linda Gamlin; Ruth Prentice qui a fait la maquette du livre et Bénédicte Servignat qui a coordonné l'edition française de l'ouvrage.